山东大学"考古与历史学"一流学科建设、
"中华文明的形成与发展"人文社会科学创新团队项目资助出版

地 学 考 古

——方法与实践

靳桂云　宿凯　编著

文物出版社

图书在版编目（CIP）数据

地学考古：方法与实践 / 靳桂云，宿凯编著. --
北京：文物出版社，2022.10
ISBN 978-7-5010-7752-6

Ⅰ.①地… Ⅱ.①靳… ②宿… Ⅲ.①地球科学—考
古学—研究 Ⅳ.①K851

中国版本图书馆CIP数据核字(2022)第128611号

地学考古——方法与实践

编　　著：靳桂云　宿　凯

封面设计：秦　彧
责任编辑：秦　彧
责任印制：张　丽

出版发行：文物出版社
社　　址：北京市东城区东直门内北小街2号楼
邮　　编：100007
网　　址：www.wenwu.com
经　　销：新华书店
印　　刷：北京荣宝艺品印刷有限公司
开　　本：787mm×1092mm　1/16
印　　张：22
版　　次：2022年10月第1版
印　　次：2022年10月第1次印刷
书　　号：ISBN 978-7-5010-7752-6
定　　价：280.00元

序　一

考古学是通过发掘人类文化遗物和遗迹，来研究古代人类社会历史的一门学科。由于古代人类的文化遗物和遗迹都是从深埋地下的土层中发掘出来的，因此从考古学诞生的第一天开始，考古学和地学（或称地球科学）就成为一对密不可分的孪生兄弟。不仅地质学的野外工作方法被引进考古学，而且一些基本理论，如地层划分与对比、地层描述、生物地层学等也都成为考古学研究的重要基础。实际上，早期许多中外地质学家，如安特生、裴文中等也都是著名的考古学家。

近年来随着学科的蓬勃发展，考古学研究领域得到不断拓宽和深入，人们不仅继续关注古代人类社会的人文内容，而且也越来越关注古代人类社会的生存环境，试图尽可能地全面地构建古代人类社会的全貌。

不言而喻，学科的发展必定会吸引相关学科的学者加入到考古学研究的行列，其中也包括从事地球科学研究的学者。他们把地球科学的许多理论和方法引入考古学，通过多学科的综合研究，不断拓宽考古学的研究领域，提高了考古学的研究水平，加深了人们对古代社会的全面了解。

例如，地貌学家和第四纪学家，从地貌和第四纪沉积学的角度，揭示了古地貌古水文对聚落形态形成和兴衰的影响；古生物和古生态学家借助对动植物残体和化石的研究，重建了当时的生业结构和经济形态；岩矿和地化学家从器物的原料成分和烧制温度入手，分析了制作过程和加工工艺，揭示古代的生产技术和科技水平；古环境学家则通过古环境指标的分析，重建人类的生态环境，进而探讨古代的人地关系等等。

过去 20 年中，在野外调查和考古发掘的基础上，靳桂云教授及其研究团队借助于山东大学第四纪环境和考古学实验室，围绕环境考古、聚落考古和古代人地关系等重大问题，开展地学考古研究从而获得了许多重要成果。本文集包括有 18 篇论文，其中，不仅有论述地学考古的概念和研究方法的文章，而且也有在丁公、大汶口和城子崖等重要遗址进行地学考古的研究论文，内容涉及聚落形态和演变的地貌背景，灰堆的形成过程和人类活动，壕沟内堆积过程与自然环境及人类活动的关系等。内容新颖，充分体现出地学方法在考古学研究中的重要作用。

这本文集的出版，将大大推动地学考古在我国的发展，让更多的考古学家理解地学考古，也让更多地学学科的科学家参与考古学的研究，共同为建立具有中国特色、中国气派和中国风格的中国考古学体系，做出应有的贡献。

2022 年 6 月 14 日于北京

序　二

20 世纪 90 年代后期以来，中国考古学的重心逐渐转移到以人为中心的古代社会研究方面，客观上要求各种有助于考古学全面开展的不同学科及其方法和技术，介入到考古学研究的全过程和各个领域。顺应这一历史发展趋势，山东大学考古学科自 1999 年开始在两城镇遗址采用植物考古等方法，全面研究和复原鲁东南沿海地区史前社会。以此为基础，2004 年以东方考古研究中心为平台的植物考古和动物考古实验室建成并投入使用。随后逐渐建立起来的人类骨骼考古、石器考古、陶器考古、同位素考古、地学考古等实验室，极大地丰富了考古学的研究方法和技术手段，获得一大批新颖的学术研究成果，深化了相关考古课题的研究。

所谓地学考古（geoarchaeology），就是将地球科学方法运用于考古学之中，以解决考古学关注的问题。通过野外调查、采样、实验室分析、综合研究等步骤，地学考古能够为我们认识和理解许多与聚落形态变迁密切相关的学术问题，如区域地貌演化、遗址周围局地环境特征、遗址形成过程、考察特殊遗迹的微观特征及功能等，从而为综合研究提供可靠证据。得益于中国考古学尤其是田野考古的发展成就和国际同行之间的学术交流，21 世纪伊始，地学考古方法在中国考古学中的应用就呈现出快速发展的趋势。不论是两城镇遗址的地质考古调查，还是二里头遗址的地貌复原研究，都显示和证明了地学考古方法的重要性。地学考古在良渚古城及周边古环境的研究中更是发挥了无可替代的作用。

然而，地学考古在应用方面往往局限于某些特定的点，在考古学的全局性和综合性研究方面还颇受局限。其中比较突出的问题包括但不限于：（1）从考古学的一般性专业培训到高级人才的培养，都没有将地学考古像动物考古、植物考古等方法那样纳入系统的教学体系之中；（2）这就直接导致了在考古研究项目中，从规划田野考古发掘前的课题设计到后期的综合研究，多没有明确使用地学考古方法开展研究的相关内容；（3）地学考古实验室和地学考古从业人员的数量显著偏少；（4）即使有人尝试在田野调查与发掘阶段开展地学考古采样，也因为缺少系统而标准的操作规程而难以实施。这种情况不仅与欧美考古学中地学考古方法的广泛应用形成鲜明对比，即使在中国考古学中，地学考古方法普及的程度也远不如植物考古、动物考古、人类骨骼考古、同位素考古等。可以说，地学考古在中国依然处于初期发展阶段。

　　为了丰富和完善环境考古研究，靳桂云在筹建植物考古实验室的同时，就开始尝试把地学考古方法运用到考古学研究中来，并在考古教学与科研工作中不断加以实践和总结，以大量细致的野外调查、采样和实验室分析、研究工作为基础，在环境考古、农业考古等领域，取得了一系列重要学术成果。并在上述科学研究的基础上，编著了《地学考古——方法与实践》这本文集。第一部分主要是概念的阐释与基本方法的概括性说明。其中，第一篇（《地学考古概论》）是新作，概括性地介绍了地学考古的概念和基本方法；其余四篇都是旧作，分别是地质考古方法介绍、对地学考古方法在考古学中应用的学术回顾及展望、地学考古方法的全面介绍和土壤微形态方法的相关说明，不过，第三篇（《地学考古方法的回顾与展望》）与第五篇（《土壤微形态分析及其在考古学中的应用》）都对原文作了比较多的增补。读者可以通过这部分内容对地学考古的概念、方法、在考古学中的作用等有初步了解。第二部分按时代先后介绍了13个研究案例，其中，月庄遗址和茅山遗址的地学考古研究是翻译的庄奕杰博士团队的英文成果；东贾柏、大汶口、城子崖遗址岳石文化壕沟和龙山文化灰坑、丁公遗址龙山文化壕沟的研究成果是首次发表。这些案例研究表明：（1）旧石器时代（王府井）、新石器时代前期（月庄、前埠下、大汶口遗址大汶口文化早期）遗址文化层沉积物分析能够提供人类活动地貌特征的证据；（2）壕沟沉积物的分析（焦家、凌家滩、城子崖岳石文化和城子崖龙山文化、丁公遗址龙山文化时期）有助于我们理解聚落环境与水资源管理策略；（3）区域—局地尺度的环境特别是地貌演化过程的调查可以为聚落的环境考古研究奠定基础（《城子崖遗址环境演变过程的初步分析》）；（4）对灰坑等特殊遗迹的填土开展地学考古分析，有助于我们理解人类行为特征（《城子崖龙山文化灰坑（H3）的地学考古研究》）；（5）壕沟沉积物的地层学与放射性测年年代学分析，可以帮助我们认识文化发展过程的连续性（《城子崖遗址的年代学框架——从城墙和壕沟堆积来看》）。

　　这本文集的内容，充分展示了地学考古方法在我国考古学研究中巨大的应用潜力，它既可以作为高校考古教学的主要参考书，也为从事田野考古和考古学研究的相关人员提供了一些重要的地学考古研究案例。文集的出版对于推动地学考古在中国的应用和发展将会起到重要作用。

2022 年 6 月 6 日于济南

序 三

I am pleased to write this preface to *Geoarchaeology- Methods and Practice*. Geoarchaeology is coming of age, globally, and especially in China. The starting point for any discussion of geoarchaeology as an intellectual pursuit is Colin Renfrew's assertion that *"every archaeological problem starts as a problem of geoarchaeology"* (1976:2). There are many ways to understand this quote, but the foundation is that all our data in some fashion comes from the earth. This is true of most of our excavations, which extract data from the physical earth, as well as the materials we use (stone, clay for ceramics, metals), and especially the physical and environmental contexts of the ancient past as well as the present. Simply put, to understand any archaeological problem we must understand the physical context of the data.

While there are many ways to define geoarchaeology, my working understanding is that geoarchaeology is the application of concepts and methods of the earth sciences (especially geology, geography, geomorphology, hydrology, sedimentology, soil science, and exploration geophysics) to archaeological problems. It provides evidence for the evolution of the physical landscape, the formation, preservation, and transformation of archaeological sites, during and after occupation and use, and for local and regional-scale environmental change and the effects of human groups on those environments. My definition incorporates the uses of specific methods and analytical approaches that are borrowed from earth and allied sciences, into archaeology and its broader goals of understanding human history and behavior. Geoarchaeology is a multidisciplinary field that is central to any archaeological site, problem, or theoretical concern. Every archaeologist should be familiar with geoarchaeological methods and approaches because whether we are aware of it or not, we all conduct geoarchaeological research when we dig or investigate any site.

Because geoarchaeology involves the study of the physical processes that create the archaeological record, I tell my students that if they understand gravity, they have a working understanding of geoarchaeology. At every level—from the landscape to the microscopic scale—geoarchaeological research involves the ways in which earth materials move and are transformed. Geoarchaeologists study <u>physical</u> contexts—every site or trace of human activity has a physical context that requires understanding and explanation. This includes a place <u>on</u> the earth's surface (topography, natural resources) and frequently a place <u>within</u> the earth's surface (often buried or located in ground). It is also the study of archaeological context. We often forget that <u>archaeological</u> sites are complex multi-dimensional entities that require sophisticated understanding if we are to extract information from them. In this sense, geoarchaeology asks how did the site form? How was it preserved? How has the site changed through time both during and after occupation? And, especially, how do these issues structure or influence what we know about the past?

Geoarchaeology is also the study of <u>environmental</u> context, and this is an area where geoarchaeology as practiced in China has been particularly important. Humans are influenced by and influence their environment and they leave signatures of these influences in the archaeological and geological record. Archaeological sites are locations that record (and often preserve) evidence of human-environmental interaction. As a result, archaeological sites are archives of past environments and geoarchaeology can contribute to a broader understanding of natural history by placing these data in context. In addition, geoarchaeology is integral to the study of landscape archaeology. Landscape archaeology is the study of the ways in which people in the past constructed and used the environment around them; there is an explicit emphasis on the relationships between material culture, human alteration of land, human cultural modifications to the physical environment, and the natural environment. Finally, and sometimes overlooked, geoarchaeology contributes to the study of <u>material</u> remains (for example, sourcing raw materials, the distribution of important mineral resources, techniques of manufacture) as way of exploring economic, political, and social implications of resource use and extraction.

Doing good archaeology requires humility and patience. Humility, because it is remarkable to think that from bits of pottery, bone, and stone we can interpret and understand human history and behavior, and patience, because it takes intellectual and analytical effort to reconstruct even a general sense of the past. A major advance in archaeology was the realization that the archaeological record comes to us transformed in many ways. There are very few sites like Pompeii. Most of us will work at sites where the physical and archaeological record is changed from its original contexts. This is a result of the fact that, as Michael Schiffer (1987) has noted, "The environment is filled with hostile forces." Once made, landscapes, environments, and archaeological sites are transformed by natural and human agents. As a result of this simple truth, archaeologists need tools to understand these transformational processes. Using earth science methods allows us to make inferences about past worlds by linking contemporary physical processes to similar ones in the past. As a result, geoarchaeology is a vital way of understanding how we know and what we think we know about the past.

The papers in this volume are an excellent sample of the remarkable diversity, depth, and breadth of geoarchaeological research in China today. They exemplify the important methods needed for extracting understanding from the complex, transformed archaeological record. They also demonstrate the ways geoarchaeology contributes to broader understanding of human contexts, notably how human-environmental interactions shape and are shaped over time. It is an exciting time for geoarchaeological research in China. This research in China is contributing to broader, global discussions about geoarchaeology as a subfield in archaeology, and these papers are testament to the remarkable scholarship that has developed over the past decade.

Tristram R. Kidder

2022-06-14

序 三

我很高兴为《地学考古——方法与实践》写这篇序。在世界范围内，地学考古已是一个成熟的学科，尤其是在中国。从追求知识的角度讨论地学考古，总是绕不开科林·伦福儒（Colin A. Renfrew）的那句话，"一切考古学问题都始于一个地学考古问题"（1976: 2）。这句话可以有多种解读，但本质上是说，我们所有的数据都或多或少来源于土。我们大多数的发掘都是如此，从土里发掘数据，发掘我们利用的遗存（石头、做陶器的黏土、金属），特别是古代和现在的自然背景和环境。简单来说，要理解任何考古学问题，我们都必须理解数据的出土背景。

地学考古的定义也多种多样，我的理解是，地学考古是运用地球科学（尤其是地质学、地理学、地貌学、水文学、沉积学、土壤学和勘探地球物理学）的概念和方法解决考古学的问题。自然景观的变迁，人类活动和使用过程中和之后考古遗址的形成、保存和改造，以及局部和大范围区域内的环境变化，人类对环境的影响等等，都可以从中寻找到证据。我的定义是把从地球科学和相关学科借鉴来的某些方法和分析技术，跟考古学以及理解人类历史和行为的更广大目标结合在一起。地学考古是多学科交叉的领域，对于任何考古遗址、考古学问题和理论都至关重要。每位考古学家都应该熟悉地学考古的方法和技术，因为不管是发掘还是调查任何遗址，我们都在不知不觉中做着地学考古的研究。

因为地学考古是研究塑造考古遗存的自然过程，我会告诉学生们，如果他们了解地球重力，就算是了解地学考古了。从大的景观范围到显微尺度，地学考古研究的都是土如何移动和变化的。地学考古学家研究自然背景——每个遗址、每处人类活动的遗存都存在于自然背景中，需要我们理解和解读。这种自然背景包括地球表面的某个地方（地形、自然资源），有时候还包括地球表层以下的某个地方（通常是埋藏或本身就位于地下）。地学考古也研究考古学的背景。我们很容易忘记，考古遗址是错综复杂的多维实体，如果我们要从中获取信息，需要对其有深层的认识。如此说来，地学考古探究的是遗址如何形成、如何保存下来，以及在人类活动期间和废弃之后，遗址是如何变化的。更重要的是，这些问题如何塑造或者影响我们对于过去的认识？

地学考古也研究环境背景，中国在这方面的地学考古实践是尤为重要的。人类和环境相互影响，并把这种影响的痕迹留存在考古和地质记录中。考古遗址记录（通常还保存）了人与环境互动的证据。因此，考古遗址是古代环境的档案，地学考古通过把这些数据原封不动地呈现出来，帮助我们从更广阔的角度理解人类历史。此外，地学考古还是景观考古的重要组成部分。景观考古研究的是古代人类如何构建和利用他们身边的环境；并着重强调物质文化、土地改造、人类对自然环境的文化改造和自然环境之间的相互关系。最后，也是容易被忽视的，是地学考古也能帮我们研究物质遗存（例如，原材料产地溯源、重要矿物资源分布、生产技术），探索利用和获取资源的经济、政治和社会意义。

要做好考古，需要谦虚和耐心。谦虚，因为一想到我们能通过小小的陶片、骨头和石头来解读和理解人类历史和行为，是多么惊奇！耐心，因为要重建哪怕一丝对古代的模糊印象，也需要付出脑力和科学分析。能意识到考古遗存呈现在我们眼前时已经经历了多种变化，这是考古学的重大进步。像庞贝这样的遗址是非常罕见的。在我们绝大多数人研究的遗址上，自然和考古遗存都已不是它们当初的模样。这其中的原因，迈克尔·希弗（Michael B. Schiffer）（1987）早就说过，"环境中的破坏力无处不在"。景观、环境和考古遗址从形成之时起，就不停地被自然和人为过程改造。这个简单的事实，导致考古学家需要许多工具来探究这些改造过程。运用地球科学的方法，我们可以把当今的自然过程同古代的联系起来并做出推论。所以，我们要了解古代社会并获得自以为是的认识，地学考古是不可缺少的途径。

本书中收录的文章是展现当今中国地学考古研究多样性、深度和广度的精彩案例。文章中列举的方法，都是从复杂的、经过改造的考古遗存中获取信息的重要手段。它们还说明了，地学考古能帮我们从广阔的视角理解人类的环境背景，尤其是人与环境随时间的相互影响和塑造。当下是中国地学考古研究的高光时刻。在中国的这些研究也促使更大范围、乃至全世界的考古学界对于地学考古这个分支领域的讨论，在过去十年里该领域有了丰硕的成果，而本书中的文章便是证据。

宿凯　译

2022 年 6 月 22 日

目　录

1.地学考古概论

靳桂云、宿凯★

地学考古（geoarchaeology），顾名思义，就是用地球科学的方法来理解考古学、回答考古学的一些问题，也可以说是地球科学方法在考古学中的应用。

考古学（archaeology）的基本特点是：利用物质遗存研究古代人类的文化、历史，尽管旧大陆（以欧亚大陆为主）的考古学与历史学关系更为密切、而北美的考古学更靠近人类学，但是，考古学的目标都是要回答关于人类文化与历史的问题，所以属于人文学科。但是，在人文学科中，考古学又具有非常独特之处，就是其跨学科的性质，这个特点不仅使得考古学要广泛吸收人文与社会科学的成果，而且要在研究方法上广泛吸收和利用各种自然科学的理论、方法与技术[1]，其中，地球科学是非常关键的内容。

地球科学（earth system science or earth science），是对地球进行系统研究的所有相关学科的总称，包括地理科学、地质学、地球化学、地球物理学和空间物理学、海洋科学、大气科学等[2]。地理科学中几乎所有分支学科都在考古学中有程度不同的应用，其中地貌学是基础。地质学的古生物古人类学、古生态学、地层学、沉积学、第四纪地质学等在考古学中都有较多应用，其中第四纪地质学应用最普遍，而尤以"第四纪环境与环境考古"研究在进入21世纪以来得到了快速的发展。地球物理勘探和遥感、航空摄影测量、雷达等空间技术在考古学中应用日益广泛。地球化学中同位素地球化学、地质年代学等在考古学中有非常多的应用。海洋科学中的河口海岸学对于海岸带考古具有重要意义。环境地球科学中的基础土壤学、第四纪环境与环境考古（与"第四纪地质学"中的"第四纪环境与环境考古"基本是一致的）是考古学研究中非常基础的研究领域，而环境保护和可持续发展也是考古学非常关注的。

从上面的信息中，我们可以很清楚地看到，地球科学系统中的很多学科和分支，都

★ 靳桂云：山东大学文化遗产研究院；宿凯：美国圣路易斯华盛顿大学博士生。

[1] 在中国考古学界，目前普遍将考古学中的自然科学方法的运用统称为"科技考古"，但是，这样容易与"科技史"研究相混淆，我们都知道，最早的"科技考古"概念明确指的是利用考古学材料研究科技史，正是由于这个考虑，在栾丰实、方辉、靳桂云编辑的《考古学：理论方法技术》（文物出版社，2002年）一书中，我们将科学技术在考古学中应用这一部命名为"现代科学技术在考古学中的应用"，山东大学相应的课程也用了同样的名称。在英文世界里，与"科学技术在考古学中应用"相对应的有"natural science in archaeology"等说法。

[2] 信息来自国家自然科学基金委"地球科学部"网站：https://www.nsfc.gov.cn/publish/portal0/dq/02/

在考古学中有着非常多的应用。如果从考古学及分支学科以及相关研究领域的角度来看，地球科学在环境考古（部分包括但不限于遗址形成过程、农业起源与传播、文明起源与发展、人与环境互动关系等）、考古年代学这两个分支学科中应用最多，其中在环境考古研究中的应用内容更为广泛。本书将对地球科学在环境考古研究中应用——地学考古的基本方法与一些研究案例进行介绍。

因为地球科学是个内涵庞大的系统性学科，而考古学又是通过各类物质遗存研究古代社会的方方面面、具有非常显著的多学科交叉性质的、兼具人文科学 - 社会科学 - 自然科学特点的学科，可以想见，考古学与地球科学的结合，将会发展出诸多独特的方法和研究领域。

近些年来的考古学研究表明，地学考古最能发挥优势的是环境考古这个研究领域；检索与"环境考古"相关的期刊[1]，可以看到地学考古方法被广泛应用于人与环境关系的研究。其中，与环境考古密切相关的遗址形成过程研究，更是在传统的考古地层学基础上，全面应用地球科学方法，形成对遗址形成过程中人类行为的认识（张弛，2012 及其中的参考文献）；这里必须强调的是，所谓传统的考古地层学，被认为是考古学的两个（另一个是源于生物学的类型学）重要基础之一，或被比喻为考古学的车之两轮，它也是来自地质地层学，是地球科学的重要内容，从这个意义上讲，我们很清晰地看到，考古学与地球科学之间密不可分的关系。这一点，从 20 世纪初欧美学者在中国开展考古调查时所做的地形勘测和动物化石采集与研究就可见一斑（陈星灿，1997）；在中国考古学发展过程中，学者们也一直在探索通过地球科学手段研究考古材料的方法。

本书收录了 1998 年以来，我和我的学生学习和实践地学考古的一些心得和成果，共计 18 篇文章，第 1、9、10、15、16、18 篇文章是首次发表，其余为已经发表过的。其中第 4 篇文章是在英国政府机构 Historic England 的授权下，翻译其出版的系列指导手册之一 Historic England Geoarchaeology Guidelines，文章系统介绍了地学考古从项目设计、野外采样、实验室分析到数据解释一整套的工作方法；这是目前中文文献中最系统的地学考古方法介绍；其他文章收录时，除了修改了原文中的一些错别字和不准确的说法，还对相关文章做了必要的补充，比如第 3 篇文章增加了回顾，而第 5 篇文章是关于土壤微形态方法在考古学中应用的概要介绍，辑录时补充了关于微形态方法的最新进展。有些图件重新绘制，以满足高分辨率的出版要求；原有图、表和参考文献做了统一编排。

---

[1] 中文期刊包括但不限于：第四纪研究，科学通报，中国科学·地球科学，地理学报，地理科学，人类学学报，南方文物，东南文化，华夏考古，海岱考古，东方考古等。英文期刊包括但不限于：Enviromental Archaeology; Vegetation History and Archaeobotany; Journal of Archaeological Science; Quaternary International; Quaternary Science Review; The Holocene; Palaeogeography, Palaeoclimatology, Palaeoecology; Geoarchaeology.

全书分为上、下两编。

上编主要是关于概念、方法与技术的介绍。

下编是研究案例，其中有两个案例是我们与庄奕杰合作翻译的他团队的研究成果。研究案例是按照遗址的时代顺序编排的，总起来讲，这些案例的研究内容包括：

（1）通过对具体遗迹（如灰坑）内堆积物形成过程的分析，考察遗迹的功能。

（2）对壕沟内堆积物形成过程的分析，考察壕沟的水环境以及相关的功能等。

（3）对水田及其周围环境的分析，考察稻田的特点及稻作农业发展水平。

（4）对兴建聚落的地表的沉积物分析，考察居住环境的稳定性等。

在这其中，我们对壕沟沉积物的分析比较多，包括了大汶口文化（焦家）、龙山文化（城子崖和丁公）、岳石文化（城子崖）三个时期的壕沟，对壕沟沉积物的研究也是我们开展地学考古研究的起点，这是因为学者们对史前时代壕沟功能普遍比较关注但观点不一致，尤其对其防御功能的认识存在分歧，我们的初步研究认为，史前时代的壕沟尽管从其形态上看明显具有防御功能，但有些壕沟的堆积物显示处于长期无水状态，壕沟的防御功能或许不像我们所想象的那样强；这些壕沟，在具有防御功能的同时，也具有排水等功能。

考虑到地学考古研究基本内容分散在后面的不同文章中，为了方便读者总体把握地学考古方法的框架，下面将从基本概念、工作计划、野外采样、实验室分析、数据解读和综合学术研究等几个方面系统地、但非常概括性地介绍地学考古，相关方法的具体内容则可以从后面的文章中查找。

一　概念

介于研究人类社会与文化的各个方面的考古学与研究地球的庞大学科系统之间的地学考古，虽然仅仅是一种研究方法，但其学科交叉的性质注定了其涉及的内容是非常广泛的，这种广泛性首先表现在概念的广泛性方面。下面将对其中的主要概念进行说明。

（一）地质考古与地学考古

地质考古就是地质学在考古学中应用，而地学考古就是地球系统科学在考古学中的应用。两者之间有联系也有区别。

首先，从概念本身讲，地质考古是被包含在地学考古中的。如前所述，地球系统科学包括了地理科学、地质学等一系列的学科，而地质学是地球系统科学中的一个学科。

其次，从地球科学发展的历史来讲，地球系统科学这个概念是在20世纪80年代后期被提出来的（刘东生，2006），所以，此前在环境考古研究中并不存在地学考古这样的概念。

第三，从环境考古这个研究领域的发展过程来讲，20世纪的环境考古研究，主流是用第四纪环境科学的古环境研究方法——比如孢粉分析-复原遗址周围乃至遗址本身的植被变迁过程，而进入21世纪之后，随着地球系统科学思想的不断发展，环境考古研究也越来越多地吸取地球系统科学的研究思路，用地学考古的方法开展环境考古研究。

上述发展历程，不仅存在于中国的环境考古研究中，在欧美环境考古研究中也存在大致类似的发展轨迹。检索20世纪的英文的环境考古文献，可以看到，"geoarchaeology"主要指的是地质学方法在考古学中应用，而进入21世纪以来，特别是受到地球系统科学思想的影响，同样是"geoarchaeology"，已经不仅仅指地质学方法在考古学中应用，而更多是指地球系统科学方法在考古学中的应用，其中的地球系统科学方法就包括了地球科学与物理学、化学、生态学的交叉与融合。

（二）环境考古与景观考古

目前在中文的文献中，我们经常会看到"环境考古"与"景观考古"这两个概念混用，或者是随意地使用。混用，就是认为两者无差别，随时可以互换。而随意使用，则稍有不同，似乎作者认为这两个概念是有区别的，但又不确定区别在哪里，所以行文中甚至在文章标题中，使用很随意。考虑到地学考古方法在考古学中的应用主要是在环境考古领域，有必要对这两个概念做一下梳理。总体来讲，导致这种状况的原因有两个客观因素，一个是，这两个概念之间确实有联系又有区别，很容易导致混用；另一个原因是因为这两个概念都是从英语世界借用来的，如果不进行仔细分析，就无法弄清具体含义而导致混用或误用。

首先，从考古学思想史的角度，环境考古研究主要是过程考古学或新考古学的产物（崔格尔、陈淳，2010: 293-334），而景观考古则主要是后过程考古学的产物（Evans，2003; Goff et al., 2021）。在过程考古学最初发展阶段，环境考古可以说是新考古学思潮最重要的阵地，新考古学的领军人物比如宾福德等，都是环境考古研究的大家。到了后过程考古学快速发展的时代，环境考古研究的局限性不断明显，适应新的学术发展，景观考古的概念则应运而生。

其次，从研究内容方面讲，环境考古强调人作为环境之外的一种存在，与环境是并行的甚至是对立的，其核心研究问题包括（1）环境（气候、植被、地貌、水文等）对人类活动的限制与促进作用和（2）人类活动对环境的改造或破坏。而景观考古则是将人类作为环境的一部分，人与环境是一个系统内部的不同因素之间的关系。

再次，从具体研究方法上看，环境考古研究，更多的是通过复原遗址周围的自然环境变化过程，再结合考古遗址中所记录的人类活动，探讨自然环境对于人类活动的限制、影响以及人类对自然环境的适应与改造。而景观考古，则始终在关注人类活动的时候就把自然环境考虑在内，反之亦然。景观考古有很多成功的案例，其中对于柬埔寨的高棉帝国的研究（Carter et al., 2021），是非常经典的，对我们开展相关研究有很好的借鉴意义。

地学考古对于环境考古的意义是多方面的。从研究的空间尺度讲，可以分为遗址内（on site）和遗址外（off site）两个层次。从研究的内容讲，可以分为埋藏学（遗址内外）、遗址内人类行为和自然环境因素、遗址外自然环境变迁以及可能的人类活动线索，上述三个方面的研究结果最终作为解释人与环境关系的证据。

（三）遗址内与遗址外

环境考古，核心目标就是以考古学材料为基础、结合与考古材料同时的环境研究结果，理解人类与环境之间的互动关系。关于环境研究，最重要的一点是要弄清楚：我们所得到的环境研究结果，是自然的环境还是受到了人类影响的环境；如果是受到人类影响的环境，又是多大程度上受到了人类的影响；因为不同的环境结果，所体现的人类与环境关系的本质是不同的。基于这样的考虑，环境考古研究中关于环境的考察就需要：

（1）关注考古遗址内可能存在的自然沉积，考古遗址堆积中如果有明显的间歇层（就是文化堆积被某种可能是自然的因素打断了），就需要考虑可能存在的洪水沉积或风成沉积。

（2）遗址外的、最有可能未受到人类影响的自然沉积中记录的环境变迁过程。

（3）空间上介于考古遗址与自然沉积之间的沉积物中的环境变迁记录，这里我们最容易找到花园、农田、牧场等受到人类活动影响的环境记录。

上述三种环境记录，是我们进行环境考古研究的基础证据，而其研究思路，则具有很强的埋藏学的特点。

（四）埋藏学

运用地学考古的方法开展埋藏学的研究，首要目的是确定上述三种环境变迁记录的性质，因为多数情况下，我们仅凭肉眼很难确定沉积物的形成过程和动力机制，尤其对于考古遗址中出现的所谓的间歇层，到底是纯粹的自然环境变化的结果还是兼有人类活动和自然因素双重作用，我们需要在野外观察的基础上，通过微形态分析，获得相对可靠的信息。事实上，即使是被我们认为的遗址外的自然堆积，也需要通过微形态等分析来确证其自然性，因为新石器时代开始以后，尤其农业作为主要的生计策略之后，人类活动不再局限于遗址内或遗址附近，人类复杂的资源利用活动很可能对远离遗址的区域也产生环境影响，这里当然排除了高山湖泊或深海沉积，人类可能在比较晚近的时代才对这类环境产生影响。由此可见，既然考古遗址内和遗址外自然沉积区域的沉积物都可能记录人类活动的影响，那么，介于两者之间的区域，就理所当然地存在受到人类活动影响的可能性。所以，在环境考古研究中，对沉积物进行埋藏学即沉积物形成机制的研究是至关重要的。

除此以外，地学考古在遗址形成过程（site formation process）研究中也起着至关重要的作用。这类研究主要就是用沉积物微形态分析方法对各类建筑遗迹所依托的原始地表状态、建筑原料、建筑方法和过程、使用过程、废弃过程的研究，因为大多数早期遗址的堆积都主要是由各类建筑遗迹构成的，对这类遗迹的生命史的理解就成为遗址形成过程研究的重要内容。这类研究结果，不仅帮助我们理解遗址的形成过程，而且还可以获得在这个过程中人类行为的信息，目前我们做得最多的工作就是对龙山时代壕沟堆积物的分析，研究结果揭示了人类利用壕沟来进行水资源管理的事实，深化了我们对壕沟功能的理解。

不论是遗址内还是遗址外的沉积物，在进行了微形态分析、了解其形成机制之后，还需要开展各种古环境指标的分析；这些环境指标，主要借用了第四纪环境研究的指标，其中既包括反映自然环境变化、也包括反映人类活动的指标，因为在地球系统科学视野下，人类也是地球系统的一部分。

（五）第四纪环境指标

第四纪环境变迁主要包括气候、地貌、植被、水文等方面，而反映这些环境要素的指标主要包括物理 - 化学和生物指标等。专门的第四纪环境科学论著中都有详细的关于各类指标的介绍（Williams et al.，刘东生等，1997；Lowe et al.，沈吉等，2010），这里结合环境考古研究，对常用指标做简单介绍，目的是为后面的野外调查和采样做准备，因为寻找采样剖面、设计采样方案首先需要对各类指标有基本的了解。

1.物理–化学指标

最常用的物理 - 化学指标有粒度、磁化率、有机碳、元素含量、黏土矿物等。

（1）粒度（grain size）

沉积物的颗粒大小被称为粒度。研究沉积物（主要是碎屑沉积物和碎屑岩）的粒度大小和各种粒级的分布特征的方法就是粒度分析方法。根据现代沉积物分析可知，碎屑物质以机械搬运为主，其搬运和沉积作用受到水动力条件（如介质、流量、流速等因素）的控制，碎屑物质埋藏后除部分石英有次生加大或溶解外，一般颗粒变化不大，所以，粒度分析经常被用作判别各类沉积物形成的环境和水动力条件的一个重要物理指标。一般来讲，粒度分析能够提供以下信息：①明确搬运介质性质，如风、水、冰川、泥石流、浊流等；②判断搬运介质的能量条件，如流速、强度、启动能力等；③明确搬运方式，如滚动、跳跃、悬浮等；④明确沉积物作用的形式，如前引流、浊流等。粒度分析在地貌复原研究中具有重要作用。现在粒度分析一般使用激光粒度仪和数据分析软件，不同粒级（表1）的样品用的方法也有一些区别；一般的第四纪环境研究机构都有粒度分析实验室。

表1 碎屑颗粒粒径温氏分级及与之相应的ø值标度

名称	毫米制	ø值
巨砾	>256	<-0.8
中砾	256—64	-0.8—-6.0
砾石	64—4	-6.0—-2.0
卵石	4—2	-2.0—-1.0
极粗砂	2—1	-1.0—-0.0
粗砂	1—0.5	0.0—1.0
中砂	0.5—0.25	1.0—2.0
细砂	0.25—0.125	2.0—3.0
极细砂	0.125—0.0625	3.0—4.0
粗粉砂	0.0625—0.0312	4.0—5.0
中粉砂	0.0312—0.0156	5.0—6.0
细粉砂	0.0156—0.0078	6.0—7.0
极细粉砂	0.0078—0.0039	7.0—8.0
粗黏土	0.0039—0.00195	8.0—9.0
中黏土	0.00195—0.00098	9.0—10.0

（2）有机碳含量

由于有机碳的变化可以用来反映形成时水体生物的初级生产力，有机碳含量的测定在古湖沼学研究中具有重要作用。另外，有机碳含量测定也可以确定放射性碳同位素测年所需要的有机质物质含量。不过，随着高分辨率年代学的发展，测年样品更倾向于采集植物残体如种子、炭屑等。常见的有机碳含量的分析方法就是烧失量方法（loss on ignition, LOI）。该方法操作步骤是：在加热炉中燃烧一定量的样品，通过质量损失来计算样品中的碳含量；此外，标准滴定法和比色法也是常用方法。在环境考古研究中，有机碳含量可以作为人类活动强度等行为特征的指标，也可以用于分析遗址周围的自然沉积剖面中所反映的环境变化过程。

（3）金属元素

晚第四纪湖泊相沉积物的金属元素分析，能够帮助我们理解湖泊集水区域物质侵蚀的历史演变过程，其基本原理就是：湖泊或沼泽地沉积物样品中的钙、钾、钠和镁等元素的丰度可以通过火焰光度计或原子吸收分光光度计进行测定；利用少量沉积物样品测量金属离子比率的更迅捷的方法是质谱原子发射谱线，精度也比较高。感应耦合等离子体测定法（ICP）包括源于沉积物样品的离子化气体的雾化（等离子化）后，通过质谱（ICP-MS）、原子发射光谱（ICP-AES）或荧光光谱（ICP-AFS）分析元素的含量。

（4）黏土矿物

沉积物中的黏土矿物（主要包括伊利石、绿泥石、蒙脱石等）能提供物质来源和沉积后不同风化作用造成的化学变化方面的有用信息（赵杏媛、张有瑜，1990）。在第四纪环境研究中，黏土矿物分析是一个比较常用的指标，其中最常用的方法是 X 射线衍射分析（Moore and Reynolds, 1997），其工作原理是：用一束定向电子流射向旋转中的样品，通过观察和比较广谱线上峰的宽度和强度差异来确定黏土矿物种类，进而考察沉积物的来源及其沉积之后的物理与化学变化。黏土矿物还是理解农学中的土壤的关键，因为土壤吸收水分、无机阳离子和阴离子、有机分子等过程都发生在胶粒尺度的颗粒表面，而这些颗粒经常是很多重要反应的催化剂，其主要成分就是黏土矿物、有机质、水合的氧化铁、铝和锰。对于土壤形成中的生物和物理过程、土壤中的营养交换等都是从理解胶粒大小的颗粒开始的（Moore and Reynolds, 1997）。从这个意义上讲，环境考古研究中的土地利用分析，黏土矿物也是重要研究内容。

（5）磁化率（magnetic susceptibility）

沉积物中的磁性矿物在数量、颗粒大小以及类型上，都存在不同程度的差别，所以，不同的沉积物具有不同的磁性矿物组成，因为磁性矿物组成不同，沉积物磁化的程度就存在差别，这就是沉积物的磁化率。分析的基本原理是：利用磁化率测定仪器，将具有梯度的磁场施加于被测沉积物，然后测量样品感受到的作用力差值，即可得到磁化率值。目前常用的磁化率测定方式包括野外现场测定和实验室测定。手持磁化率测定仪可以在野外工作中随时测定沉积物的磁化率，这种简便易行的方法尤其适合环境考古调查中判断沉积物的性质和确定采样方案。当然，这种简易的设备在测量精度上有局限，所以，更精确、可靠的磁化率测定需要在实验室完成，中科院地质与地球物理研究所新生代环境实验室等多家单位都有高精度的磁化率仪。磁化率测定结果可以告诉我们沉积物中磁性矿物的丰度和类型；而这些磁性特征变化既反映沉积物类型，也可以用来重建沉积速率的变化和气候演化（Williams et al., 刘东生等，1997: 201-203）。现代表土样品的磁化率分析表明，黄土高原及周边地区的土壤磁化率与年均温、年均降水量是正相关的；而长江以南广大地区土壤磁化率与年均温、年均降水量之间则是反相关的；新疆及周边地区表土磁化率与年均温、年均降水量之间的关系则比较复杂。在比较典型的湖泊沉积物中，可以根据沉积物的磁性特征推断流域的环境变化（吕厚远等，1994）。

2.生物指标

这里说的第四纪环境变迁生物指标，主要是"地球表层系统环境重建"中的各种指标（丁仲礼，2013），其中，以"古植被古生态复原"研究中的指标为主（吕厚远，2013），环境考古研究中，以陆相沉积物为主，极少涉及海相沉积物，偶尔也会涉及海陆过渡相沉积物。

动植物残体构成的生物化石记录是第四纪环境古生态研究的重要内容，也是环境考古研究中的重要指标。古生态学通过三个主要层次来解释动植物残体所代表的环境意义，首先是某一生物门类（科、属、种）内部有机体之间的相互关系，其次是生物与环境之间的关系，最后是这种生物与其他动植物之间的关系。因为人属于生态系统的一分子，更因为人类的生存与发展很大程度上依赖生态系统及其资源供给，环境考古研究中的人类生计策略、人与环境之间关系等内容，都要涉及各种生物遗存的分析，并与前述的物理-化学环境记录相结合，综合理解人类发展历史。

和植物考古研究类似，第四纪生态学研究的材料分为大化石（macrofossil remains）和微体化石（microfossil remains）两大类。大化石指的是肉眼或低倍（40倍以下）显微镜能够观察到的材料，比如大型脊椎动物化石、小型的动物化石、较小的植物残体（种子、树叶、果实、木炭等），这类化石因为比较大，在沉积物中保存相对难、数量也少；微体化石是肉眼看不到、低倍显微镜也无法鉴定种属的微小生物化石，包括孢粉、硅藻及其他藻类、真菌孢子、浮游生物等，这些化石都小于1毫米，需要高倍显微镜（常用的是生物显微镜）才能准确鉴定种属，这类化石小，所以在沉积物中保存更容易、量也更大。这里仅介绍几种最常用的化石类型。

（1）孢粉

是孢子和花粉的总称。在现有的第四纪生态研究中，孢粉无疑是应用最广泛的指标。孢粉分析就是通过对孢粉的分类和描述，获得孢粉组合及其在地层中的变化，进而重建植被环境的变迁过程。现代过程的研究表明，孢粉通常以极大的数量在地表或水体中沉积下来，部分进而成为沉积物的组成并形成化石，对这些化石进行提取、种属鉴定、数量统计、制作孢粉图谱，最终认识沉积物剖面的植被演化过程，这就是孢粉古生态研究的基本框架。

（2）植硅体

植硅体是植物体内沉淀下来的无机矿物硅，其形成原理是：高等植物生长过程中吸收地下水，水中的二氧化硅成为支撑植物站立的重要因素，这样硅就会在植物体内积聚起来，当植物死亡之后，有机质部分腐烂、分解，但硅质部分则可以长期保存下来。不同类型的植物、植物的不同部位，植硅体的含量不同、植硅体的形态也不同。所以，通过分析沉积物中的植硅体，就可以复原其源植物的种属，并进而获得植被变化的信息。植硅体分析方法在考古学中有非常广泛的应用，因为被人类较早驯化的禾本科植物中有大量的植硅体，不仅不同种属的植物植硅体类型不同，同一种植物不同部位植硅体类型也不同，这就为研究人类对植物的利用提供了非常重要的证据。同时，植硅体组合也能反映植被变化。

（3）硅藻

硅藻普遍分布于水体或者潮湿的环境中，约占全球初级生产量的80%。在各种水体环境中，主要有底栖、附生以及浮游类型。海洋生态系统中，泻湖、大陆架和深海区域都有硅藻；在内陆池塘、湖泊以及河流中硅藻的含量更高。在适合的潮湿地带（潮湿的石头、土壤或树上），也有一些种属的硅藻生长。研究发现，硅藻的种属与分布受很多因素的影响，这就意味着，通过硅藻研究，可以帮助我们识别多种环境，并理解考古学文化（贺可洋等，2021）。水体的酸碱度、盐度、溶解氧、营养物质和水文都会影响硅藻的种属分布。在现代硅藻生态研究的基础上，第四纪古环境复原以及环境考古研究中也广泛使用这个指标。历史上的湖泊水位变化、水化学变化、海平面变化以及人类活动对湖泊生态系统的影响等，都可以通过硅藻研究获得一些重要信息。因为壳体结构容易受到外界因素的破坏，硅藻和孢粉一样，在颗粒较细的沉积物中保存更好，湖泊、大陆架和深海沉积物是硅藻分析的理想样品，有些时候浅海区或河口地区的沉积物中也有硅藻。样品采集之后，需要常温密闭保存，这样才能保证硅藻的壳体不会受到破坏。

（4）非海洋软体动物

软体动物属于无脊椎动物，其身体较软的部分被钙质壳保护，而这个钙质的壳，在地层中一般保存比较好。在陆地或淡水环境中，有大量的软体动物活动，在石灰岩、碳酸盐碎屑、洞穴、黄土、海岸带沙丘和海滩等环境中，都有软体动物存在。一般来讲，碱性强的环境下软体动物更加丰富，其残体会在河流、湿地、湖泊、林地以及受到人类干扰的陆地沉积物中广泛存在。在与人类活动相关的土壤、沟渠、地窖、水井、耕地等沉积物中也有软体动物遗存，这是环境考古研究中非常重要的优势。现代生态的研究发现，软体动物种属特点比较明显，所以在第四纪环境重建的应用方面拥有很多优势。第一，样品通常能鉴定到种级水平；第二，在不能保存孢粉和鞘翅目昆虫的氧化环境中，软体动物的壳可以保存下来；第三，足够大的壳体使得野外发现和辨认成为可能；第四，基于现代软体动物的生态属性和地理分布研究比较多；第五，现代软体动物对局部环境的物理和化学性质变化比较敏感。中国的黄土古气候研究中，作为重要软体动物的蜗牛壳体的种属鉴定，成为诸多古气候指标之一，相关研究具有重要的意义（Williams et al., 刘东生等，1997: 207-209）。

（5）植物大化石

植物大化石主要指那些肉眼可以看到的植物维管束部分（植物茎秆部分多数破碎成块状）、种子、果实、雄性花蕊、花蕾、鳞苞、角质层等，相当于植物考古研究中的植物大遗存；这些植物遗存可以肉眼或借助解剖显微镜低倍放大进行种属鉴定。因为其体积比较大，在自然沉积物中不容易保存；但是，在河口、河流淤积物（特别是很细的淤泥层）以及泥炭类的堆积中有时候会保存这类植物遗存。沉积物中保存的植物大遗存特别是种子、果实、炭屑等，不仅是植物种属鉴定的理想材料，还是放射性^{14}C 测年的好材料。

（6）脊椎动物残体

就像植物大化石那样，脊椎动物残体属于动物大遗存，肉眼可见并可以进行种属鉴定。在自然沉积物中，脊椎动物残体保存比较少，但在考古遗址中经常会保存一些比较好的脊椎动物遗骸，其中的野生动物遗存，也是考察遗址周围环境的一个可以参考的指标。同样，这些动物遗存也是放射性^{14}C 测年的理想材料。

（7）生物标志物

生物标志物一般指生物代谢产生的大分子有机化合物，通常能够指示特定的生物来源，在考古学中常用于古环境重建、残留物分析等。常见的指标如叶蜡，一种长链的正构烷烃，含碳数大于 22 的主要来自高等植物（梁承弘、鹿化煜，2021），在湖泊环境中，含碳数较低的正构烷烃可能来自藻类，叶蜡的氢同位素对重建古气候中的降水有重要指示意义。而且烷烃的化学性质比较稳定，在陆相沉积物中分布广泛，在环境考古中有很好的应用前景。此外，沉积物中的脂肪酸、醚类化合物、色素等都可以用于重建古环境。近年来在地学考古的研究当中，也有从遗址沉积物里提取固醇类、胆汁酸等生物标志物的研究案例，用来鉴定人和动物的粪便遗存，进而推测遗址的空间利用和形成过程（Shillito et al., 2011）。

（8）测年样品

前面介绍的几种主要的环境指标，在环境复原研究中，都必须有年代数据支持，所以地学考古采样中必须认真对待测年样品的采集。**首先**，可以参照考古年代学的方法采样。在考古年代学发展的前期，植物大遗存中的木炭经常是放射性^{14}C 测年的首选样品；随着植物考古研究的进展，考古学家获得一年生草本植物种子的能力提高，这些样品就逐渐取代木炭成为放射性测年的理想样品；同时，各类动物骨骼也是测年标本的重要来源。大量的实践表明，考古遗址中出土的炭化种子和果实等，因为体积比较小、在沉积物中容易受到生物或物理作用而发生位移，这样就会发生样品的污染（早期灰坑中的种子可能混到晚期堆积中，反之亦然）；在这种情况下，解决的办法包括（a）每个时期尽量多测几个年代数据（b）同时用炭化植物遗存和动物骨骼测年，结果可以互相校正。在地学考古研究中，也可以借鉴这样的思路来选择测年样品。但是，因为这些比较大的生物遗存（种子果实和动物骨骼等）在自然沉积物中保存较差甚至就根本没有，所以，就需要针对不同的沉积物类型设计不同的采样方案。第二，晚更新世以来自然沉积物的测年样品采集。这里界定"晚更新世以来"主要是考虑到放射性 ^{14}C 测年的上限大约在 5 万年左右，超过这个年代的样品，放射性 ^{14}C 方法就无能为力了。自然沉积物的放射性 ^{14}C 测年样品，除了借鉴考古年代学的方法采集植物和动物残体测年，还可以选择有机质含量比较高的泥炭或淤泥，前者可以借助显微镜从中挑选出微小的植物残体进行测年，后者需要在实验室进行前处理将其中的有机质提取出来以供测年。除了放射性 ^{14}C，光释光测年也是环境考古中经常用到的方法，但样品需要选择埋藏前曝光充分的沉积物，如风成黄土、沙丘等，其次是河湖相沉积，受人类活动干扰严重的文化堆积则相对复杂，应谨慎选择。

（六）第四纪地貌复原

地貌学是研究地表形态的特征、成因、发展、结构和分布规律的科学；在地球系统科学体系中，地貌学是重要的基础学科；这种基础的意义也表现在其与考古学的关系方面。首先，人类的各种生计活动、特别是资源的获取和居住地（也包括墓地）的选择等，不可避免地考虑地貌因素；其次，前述的各种古环境复原的指标，其物质存在都依赖各种地貌部位，其变化的过程也与地貌性质及其变化过程密切相关。举例来说，作为第四纪环境复原研究最常用的指标之一——孢粉，不论是样品采集还是分析结果的解释，都要考虑地貌特点。黄土沉积与湖相沉积，孢粉类型、沉积方式、沉积后保存条件、实验室孢粉提取等流程都有明显不同，而对于所获得的孢粉谱的古环境意义的阐释，就更加不同。因此，第四纪环境复原研究，首先要考虑的就是地貌变迁，从这个意义上讲，地貌是第四纪环境复原研究的重要指标之一（Lowe et al., 沈吉等，2010）。所以，环境考古研究中，地貌复原是非常关键的内容。

1.地貌研究的基本方法

包括野外方法和遥感方法（Lowe et al., 沈吉等，2010）。

（1）野外方法

首先是制图。一般来讲，需要利用已有的各种图件，根据研究的需要，绘制所需要的地图。比较有价值的地图包括 1∶10000 或更大比例尺的地貌图，当然，对于一个遗址来讲，利用航空照片制作的数字高程地图，也是必不可少的，因为这样的地图能够帮助我们看到遗址本身及其周围的高低起伏，有了这样的地图，就可以设计比较具体的地学考古研究方案了。

其次是观测仪器尺度。第四纪环境变迁过程的重建，需要辨别特殊地貌和地貌组合的精确海拔以及它们之间的海拔差。比较宏观的尺度上，海拔高度数据对于重建早期阶地的连续特征、测量坡度并确定阶地关系至关重要；而尺度相对较小的考古遗址内、遗址周围地貌的复原也需要获得海拔数据，这样才能获得遗址周围人类活动的地貌特征。而比较地貌海拔，需要大量的常规数据。获得这些数据，就需要开展比较专业的测量，全站仪、RTK 等仪器都非常有用。

（2）遥感方法

是通过一系列设备接收地球表面物质由于不同反射率、粗糙度、岩性及其他属性而反射的不同辐射和声呐信息，从而获取地球表面特征图像的相关技术，获得的图像帮助我们理解人类居址选择、各种活动所依托的环境。遥感的基本技术包括利用可见光和非可见光（红外）的光谱、安装在卫星上的多光谱扫描系统、雷达感应器、声呐技术（回声）以及激光技术等，从飞行器上方便地获得图像数据。遥感考古在中国已经有比较广泛的实践了，其中以对遗址本身的考察为主，对遗址周围环境分析比较少（刘建国，2008），而对遗址周围环境的分析则是环境考古研究的主要任务之一。采用遥感技术开展环境考古的地貌复原研究，除了查阅相关机构发布的卫星影像资料，还需要结合具体遗址及周边环境，绘制可以用于寻找与人类活动相关的诸如古河道、湖泊等遗迹的高清晰地图。首先需要绘制一幅遗址周边的数字高程地图，就是现在很多考古遗址尤其聚落居址发掘过程中普遍绘制的数字高程地图（DEM），这种图让我们很容易看到遗址及其在周围环境中的位置，便于初步理解遗址的选址以及相关资源利用情况，但还需要更高分辨率的图件资料。其次，就是要用激光雷达测绘的方法获得更高分辨率的遥感影像图，为我们考察遗址及周围环境的微地貌提供线索，当我们将景观考古作为研究目标的时候，这样的影像图是非常必要的。这方面可以参见柬埔寨高棉帝国景观考古研究的例子（Carter et al., 2021）。

2. 地貌类型

环境考古研究中涉及的主要地貌类型包括河流地貌、黄土地貌、滨海地貌（包括海面变化等）、冰川地貌等；从形成、演化的角度，不同地貌类型之间并不是泾渭分明的，而是有着密切的联系。河流地貌与黄土地貌之间的关系就是一个典型的例子，穿过黄土地带的黄河，其河流地貌的发展、演化与黄土地貌的演化直接相关，黄土地貌被侵蚀严重的阶段，对应的就是黄河河谷加积或泥沙增多的阶段，反之亦然。在环境考古研究中，首先需要了解较大尺度的地貌（杨景春、李有利，2017），这样有利于我们理解不同历史时期人类居址选择的背景，同时也为具体聚落的人与环境关系研究奠定宏观基础；其次，可能也是更重要的，是学习微地貌知识（邹豹君，1985），尽量能对遗址所在小区域以及遗址本身的微地貌有所了解。

二　如何设计地学考古采样方案

从中国考古学发展的历史过程来看，采样方法是受到研究目标的明显影响的，这是非常自然而然的事情；很难想象，在以文化历史考古学为主的时代，考古发掘中能系统采集动物考古和植物考古的样品；同样难以想象的是，在全面系统理解古代社会尤其关注古代社会的生计策略、人与环境关系的考古学发展的新阶段，考古发掘还不系统采集动物考古、植物考古、人类骨骼考古等方面的样品。对于地学考古样品的采集来讲，目前越来越多的学者都意识到其重要性，但很尴尬的事情是，目前情况下，相比于从事植物考古、动物考古、同位素分析、人类骨骼考古等科学分析的人员，从事地学考古工作的人员数量还是相当少的，更不用说与从事田野考古调查发掘的人员的比例了。这就意味着，即使田野工作中采集了地学考古样品，也未必会及时拿到分析结果。但是，这并不应该成为忽视地学考古样品采集的理由，因为（1）地学考古研究对于考古学的意义是不言而喻的；（2）任何的考古发掘都是不可重复的，而我们也知道，任何一个遗址哪怕是一个遗迹，都是独一无二的，所以都需要采样；（3）地学考古的样品主要来自沉积物，这类沉积物样品，只要适当保存，可以长期存放；（4）地学考古样品只要合理包装，占用的空间有限；基于上述原因，在现在样品可能无法被快速分析提供结果的情况下，也可以并且应该采集地学考古样品。采样思路可以借英国的一个例子（Wade et al., 2019）。在这个20世纪80年代发掘的遗址中，植物考古分析发现植物遗存非常少，但考虑到可能存在方法方面的问题，就采集了散样用于未来分析；进入21世纪之后，学者用新的方法重新分析这批样品，结果发现了丰富的植硅体遗存；同时，也发现了仅仅采集散样做植硅体分析，无法了解植硅体沉积的背景，并在文章中呼吁与植物考古研究相结合的沉积物微形态分析的必要性。

合理的假设是，地学考古采样方案很大程度上取决于考古项目的性质。现阶段，考古项目主要分考古调查勘探与发掘两大类型；这两个类型都可以分为配合工程和以科研为主要目的两种类型。一般情况下，配合工程的调查与勘探，时间都比较紧，开展各种采样的可能性不大；但是，如果是主动考古发掘项目，之前的调查与勘探是应当考虑地学考古采样的。所以，下面将从配合工程建设的考古发掘和主动性的发掘及相关的调查与勘探两个方面，说明一下在田野工作中如何设计地学考古采样方案。

1.配合工程的考古工作

一般来讲，配合工程的考古工作，不论是调查、勘探还是发掘，都严格受到时间的限制，因为工程建设是国民经济发展的重要内容，考古项目都会尽量争取在规定的时间内完成，即使是有特殊的发现，需要延期，也是有限度的。当然，如果发现的古文化遗存非常重要，就是另外一回事了，可能需要更细致的发掘，如果文物古迹需要永久保存下来，那工程方就要重新考虑工程施工地点。因为受到时间限制，而且工作范围严格限定在工程施工范围内，所以，地学考古的原则就是：在不影响工作进度的前提下，尽量采集各种相关样品。第一，因为钻探工作是在建筑施工范围内全面展开的，不仅局限于考古遗址，所以，钻探记录非常珍贵，因为未来的地学考古工作可以根据钻探记录，寻找合适的地质剖面进行古环境复原研究。第二，在遗址范围内的钻探中，来自文化层（包括灰坑等文化遗迹）的土样，可以收集起来做相关分析，比如孢粉、植硅体分析，可以为我们未来开展系统的地学考古研究积累线索，因为这些分析能从仅有的一点点土样中获得遗址中相关植物尤其农作物方面的信息。第三，调查中如果遇到考古遗址以外的沉积物剖面，特别是在一些窑厂之类的挖土地区见到的剖面，可以做一些简单记录。第四，发掘中尽量采集各种样品，具体采样方案可以参考"主动考古项目"，但因为受到一些条件限制采样量可能会比较少。

2.主动性考古项目

主动性的考古项目，一般在时间和经费方面都比较有保障，应该认真设计采样方案。需要说明的是，地学考古采样与植物考古、动物考古等采样，并不总是截然分开的。举例来说，一个填土分为多层的灰坑，我们采集微形态样品的同时要采集一套植硅体分析散样，这个样品同时也是植物考古分析需要采集的，这样一套样品就可以服务于地学考古和植物考古两个目的，当然，同样的结果最后的解释不同，植物考古结果可能更倾向于解释农作物组合等，而地学考古则可能倾向于解释植物遗存堆积的过程及其背后的人类活动。

如前所述，地学考古可以分为遗址内和遗址外两部分开展。在主动性考古项目中，如果有条件的话，建议在考古发掘与研究的同时，设计环境考古研究，这样就可以将遗址内的发掘与遗址外的环境调查有效地结合起来，这样做就是为了给遗址内文化遗存的解释提供一个环境背景，比如我们解释遗址居民的农耕的活动，如果有遗址外的微地貌研究结果，甚至是找到了农田，就使得我们的研究结论更加可信，经得起时间的考验。

遗址内的地学考古采样可以考虑以下几个方面。

第一，填土分多层的灰坑或窖穴类遗迹采样，包括微形态分析的块状样品和对应的散样。分析结果可以帮助我们理解堆积形成过程以及人类活动特点。

第二，多层叠压的房屋居住面类遗迹（也包括窖穴底面）采样，也是包括微形态分析块状样品和散样，分析结果可能会提供居住面经过多次维修、抹平方面的证据，进而考察人类居住模式。

第三，居住区的文化层或壕沟里的堆积，采集微形态样品和对应的散样，可以为我们理解遗址形成过程、壕沟内的水文状况及其相关的人类行为有所帮助。

大型夯土类遗迹采集微形态块状样品，可以分析建筑工艺，比如，夯打的强度，是短期内完成的还是中间有间隔等。

除了以上几种情况，如果需要了解某类堆积或遗迹的形成过程及其包含物，都可以采集微形态样品及其相关的散样，通过地学考古分析获得一些有价值的信息。

遗址外的地学考古采样，主要目的是直接考察人与环境之间的关系，包括土地利用方式、资源获取方式、聚落周围的地貌和水文状况及其反映的人类活动影响方式与程度等。遗址外地学考古采样，首先需要寻找与遗址时代大致对应的剖面，这种剖面应该在空间上能够满足考察人与环境关系的需要，理想的情况是，在遗址边缘、遗址外人类活动范围内、遗址外人类活动范围以外这三个空间上各有一个或两个剖面（如果仅有一个剖面，那就只能考察聚落以外一个空间的情况，如果有两个或三个剖面，就可以对遗址外的整个空间做比较全面的考察）。这种剖面，或者是本来就有的，或者是需要通过挖探沟获得剖面，或者是通过打钻获得岩芯。

三　野外采样方法

根据地貌调查确定了采样位置，并通过利用自然形成剖面、挖探沟获得剖面、打钻获得岩芯等方法，就准备好了采样剖面。这三种获得沉积物剖面的方法都需要一些特定的工具或设备。

（一）需要的基本工具

1.开挖剖面或钻孔

开挖剖面或清理自然剖面，需要地质学家常用的冰镐、工兵铣、皮尺、罗盘等基本设备。如果工作量比较大，就需要雇用民工。钻孔需要专用的地质钻机，可以根据实际情况购买或租用适合的钻机。需要注意的是，如果是租用钻机，也需要专门的技术人员来操作。

2.采样与记录工具

采样工具主要包括小铁锹、铲子、刮刀、皮尺、罗盘、不同型号的封口袋、防水记号笔等。用于收集土样的工具比如铲子或小勺子等，要随时清理干净，避免样品之间的污染。封口袋一定要买封口能力强、能比较长期保存记号笔所做的记号的类型，我们在实验室里偶尔会见到样品的封口袋已经张开或者字迹模糊的情况，严重的时候样品就作废了。当然，记号笔也很关键，质量差的记号笔，样品还没有送到实验室，封口袋上的信息就已经模糊了。

记录方面除了工具，还有记录内容也要尽量全面。微形态样品除了时间、地点、采样人，样品盒子上还要标注上下和指北方向，如果样品跨了不同的地层，还要在盒子上划出分界线的位置。散样要注明样品类型，比如孢粉分析或粒度分析，如果是在同一个实验室完成散样所有的分析工作，就可以采集一个大份的散样；如果将来孢粉、植硅体、粒度等分别送到不同实验室，那就要当场分好，这样免得回实验室再次分样，甚至出现样品量不足的问题。散样采集可以考虑除了在封口袋表面写上相关信息，再将写了完整信息的标签纸装入小封口袋、然后放入散样袋子里，这样即使封口袋上的字迹模糊了，标签信息依然完好保存。当然，如果地学考古样品也能录入数字管理系统，打印防水防污标签，就会大幅提高工作效率，减少人为错误。

（二）采样步骤

1.剖面描述

根据研究目标所清理、开挖的剖面或钻孔所得的岩芯，是后续环境考古研究的最主要的环境载体。对这些剖面的研究，需要经历野外描述和采样、实验室再次采样和样品分析解释等关键环节，其中，野外对剖面的描述不仅决定如何设计采样方案，更决定了后续对实验数据的解释。地学考古研究中的剖面描述和采样方法，基本可以借鉴第四纪环境科学的方法，同时要结合考古遗址的位置、文化内涵、最终研究目标等。不仅是环境考古，即使是在第四纪环境科学研究领域，不同的学者或根据研究目标或根据剖面沉积物特征，都有不同的描述策略；但相互之间并不存在本质的不同。这里建议参考本集中的第 4 篇文章和关于河南三杨庄、岸上遗址的环境考古研究（Kidder et al., 2012； Kidder and Liu, 2014）及其中的参考文献中介绍的方法进行野外剖面描述，同时也建议参考第四纪环境科学专家对于相关区域的地层描述和环境重建研究中的剖面描述。

2.采集沉积物样品

地学考古研究中的沉积物，按照性质可以分为（a）考古遗址中的、由建筑和垃圾丢弃等行为形成的和（b）遗址以外的、与人类活动关系密切程度不同的两大类。这样分类的目的是为野外寻找样品和采集样品提供一个可以遵循的基本原则。举例来说，如果我们想了解某个遗址或区域的农业生产情况，我们既要在遗址里面也要在遗址外面采集相关的样品，因为遗址里面的植物遗存可以为我们理解人类都加工和食用了哪些植物种属提供证据，而要寻找农田以及考察农田的耕种方式等，则需要在遗址外做调查；而如果我们想了解农业特别是土地开垦活动对于自然植被的影响，就需要在遗址周边的自然环境中寻找保存孢粉化石的沉积物，如果是想了解遗址周围和所在区域自然环境的变化过程，就需要在远离遗址的位置寻找相应的沉积物进行研究。

不论是考古遗址中还是遗址外的沉积物，采样设计中都可以归为非扰动样品和散样两大类。下面介绍这两类样品采集、包装、运输、保存过程中需要注意的一些问题。样品采集只是第一步，后续的包装、运输、保存，都关系到样品进入实验室的时候是否符合相关要求，重视采样忽视样品保存的现象并不鲜见。事实上，不论是地学考古还是植物考古抑或是动物考古的样品，如果保存不当，就相当于既浪费了采样、运输的人力物力，更是失去了科学认识古代社会的重要材料，从这个意义上讲，地学考古样品应该像陶器等遗物一样受到重视。

（1）非扰动样品

非扰动样品，顾名思义，就是样品采集、采集之后的运输和保存过程，都不能改变沉积物原来的结构，因为我们是要根据沉积物的结构来获得沉积物沉积过程、沉积后各种后生作用特别是人类活动、环境变化等方面的信息，如果我们采样和保存过程中人为地改变了其原有的结构，那么，就不可能获得可靠的证据了。

最常见的非扰动样品就是沉积物微形态分析的块状样品。微形态样品采集过程中，除了注意保持其原有结构，还要注意写好标签，因为微形态样品的标签内容比较多，必须给予足够的重视，详细内容参见本集中的第7篇文章。微形态样品运输也是要注意保持其原有结构不受破坏，就是尽量避免颠簸和震动，如果无法避免，就需要包装的时候用足够的防震物质比如泡沫包装纸达到减震效果。微形态样品被运到实验室，最好尽快能干燥、灌胶，当然如果能在野外完成灌胶更好，这样就可以避免运输过程中样品受损；如果实验室不具备灌胶条件或短期内无法完成灌胶，就必须考虑样品的防潮，因为如果受潮发霉就会滋生菌类孢子，这些微生物不仅会改变沉积物原来的结构，而且也会影响显微镜下观察薄片的结果，本来没有孢子的沉积物现在有了孢子，那解释就不同了。

光释光测年样品也属于非扰动样品，因为采样时要避光，就必须把采样钢管垂直剖面打进沉积物，不过，光释光样品最重要的不是非扰动，而是避光，所以钢管的两端都要用不透光的材料封堵严实。

（2）散样

散样是相对于非扰动的、块状样品来说的。前述的多数古环境指标分析的样品都是散样，包括用于粒度、磁化率、烧失量、孢粉、植硅体、蜗牛等分析的样品。这类样品的采集与保存方法在第四纪环境方面的教材中都有说明，但需要特别注意的是，孢粉分析样品也和微形态样品那样，不能受潮发霉。考古发掘过程中采集的这类样品，尤其要注意这一点，因为多数情况下，考古学家采集的孢粉样品需要找相关的专业人员做分析，这期间有可能会导致样品受潮发霉。

四　实验室分析

在中国，专业的地学考古实验室还比较少，但是，能开展地学考古样品分析的实验室比较多。高校和科研机构的科技考古实验室一般都能胜任植物、动物、测年等样品的分析工作；第四纪（或新生代）环境演化实验室都能完成各种古环境指标分析、测年。目前来看，地学考古实验室分析工作中，微形态分析方法难度最大，这一方面有方法本身的问题，但更重要的是我们在这方面刚刚起步，尤其缺少专业人才。

微形态分析的关键是制片和薄片释读，一般的地质实验室都能完成沉积物制片工作，但在考古遗址中，有些灰坑中堆积物非常松散，制片难度显著加大，地质实验室处理的时候经常会损坏样品，而且地学考古微形态需要的薄片需要达到特定厚度才能很好地观察，从这些方面看，我们也急需培养地学考古方面的制片人员。地学考古微形态薄片的释读，难度远远大于制片，这是因为，薄片释读者需要同时掌握考古遗址和自然沉积物的特点，这就不仅需要有很好的田野考古基础，理解考古遗址中各类沉积物的形成和堆积之后的后生过程，还要有扎实的沉积学知识，同时需要有地貌学、土壤学、水文学等方面的知识。

五　数据解读

考古学与第四纪环境科学的数据解读，具有共同特点，就是要将今论古；根据今天的经验去推测古代社会的方方面面，根据今天的气候和生态环境，去推演几万甚至百万年前的气候与环境，其难度是可想而知的。而结合了考古学和地球科学的地学考古，数据解读需要考虑更多的因素，可能正是这个极难完成的任务，吸引着一代一代的学者不懈努力。

地学考古数据解读，基本原则应该是：一方面从考古学背景出发，回到考古学问题的解答，就是要围绕考古学进行数据解读；另一方面，在获取数据的过程中（寻找采样点、采样、分析等）要充分发挥地球科学的优势，而且要紧跟地球科学发展的前沿，不断深化相关研究。显然，这样的地学考古，肯定需要考古学家与地球科学家密切合作。这里说的密切合作，可以分为多个层次，但比较理想的状态是：从项目的设计开始，就要多学科合作，不同方面的专家一起讨论工作方案，然后到野外调查发掘采样，最后是一起来解释数据。这种理想状态如果暂时无法达到，至少是地球科学方面的学者要尽量去理解考古学的问题及其背后的一些逻辑，考古学家也要有一些地球科学方面的基础知识，这样最后才能一起讨论数据解释并形成对古代社会的认识。现在特别需要避免的是以下情况。第一，地学专家在野外找到考古遗址和人为或自然形成的断面，在有灰土或陶片的位置采集土样，做各种详尽的分析，但却不知道所采集的土样与人类活动有什么关系。这种情况是最糟糕的，不仅浪费了人力物力（因为获得的数据不能有效解释），更重要的是可能对古遗址产生破坏。第二，考古学家最大限度地发掘，发掘结束、回填之前，邀请地学专家来到遗址，在发掘的探方或探沟剖面上采集一些土样，拿回实验室就开展各种分析，表面看起来似乎是分析的还挺仔细的，但因为不了解所分析样品的文化背景，获得的数据无法进行有效的解释。第三，考古学家发掘过程中，尽量采集各种样品，但因事先没有和相关的地学专家讨论，采样方法可能并不科学，样品包装运输等环节可能也有不足之处，而且样品采集之后也不容易尽快送到相关实验室，所有这些都会使花费了大量人力物力得到的样品不能获得其应有的科学价值。

事实上，进入21世纪以来，随着考古学学科转型，也由于人类世观点的普及，越来越多的考古学家在考古项目中邀请地学科学家参与全程的工作，地学工作者也非常积极地与考古学家合作，开展相关的多学科合作的研究。相信在不远的将来，地学考古将会在中国考古学中获得像植物考古、动物考古那样的稳步发展，进入比较成熟的阶段。

2.地质学方法在考古学中的应用

靳桂云★

19 世纪，科学家在对灭绝动物的骨骼进行研究的同时，对与之密切相关的人类遗骸及人工制品也进行了调查，这标志着地质学与考古学结合的开始（Babbage，1859）。尽管这种结合还很不成熟，但也为这两个学科的发展提供了大量有用的资料。到了 19 世纪末 20 世纪初，这种学科间的合作曾一度停止，直到第二次世界大战前后这种情况才有所改变。此时，一些地质学家不同程度地将他们的研究兴趣转移到考古学的某些理论和实践问题上来，一些地质科学技术也被运用到考古学领域中，并出版了《Science In Archaeology》等书籍。随着美国的地质学会和考古学会中考古地质分会的成立，地质学方法在考古学中的应用越来越受到重视。

瑞典著名地质学家安特生和其他一些地质工作者在中国近代考古学尤其新石器时代考古学领域所立下的开创之功，说明了这一时期地质学在考古学中的应用。1914 年，安特生受中国北洋政府的邀请，作为农商部的矿政顾问来到中国。从 1918 年到 1921 年，他及他在中国地质调查所的同事在今河北、山东、辽宁、内蒙古以及山西、陕西、河南等地采集了数量不少的石器（Andersson，1943）。1918 年，安特生对北京西南周口店鸡骨山出土古生物化石的考察并试掘，揭开了中国北京猿人和旧石器时代早期研究的序幕（Andersson，1934）。1921 年安特生在河南渑池仰韶村进行地质调查，他确信这是一处丰富的史前遗址，并于同年年底进行了为期 30 多天的发掘；这次发掘标志着中国史前考古学和中国近代田野考古学的开始。同年，安氏同地质调查所同事在仰韶村附近的不召寨、杨河村、西庄村相继发现了三处史前遗址并在部分地区进行了试掘。后又发现了秦王寨、牛口峪和池沟寨三个遗址。安特生又在甘青地区调查，发现并试掘了一些史前遗址，如青海贵得的罗汉堂，甘肃洮河的辛店、齐家、马家窑、半山，青海民和县马厂等遗址。此外，国外的地质学家桑志华、德日进等在从事地质和古生物研究的同时，也调查、发现了一些新石器时代遗址。中国早期地质学家丁文江、袁复礼等也在从事地质工作的同时为中国早期考古工作做出了贡献。由上可见，中国考古学在发展的早期便与地质学有着十分密切的联系，许多古代遗址的发现和发掘都是

★ 靳桂云：山东大学文化遗产研究院。

地质学方法用于考古学的结果。近几十年来，中国的考古学研究不断加大环境考古研究的力度，地质学尤其第四纪地质学的方法被广泛用于考古学。同时，中国第四纪研究委员会下环境考古分委员会的设立，标志着第四纪地质学与考古学之间更加密切的合作。

地质学方法在考古学中的应用是学科发展的产物，更是考古学研究在新的发展时期提出的要求。在考古学文化研究中，对文化起源、发展、文明兴衰的研究除了考虑其社会历史原因之外，同时也必须注意环境对人类的作用，尤其气候突变事件对人类文化的影响。第四纪以来，人类的诞生和发展是环境变迁的直接产物，世界各地新石器时代文化及后来文明的发展都与环境的变迁分不开。因此，要认识人类文化变迁的原因，正确阐明人类历史发展的客观规律，必须在考古学研究中运用第四纪地质学的研究方法，探讨人类与环境的关系。

一　地貌学与考古学

地貌学应用于考古学首先是描述考古遗址的地形和地貌，然后是通过对资料的科学分析来为确定环境变化提供证据。因此，地貌学家能够为考古学研究做出许多贡献。各种比例尺的地貌制图都可以用于考古学研究，从而分析不同地貌单元对古代社会发展的资源价值，制作考古遗址周围的地貌图应是考古发掘与综合研究的前提。与考古学研究相结合的地貌学研究主要致力于环境重建，寻求环境变化的证据。例如，考虑考古遗址与冲积扇、沿海环境、沙漠景观及洞穴、石掩体的关系，然后考虑由气候变化、构造运动引起的地貌演化过程对考古遗址的作用。河北平原上古文化遗址的分布与当时的河道地貌之间存在明显的对应关系。在徐水地区，新石器时代早期的遗址分布在平原地区，而新石器时代中期，在平原地区很少有遗址，多数遗址都分布在太行山的山前地带，古遗址的分布与全新世大暖期白洋淀地区水域的扩张有关（周昆叔，1991）。湖泊地貌的研究也是环境考古的一项重要内容。古居延泽的变迁研究便是一个很好的例子。从变幻莫测的史迹中得到了古居延泽的一些信息后，研究人员运用地貌调查及分析的方法找到了居延泽的真正所在，为那里出土的大量汉简的研究提供了辅证。运用地质学方法研究居延泽变迁的原因及过程为认识这一地区的人类历史提供了十分珍贵的资料（景爱，1994）。沉积学、地貌学的理论、模型及野外技术可以用来获得沿海考古遗址中的古地理信息。对晚更新世以来海岸演化过程及地貌的重建可以同这一时期的历史、考古记录相比较，从而阐明人与环境的相互关系和人类的生存方式。环渤海地区史前遗址的分布明显地受到全新世海面波动的影响，地貌学研究所揭示的海岸线变迁对于我们认识这一地区古代文化的发展、交流等问题具有重要意义。

地貌学研究在史前聚落的研究中也有特别重要的作用。地貌学家可以帮助考古学家发现古遗址并解释其环境特点。古代遗址的分布常会受到水源、食物资源、交通条件、地势等因素的影响，这些信息都要依靠地质学尤其是地貌学的方法来获得。有了地貌学的研究结果，地质学家便可以在不同的程度上评价各种地貌单元并进行制图来展示哪些单元宜于居住，而考古学家则可以用这些成果来确定遗址的位置或研究古代聚落。

二 古环境分析与考古学

考古学研究的早期阶段的特点之一便是试图解释不同文化区系和文化发展的不同阶段的原因。强调文化发展过程的现代考古学更要求从古环境的角度来考虑人类文化的发展。地质考古调查能够提供复原史前时期地表景观、沉积环境、古气候事件的手段，而这些调查可以被看成是进一步研究的前提。地表形态和沉积环境、古气候都会对遗址的形成过程、聚落的位置、人类的生计活动产生重要的影响。古环境分析的结果为认识人类起源的历史提供了科学的证据。根据来自北极冰芯和深海沉积氧同位素的证据，大约在500万—1200万年间，气候突然变冷。东非的热带雨林消失了，这就迫使人类的远祖——类人猿从树上下到开阔的大草原，从四肢攀缘到练习两足行走。东非大裂谷人科从树上下地行走，是由于气候突变的结果。对河南省洛阳市皂角树遗址的环境考古研究表明，二里头文化时期洛阳地区气候温暖，雨量充沛，商代以后，洛阳地区气候有了明显的变化，到了汉代，遗址东侧的古河道流量减少，至唐时逐渐湮灭。环境研究的结果为认识洛阳盆地人类文化与环境之间的关系提供了可靠的证据（洛阳市文物工作队，2002）。

研究人员对甘肃葫芦河流域古环境与古文化的研究结果揭示出，从大地湾一期文化到秦文化时期的约8000年，考古学文化遗址的分布、文化谱系及发展阶段方面呈现出复杂的变化，这种变化与环境的变化有着十分密切的关系（李非等，1993）。

三 考古遗址的沉积环境分析

在考古发掘中，对区域地质环境、区域沉积、人类居住前、居住期间及居住后的地层和居民可能得到的各种原材料的研究，能够帮助我们理解考古遗址中的人类活动。地质条件和地貌形态会影响聚落的位置、布局及房屋建筑技术。沉积物的结构、质地、组成成分可能与地层堆积周围及居址周围的人类活动相关。如果在发掘过程中没有收集任何关于沉积环境方面的信息，我们便不能说这个考古遗址被发掘完了。沉积物分析方法是第四纪研究中最常用而有效的方法之一，随着环境考古的发展，沉积物分析方法在考古学中也越来越受到重视。环境考古研究中的沉积物分析是一项复原古人类生活环境的最基础、最重要的方法。考古遗存中的沉积物概念是指所有由人类活动及受人类活动的影响而形成的堆积物，它的时间范围可以由历史时代上溯到人类起源时期。在考古发掘和研究中，考古工作者了解和掌握沉积物分析方法，并与有关实验室密切合作，从而对遗址各层位所反映的古人类生活环境进行科学的解释和复原，达到研究古文化、正确恢复人类远古历史的目的。环境考古中沉积物的分析方法主要包括三个方面：野外样品的采集，实验室分析，实验数据的分析应用、对古人类生活环境的解释、复原。这三个方面都要依赖于第四纪地质学中的沉积物研究的方法和手段。从考古学研究的目的来看，沉积物分析方法在考古学中运用前景是十分可观的。如果在田野考古工作的一开始就为这一分析过程做好准备，那么，随着发掘工作的展开，进行考古堆积物的采集、处理和分析，在此基础上对古人类的生活环境进行科学的解释和复原，必将使正式的田野发掘报告更臻完善和科学。

四　古植物分析与考古学

对考古遗址内及其周围沉积物中的古代植物遗存进行分析，不仅能够获得与古代农作物相关的信息，还能提供史前人类生存环境的证据。除了对古代植物遗骸进行分析以外，广泛用于第四纪地质学研究中的孢粉、植硅体分析技术在对古代农业的起源与发展、古代居民的食物结构、遗址的季节性特点、遗址周围的环境演变的研究中都有特别重要的作用。植硅体研究在考古中的应用主要有以下几方面的意义：研究农业的起源和原始农业的发展；认识古代居民对植物的利用；分析古代石器的功能；恢复古遗址周围的植被和环境演替（靳桂云，1998）。运用植硅体分析来探究原始农业的起源和发展的最成功的例子是对美洲玉米的起源和传播、南瓜和可食美人蕉的栽种以及中国水稻的起源和种植。为了更精确地识别水稻植硅体，吕厚远等在测量植硅体的形态参数方面进行了探索，并获得了成功。为找出水稻扇型植硅体的形态标志，对十种现代稻亚科植物扇型植硅体形态参数进行了测量，同时选择部分生产扇型植硅体的禾本科的竹亚科、芦竹亚科、画眉草亚科植物，进行扇型植硅体的对比研究，初步得出了鉴定水稻扇型植硅体的判别函数，并利用判别函数对考古样品中的扇型植硅体进行了判别。另外，他们还发现水稻植物还生产大量的哑铃型植硅体，它们的排列、大小、形态都有可判别性，水稻稻壳中的植硅体形态与其他谷类发现的植硅体形态也大不相同，这些都是鉴定水稻植物的有力标志（吕厚远等，1996）。

顾海滨对湖南澧阳平原四个新石器时代遗址水稻植硅体进行了研究。在获得了大量的现代水稻样品和考古样品中的植硅体形态参数之后，运用 Q 型因子分析、模糊聚类分析的方法证明了遗址样品的植硅体与现代水稻植硅体关系密切，从而判断考古样品中存在水稻植硅体，并对水稻的粳、籼性进行了判别（顾海滨，1994）。在对现代稻种和古代稻谷进行仔细分析后，她提出古人在水稻种植品种上与现代不同（顾海滨，1996）。王增林确定了在安徽蒙城尉迟寺遗址的土样中含有大量的水稻壳和部分叶子的植硅体（王增林，1995）。他还在胶东半岛贝丘遗址的土样中及安徽蒙城尉迟寺遗址的土样中发现了谷子的植硅体，但没有发表详细的鉴定过程和结果（王增林，1997）。陈报章等对河南舞阳贾湖新石器时代遗址进行植硅体研究的结果表明，采自文化层的样品中发现有大量的水稻植硅体，从而提出"它不仅是黄淮流域古代稻耕农业的最早证据，也是现阶段世界上最早的稻耕资料之一，具有特别重大的意义"（陈报章，1995）。姜钦华等对河南驻马店市杨庄龙山文化遗址进行植硅体分析后提出，水稻植硅体在许多文化层中的大量出现，表明"龙山时期该地区的水稻栽培已有一定的规模"（姜钦华，1996）。

通过对采自陕西临潼姜寨遗址仰韶文化层孢粉样品的分析，表明喜暖和喜湿的植物所占的比例较大。这个比例高于目前该地区的情况，特别是植物花粉组合中含有较多的水生植物花粉和淡水藻类，说明遗址附近有充足的水源。考古学研究的结果反映人类文化的发展与环境之间有明显的关系（巩启明、王社江，1991）。

五　古土壤分析与考古学

在考古发掘与研究中，我们遇到的土壤一般都是经过人类活动扰动过的。人类主要通过居住、农业等活动对土壤发生作用，所以，分析古土壤的各种特性，可以从中获得人类活动的某些信息。古土壤的化学特性主要包括植物营养素、有机组成、氧化性、pH 值及外来的污染等。古土壤的物理特性主要指其颜色、质地、密度、结构等，古土壤的化学和物理变化都指示了人类活动的特点。此外，为了从考古学的角度更有效地分析受人为活动影响的古土壤的特点，还要对考古遗址附近的自然土壤剖面进行比较分析。要想获得各种土壤资料，必须将野外考察与室内分析密切结合，要具有关于土壤形成过程和土壤分类体系方面的知识。

六　考古磁学

考古磁学包括用地球物理方法勘察考古遗址、磁性地层定年、根据古地磁长期变化研究古环境变迁。人类的多种活动如建房屋、挖墓葬、修沟渠、夯筑城墙等都会改变沉积物的磁性方向，磁力勘察便是根据这一原理，运用磁力仪来探测地表以下的古代遗存，为考古项目的计划、实施提供有价值的信息。自 1960 年质子磁力仪问世以来，通过磁力勘察古遗存空间分布的方法得到了广泛的应用。科技工作者对河南新郑某处古墓葬的磁力勘察发现了在已知墓葬及大型陪葬坑上显示出一定强度、轮廓明显的磁异常，有些异常还清楚地勾绘出墓葬的形态及细节如墓道、耳室等。此外还发现了以前未知的墓葬，并被实际钻探资料证实了其正确性。对河南登封某古代遗址的磁力勘察发现并验证的各类墓葬、窑、井及灰坑等遗存几十处，为后来的发掘工作提供了准确的依据（阎桂林，1997）。

考古学中的许多材料都会因为被燃烧、化学变化或埋藏而磁化，通过测定这种磁化颗粒的磁极方向可以确定物体的相对年代和绝对年代，而且精度比较高。

七　火山灰年代学与考古学

火山灰是被火山喷发喷射到空中的物质——晶体、玻璃、岩石——的碎片。通过分析和比较火山灰的沉积物标本，可以对其进行定年，这种研究结果可以为在火山附近地区工作的考古学家们提供可以利用的时间序列，这对考古学研究是很有意义的。此外，一次火山喷发便可以覆盖几千平方千米的区域，并且强烈地改变着周围的环境和人类的生活方式。厚厚的火山灰还能有效地保护被埋起来的人类遗物使其免受扰动和践踏。火山灰本身还能提供放射性测年的材料。

综上所述，地质学中的许多方法都能应用到考古学研究中去，而且其中的某些方法已经被实践证明是十分有意义的。事实上，除了上面列举的几个方面以外，还有一些地质学的方法能够在考古学的研究中发挥重要的作用，如通过对古代陶器和青铜器的物质成分和制作工艺的研究来探讨古代科技发展史。但地质学尤其第四纪地质学在考古学中的主要意义在于环境考古研究，这不仅因为作为环境考古研究终极目标的对人类文化发展与环境变迁关系研究是考古学研究的主要目的之一，而且因为对近万年以来人类与环境之间关系的研究已经成为过去全球变化研究的重要内容。目前受到国际学术界重视的全球变化研究为地质学与考古学的密切合作提供了难得的契机。随着第四纪地质学和环境考古研究的深入，地质学中的方法会在考古学研究中得到更加广泛的应用。

原载《文物季刊》1998 年第 4 期。

3.地学考古方法的回顾与展望

靳桂云、宿凯★

根据英国遗产组织的描述，地学考古（Geoarchaeology）是运用地球科学的原理和方法来理解考古遗存。因此有学者建议叫作地学考古，而不是地质考古，毕竟地质学只是地球系统科学的一个分支，并不能代表整个地球科学方法体系。出于习惯，有时还是叫作地质考古，但是其涵义并不是简单的用地质学方法研究考古材料。地学考古最终是研究考古学的一种方法（Canti, 2015）。现今绝大多数地学考古的工作都在于解释遗址形成过程和遗址景观变化（Campbell et al., 2011）。通过地学考古的手段，考古学家可以观察各个尺度上地表过程对于人类活动的影响，包括从局部堆积的土壤微形态到整个遗址的钻探调查。

地学考古的研究对象，大体说来，分为两类，土壤和沉积物。土壤是最常见但是却最难下定义的事物，不同的领域会对其有不同的看法。考古学或地学考古对于土壤的认识，更突出人类活动对土壤留下的印记，以恢复古人对于土壤的利用过程，从而加深对古代文化的认识。沉积物是一个更宽泛的概念，包括被一个或多个过程所移动过的物质，这些过程包括自然过程如流水、风力、重力的搬运，也包括人为的过程如平整土地、修建梯田或者建造土木工程。有的时候，也呈现出自然和人力的复合过程，在古代遗址中也是常见现象。

以上定义似乎与一般考古研究者的工作相差甚远。有学者认为，考古学家的"看家本领"就是研究人工遗物，比如陶器。然而，任何人工遗物都包含在土壤或沉积物当中，它们虽然"生不同时"，但"死却同穴"，都经历了人为和自然的改造过程。或者也可以换一种说法，沉积物是一种特殊的人工遗物，其特点必须从它们本身来加以研究（迈克尔·希弗、陈淳，2015）。这也是为什么哈里斯一直强调地质地层学和考古地层学的不同。化石种类可以指示地质地层的年龄并用其做不同地点间的排列对比，人工遗物就没有这种功能。考古遗址的地层是根据地层之间的界面划分的，而不是根据地层的土壤组成或其中包含的遗物。因此，传统考古学家的拿手本领，研究的只是考古遗址中最显眼也是最复杂的对象，同时也说明地学考古永远是考古学的一种方法。

★　靳桂云：山东大学文化遗产研究院；宿凯：山东大学历史文化学院、美国圣路易斯华盛顿大学博士生。

地球系统科学方法在考古学中的重要意义不仅因为考古学的地层学源于地质学，而且更因为，作为考古学研究的主体与客体，人类是地球系统的一部分，而且是一个非常重要的部分。从这个意义上讲，地球系统科学中的一些理论与方法，必定也必须成为考古学这个学科的一部分，尤其在方法论层面上，地学考古是必不可少的；不仅如此，而且地学考古在考古学中的应用也随着考古学这个学科的发展，不断发生变化，作用日益增强。

始于 100 年前的中国现代考古学，是在西方学术影响下逐渐发展起来的，首先需要简单厘清西方考古学中的地学考古的历史，才能看清中国考古学中的地质学等地球科学的影响。

一　欧美考古学中的地学考古

在欧美学术界，考古学教材或专门的地学考古教材中都对地学考古的发展历史做过梳理，新近发表的文章（Storozum et al., 2019）则不仅简明扼要地介绍了相关情况，并且与中国的学术史梳理相比较，对我们理解地学考古比较有帮助，从中我们可以看到欧美地学考古的几个特点。

第一，早期是考古学、地质学结合，发展起来地质考古。因为当时考古学探讨人类起源，而人类起源这个漫长的过程，其时间分辨率可以与地质历史变迁相匹配，地质学家用地质地层学方法推测旧石器时代考古遗存的年代；地质学中的地层水平、叠压、均变性，一直是考古地层学的基本内涵。大约同时，地质与地理学者就意识到了人类对环境的影响在考古学中也有反映。

第二，由于早期阶段奠定的方法论基础，尽管北美考古学实践中更加重视人类行为、而欧洲考古学实践更注重文化与历史，但是，欧美的考古学实践都从未远离地质学、地理学等地球系统科学，并最终发展出了地学考古（geoarchaeology）。

第三，考古学家与地质、地貌学家之间，对于地学考古的概念及其研究目的，都存在不同理解，这种情况从一开始就存在，而且还将继续存在下去。

二　地学考古在中国考古学中的历史回顾

尽管地质学等方法在最初阶段就曾经对中国考古学实践产生过重要影响，但是，直到地学考古概念的明确提出，它才作为考古学的一个重要方法被理解并应用到考古学实践中，这个特点也成为考察其学术史的关键所在。

任何一个学科，其发展过程也是理论与方法不断完善的过程。在相当长的时间内，地层学和类型学是中国考古学实践中的两个最重要的方法，而这两种方法之所以能广泛地发挥作用，很大程度上是因为在考古学教学与实践中对其概念与原理的清晰认识。可以说，任何一种方法，只有当学科内对其有了清晰明确的概念之后，才能更好地发挥这种方法的作用。在这方面，同样被看作是科技考古的植物考古方法的不断完善更有代表性。

大量的事实表明，植物考古概念的明确是这个方法发展历史过程的关键。尽管在考古学发展的初期阶段已经在周口店遗址采集到朴树种子（Chaney，1935），在20世纪湖北省一些考古遗址中发现了红烧土中的植物印痕（丁颖，1959），在20世纪半坡遗址的发掘中也采集到了炭化植物种子（中国科学院考古研究所等，1963），20世纪甚至有大量的浸水保存的植物遗存在河姆渡遗址出土并引起了关于稻作农业起源的讨论，甚至20世纪有学者介绍了西方学术界的浮选方法（熊海堂，1989），只有到"植物考古"概念被用中文介绍到中国考古学界之后（赵志军，1992），植物考古才开始作为中国考古学中的一个重要的方法被学术界逐渐接受，此后才有了一套相对科学的、系统的、规范的、当然也是不断完善的植物考古方法。

考察地学考古方法在中国考古学实践中的发展历史，也可以清晰地看到，地学考古概念的提出，是一个重要的分界线。这可能有两个方面的原因。第一，任何一个学科或一种方法，只有当有了明确的概念，从业人员才能比较容易地接受并学习和掌握这种方法，对于地学考古来讲，这一点尤其重要。因为地学考古中的地质学、地貌学等方法，都属于偏向自然科学的方法，这些方法对于偏向于人文科学的考古学从业者来讲，是完全不同的知识体系，考古学对于地学也是如此；所以，如果没有明确的概念体系，地学方法在考古学中的应用，就是地学与考古学的交叉融合，难度是非常大的。第二，在当代中国的考古学教学体系中，尽管特别重视多学科交叉，诸多高校也开设了"科技考古"（就是将自然科学方法应用到考古学中的各类方法，比如植物考古、动物考古等）课程，但是，任何一个科技考古方法，只有当提出明确的概念之后，才可能得到更好的理解和训练。而事实上，截止到21世纪初中国考古学中的地质考古还缺少系统性和科学性（秦颖等，2001），而且直到目前也还没有一门像植物考古、动物考古、人骨考古、同位素考古那样的"地学考古"课程，更缺少专业的地学考古实验室，这不能不说是一个非常大的缺憾。尽管在"环境考古"课程中总会或多或少地讲一些地学考古的内容，但是，只有将"地学考古"像植物考古等那样作为一门课程，才可能通过概念的学习、野外与实验室训练、综合分析等过程，将地学考古融入考古教学中，而这一点至为重要，因为地学考古所重视的各类沉积物分析，是考古学首先需要理解的物质遗存（Dincauze，2000）。

总体来讲，地学考古在中国考古学实践中的历史过程，可以分为两个阶段，第一阶段是在实践中有应用、但缺少概念界定；第二阶段，有明确的概念，在实践中方法的系统性、科学性也不断增强。

（一）有所应用但缺乏明确概念阶段

这一阶段的显著特点是：地质学等地球科学方法在考古学中有所应用、但缺乏明确的概念。根据考古学发展的阶段性，这个阶段还可以细分为两个时期。

1.考古学发展的初期阶段，地质学等方法是考古学的重要方法之一

梁启超提出与史学有直接关系的十个学科，前两个分别是地理学和地质学（梁启超，1999）；傅斯年也曾经发表过类似的看法（傅斯年，1996）。民国时期学者们有这样的认识，与现代意义上的考古学传入中国的进程有着密切关系，因为早于新史学，在19世纪70年代，现今所说的考古学知识便已随地质学译著出版而逐渐影响中国学界（查晓英，2006），而问题的本质是，即使我们不说考古学是地质学的一部分，也不得不承认，很多地质学、地理学的方法都是考古学研究的基础方法。民国时期成立的中央地质调查所中设置了新生代研究室，主要任务就是调查和研究古人类化石（王仰之，1995）。之后在北京周口店、河南仰韶村、河南殷墟和后岗等遗址的发掘，都实践了地质地层学方法在考古学中的应用，中国现代考古学实践以地质学为重要支柱书写了稳步发展的开篇（Storozum et al., 2019），并成为考古学科的科学传统的重要内核。其中尤其值得一提的是对于殷墟遗址哺乳动物骨骼的研究，其目标就是认识当时的动物群及其背后的生态环境（杨钟健、刘东生，1949），这是典型的第四纪环境与生态研究的视角。

1949年以后，虽然国家政治与文化发展形势与此前明显不同，但是，考古学作为一门科学，不仅初期被设置在中国科学院，即使后来改到中国社会科学院，其基本方法并没有本质上的改变，尤其是其以地质学、生物学等自然科学为基础的考古地层学与类型学方法，不断得到完善与发展，不仅如此，著名的半坡遗址，作为聚落考古实践的经典之作，文化层的孢粉古环境研究等，都体现了地质学对于考古学的贡献。在1982年出版的《考古工作手册》（中国社会科学院考古研究所，1982）中，系统介绍了田野考古等方法中的地球科学方法，其中包括地层学、年代学、孢粉和动物骨骼分析等生态学方法，这个工作手册既可以被看作是新中国考古工作的总结，也是基本方法规范性的说明。

中国考古学实践中这种深厚的地质学基础，可能正是环境考古在适当的时候得到快速发展的前提。

2.环境考古背景下的地学考古方法

1980年代，中国考古学迎来了快速发展时期，其中的一个表现就是欧美考古学理论被引介并对中国学者产生了显著影响，稍后就开始了从文化历史考古学向关注社会的考古学的转型。也是在这个大背景下，环境考古很快成为考古学家理解古代社会的重要切入点。严文明回顾中国新石器时代考古历程之后明确提出，"为了提高新石器时代考古研究的水平，还必须积极地应用现代科学技术"（严文明，1985），其中，就包括物理探测方法、古动物和古植物研究、环境复原研究等地球科学的方法。苏秉琦则从考古学学科建设的高度分析了环境考古研究的意义，他认为，1989年以前的中国考古学是以描述为主的，以后要转变为科学的考古学，而环境考古就属于科学的考古学（苏秉琦，1997）。俞伟超等不仅系统介绍环境考古的研究内容与方法（俞伟超、张爱冰，1992），更是积极尝试开展环境考古实践，始于1990年的河南渑池班村遗址的多学科考古实践，明确提出了地质学、地貌学等地球科学及其他自然科学方法在中国考古学实践中的重要作用（孙庆伟，2020）。周昆叔则从地质学角度尝试探讨文化层与地质地层之间的关系（周昆叔，1988；1995；2002: 4-15）。尤玉柱（1989）则从史前遗址堆积类型、地层结构出发，比较系统地向国内学者介绍了埋藏学分析在史前尤其是旧石器时代考古研究中的作用。就是在这样的大背景下，地质学与地貌学等地球科学的方法逐渐被目标明确地、更广泛地应用到考古研究中。最显著的一个表现就是，多个考古发掘和综合性研究项目，都邀请了地质学或地貌学专家参加项目，开展了以地质学、地貌学分析为基础、结合植物考古、动物考古等方法的综合的环境考古研究，极大地深化了考古学家对于古代文化与社会的认识，并使得结合地质学等方法的环境考古研究成为中国考古学的重要组成部分。

1992～1993年期间开展的洛阳皂角树遗址的发掘与研究中，充分地利用了地质地层学的方法，考察了地质地层与文化层之间的关系，在系统的考古学研究以及植物考古、动物考古等研究的基础上，获得了对古代居民与环境关系的系统理解，刘东生和严文明在为考古报告写的序中都高度评价了地质学与考古学融合以及环境考古研究的学术意义（洛阳市文物工作队，2002）。1992年发掘的驻马店杨庄遗址，通过植物考古、动物考古、沉积物分析等，探讨了史前不同时期人类与环境的关系（北京大学考古学系等，1998）。

莫多闻等在甘肃葫芦沟流域进行了区域调查，对多个地层剖面进行对比，并使用了黏土矿物、碳酸钙和孢粉等指标复原古环境，并探讨了从大地湾一期文化到齐家文化与环境变化的关系（莫多闻等，1996）。

1996年底在北京王府井东方广场发现了一处旧石器时代遗址。徐海鹏等做了大量的古地貌和古环境恢复分析，同样是进行地层对比和野外观察，并充分利用矿物分析、化学和孢粉分析等手段和光释光、放射性碳测年技术，获得了对旧石器时代人类生活方式的新认识（徐海鹏等，1999）。后来靳桂云等还利用了植硅体和土壤微形态手段，得出了与前人工作一致的结论，证明了微形态方法的可靠性（见本书文章6）。土壤微形态还认识到野外观察和发掘中一直认为的古土壤，其实是河漫滩相堆积，证明了土壤微形态在中国考古学研究中的实际作用（本书文章6）。

关于环境考古研究中的地学考古方法实践，莫多闻等在中国考古学百年的环境考古研究中做了系统的总结（莫多闻、王辉，2021）。从大量的实践中我们也清晰地看到，尽管环境考古研究中普遍采用了地学考古的方法，但是，在缺乏明确概念的情况下，地学考古方法并未得到系统运用；随着环境考古的发展，尤其是伴随着中国考古学从文化历史考古学向社会考古学的转型，在聚落考古等研究领域，迫切需要地学考古方法发挥作用，至此，地学考古就进入了其发展的第二阶段——概念明确、广泛应用的阶段。

（二）"地质考古"概念提出并在考古学中广泛应用阶段

就像植物考古在中国的早期发展以第四纪古生态专家主导的植物微体化石——植硅体研究为主一样，地质考古这个概念也是由地质学家首先提出的。比利时布鲁塞尔自由大学地学技术研究所的 Roland Paepe 在 1991 年的第十三届 INQUA 大会上介绍过地学考古，韩家懋译成中文，这是中文中首次出现"地质考古学"（Paepe, 1992）。刘东生在 1999 年发表的"黄土石器工业"一文中首次使用了"黄土地质考古带"这个概念（刘东生，1999），认为"黄土是一个跟随着人类发展脚步而形成的地质体，不仅记载了250 万年以来的地质变化，也记载了同时期人类的进化，将两者很好地结合起来加以研究是一件很有意义的事情"。当然，我们也注意到，这里的"黄土地质考古带"指的是地理区域，不涉及具体方法；而且从字面上看，"黄土地质考古带"与"地质考古"是两个概念；但是，本质上讲，这两个概念是密切相关的，分别从理念与方法的层面强调了环境变迁与人类进化的密切关系；而这一点正是环境考古的终极学术目标，也是地学考古方法的意义所在。所以，"黄土地质考古带"的提出，应该被看作是从黄土与古人类文化的角度将环境与古人类相联系的突破，阐明了人类的演化与气候带和土壤的分布规律是有一定联系的。随后，秦颖等在梳理地质学在中国考古学中应用的发展历程及当时的研究现状后，总结了地质考古的性质并给予定义（秦颖、冯敏，2001）。而山东日照两城镇、河南偃师二里头等遗址环境考古研究中地学考古方法的应用，则开启了地学考古方法在考古学中应用的新阶段。这个阶段总的特点是，遗址形成过程的研究比较多，地貌复原研究是环境考古研究的基础并受到更多重视。

1.遗址形成过程

现阶段，考古遗址形成过程研究，更多的是都针对旧石器时代遗址开展的；事实上，下述遗址形成过程研究方法如果能广泛应用到新石器时代甚至青铜时代聚落遗址的发掘与研究中，将大大扩展相关考古研究领域并通过遗址形成过程的认识加深对人类活动的理解。从 20 世纪 90 年代开始，在泥河湾盆地旧石器时代考古项目中，谢飞、卫奇等就开展了对岑家湾、飞梁、半山等遗址的相关研究（谢飞、李珺，1993；谢飞、李珺，1995；谢飞等，1994；谢飞等，1998；卫奇，1994），并通过研究实践提出了旧石器时代考古中的"考古地质学概念"，强调了地层学作为考古地质学的基础意义（卫奇，1997）。进入 21 世纪，尤其是最近 10 年以来，更多的旧石器时代遗址考古项目开展了遗址形成过程的研究，实质性地丰富和促进了相关研究的进展。水洞沟第 7 地点的研究，揭示了黄土湿陷现象对遗址形成过程的影响（Pei et al., 2014）；对泥河湾盆地飞梁遗址和麻地沟 E5 旧石器地点的研究，发现了早更新世水动力作用在遗址形成过程中的作用（Pei et al., 2017）；对丹江口马岭 2 号旧石器地点的研究，阐释了广泛保存在南方河流阶地的石制品可能属于次生堆积（Pei et al., 2015）；对灵井遗址开展的考古学和沉积学研究揭示了不同地层被改造的程度和动力机制都存在明显不同，并证明，尽管地层受到明显的扰动，但是总体上讲，扰动还是有限的，灵井遗址遗存具有较高的完整性，有关人类行为的信息也比较好地保存了下来；在丹江口库区果茶场 Ⅱ 旧石器遗址开展的遗址形成过程研究，从遗址所在区域的地质地貌特征、地层沉积物性质、石制品尺寸、风化磨蚀程度、空间分布方式、分布密度、范围以及石制品拼合等方面对遗址形成过程进行分析，进而判断人类学行为以及自然营力对遗址形成过程的影响（李浩等，2016）。

2.地貌复原

考察古代人类与环境的关系，地貌复原是非常关键的内容，因为地貌复原是开展水文、植被、土地资源等方面研究的前提和基础，进而探讨人与环境关系。作为早期中国重要都邑性聚落之一，河南偃师二里头遗址位于伊洛河下游冲积平原上，地貌变迁及水文环境对于聚落选址至关重要，通过对遗址周围较大范围的钻孔和沉积物分析，环境考古专家复原了该区域晚更新世以来地貌变迁过程，为理解二里头聚落的兴衰过程提供了比较可靠的环境背景（中国社会科学院考古研究所，2014: 1239-1263）。研究显示，距今 4000 年前后的异常洪水淹没了一级阶地和二级阶地的前缘，洪水过后形成范围广大的冲积平原，为二里头聚落的农业发展提供了优质的土地资源，并奠定了其都邑发展的物质基础。地貌复原研究也是山东薛河流域区域系统调查和先秦时期聚落演变形态研究的重要内容，系统、科学的地貌调查表明，后李文化时期的聚落可能选址在河漫滩上，而北辛文化时期可能在河漫滩和阶地上都有聚落分布，聚落形态的变迁与河流的变迁有着密切的关系（中国国家博物馆田野考古研究中心等，2016: 359-368）。

3.考古遗址微环境研究

地貌等较大尺度的环境因素会影响聚落选址等文化内容，而聚落周围的植被和土壤等微尺度的环境因素可能会更直接地作用于早期人类的生计活动等。

莫多闻等（2002）通过对大凌河上游阶地沉积物剖面的孢粉分析，提出了"牛河梁遗址形成时期气候已经出现干凉化趋势"的认识，他们还运用石料分析讨论古人对石材的认识能力。在浙江田螺山遗址的研究中，植硅体、硅藻、黏土矿物、地球化学元素分析等地学考古方法为恢复沉积物的盐度并进而探讨田螺山遗址的生计策略、相对海面变化提供了重要证据，河姆渡文化层之前、之中、之后都存在相对海面较高的时期，对考古学文化都产生了重要影响（王淑云等，2010；李明霖等，2009）。史辰羲等和张俊娜等分别在良渚遗址群4300 B.P.左右的地层和中原地区三个遗址内（二里头遗址、西金城遗址和周家庄遗址）4000 B.P.左右的地层中发现了洪水的证据，主要利用了野外的剖面观察记录和粒度分析，并用孢粉来辅助复原古代环境背景，增强洪水的可信度（史辰羲等，2011；张俊娜等，2011）。然而最近的研究发现，多种微体化石遗存和地球化学元素综合证据表明，良渚遗址的洪水沉积更可能是受到海水影响形成的短暂海侵事件（贺可洋等，2021）。学术界关于良渚文化环境考古研究的不断深化，充分体现了地学考古方法的重要性。

4.农田分析

温证聪等专门利用地球化学分析来研究田螺山遗址的水稻田变化，通过在不同地层采样，总碳含量指示出水稻田的位置和荒废后植被变化，特征化合物可以指示不同的植被来源甚至可能的除草行为，这对地学考古中的地球化学分析有指导意义（温证聪等，2014）。张玉柱等（2015）通过分析古土壤的微形态特征，结合沉积物宏观特征、$CaCO_3$含量、粒度成分，对喇家遗址古耕作土壤层和现代耕作土壤层的发育过程及其反映的环境变化信息获得了明确的认识。

5.国际合作考古项目对地学考古方法的促进

在考察地学考古发展过程的时候，我们当然不能不注意到，20世纪90年代以后中外合作项目中，欧美学者开展的相关工作，明显地促进了地学考古方法在中国考古学中应用的发展。

20世纪90年代初期，中国社会科学院考古研究所与哈佛大学张光直等进行的中美合作，包括为寻找商代都城开展的商丘项目、以及后来与明尼苏达大学、英属哥伦比亚大学等合作的安阳项目，地学考古都是其中的重要组成部分（荆志淳等，1997）。

自1995年开始，山东大学和耶鲁大学组成联合考古队开始对以两城镇遗址为中心的鲁东南地区进行系统的考古工作，1999年开始正式发掘两城镇遗址，环境复原是该项目的重要内容之一；美国学者Michael McFaul采用地学考古方法开展了环境考古研究，从景观尺度上复原了龙山文化时期前后的地貌变化，其中提出的景观演进模型为界定遗址范围、指示古气候以及进一步研究龙山文化时期的农业手工业，都提供了重要基础（中美联合考古队等，2016: 977-997）。

Paul Goldberg等在周口店第一地点进行了野外观察记录和土壤微形态的系统采样，并用傅里叶变换红外光谱（FTIR）辅助分析。他们的研究结果认为该遗址在堆积之前是一处露天场所，堆积物主要来自岩壁崩塌和次生黄土，并对周口店的人类用火遗迹提出质疑（Goldberg et al., 2001）。这是在国内首次采用地学考古方法对洞穴遗址形成过程进行分析。

庄奕杰等（Zhuang et al., 2013，2016）以考古学和古环境科学研究成果为基础，采用土壤微形态、磁化率等方法，对陕西郭北和山东月庄等遗址做了系统分析，探讨了中国北方新石器时代中期的农业发展、生态多样性和景观变化，证明了黄河中下游地区在前仰韶时代存在不同的生业模式和土地利用方式，并且由于人口的流动性造成了景观的"斑块化"。关于月庄遗址的研究，是在恢复古代水文环境和地貌的同时，主要阐释了遗址的形成过程和遗址内的人类活动；并结合之前的植物考古研究，考察后李文化人群的生活方式。他们还运用类似的方法，通过研究长江下游的茅山遗址水稻田，发现了良渚文化时期人们管理水稻田的方式；结合考古发现改良的农业工具，认为良渚中期到晚期对于水稻田的劳力投入越来越大，暗示背后成熟的政治管理体制（Zhuang et al., 2014）。

Tristram Kidder等在河南三杨庄调查了一个最深处达12米的剖面，时间跨度从更新世晚期一直到现在，是研究气候变化和人类活动的绝佳材料。他们发现黄河中游地区在全新世阶段地貌大部分时间是稳定的，伴有黄河短期泛滥；提出了与前人不同的观点，促使考古学家重新考虑山东龙山文化至岳石文化过渡的环境和文化原因；对考古调查也十分有意义，汉代的地层在遗址表面5米以下的位置，因此在黄泛区进行聚落调查时，应该考虑方法和结论的局限性。他们详细描述了所有地层单位，并利用粒度分析和烧失量，把人类活动与发育的古土壤层相对应，在得出以上结论的同时，也阐明了遗址的形成过程（Kidder et al., 2012）。

1997—2002年，Arlene Rosen与刘莉、陈星灿等合作，在伊洛河谷南部、嵩山北麓进行调查，重点在遗址周围选取了四个剖面进行野外观察记录，并配合粒度、磁化率和烧失量分析，恢复了遗址周边从全新世大暖期到气候变干冷之间（裴里岗时期到龙山时期）的地貌景观和环境变化，结论认为该区域内河谷沉积物的堆积主要是人类农业行为的结果，而不是气候变化；基于农业生存策略和景观的相互关系随着时间的变化，他们还探讨了其与二里头早期国家经济形态的关系。可见地学考古也可以成为讨论古代文明起源的切入点（Rosen, 2008; Rosen et al., 2017）。

Kielhofer等（Kielhofer et al., 2021）对杨官寨遗址埋藏古土壤层及相关沉积物的地学考古分析，重建了杨官寨遗址全新世环境变迁、景观演化、人与环境相互关系的历史过程，深化了关于杨官寨和仰韶文化时期人类文化发展和变迁的认识。本研究考察了覆盖整个遗址的 8 个地层剖面，识别出沉积物与埋藏古土壤变化序列，为遗址提供了一个更细致的土壤 - 地层框架，指示了景观稳定性的多次变化过程。埋藏古土壤与两次（新石器时代中期和晚期历史时期）主要的居住地表之间有密切的对应关系。下层的土壤层中包含丰富的新石器时代中期陶片和考古遗迹，而上层土壤中包含了历史时期的遗物与遗迹。介于两个土壤层之间的沉积物中不含有任何遗物或居住遗迹，表明在将近 3000 年的时间里杨官寨都不曾被作为居址利用。沉积物堆积的增加和地貌的不稳定性可能是导致该遗址全新世晚期土地利用和聚落形态转变的原因。本研究证实了之前田野考古中的地层考察结果，但对于古土壤层的描述更加精细和准确。

新出版的《田野考古学》则充分体现了地学考古方法在田野考古中的作用（赵辉等，2022）。

三　中国考古学实践中地学考古未来展望

前面的历史过程分析，清晰地揭示了一个事实：地学考古方法的发展是在中国考古学实践的大背景下、与考古学学科发展密切相关的过程；正是考古学在中国的实践，召唤了地学考古在中国考古学中的应用；同时，地质学、地貌学等地球系统科学在中国的发展也成就了地学考古方法的发展。对于西方学术界的地学考古研究总结，也得出了类似的结论，即，考古学的发展是推动地学考古发展的主要动力，地球系统科学的发展则起到了推动作用（Storozum et al., 2019）。中国考古学实践不仅证明地学考古已经发挥了重要作用，更表明其未来发展的广阔前景。

考察地学考古在中国考古学实践中的发展历程，我们清晰地看到：虽然地学考古逐渐受到考古学家的重视，普遍认识到地学考古在解决考古学问题中的作用以及其他方法所没有的优势，尤其在了解遗址形成过程和复原古代地貌等方面的优势，但是地学考古在中国还处于起步阶段，目前仅有少量的考古遗址中运用了地学考古的方法，尚且不够系统，往往是从大尺度入手尤其是从遗址和区域的层次上研究古代的人地关系。在田野实践中，通常遗址发掘行将结束，才邀请环境考古学家去工地参观指导，无法全程参与，使得地学考古的研究工作难以深入。针对这些情况，地学考古未来应该在实践与理论方面同时发展。

（一）加强学科交叉

在所有的科学探索中，相关学科之间的关系与交流是至关重要的；如果我们广义地将考古学定义为运用人类现有的所有知识和技术研究人类所有的过去的知识和技术，那么，在与其他相关学科交流这方面，考古学家可能要超过任何其他专业人员（Boddington et al., 1987:3）。进入21世纪的中国考古学，学科交叉与融合迎来了前所未有的发展机遇，将地球系统科学与考古学密切结合的地学考古方法，在这样的背景下也将获得更快更好的发展。加强学科交叉，可能是未来地学考古发展的重要内容。

检索地学考古及相关的环境考古研究成果，我们清楚地看到，早期阶段的成果主要来自自然科学领域，尤其是地球系统科学领域，而且多数研究都是由地球系统科学研究人员独立完成的，即使考古学者在发表成果中有署名，但多数也主要停留在署名的层次上，对于研究工作，参与有限。近年来，随着地学考古方法的发展，尤其是考古学多学科交叉研究的深化，越来越多的考古学者开始意识到，在考古学的每个阶段都需要采纳一些地球系统科学的方法，地学考古方法需要贯穿到整个考古项目中。这就要求，考古项目设计过程中，尤其是一些重要的主动发掘的考古项目中，项目组成员中要尽量争取有地学考古背景的学者参加。这也同时对我们的高等教育提出了新的任务，就是培养新型的复合型人才，目前来看这个任务是相当艰巨且迫切的。

地学考古成果总结发现的另一个特点就是，早期阶段，相关研究由海外学者主导的、特别是用英文发表的研究成果比较多。因为受到语言的限制，这些成果对于中国考古学实践的影响比较小，至少是明显小于用中文发表的研究成果，这也是当初我们翻译庄奕杰等学者关于月庄遗址和茅山遗址的研究成果的主要考虑。毫无疑问，用英文将中国考古学实践介绍到国际学术界，不仅是有必要的，而且是非常有意义的，因为考古学是国际性非常强的学科，学术交流是学科发展的动力所在；同时，考古学也是让世界了解中国传统文化的一个重要窗口，在中国的政治经济文化迅速崛起的今天，这个窗口尤其显得重要。这就要求我们在开展国际合作研究的过程中，尽量争取将相关的研究成果同时用包括汉语在内的多种语言发表，既可以是发表英文之后尽快翻译成中文发表，也可以是分别用中文和英文发表。

（二）田野实践中的方法规范化

在以后的田野考古工作中，地学考古应当同植物考古、动物考古一样，成为田野发掘的有机组成部分，进一步拓展考古学材料的利用空间。从调查开始，记录遗址周边的地貌环境和地质构造，选取合适的剖面记录；可以多利用地球物理勘探，无损采集遗址信息（可能更适合主动发掘项目）；在有条件的情况下，钻探获取的钻芯要保存，以备之后做地球化学或其他环境指标的分析；在发掘过程中，要随时记录剖面和地层性质，碰到特殊遗迹或地层变化要及时采集土壤微形态样品和散样。地学考古的方法和指标丰富多样，并不是分析的越多越好，而应当因地制宜，根据遗址的特点，在发掘前或发掘中做好规划，有的放矢。

土壤微形态作为地学考古中的一个重要研究手段，国内的考古学家也早就认识到它的应用前景，在前面的几个案例中也多有体现，尤其在了解遗址形成过程中的作用。土壤微形态与野外观察的区别在于，它的分辨率更高，所以用微形态观察相当于在显微镜下重新进行发掘，在薄片制作质量较好的情况下，可以长期保存，反复"发掘"；而且可以运用诸多仪器分析的手段（如傅里叶变换红外光谱 FTIR 和气相 - 质谱联用 GC-MS）（Shillito et al., 2014; Shillito, 2011）进行多种分析。然而这也是它的缺点，因为薄片只能是二维的，会缺失很多信息，因此在取样和制作薄片时，要尽量选择典型剖面和完整序列；制作薄片时要高质量完成，因为考古材料和方法的特殊性，一旦破坏就失去了样品的价值。

方法的规范化并不是要建立死板的规范，恰恰相反，而是要确立符合不同学术问题、能够准确处理不同类型材料的操作规范；这里就需要考虑不同学术问题和不同类型材料（不同的考古项目类型）的可行的规范。

1. 学术方面分类

（1）**特殊遗迹性质的研究**

（2）**遗址形成过程的研究**

（3）**环境复原与景观重建**

2. 考古项目分类

目前情况下，考古项目大致可以进行如下分类。

（1）**调查、勘探、试掘**

这类项目因为受到时间等客观因素的制约，难以进行系统采样；但是，考古钻探是积累区域或遗址周边地貌复原等方面研究样品的绝好机会，建议在可能的情况下，收集钻孔样品。

（2）**配合工程建设发掘**

配合工程的发掘，尽管因为赶工期而时间有限，但这种类型的发掘也有一个比较大的优势，那就是一般情况下发掘规模大，这对开展地学考古特别是地貌复原研究非常有利，可以在适当的部位设计采样方案，尽可能多地获得相关信息。

（3）**主动发掘**

带有明确学术目标的主动发掘项目，是通过地学考古方法开展遗址形成过程、环境（景观）复原的最好机会，相关的研究都是整个发掘项目的目标内容，这种情况下可以结合整个项目的情况，系统设计调查、采样、分析方案。需要特别提及的一点是，最好在野外工作之前就邀请地学考古方面的专业人员一起分析遗址及区域环境特点，设计合理的采样方案。

（三）加强理论建设

近年来，考古学界逐渐认识到建设中国特色考古学理论的重要性，其中陈胜前（2021）在说到构建理论体系的方法路径时，认为包括五个层次，第一层的考古地层学和第二层的遗址形成过程都直接与地学考古有关，是地学考古的基础研究内容，而更高研究层次的聚落考古、文化历史研究更是离不开地学考古研究所提供的自然环境背景，因此地学考古是构建中国特色考古学理论不可或缺的一部分。那么，地学考古本身与考古学理论有什么关系？

1.地学考古的理论基础

地学考古从发展之初，就是以实践为导向的（Storozum et al., 2019；莫多闻和王辉，2021）。不同的研究者根据自身的知识背景和经验，侧重于不同的研究方向，大致包括根据地层判断遗物和遗址的年代，根据岩性寻找石器石料的来源，或是根据地貌学调查复原遗址的位置和环境变迁，研究古代的地质灾害和遗址的埋藏过程等等。发展到今天，地学考古的主要研究方向有两个，一是复原单个遗址的古代自然环境，二是研究遗址的形成过程。前者一般与第四纪古环境研究结合，成为环境考古的重要内容，后者对我们认识遗址的考古学地层、遗物和遗迹的保存不可或缺。

在为数不多以英文为主的地学考古相关教材中，基本上以方法和原理介绍、案例解析为主，这从书的标题就可以看出来，例如 *Geoarchaeology in Action*（French, 2002），*Practical and Theoretical Geoarchaeology*（Goldberg and Macphail, 2006），*Geoarchaeology: The Earth-Science Approach to Archaeological Interpretation*（Rapp and Hill, 2006）。最后这本已经有中文翻译出版，我们可以发现，即便书中有理论部分，也指的是对地质学、地层学、地貌学、沉积学和土壤学等基本概念和原理的介绍。在微形态方法领域内，开始出现更多关注人为活动对沉积物和土壤的改造的专著，如 *Archaeological Soil and Sediment Micromorphology*（Nicosia and Stoops, 2017），*Applied Soils and Micromorphology in Archaeology*（Macphail and Goldberg, 2018），*Interpretation of Micromorphological Features of Soils and Regoliths*（Stoops et al., 2010），*Reconstructing Archaeological Sites*（Karkanas and Goldberg, 2019）。根据希弗的遗址形成理论（迈克尔·希弗和陈淳，2015），遗址内的堆积是由自然营力和人为活动共同造成的，虽然考古发掘当中要做到区分两种改造并不容易，但是这种理论对田野操作仍有重要的指导意义（张弛，2012）。

而以上，是获取数据的理论和方法，地学考古显然不应该也不能满足于仅仅应用一些分析方法，因为"纯粹的技术方法层面上的特色，并非学科特色的本质所在"（陈胜前，2021）。地学考古最终关注的，是利用地学考古获取的数据和考古学的理论，

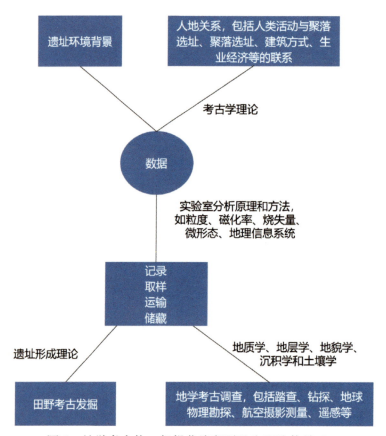

图 1　地学考古的一般操作流程以及和理论的关系

回答考古学的问题。从数据的解释（例如气候变干、水土流失加剧）到考古学现象（例如遗址废弃）之间，并没有直接的对应关系，而是需要有理论介入的，在一定的环境背景下，要考虑复杂的文化因素。要解决这个问题，一方面，我们可以向西方的考古学理论学习，从人类学、民族学和社会学的理论上汲取灵感。就中国特色考古学理论构建而言，地学考古可以加强与历史地理的交流与合作。另一方面，景观考古学也可以提供一种新的视角和突破点（张海，2010），因为景观考古在注重环境要素的同时，也关注文化的意义表达。

　　毋庸置疑，地学考古是需要理论的（图1）。这个理论分为两个层次，一是实践和方法上的理论，如前文提到的地质学、地貌学原理等，还有田野观察和实验考古得到的认识等。二是在通过科学方法获取到数据之后，解释考古学现象和问题所需要的理论。这两个层次的理论并没有高低之分，地学考古的研究者既要有科学的训练和理论素养，又必须是一位考古学家。

2.地学考古的理论实践

　　由于我国考古学的发展历史，以往的地学考古研究多是由第四纪古环境学家和地貌学家完成的，在全国范围内积累了大量宝贵的案例，年代跨度也从旧石器时代一直到历史时期，丰富了我们对遗址内人地关系的认识，对此前人已有总结（Storozum, Zhang et al., 2019, 莫多闻和王辉, 2021）。在此仅以河南三杨庄遗址为例，来说明地学考古对研究遗址形成过程和古代历史方面的双重作用。三杨庄遗址是一处保存绝佳的汉代聚落，被深达 5 米的黄河泛滥堆积埋藏于地下，庭院及道路、湖塘、农田等遗迹都清晰保存，考古发掘揭露出生动的汉代农村生活场景（Kidder et al., 2012, 刘海旺, 2017）。研究者通过在遗址内挖掘深达 12 米的探方，贯穿整个全新世的堆积，在野外对沉积物的颜色、质地、包含物和土壤发育状况描述之后，实验室方法选择了常规的粒度和烧失量分析，加上土壤有机质的加速器质谱测年，获取了遗址内整个全新世以来的沉积记录。研究结果发现，黄河在整个全新世是以北流入渤海为主，黄河中游地区地表大部分时间是稳定的，伴有短期的黄河泛滥，但自全新世中期以后，黄河泛滥的频率增多，堆积更厚；同时根据卫星影像判断，三杨庄遗址的沉积记录，很可能代表了周边近 2000 平方千米的状况，对后期考古调查也有指导意义（Kidder et al., 2012）。三杨庄汉代黄河泛滥的年代，恰好位于西汉、东汉之交的王莽统治时期，研究者将在三杨庄和附近岸上遗址调查获取的地学考古数据与古代历史结合，借用人类学的"弹性理论"和"刚性陷阱"理论，尝试从长时间尺度解释为什么王莽政权的覆灭是偶然之中的必然（Kidder and Liu, 2017）。他们在岸上遗址调查发现，修建沟渠和堤坝至少从周代就已经开始，对环境的改造和对洪水的控制，正是"陷阱"的雏形。技术进步尤其是灌溉和冶铁，提高了农具效率，促进农产品产量，人口急剧增加，为缓解人口压力，大量人口被迁往当时的边境黄土高原上，大规模的土地开垦和水利设施开发导致水土流失加剧，三杨庄和岸上遗址的沉积数据显示先秦到汉代黄河泛滥堆积的速率增长了约 20 倍。越投入人力利用和治理黄河，后续需要的投入越大，由此洪水的发生愈加频繁，而且每次泛滥都会影响更大的范围。诚然，王莽统治结束的原因还需考虑当时政治和社会的其他因素，但是通过以上分析，我们可以发现地学考古提供了必要的自然环境背景和新鲜的理论视角，同时体现考古学研究的一个独特之处，即用实物资料（此处是沉积物）从长时间尺度来看待历史问题。

　　景观考古学是一个复杂的概念，前文讲的三杨庄的案例，也可以看作是景观考古学研究社会变迁的一个案例。景观之中包含诸多要素，其中地表土壤是古人类活动的主要空间，微形态是进行景观复原的重要方法，本书中的研究案例中有许多这样的尝试。"景观考古学与一般意义上的人地关系的研究不同，因为它不仅关注人地关系，更关心人的认知世界和社会关系，关心人地关系的社会化过程"（张海, 2010）。因此，我们在地学考古研究中，不仅要关注环境的自然变化，探讨土地利用与聚落选址、建筑方式、生业经济等的联系，更要关注土地利用与认知、宗教和礼制之间的关系，而对古人认知方面的认识，更需要利用后过程的各种理论解释考古遗存来获得。对牛河梁遗址的视域分析佐证红山文化的自然崇拜，是国内景观考古的重要案例（Zhang et al., 2013）。景观考古学对地学考古方法的正确应用也提出更高要求。以新西兰的 Waitore 遗址为例，这是一处滨海湿地遗址，厚达 6 米的沙丘之下埋藏着散乱分布的独木舟碎片、石坠、鱼骨等。在 20 世纪 70 年代的发掘当中，研究者根据毛利人的民族学资料，推测这是一处祭祀遗迹或临时存储独木舟的场所；而今天的研究者通过对地层、遗物和测年结果的重新观察，证实这是一处毁于海啸、被二次堆积的遗址（Goff et al., 2021）。

　　总之，我们认为，即便是地学考古这样实践性很强的方法，也是与考古学理论密不可分的。不管是基础的地层学、沉积学或地貌学原理，还是实验室内的技术方法，应用在考古材料上时，都需要对这些原理和方法进行重新认识。在通过科学方法获取数据之后，对各种空间尺度的考古学现象的解释，也需要考古学理论的支持，回答考古学的问题。因此地学考古和考古学理论是相辅相成、缺一不可的，考古学理论可以加深地学考古的研究深度，加强与其他考古学分支方向的互通和交流，使我们获得对古代社会和历史更加完整的认识；地学考古也可以增进考古学家对理论的应用水平，为构建中国特色考古学理论提供新的角度。

　　原文"中国史前地学考古概述"刊于《中国文物报》2017 年 5 月 19 日第 6 版；参考文献省略。本次收录，文题变更为"地学考古方法的回顾与展望"，不仅附上了全部的参考文献，而且内容有所扩展；一方面综述内容不限于史前时代，另一方面则是对未来发展作了简单展望。

4.地学考古——运用地球科学认识考古

Matthew Canti著，宿凯、靳桂云译★

一　概要

该指导手册讲的是地学考古在认识考古遗存和遗迹上的作用。地学考古的手段包含从景观研究到显微分析的各种尺度，由具备专业知识的人员进行研究。专业知识应当包括对考古地层所在的自然环境和考古发掘地点的自然环境有相当了解。主要目的通常是认识遗址形成过程，但也涉及与遗址保存状况相关的问题，提高野外解释考古学背景的正确性，鉴别自然环境随时间的变化。

二　导论

地学考古就是把地球科学的方法和手段应用在研究考古资料上。它的本质是考古学的一种研究方法，由具备专业知识的人员进行研究。专业知识应当包括对考古地层的保存环境和考古发掘地点的自然环境有相当了解。大到景观变化小到显微背景分析，这种知识可以在不同尺度上运用。除了尺度变化，地学考古分析还可以辅助其他专业研究（如借用微形态研究花粉样品序列的地层完整性），检验埋藏学和残留物特性（如与人工制品修复有关的埋藏条件），以及对遗址保护提供建议。

地学考古方法可以帮助解决多个层次的考古学问题，但是主要用来勘探、了解遗址形成过程、解释与遗址保护相关的问题、提高野外阐释考古学背景的精度、辨识自然景观随时间的变化。如此广阔的应用范围和尺度要求使用者有宽广的知识面。

这些指导准则就是从不同角度观察地学考古应用的传播，来扩大这种知识面。它们适用于各种考古专业人员，主要是研究人员和发掘领队，准则的详细程度就是权衡了两者的需求而制定的。该手册包括一般的遗址形成过程、通过不同地学考古手段获得的信息以及在现场通常会发生的问题。后面的章节为项目组织提供建议——如何把

　　★　Matthew Canti: Historic England, UK；宿凯：山东大学历史文化学院、美国圣路易斯华盛顿大学博士生；靳桂云：山东大学文化遗产研究院。

地学考古最好地融合到未来的项目中，遗迹发掘中如何获得帮助。最后有一份附录，列出专业词汇和技术的解释。

（一）遗址形成过程和堆积

大多数地学考古调查都是围绕了解堆积最初如何形成和后期如何随时间演变而展开的。通过研究堆积遗留下的物理和化学特征，来认识塑造堆积形成和演变的过程。这一节讨论遗址形成过程的主要类型，在适当的地方还包括相关的地貌和沉积类型。虽然这些类型是分别描述的，但实际中会存在大量的交叉组合。例如，崩积物可以堆积在河漫滩边缘的山脚处，随后受到流水的搬运，最终作为冲积物重新堆积在别处。重点被放在英格兰过去 12000 年内发生的过程，在个别必要的地方也讨论了其他时期。虽然很难做严格的区分，但是文章的结构一般是把自然过程放在前面，人为活动放在后面。

1.坡地过程和崩积物

崩积物（或崩塌堆积）是风化物质经重力作用搬运到坡底并逐渐堆积形成的（图1）。搬运的方式（例如土地蠕动、滑动、滑坡和泥石流）与多个因素有关，但最重要的影响因素是土地的水饱和程度。崩积物堆积在坡地的下面，通常不发生分层和分选。崩

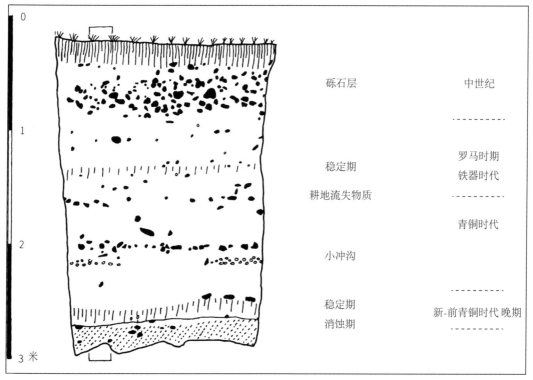

图 1　Wight 岛 Newbarn Combe 的崩积物序列，微弱的土壤发育和经过分选的砾石层表明出现了稳定期（Allen, 1992）

积物可以堆积很高（例如干涸河谷内几米厚的填充物），但是在背靠野外边界的地方，如墙壁或树篱形成的梯田（见下文，农业过程和堆积），崩积物发生的规模很小。崩积物通常是全新世堆积，与土壤加速侵蚀有直接关系，而加速侵蚀是由清除植被、人类定居和农业耕作造成的。土溜作为饱和的沉积物，是另一种受重力作用沿斜坡缓慢移动的风化物质。在英国，土溜这个词（字面意思就是土地流动）通常用来表述更新世时在冻土条件下形成的堆积。冻土融化形成了水饱和的表土，可能沿着下层永冻层滑动，形成土溜。在这种条件下，大面积的流动可以在只有 2° 的坡地上发生。

崩积物的主要特征：

■ 异源物质，通常分选差

■ 颗粒大小取决于坡上受风化和侵蚀物质的母质

■ 无层理或弱发育层理

■ 无分层或无法辨识

■ 被掩埋的表土通常很难识别

■ 通常包含来源于坡上表土原来存在的人工制品（陶片、木炭和其他物质）

崩积物通常越靠近坡地越厚，如果有层理的话，可以大致看出堆积前的表土倾角。堆积速率并不稳定，因此堆积的厚度并不能作为衡量堆积时间的指标。相对较浅的序列可能代表了相当长时间；例如在 Kent 郡 Holywell Coombe 一个干涸河谷堆积序列（Preece et al, 1998），大部分是崩积物，高 1.5m，它的地层记录却将近 13000 年。对比之下，很高的序列也可能是迅速堆积起来的，取决于局部的条件（例如在 Wight 岛 Newbarn Combe 一个近 3m 的地层序列，是从新石器时代晚期开始的）。

通常会在白垩土和石灰岩的干涸河谷发现发育较好的崩积物序列，因此也通常表现出一系列特定的保存特征。因为沉积物是钙质的，有利于陆地蜗牛的保存，花粉很难保存下来。（饱水的）有机质堆积可能会包含花粉或大植物遗存，但是这在干涸河谷（通常在水位线以上）十分罕见。在任何可能发现这些有机质堆积的地方，它们都极有可能是原地保存的，反映了短期的植被覆盖。

尽管如此，可以分析崩积物内的陆地蜗牛遗存，以埋藏深度为变量检验古生态随时间的变化。因为蜗牛是随着被侵蚀的表土一起沉积的，可以反映流域内的植被状况。

要了解崩积物的发育过程，很重要的一点是要认识到，沉积是有停顿的。这些停顿通过古地表来识别——不管长期还是短期的稳定，都没有净沉积量的增加。石头含量和分选状况的微小区别，可能就会指示古地表的存在（图 1），原因可能是地表在光秃无植被的情况下，强降雨造成的地表侵蚀（图 2）。同样的地表侵蚀可能发生在生长季节的伊始或农作物的收获之后，或者，在过度放牧的草场上。

更长时间的稳定可能会出现有机质的积累和土壤分层。图 3 表示的土壤发育程度

图 2　现代的地表侵蚀过程和表现特征，产生了如图 1 所示的分选砾石层

图 3　海边露出的岩石
有数层相间的地表稳定期（深色的土壤层）和不稳定期（浅色的钙质崩积物）

在全新世的地层中很少见，在上面可以看到多层黑色条带，代表了埋藏地表，这些埋藏土壤在干涸河谷沉积中非常明显。但是在多数情况下，地层发育并不明显，堆积分期就会出现问题。在野外对地层进行详细描述是十分必要的，尤其要寻找石头的分选

线或土壤结构的细微差别。有时有必要使用辅助分析，从散样（如碳酸盐含量、磁化率）和定向样品（显微特征）中检测土壤发育的程度（表1）。

表1　崩积物序列：相关问题和调查方法

问题	调查方法	实际需要
这是崩积物吗？	分析堆积物的结构，确定分选程度；确定分层的程度和与局部斜坡状况的关系	野外实地考察，并描述剖面堆积
这个序列代表了一次还是多次堆积事件？	分析并寻找早期地表的证据；通过测定碳酸盐、磁化率和土壤发育特征来确定土壤发育的程度	野外实地考察，并观察垂直剖面上的原地堆积；需要散样和定向样品
这个序列是花了多长时间堆积起来的？	^{14}C绝对测年，但由于堆积物的性质几乎不可行；缺少人工遗物的情况下，还有两种测年方法或许可行：富含砂或粉砂的堆积，可以对沉积物本身进行光释光测年；对蜗牛壳进行氨基酸外消旋法	两种测年方法的取样都需要专业人员来实施

2.河流过程和堆积

河流堆积（或冲积物）是流水作用形成的，通常但不限于在河谷地带。河谷包含多种微环境（图4），每一种环境都有对应的堆积形态，可以用来帮助恢复古环境。

冲积物通常是河道填充物或河漫滩堆积，可以厚达几米。粒度的分布范围根据不同的堆积能量变化很大。高地河流的能量更高，通常导致河流堆积的颗粒较粗；低地河流的能量较低，细颗粒的植物更容易堆积。发掘的大部分冲积物都是饱水的，保证环境材料的保存状况很好（图5）。

河漫滩是不稳定的环境：要么处于加积状态（堆积）要么处于下切状态（侵蚀）。通常情况下，堆积和侵蚀会同时在河漫滩的不同位置发生。这种情况的一个结果就是出现了多级河流阶地，每一级代表了一个被下切的古河漫滩。因此，最老的阶地在最高处，最年轻的阶地最接近河床（图5）。这种反复下切的过程在河谷两侧产生的序列是对称的，但是通常会被河流改道破坏掉。

总体来说，阶地主要是由砾石组成的，通常形成在气候极度多变的更新世。地层顺序可以用来恢复河流运动，对应的有机质堆积可以用来恢复古生态。砾石阶地通常包含次生堆积的早中更新世的人工制品，通过跨景观对地层来辅助其他地方定年，例如汉普郡盆地和Solent的陆海地层（Bridgland, 2001）。

冲积物的主要特征：

■ 粒度大小并没有鉴定标准，因为堆积取决于搬运水流的能量

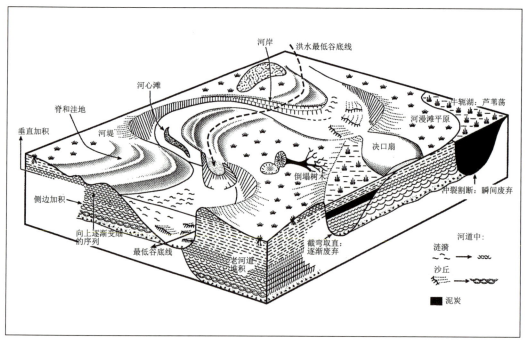

图 4　河道及其相关特征的示意图
（Brown, 1997）

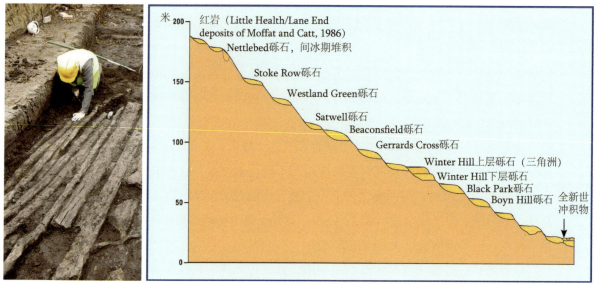

图 5
（左）冲积物通常会使有机质保存的格外好，例如东伦敦这个青铜时代的平台；
（右）泰晤士河中有的阶地构成（改自 Bridgland, 1994）[1]

---

[1]　译注：OD即Ordnance datum，在英国使用的用来获得地图上海拔高度的垂直基准面。

■ 通常会发生氧化，随着暴露时间增长颜色会变化

■ 通常会分层或呈现出层理结构

■ 可能会含有丰富的环境信息，比如软体动物或花粉

除了堆积本身之外，冲积过程还在景观上留下一些特征，相关知识有助于选取采样位置。这些特征主要包括以下类型：

（1）河床中的地形：例如沙岛和沙坝。水流速度减小促进了沉积物堆积在河床中的特定区域，例如凸岸上形成的滨河床沙坝，河道中间形成的心滩（Brown, 1997: 64）。这些地貌特征可以用来建立古代河流水体的信息以及河流提供的资源，当然人们也可能因为它们的战略重要性而频繁利用河流（如 Eton Rowing Lake（Allen and Welsh, 1996））。

（2）河边地形：例如岸堤和决口扇，这些是由漫滩洪水引起的，使得沉积物在河漫滩上以特定的方式堆积。这些地貌特征可以淹没考古遗址——例如在 Stanwick 的 Redlands Barn（Brown, 1997: 226）——同时也可以显示当时的河道。另外，当河流改道的时候，辫流和曲流通常也会形成残留的河道和牛轭湖。这些都是恢复环境的有用信息。

（3）洪（冲）积扇：当河流冲出河道四下散开，冲积物堆积就形成了洪（冲）积扇，通常从扇顶到扇缘，粒度会逐渐变小。同样，可以用它来复原古河道，当然也会淹没考古遗址。

冲积物具有显著的考古学意义。首先，冲积物可以用来寻找沉积物来源，恢复河流的污染历史及用于各种景观研究，但对于研究古代河谷环境变化尤其重要（图6）。其次，由于河谷地带是整个考古遗址中古代人口最密集的景观之一，冲积物很可能包含了古代人类聚落和文化变迁的详细信息（Howard and Macklin, 1999）。但是在用这些信息研究河谷变迁的原因时，又会碰到问题，因为环境的动态变化对气候变化和土地利用方式都很敏感。冲积物最重要的一个特征是仅仅作为保存介质。

由于河流改道或水面上升，冲积物有时

图 6 North Woolwich 的一个冲积序列剖面

会淹没整个遗址和古地表，通过发掘人工遗物和自然信息，可以大范围的揭露埋藏地表。但是，有时候冲积物会深达好几米（Knight and Howard, 1995），这对实际操作带来巨大挑战。冲积物的深度有时候还会阻碍地球物理勘探，这样考古发掘通常就要看运气了（表2）。

表2　冲积物序列：相关问题与调查方法

问题	调查方法	实际需求
冲积物是什么时候堆积的？为什么堆积？	野外实地考察和原址分析； 对可能保存下来可经^{14}C测年的物质进行测年； 对某些矿物质进行光释光测年	需要垂直剖面看出整个地层序列； 从地层关系明确的单位中采集有机质人工遗物和自然遗物； 光释光样品需要测年专家来采；具体细节请联系地区科学顾问（见下文，如何获得帮助）
沉积过程花了多长时间？	对可能保存下来可经^{14}C测年的物质进行测年； 对某些矿物质进行光释光测年	从地层关系明确的单位中采集有机质人工遗物和自然遗物； 光释光样品需要测年专家来采；具体细节请联系地区科学顾问（见下文，如何获得帮助）
遗址位于河漫滩的什么位置？当时的周边环境是怎样的？	野外实地考察和沉积物的原地分析； 可能还需要其他环境分析手段（如花粉或甲壳虫）	垂直剖面（如果没有剖面，也可以钻孔）（详见Campbell et al 2011）
冲积物与人类活动期的关系如何？	野外实地考察和沉积物的原地分析	垂直剖面（如果没有剖面，也可以钻孔）
冲积物堆积厚多少？有其他堆积类型出现吗（如崩积物）	钻芯的野外绘图	钻孔设备和进行描述的专业人员

3.风力过程和风成堆积

　　在更新世冰缘条件下，风成堆积是沉积物中最常见的，但是从全新世开始直到今天，局部范围内一直都在发生沉积物的风力侵蚀和堆积。更新世的风成堆积，根据主要的粒度大小，可以分为两大类：黄土（粉砂粒径的物质）和覆沙（砂粒物质）。风成堆积主要被认为是在Devensian[1]（末次冰期）沉积的，这个时间气候干冷少植被，属苔原环境。

　　覆沙是古代沙丘的残余，在冰缘环境下形成的。它们大范围形成在约克谷（Vale of York)的南部和林肯郡的北部（靠近Scunthorpe）；在兰开夏郡西南和东安格利亚的

---

　　[1]　译注：相当于我国的大理冰期。

Breckland 也发现了小范围的覆沙。大范围的覆沙堆积通常都被用作商业采砂。在许多地区覆沙堆积都经历了（现在仍在进行）大量的局部侵蚀和再堆积等次生作用（图7）。

（1）**覆沙的主要特征：**

■　粒径主要在约 63μm—2mm 之间（砂粒物质）；平均粒径通常在 100—400μm

■　分选好或较好（见图15），但是极少会见到像海岸沙丘那样分选好的情况

■　单个颗粒主要是圆形或次圆形

■　如果沉积物来源于离岸或海岸位置，可能含有较高的碳酸盐含量和海洋贝类的碎片

■　物质移动方式主要是跃移，因此跟细颗粒的黄土相比，移动距离较短

在冰期，海平面下降暴露了大面积的细颗粒的海岸沉积，同时冰期堆积和冰水沉积平原也提供了风力侵蚀和再堆积的物质来源。与欧洲大陆不同的是，英国的堆积较薄并且通常呈现出融冻扰动的迹象。

（2）**黄土的主要特征：**

■　主要在 2—63μm（粉砂粒径），但是也可能含有大量的黏粒（＜2μm）物质

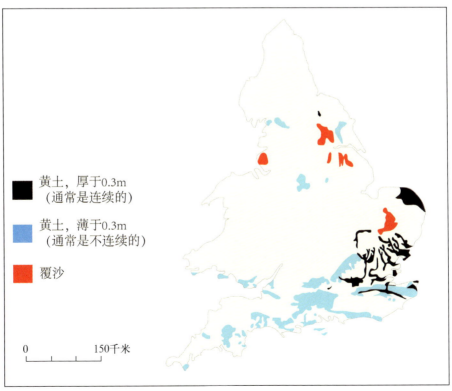

图7　英国风成堆积的分布图
（改自 Goudie and Brunsden, 1994）

■ 原地堆积可能含有较多的碳酸钙（作为包含物或者次生特征）

■ 可能含有独特的重金属比例,使不同的堆积可以对比,验证黄土来源的假说（见下文，矿物学）

■ 颗粒以悬移的方式运动，可能是长距离搬运；也就是说物质来自上千千米外的地方

覆沙和黄土都可能继续发生次生作用，通常是冰缘或河流过程。黄土经过河流作用会产生砖土（Brickearth）——风成的细颗粒物质，经过水流作用重新分选和堆积。在英格兰的东南部发现了大面积的这种包含砖土的堆积序列，与来源地的黄土堆积有明显的关系。

在地质条件、环境条件和土地利用方式允许风力作用吹起和搬运沉积物的地方，风成堆积（通常是砂粒大小而不是粉砂大小的物质）在整个全新世都在积累。但是，与更新世风成堆积（覆沙和黄土）不同的是，全新世的风成堆积搬运的距离相对较短，对局部影响较大，对整个地域并没有多大影响，反映的是土地利用方式而不是气候变化。在一些地区积累了大量的全新世堆积。例如，在亨伯赛德郡 Flixborough 的安格鲁撒克逊遗址，坐落在风成沉积的堆积上，这个沉积是林肯郡北部覆沙的一部分，属于冰期后堆积。遗址本身包含了从公元 7 世纪早期到 11 世纪早期的 9 个主要聚落定居时期。最晚的一期聚落埋藏在深达 2m 的均质风成砂之下，这肯定是在中世纪早期或更晚堆积起来的（Loveluck, 2007）。除了上述陆地上的风成堆积种类，在英国海岸还有大量的风成砂堆积，掩埋或包裹了考古遗存（见下文，海洋和海岸堆积）。陆地和海岸风成砂的主要区别在于，后者的分选更好；来源与现在的（而不是过去）环境有关；由于贝壳碎片的存在，保存条件通常呈碱性（而不是酸性）（表 3 ）。

4.湿地过程和堆积

《Ramsar 公约》的 1.1 章把湿地定义为"沼泽地、湿原、泥炭或水域地带，包括天然形成的和人造的，永久性的或暂时的，其中的水是静止的或流动的，淡水还是咸水，同时还包括海水在退潮时不超过 6 米深的地方。"

在这些条件存在或者过去某时间曾存在的地方，会形成各种各样的湿地堆积。因此湿地堆积经常会在现在已经不是湿地的地方发现，并且通常是以交错堆积的形式，存在于冲积物序列中或在耕地下面。根据主要的周边环境和条件，湿地堆积中有机质和矿物沉积的组合多种多样。主要的特征是，水饱和，只含有少量的氧气。因此，通常会分解有机质的细菌、真菌和土壤动物的活动会十分微弱，形成了绝佳的保存状态。

湿地堆积的主要特征:

■ 有机质丰富

■ 有机质都保存极好，包括人工制品

■ 对脱水过程很敏感，促进氧化作用和富营养化

■ 矿物堆积通常呈灰色（因为饱水），并有特殊气味

表3 风成堆积：相关问题和调查方法

问题	调查方法	实际需要
这个砂是风力堆积的吗（例如，与水相堆积比较）？	观察堆积单位中任何原生沉积结构，并做出解释； 粒度分析	需要地学考古学家进行野外实际考察和对沉积物进行原地分析； 从每个相关的堆积单位采集至少500g的散样
沉积物是风力堆积的，还是从当地的地质母岩经过风化来的？	比较沉积物和当地风化地质母岩和/或土壤样品的粒度和重矿物组特征	从每个沉积物单位采集散样，还有从当地土壤和下层地质母岩采集对照样品
沉积物能够代表"自然过程"吗？	即使沉积物很厚（超过1m），也要确保沉积物没有完全覆盖文化堆积	钻孔调查（比较快速，性价比高）
堆积的开始和结束时间是什么时候？为什么？	搞清层位关系，测年和广泛的环境分析； 如果沉积物中包含足够的砂，并且曾过去暴露在阳光下，就进行光释光测年	需要地学考古学家进行野外实际考察和对沉积物进行原地分析； 光释光样品需要测年专家来采；具体细节请联系地区科学顾问（见下文，如何获得帮助）

　　泥炭是植物在饱水条件下形成的，有机质的堆积速率大于其腐烂的速率。泥炭沼泽的位置与地形相关，能够从地表径流和降水中接收水，例如沼泽、湿原、奔流和森林泥炭。沼泽也可以不依赖于地形而独自发育，吸收的水全部来自降水，例如平地沼泽和毡状沼泽。因此，毡状沼泽通常是高地现象，而其他沼泽通常属于低地景观。降水量越大，毡状沼泽出现在景观中的海拔高度可以越低。依赖地形发育的沼泽通常开始的形态是湖泊，后来也可能发育成平地沼泽和毡状沼泽。毡状沼泽的发育似乎也与人类活动密切相关。

　　开放水域堆积通常形式更多样，包含的有机质来自于水生动植物，进入水体的矿物质来自河道和径流。湖泊、水塘、水井、运河、河流、溪流和沟渠的沉积物组分都是不同的。河口、沿海或潮间带的情况通常更复杂，在快速变化的条件下，夹杂了不同组分的堆积。

　　（1）湿地堆积的考古学意义

　　湿地在考古学上有多种重要意义。堆积本身通过它们的结构和组分，以及内部包含的大量自然有机质遗存（花粉、植物遗存、昆虫、硅藻、软体动物、有孔虫、介形

虫和其他生物碎片）可以提供堆积形成期间详细的序列环境记录——从几十年到上千年。湿地堆积因此为人类活动提供了景观背景。堆积中也包含了十分适合测年的有机质，得出的遗址年代序列通常很可靠。可以说，湿地堆积是全英国所有土壤／沉积类型中，保存环境序列最好的介质，例如在汉泊头滩地（Humberhead Levels）（Van de Noort 和 Ellis, 1998）、芬兰沼泽区（Fenlands）（Waller, 1994）和西北湿地（Hodgkinson et al, 2000）。同样，堆积中或者在堆积的下面也极其完好地保存了各种考古遗存——聚落、道路、建筑结构、器物、文化层、祭祀品和单个小件遗存，以及其他人工制品，例如在 Somerset 和 East Sussex Levels 的发现（Coles 和 Coles, 1986; Greatorex, 2003）。

（2）寻找湿地堆积和相关的考古遗迹

湿地堆积在地表并不是显而易见的，找到它们就需要各种各样的钻探设备（见下文，钻孔），或者通过现有的岩土钻孔和地学考古钻孔记录来组建堆积模型。要正确定位考古遗迹更是困难重重。钻孔在这里还是有用处的，通常与各种形式的遥感和景观模型联合使用。近些年，通过用来寻找原材料和能源的商业或民用勘探，发现了很多遗址。机械化的钻探大大减小了这些发现的几率（表4）。

表4　湿地堆积：相关问题和调查方法

问题	调查方法	实际需要
湿地堆积的面积有多大？	遥感和/或钻孔	全覆盖的空中照片和大范围的钻孔工作
都有什么类型的堆积？	作为评估项目的一部分，进行钻孔和/或小面积发掘	野外进行剖面分析，或钻孔来了解原来的堆积过程（如果存在矿物质）和后期被水淹没的历史
堆积是何时形成的？与人类活动有什么关系？	对可能保存下来可经 ^{14}C 测年的物质进行测年；对某些矿物质进行光释光测年；	从层位关系明确的单位中采集有机质人工制品和自然遗存；光释光样品需要测年专家来采；具体细节请联系地区科学顾问（见下文，如何获得帮助）
埋藏条件的特征是什么？	钻孔和/或发掘	在野外现场考察剖面，或钻孔来获知保存的类型和程度

5.海洋和海岸堆积

温带气候的海岸环境主要包含岩石台地的悬崖、海滩、沙丘或潮漫滩／入海口。其中，岩石悬崖和海滩沙地基本没有地学考古价值，因为前者极其稳定，后者活动性太大。

（1）海岸沙丘系统可以存在丰富的考古遗迹，沉积环境对于遗址的解释和管理都有重要意义。沙丘通常把考古遗迹密封在很深的地下，但是沙丘系统不稳定，很容易被侵蚀（例如在诺森伯兰郡海岸 Low Hauxley 里的石棺和环境遗存（Payton 和 Usai, 1995））。侵蚀过程很快，使考古遗址暴露在风化和海洋的作用力中。沙丘的物质来源于当地的地质沉积、冰源碎屑和海洋沉积,分选较好。这些物质来源的组成差别很大,因此不同地理位置的沙丘会呈现出不同的保存状况。

（2）潮汐和河口堆积通常包含很厚的湿地考古学地层,通常是粉砂和泥炭层,有时有发育的土壤。这是人类活动和水流泛滥与稳定相互作用的证据,对于理解环境变化有重要意义。应当强调的是河流的下游地区如塞文河、泰晤士河和亨伯河,在这些地方,河口过程释放的细颗粒物质堆积与停顿事件交替发生。停顿事件可能代表的是各种环境下的地表,从潮间带的泥滩到填海的陆地,都可能会存在发生相关事件的证据。例如,定期泛滥的盐沼可能用来放牧和/或产盐,但是有了稳定的地表、发育成熟的土壤和不含盐的地下水,就可以用来耕种作物。出于土地利用的需要,后者可能存在人工设计的排水系统,比如在 Gwent Levels（Rippon, 1996）发现的证据。从海岸和河口堆积序列还有可能得知相对海平面（RSL）的变化。这在很多方面都与考古学的研究有关,通常来说包括土地利用、航海、空间格局和人类适应环境变化等问题。海平面变化（相对于陆地）可以通过模拟的海平面指数点（sea level index points）,也可以通过考古得到的与海平面直接相关的地面建筑推知当时的海平面,如滨海码头。这些数据可以用来创建一个曲线（图8）,反映局部或地区范围的变化趋势。相对海平面变化在有机质和矿物质堆积中都可以反映出来。在早期的模型中,有机质堆积仅仅反映海退（相对海平面下降）,矿物质堆积单位反映海侵（相对海平面上升）,现在这种模型已经被更细致的动态模型取代（如 Spencer et al., 1998）。这些新模型可以将一系列的影响因素和相互关系考虑在内,使基础模型变的更加复杂。举例说,有机质沉积物可以在海

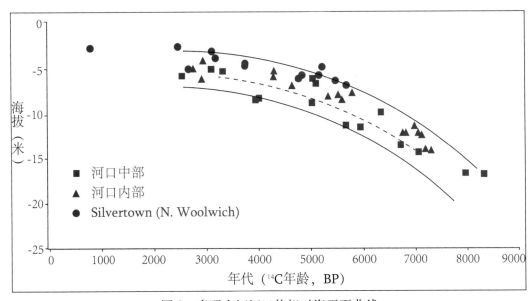

图8 泰晤士河河口的相对海平面曲线

（Sidell et al, 2000,基于 Long, 1995）

平面上升时形成，只要沉积的速率大于相对海平面上升的速率；或者沉积物被明显压实，这取决于叠压在上面的沉积物的重量。因此，在利用交替沉积的泥炭和河流/河口淤泥序列重建相对海平面变化时，要格外谨慎。沉积物必须要进行精确测年，而且必须包括明确是海洋来源的物质，比如硅藻和有孔虫。同时还要把某一堆积与参照水平面联系起来，以便与当地的考古遗址作对比。这是通过现代的生物地层类似物来实现的，比方说，只有特定的植物种群可以在大潮平均高水位（High Water of Spring Tides）上生长，而其他种群在最高天文潮上生长（Highest Astronomical Tide）。

海岸环境是不断变化的，它的变化会对陆地产生重大影响。沉积物的运动（如沙坝通过沿岸漂流作用加积）可以迅速改变海岸线的构造，进一步影响整个流域，改变河道的动力特征并最终引起河道淤积（例如 Richborough（Hawkes, 1968））。移动的砾石岸滩也可以掩埋考古遗址，还有滩脊一旦破裂，会对以前稳定的古环境序列（表5）造成巨大的改变。

地学考古在深水区需要各种不同的方法和技术。这些现在还在不断发展，更多信息可以参考 BMAPA 和 English Heritage (2003), Gribble and Leather (2011), Plets et al (2013) and Ransley et al (2013).

表5　海洋和海岸堆积：相关问题和调查方法

问题	调查方法	实际需要
考古遗存堆积在沙丘下延伸多远？	钻孔调查	深埋的砂层堆积可能会对某些类型的钻探工具造成麻烦。可能需要专业帮助
沙丘系统是在人类活动期间形成的吗？	野外实地考察	垂直剖面
遗址被沙丘活动侵蚀过吗？	野外实地考察或者加上砂层的光释光测年	垂直剖面；必须由专业人员进行光释光样品的采集
堆积活动发生时环境是怎样的？	野外的地层分析加上其他环境指标	钻孔或对剖面进行描述和采样
沉积物是何时开始堆积的？堆积过程与人类活动有何关系？	对可能保存下来可经 ^{14}C 测年的物质进行测年；对某些矿物质进行光释光测年	从层位关系明确的单位采集有机质的人工遗物和自然遗存；必须由专业人员进行光释光样品的采集
人类活动期间海平面在哪儿？造成了什么影响？	野外的地层分析加上其他环境指标	钻孔或对剖面进行描述和采样
堆积物中包含残存的地表吗？	通过微形态和磁化率分析，可能找到古代地表的证据	两种方法都需要在垂直剖面上对疑似稳定层进行取样
有些地层差异不是由人类活动造成的，而是由生物和化学过程造成的吗？	对有疑问的边界进行描述和微形态取样	从垂直剖面上原地取样

6.农业过程和堆积

农业活动对土壤造成一系列的影响。这些影响可以发生在景观层面上，例如土地开荒和耕作造成的风力侵蚀。但是，这种大规模的事件很难与同等规模的自然力作用区分开来。小规模的影响发生更频繁，在地层记录上反映更明显。迄今为止在所有耕地中仍在发生的，是耕作造成的土壤下坡运动。这种运动会使受侵蚀的物质堆积，平缓得融入地貌景观中，并不会表现出明显的地形倾向。但是在有边界支撑的地方，崩积物（见上文坡地过程和崩积物）会以梯田的方式存在（Bell, 1977），有明显的深度。另一种常见的侵蚀方式是流水把刚翻过的土壤沿着水沟迅速沿坡冲走。这些只是非常短暂的小水沟，它们把搬运的沉积物在坡脚以微型冲积扇的方式沉积下来（Brown, 1992）。因为耕作会把土壤翻滚过来，即使是平整的地表也会因为犁的作用形成可见的高差，既会有常见的脊和沟，也会在犁组转向的地头形成堆积。在很多情况下，犁地都会加深表土的深度，有时会在颜色更浅的下层土留下深颜色表土的犁印。耕作通常会促进下层土形成淀积层或压实层（pans）。优先形成的铁氧化物有时会使这些压实层变得更硬，这就促使农户进行深耕（pan-busting）来打破压实层，但同时对考古遗迹也更有破坏性。最后，农业活动还会对土壤产生很多化学效应。从考古上讲，最重要的可能就是粪肥和化肥的使用，这会提高土壤的磷酸盐水平和磁化率。

7.垃圾和建筑废料的堆积

人类活动不可避免会生产垃圾，其中有一些堆积起来，会产生不可忽视的小环境，甚至在某些城市遗址存在整个地层序列。总体来说，前工业社会产生的大部分垃圾都是有机质，会腐烂不见。但是也可能随着其他有机质保存下来，例如在饱水的还原环境中，或者通过矿物质化。因为垃圾堆积中强烈的生物活动，后一种途径相对更常见。土壤基质中的离子化合物会浸入有机质，碳酸钙或磷酸钙晶体有时会包裹或替代原有的细胞结构（Carruthers, 2000）。工业社会生产大量的垃圾，如炉渣，到处都可以保存下来，其中包含了技术活动的大量信息（Historic England, 2015; English Heritage, 2006）。

（1）灰烬

如果动物或植物废弃物的有机质部分没有保存下来，仍然会有其他一些部分会留下来。最常见的就是灰烬，它是生物来源的物质燃烧后剩下的矿物遗存。很多植物都包含大量的草酸钙晶体，加热后产生碳酸钙结核。其他是富含硅（植硅体）的植物，在通常的燃烧温度下（图9）基本没有变化。由于大部分火是用植物作燃料，因此灰烬大部分是碳酸钙和硅——不同的比例取决于燃烧的不同种类的植物。微小的炭粒经常出现，使堆积通常偏灰色。很多时候也会发现少量的红烧土、骨头和熔炉渣。随着时间的变化，碳酸钙使含灰烬的地层有明显不同的埋藏学特征。碳酸钙会不断溶解，但仍然可以在数千年内保持碱性，然后突然酸化，这样就使保存特征发生很大的变化。在亨伯赛德郡

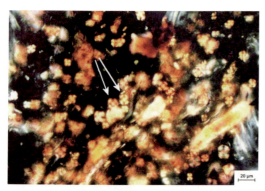

图 9　正交偏振光下观察切片内的粪便微球颗粒（箭头指向的两个）；汉普郡 Grateley 的一个玉米干燥机中的灰烬和硅质遗存

Flixborough，这种效应导致在某些地方，或许是在那些灰烬堆积很厚的地方，骨骼保存的格外完好，这跟其他骨骼保存非常差的地方形成了鲜明对比（Canti, 1992）。

（2）粪便

除了在饱水的堆积中，粪便很少会保存下来，因为粪便中包含了丰富的土壤微生物的食物资源。但是，畜养的牲畜的粪便通常富含硅（植硅体），这些硅来自食草动物吃的大量的草。硅本身可以在有机质腐烂之后保存下来。碳酸钙也会以微球体的方式，在大多数动物的肠道中堆积下来（图9）。这些可以在中性至高 pH 值的环境中保存下来，微形态样品中很容易识别。

（3）建筑材料

人类活动也会留下成堆的地质材料，这些材料可能用做建材。过去，土通常用作建材，有草皮、胶泥（黏土涂在一个框架的表面上）和未经烧过的土坯等不同的利用方式。如果表面的防水措施失效，这些材料很快就会变质，局部可能会形成与周边不同的纹理和 / 或其他外来特征（例如包含不同矿物质或微体化石）。同理，经常可以发现从墙体上凋落或墙上刮下来的灰浆，通常是在显微切片下看到的是小块的钙质胶结物碎片，包裹在沙粒上。最后，在建筑过程中也可能废弃一些石头，有时候这些石头变质形成地层，在发掘过程中不容易辨识它们的来源。

8.土壤发育

土壤是地表松散物质动态平衡过程的终产物，以及改变这些物质的因素的总和。土壤发育不仅包括岩石或沉积物的简单风化，还包含了气候、地质、地形、生物体（植物、动物和人类）和时间的复杂相互作用。土壤形成过程在稳定的地表开始活跃，促进风化岩石或沉积物（母质）的物理、化学和生物特性的变化。这些变化导致在母质内形成了明显的分层，叫作地层（soil horizons），这些地层共同组成了土壤剖面（图 10 和表 6）。土壤发育随时间变化，但并没有简单的线性关系。未成熟的土壤一般较薄、地

Rendzina 黑色石灰土	Ranker 石质土	Man-made soil 人为土	Peat soil 泥炭土
Gley soil 潜育土	Podzol 灰壤土	Argillic brown earth 泥质棕色土	Calcareous brown earth 钙质棕色土

图10　主要土壤类型的剖面示例

表6　土壤剖面发生层命名表

层位	定义	主要特征
O	堆积于表层的有机质层，水分不饱和	包含纯净的有机质。根据降解的程度，通常再细分为L（枯枝落叶层），F（发酵层）和H（腐殖层）
H	堆积于表层的有机质层，水分长期饱和	由于水分含量高阻碍了降解过程，导致泥炭积累
A	淋溶层，靠近地表的矿物质层	不同程度的降解和腐殖化形成的矿物质颗粒和有机质的均匀混合物
E	在a，o或h层之下形成的矿物质层	随着土壤成分沿垂直剖面向下移动造成损失（如有机质、铁或黏土）
B	淀积层，地表下的矿物质层	从土体上部淋溶下来的土壤成分富集（如有机质、铁或黏土）； 或者经历了原地变化，改造风化的岩石/沉积物特征
C	母质层	仍保留岩石和沉积物的结构特征，缺少上层层位的土壤诊断特征
R	连续的坚硬岩层	坚硬的地质母岩

层较不发育，成熟的土壤一般剖面更厚，和/或地层变化明显、容易辨认。

地层的特点反映了作用在特定地点的母质的总过程。在英国，整个全新世发挥作用的主要土壤发育过程包括风化、黏土形成和黏土位移（黏粒的自然下移）、淋溶（化学过程，降雨增加特定元素的溶解，随后向下渗透）、灰化、潜育化和生物扰动。有机质的积累在土壤发育过程中也承担重要作用，既包括在地表发生的植物死亡腐烂，也包括在地下发生的，生物扰动和可溶性物质渗透带来的有机质。要推测不同地层的发生过程，难度也各不相同。有时候根据在野外观察到的地层的性质和结构，可以推测主要的发育过程；而在有些情况下，这些过程更不明显，需要借助实验室手段分析土壤的物理、化学和矿物学性质。考古上常规的土壤科学分析用到大量的技术手段，来帮助分析形成过程，了解过去与之相关的生态条件（Limbrey, 1975; French, 2003）。然而，单独的样品很少能获得有价值的信息，脱离野外发掘背景的样品更是如此。土壤和土壤形成过程的分析是从野外观察开始的，分析手段仅仅是帮助细化，而不能代替野外工作。

（1）生物扰动

生物活动在不同程度上会破坏考古遗存。植物根系（例如蕨菜根系）一路穿过地层，即便死后腐烂，也会对地层序列造成永久性的破坏。被暴风连根拔起的树根会将附着的土层一起带出来。土壤中还含有丰富的动物，从可见物种，如鼹鼠和蚯蚓，至微观螨虫和幼虫不等。所有这些生物钻入土壤寻求保护，很多生物吃土壤或吃它的某一部分。其结果是，生物扰动强度变化取决于所涉及的物种及其种群密度。在发掘中，大的可见物种的洞穴大多数很明显，可通过它们的形状及填充物的性质识别出来。常见的一个解释错误的例子是蚯蚓 *Lumbricus terrestris* 的竖穴，它形成了深入到下层土的暗条纹（图 11）。这些通常被描述为"根洞"，因为根部会寻

图 11　在诺丁汉郡 Newark
一个考古地层上的蚯蚓洞

求更丰富的洞穴土壤，并最终停止向下移动，在这种情况下，确切的定义变得学术化起来。然而，这些竖条纹的密度表明了挖洞的强度，这是一个主要的遗址形成过程。在某些情况下，这些蚯蚓与活跃在表层土中的一个或两个其他物种共同破坏地层变化、埋藏文物并广泛地移置环境遗存（Canti, 2003）。

在所有土壤中都有微观动物活动。它们不会产生更大范围的影响，但当用显微镜观察时它们变得非常显著。通过切片观察经常发现环境完全由微小的粪便颗粒组成。由微生物引起的整个土壤的扰动过程，通常不会影响到遗物，但是对相同的环境进行微体化石尤其是孢粉研究时，该过程便相当重要。地层的完整性及其保存条件可能会受到影响，所以当对古土壤开展花粉分析时建议联合采样进行土壤微形态研究（Campbell et al, 2011）。

（2）压实

由于反复踩踏，道路位置的沉积物会被显著压实。它的特点是土壤容重增大及矿物质和孔隙比例减少。孔隙的减少与孔洞形状及方向的变化有关，这种变化可能会形成特征结构或裂纹，具体取决于土壤的特性，如粒径和有机质含量。在废弃的踩踏区域上，风化作用和生物扰动作用可以使土壤迅速恢复正常的孔隙率水平，但如果该层被人类或自然力迅速埋藏，则可使压实保存下来。

（3）燃烧的影响

由于大多数土壤和沉积物中含有铁，燃烧使其特性发生了显著变化。土壤加热到300℃以上通常会导致不可逆的磁化率增加。与此同时，加热超过约500℃会导致颜色发生永久性变化，变为明显偏红色调，因为各种水合的或弱结晶铁氧化物被转化为红色氧化铁赤铁矿。然而，在低得多的温度下也可以变红，比如低至350℃，甚至是某些情况下更低的温度。在这个过程中，还发生了许多变化，包括含水量、粒度和矿物学特征。宽泛的阈值温度意味着在一些遗址内地表火不会留下明显的痕迹，而在其他遗址内发现的独特的泛红现象可能并不表示特别高的温度（Canti and Linford, 2000）。变红并不总是燃烧的结果，也可以是继承了地质颜色或经历了某些成壤过程。

（二）针对地层的地学考古方法

本节旨在简要描述地学考古中使用的主要方法及其提供的信息类型。这些方法大多是基于已建立的地球科学技术，它们应用于考古上的频率并不相同。重要的是，在决定花钱做分析之前，需要仔细考虑这种方法将要解决的考古学问题。

1.野外现场描述和解释

野外解释支撑着大多数地学考古工作，并代表了了解遗址形成过程的最经济的方法。它可能会、也可能不会伴随着实验室分析，但是它必须立足于对地层的充分理解。

在许多情况下，野外调查应包括一些自然剖面的研究，以便从纯粹的自然过程中区分出人类活动的产物。有些地方可能很难获得这些自然遗存，某些情况下甚至是不可能的（例如城市地区）；在这些情况下，该地区的常规沉积学和土壤学历史经验就很有价值。第一步必须了解该地区主要的自然地貌过程。对于所有从事发掘的人来说，这些地貌特征可能是显而易见的，也可能是比较复杂、需要专门的实地考察的。比如，遗址是如何遭到侵蚀的？在考古遗存的年代范围内是否有沉积物正在堆积，或这一切发生在几千年之前？把这些信息综合起来，对遗址形成过程全面综合的理解需要利用各种方法。地质学家、土壤学家或考古学家对相同的地层序列的观察记录和解释的方式可能不同（图 12）。这是因为需要将重点放在不同类型的信息上，以便了解该序列的沉积、环境和考古历史。

　　此外，在进行解释时，对个别地层或单位进行分组的方式可能会改变，改变依据是是否需要了解沉积或土壤发育过程。单个的单位可以组合在一起，以提供有关改变沉积条件的信息，例如，几个不同的地层其实是连续的河流作用产生的。或者，一个单一的沉积单位可能过很长时间后已分化为若干层（见上文，土壤发育）。单个地层

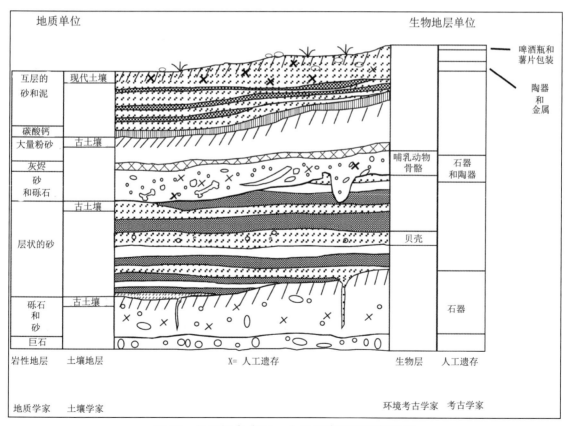

图 12　从不同角度对一个地层序列进行的解释
（改自 Rapp and Hill, 1998）

可能同时包含有关沉积物是如何沉积的及其随后是如何被土壤发育改造的信息。例如，图13是一个沉积物的剖面，它在相对缓慢流动的条件下发生多次沉积而形成；粗糙的水平原始层理结构及沉积纹理显示了这一点。随后由于物理风化作用及生物过程，土壤从稳定的底层开始发育。直到地面沉积的层理结构依然清晰可见，这一事实可以推断出土壤相对不成熟。

2.识别沉积环境：基本的描述标准

土壤在沉积物中发育，沉积物必须在特定环境中通过特定过程沉积。对沉积环境类型的识别开始于同时检查单个颗粒及整体的粒度性质，以及沉积所表现出来的沉积构造。虽然在实验室可能会通过进一步分析来完善野外解释，但再多的取样也不能取代在沉积现场进行的野外观察。

图13　分层的冲积物沉积的土壤发育

（1）沉积构造

沉积构造（或层理）可以分为两个主要类别，每一类都指示了所代表的过程类型（图14）。

原生构造是由物质最初沉积的方式造成的，反映了沉积能量及主要介质，比如风、水、重力或人类活动。

次生构造是沉积后改造产生的，即它们反映了原生沉积的变化过程。造成次生沉积构造的最具破坏性的沉积后过程可能是更新世寒冷气候事件时的冰和冻土活动（冻融作用）。在英国，受冻融作用影响最大的是旧石器时代的文化堆积，找到冻融作用的特征痕迹是区分自然层和文化层边界的关键。次生构造还可以通过人类活动产生，例如，填埋、挖坑、翻转或其他活动。

（2）颜色

颜色在土壤过程的评估中至关重要。它表示多种因素的状态，例如有机质含量和铁氧化状态，这些都提供了与遗址形成时间有关的信息。虽然繁琐，但是应始终使用正规标准来规范颜色的描述，如利用蒙赛尔色卡表或类似的方法。应使用潮湿的样品并避免直射阳光（不管现场条件如何这两点都可以做到）进行颜色评估。在某些环境下，观察一个已暴露数小时（甚至数天）的沉积层序时这种额外的颜色评估是有用的，因为风化作用也许会使在新清理的剖面上不明显的特性显现出来。例如，铁氧化物的斑点效果可能更加明显，原生沉积环境或沉积后过程中隐藏的某些矿物质特征也可能

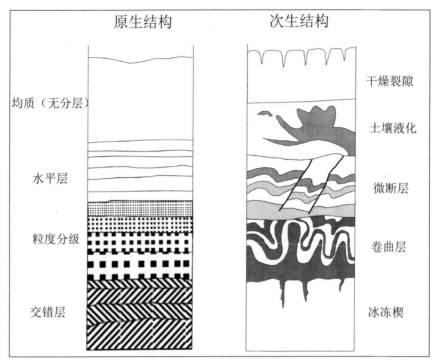

图 14　原生和次生的沉积物构造
(Rapp and Hill, 1998)

会显现出来，在剖面上以花斑的形式出现（如蓝铁矿（蓝色），黄钾铁矾（黄色）或石膏（白））。当还原性的沉积物首次暴露在空气中时颜色可能会快速改变（比如几分钟内）。

（3）**纹理和分选**

纹理和分选是沉积物矿物成分的基本特征，利用这些特征可以了解沉积物的来源和随后的发育过程。纹理是对所展示的粒度范围及比例的一种度量（见附录和其中的图 27）。基于实验室的粒度分析（见"粒度分析"章节）用于正式建立单个沉积中的粒度分布，但在现场通常要基于指感纹理进行简单评估，这个水平的分析通常足以达到描述的目的。针对不同粒径的分组需要一个分类系统来定义纹理。英格兰和威尔士土壤调查局开发了一个这样的系统，它是以英国标准学会的定义为基础的，如下表 7 所示。

田野观察需要取一块直径约 3cm 的沉积物润湿，用手揉搓并仔细观察。从粗砂到细砂能用肉眼观察到；极细砂和粗粉砂可借用放大镜观察（放大 4 倍）。堆积中的粉砂与黏粒的比例可通过材料的可塑性进行评估；单个的黏粒只能用扫描电子显微镜观察到。粉砂含量高的沉积物有滑感，不黏，除非含有黏土；纯净干燥的细粉砂与滑石粉的感觉相似。需要注意的是大量极细的碳酸钙（通常存在于白垩土中）或高腐殖化

表7   英格兰和威尔士土壤调查局和英国标准学会使用的粒度分类表

粒度分布（μm）		颗粒等级
<2		黏土
2—6	细	粉砂
6—20	中等	
20—60	粗	
60—200	细	砂
200—600	中等	
600—2000	粗	

有机质会使沉积物比起实际上感觉更有砂质感。完整的质地手测法描述见附录。分选是对集中在一个粒度组的颗粒均匀程度的度量，能提供沉积过程类型的信息。未分选的沉积含有各种粒级的颗粒，没有单一的优势颗粒（例如崩积物或垃圾堆积），而分选好的沉积有一个主要粒级（例如海岸沙丘）。分选不依赖于颗粒粒度；从黏土到砾石的任何堆积都可以分选好（图 15）。

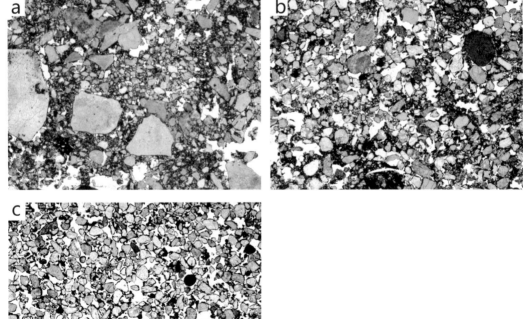

图 15   沉积物切片下观察到的三种不同的分选等级

（a）分选差（没有明显的优势粒度）；（b）分选适中；（c）分选很好（大多数颗粒都在一个等级内）

（4）边界特征

单个沉积单位、土壤地层或地层之间的边界性质可以提供与沉积物本身属性几乎一样多的信息。渐变边界指的是一种地层环境逐渐过渡到它上面或下面的地层，表明序列沉积期间没有发生过切断或侵蚀，或者中断。土壤地层一般是渐变边界，但是由一个土壤层到另一个的过渡带可以少到 5mm（图 16）。不同的是，突变边界（手铲尖儿可以轻易地放在两个单位的边界线上）表明出现过以下几种情况：沉积过程中断、发生过侵蚀事件、沉积环境发生了根本变化（图 16）。

（5）有机质堆积

有机质堆积的描述方法与描述土壤物质的方法相似，即使用母质和包含物模型，蒙塞尔颜色命名和标准化的边界类型。因为它们本身不具有纹理，如"纤维"和"充分腐殖化"这样的术语通常只用来描述有机质堆积。这种方法在很多方面都有用，但缺乏土壤矿物质成分描述所具有的客观性。Troels-Smith 系统避免了这个问题（Troels-Smith, 1955）。它是地球科学界广泛采用的一种沉积分类的手段，但地学考古学家或环境考古学家使用较少。最初设计该系统主要是用于有机质沉积，如泥炭序列；但是，它可以灵活得用于一系列沉积序列，包括各种矿物质堆积。对 Troels-Smith 系统的进一步讨论见附录。

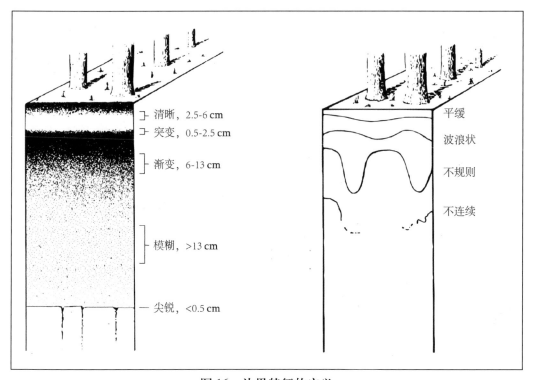

图 16　边界特征的定义

测量数据指的是不同单位之间的过渡区的厚度（改自 Hodgson, 1976；示意图改自 Fitzpatrick, 1980）

3.钻孔

"钻孔"涵盖了各种使用机械设备从上面钻入到下面地层的地表下检测方法。从预测评估到发掘研究，考古项目的全程都可以用到钻孔技术。钻孔可在各种情况下协助地层图的测绘（钻孔调查），并收集样品。当要研究的沉积对于传统发掘来说太深时，或者当需要测绘大面积地层图时，就主要依靠钻孔。在开发商出资进行的评估项目中，钻孔调查不应该代替传统的探沟评估，但是可以作为最先一期的调查，以了解当地沉积序列的特征并帮助确定探沟的位置。在少数情况下，如堆积太深或者水位太高，只能使用钻孔调查；这样得到的基础信息总比什么都没有要好得多。下面几节将具体介绍钻孔用到的设备。

（1）商业钻探设备

电缆冲击钻机在机械工业中常用于定位并表征沉积，以便规划建筑工程，并且该方法已被考古学用于测绘、描述和采集某些地层类型的样品。此外，许多开发商会无偿提供给考古学家钻孔日志。英国地质调查局保存有商业日志库，为了获得有关当地考古遗址的更多序列信息可咨询该库。任何区域的有效信息都可以在 www.bgs.ac.uk/data/boreholescans/home.html 查询。

然而，值得注意的是，钻孔公司用于描述钻孔的地质技术标准与考古学家和地理学家所使用的大相径庭，所以这种商业信息的价值有限。

使用商业钻机做调查的方式有两种。第一种，用于地质技术目的的钻孔也可以被地学考古学家采用。这种方法成本最低，通过仔细协商可能会在一定程度协调解决我们研究项目和开发商的不同需求。然而最终，钻孔的位置将主要根据开发商的需要而不是考古学家。第二种，为了考古学目的在指定位置进行钻孔。如果开发商正在现场使用钻机，就有可能协商共同使用该钻机，如果不这么做，那么将在设备上投入大量成本。可以雇佣专业钻孔工人来承担工作并收集样品（图17）。

图17　用商业钻探设备在布里斯托老法院采集地学考古样品

在这些情况下，重要的是要有一个考古学家（理想的是地学考古学家）在现场注意沉积物的深度并确保依照考古标准进行样品收集及标记，即样本号、深度以及重要的是，样品朝上的方向。考古学家也应确保所有钻孔位置均被勘测并记录相对的海拔高度。

现在通常用到几种不同的商业钻探设备。总体来说都能保质保量采集样品，但是都得费力运到甚至拖到工地，价格会很贵（表8）。大多数商业钻探设备都能给样品套上塑料套。

表8 各种钻探方法的优劣

钻孔类型	优势	劣势
商业钻探设备	钻透深度大 有套管 样品保存完整	价格高 样品之间会有50—150mm的沉积物损失 深度测量可能不精确
电力螺旋钻	移动方便 可连续采样 相对廉价	无套管 不太容易操作
手摇钻	移动方便 快速 便宜	钻透深度浅 不容易采集到完整样品 设备磨损率高

（2）电力螺旋钻

电力螺旋钻（手扶的冲击锤）使用发动机来驱动各种金属探杆和取样器进入地下（Canti and Meddens, 1998）。它们主要用于记录序列和收集样品，通常在以下情况使用，将商业钻机带到现场成本太高或不切实际，或沉积物较浅，没必要使用商业钻机。电力螺旋钻具有一个优势，即可以收集连续样品，中间不间断（图18）。然而，该钻孔没有套管，这可能会导致污染，并且它们不如商业钻机打的孔深。电力螺旋钻用于10米以上深的沉积时效果不理想，但是在某些情况下也可能用到。

（3）手摇钻

与其他方法一样，手摇钻可以同时用于古环境取样（见 Campbell et al, 2011）和沉积测绘。在后一种情况下，常使用的螺旋钻类型有一个圆凿附件（图18），将其压入地面（通常每次一米）然后拔起，记录沉积序列后，清理干净再打下一米。随后重复此过程，直到达到想要的深度为止。由于手摇钻有一定的柔韧性，在大多数情况下，不建议将其用于深度大于6m的沉积，除非沉积物非常柔软。

（4）采样区间

与其他类型的区域调查一样，钻孔的正确间距对充分认识看不见的地层是至关重要的。同时，必须清楚地指出，钻孔需要相隔多远是没有绝对规定的，有时需要一些

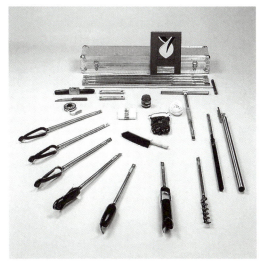

图18　钻孔及工具（Quaternary Scientific QUEST）
左：在 Bramber Castle 用电力螺旋钻钻孔；右：各种钻孔工具

经验来确保它的正确性。不必说，要想成功发现任何建筑或遗迹，都必须使钻孔的间距小于遗迹的最小尺寸。假如说钻孔的目的是考察地层变化，可以将第一批钻孔间隔远些，推测中间的地层状况，然后在第一批钻孔之间进一步打钻来验证这些推测，这样会将成本降到最低。

（5）报告

一旦调查完成，需要准备报告来解决研究的问题，这些问题是在项目调查书的摘要、详述或书面方案中强调过的。必须绘制剖面图，网格测量法生成的地形模型也是有用的（图19；另请参阅 Bates and Bates, 2000；在 Bates and Stafford, 2013；Corcoran et al, 2011；Swift, 2007 中可以找到一些范例）。一系列的软件可用于制作这种类型的模型，从简单的 CAD 软件包到完全由 GIS 软件生成的模型，甚至像 RockWorks（Rockware Inc.）这样复杂的软件。如果是在结果的基础上标明探沟的位置，这些也应显示在图形中。

4.土壤磷分析

磷以化合物的形式遍及所有的生态系统，存在于植物和动物组织，在土壤内以多种无机和有机形态存在。磷不断地在生物体（植物和动物）和土壤中循环，但是每次土壤环境中的总磷只有一小部分有效参与该循环。除了这种背景循环（无人为干预），磷可以人为地被引入到居住区，例如通过排泄物（人类和动物）、尸体和兽体的埋藏、有机建材、垃圾及食品加工或储存。考古土壤磷分析的使用原则是人类活动引起土壤磷的再分布，例如，在某些区域，有机材料的大量堆积提高了磷水平或不施肥的情况下耕种和收割降低了磷水平。这些活动在考古遗迹中是可以检测到的，原因是在大多

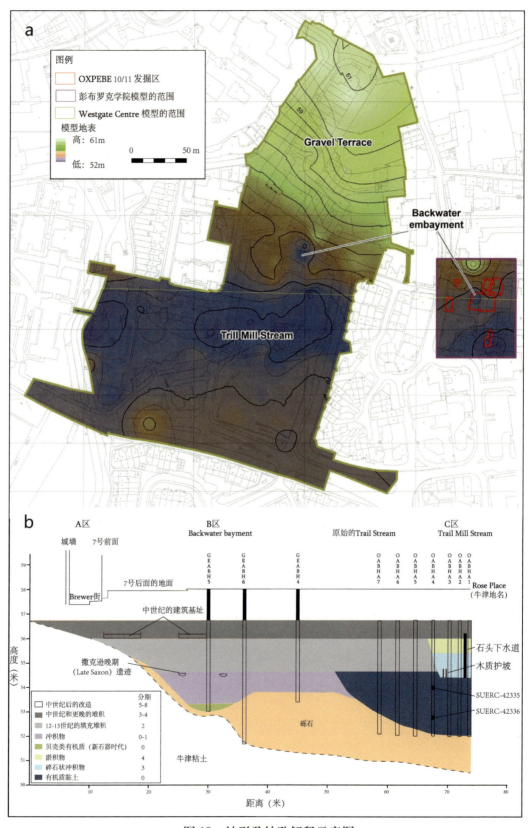

图 19 地形及钻孔解释示意图

（a）更新世砾石地表的地形图 ；（b）在牛津 Westgate Centre 和 Pemborke College 得到的钻孔剖面的解释图

数土壤类型中，磷能迅速固定在沉积中，与土壤系统内的其他元素相比，磷相对稳定，抗淋溶。土壤磷测量的传统应用可分为以下几类：

- ■ 勘探和调查以确定并划分遗址边界
- ■ 确定居住区和遗址的活动范围
- ■ 获取有关过去土地利用方式的信息
- ■ 解释单个遗迹和 / 或沉积物（Conway, 1983）

应当指出的是土壤磷分析特别是作为一个调查方式，当与其他技术诸如实地踏察、钻孔勘测、地球物理或空中侦察相结合时会非常有效。对磷酸盐方法和应用的有价值的讨论，参见 Craddock et al（1985）。

（1）对照样品

对于土壤磷分析的解释的困难可能来自若干无关过去人类活动的因素，如：

- ■ 磷浓度的自然背景值变化
- ■ 土壤的磷保留能力的空间变化
- ■ 土壤剖面中的磷的垂直变化
- ■ 来自化肥、粪肥、食草动物或其他来源的近期磷投入的影响

关于最后一点，我们对现代土地利用方式和考古土壤磷浓度之间的关系知之甚少。特别是，需要研究以评估现代肥料的投入对地下考古层位的有效磷和总磷浓度的影响程度。已经有简单的措施来减轻上述前三个因素的影响。依次说来，可以根据实际情况，通过取参照样品测量自然背景值变化来降低自然发生的异常（包括读数高、低）所产生的影响。这些值将自动包含在大规模勘探调查时的随机取样中。然而，在受限制的区域内更有针对性的磷酸盐工作类型中，对遗迹进行采样以帮助解释其功能，需要来源于该遗迹之外的独立的参照样品。不管正在研究的遗迹大小，它均适用，也就是说，它适用于田地、围墙、建筑内的地面或填土。对照样品对了解土壤磷数据来说至关重要，因为单个浓度（例如 2500ppm）没有内在的解释价值，只能与周围浓度相比较才有意义。由磷保存能力的变化和随土壤剖面加深造成的磷分布变化所带来的解释问题，总是难以避免。保持能力在很大程度上是由土壤质地和 pH 决定，因此为了确定磷水平升高的真正原因是人类活动（而不是通过自然变异），必须要有对照样品。虽然磷在土壤剖面上的垂直分布可能很复杂，但是整体趋势是浓度随着深度增加明显降低（图 20）。因此，只要有可能，对照样品应取自于与正在研究的区域质地类似且深度一致的地方；如有偏差则可能会导致虚假的分布规律。

（2）采样区间和样本容量

磷调查通常以坐标制进行，采样间隔取决于研究区域的大小：通常整个遗址内间隔1—20m 之间，单个遗迹内介于 0.2—0.5m 之间，具体精确的间隔严格依赖于所寻求的信

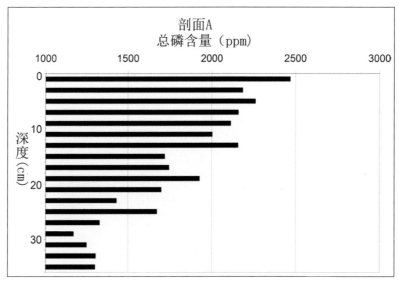

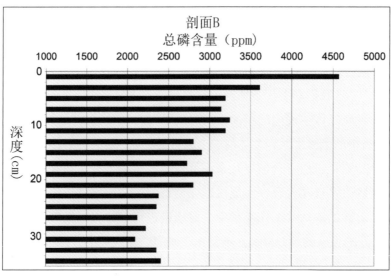

图20　通过两个土壤剖面得到的总磷酸盐分布，可以看出这种典型的变化规律和随着深度增加而浓度总体减小的趋势

息的性质。一个不太常见，但是非常有效的方法是径向检测。在这里，从已知有考古意义的焦点辐射出来的每条线上每隔一定距离采集样品，形成一个横断面（图21）。该检测方式可能对划定相关活动区域非常有用，例如，对单个遗迹范围的划定。

应当认识到，每个磷酸盐（及其他元素）样品的定量分析是相当昂贵的（现在的价格可以咨询科学顾问）。因此需要花费较多时间来决定最小样本数，从这些必要的样品中获取的各种数据能够得出一定结论。这个过程可能是案头工作，但应将遗址领队和进行采样分析的专家包括进来。缩小调查范围和样本集往往并不明智，如果资金拮据不能采用最小样本数，最好重新考虑是否需要进行调查甚至完全放弃调查计划。

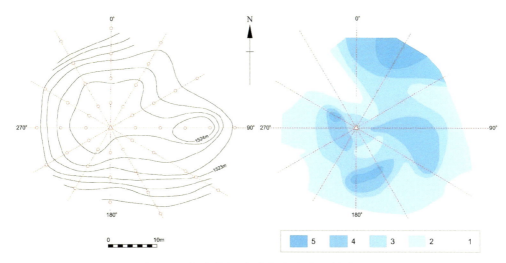

图 21 径向检测来确定考古遗址的范围
（画出等值线来确定磷酸盐浓度明显升高的区域，并用来找出适合挖探沟的位置，改自 Lippi 1988）

（3）分析方法

有许多方法可以用来测定土壤磷的浓度，且这些方法随检测到的磷的形态（有效磷、有机磷、无机磷或总磷）而变化。最终溶液中磷的含量通过引入其他试剂与磷酸根离子形成络合物，然后显色，其强度与磷浓度成正比。该颜色的强度可以通过视觉进行评估（如点滴试验）或利用比色计或分光光度计（例如，用于总磷分析）准确测定。最常用的方法的优缺点总结列于表 9。

表 9 列出的分析方法概要，连同整个方案的参考文献、设备及每个分析技术所需的化学试剂均可参见 Gurney（1985）。点滴试验（也被称为 Gundlach 法或环状试验）的细节为便于参考在附录中提供。

5.多元素地球化学分析

土壤的元素组成主要受其发育母质的性质的影响。然而，与农业、聚落和工业相关的人类活动也可能影响元素组成，在特定的地点引起化学元素的异常，局部积聚。这些异常可能在考古遗迹中被检测到，因为这些元素能以抗淋溶的化合物形式存在。

分析化学的技术进步能够从单一的（小）样品中定量多个元素，使得以考古学为目的的研究真实可行并商业化。然而，单个元素的埋藏学研究尚处于起步阶段，除了少数例外，对不同于一般人类活动的其他事件的诊断指标值却知之甚少。多元素分析采用能够量化多个单独元素的方法（方法之间分析的数目从不到 10 个元素到多于 30 个元素，差异很大），但通常都包括磷和金属（如铅、锌、铜、镉）。其他土壤性质的分析，例如有机质（由烧失量评估）和磁化率的分析，通常一起进行。这些其他技术的理论和实际问题在下面的相关标题下讨论。在过去的十年里已经开始利用

表9　考古学上土壤磷酸盐检测的不同方法的优劣比较（改自Gurney, 1985）

方法	测量目标	优势	劣势
点滴试验* 见Schwartz, 1967; Eidt, 1977	有效磷的比例	便宜，快速，操作简单 不需要样品预处理 快速出结果，及时对调查和发掘方法做出反馈 遗址工作人员经过简单培训之后可以自行操作，不需要专业人员	只能定性分析 结果很难解释，有时候有误导性 如果不严格按照操作程序来，人为误差很容易干扰结果 只适合勘探和划定遗址边界
有效磷	能被植物吸收的磷（不稳定的部分）	定量的分析结果 分析简单 结果也可以按照一定格式处理（通过统计方法）找到土壤磷浓度异常的区域	有效磷含量可以在短期内浮动很大 样品必须在实验室内进行处理，因此结果反馈较慢，在野外工作期间可能出不了结果 必须严格按照操作规程操作，即使是温度的微小变化也会影响试剂提取出来的土壤磷含量 随时间推移考古工作加入的磷与有效磷之间的关系还不清楚（即有效磷并不总是反映土壤系统中总的磷酸盐的量）
无机磷** 见Sieveking et al, 1973	磷的无机成分	相对快速，可同时在野外或实验室内进行 样品预处理简单（空气干燥和筛选） 分析较简单 产生定量结果	
总磷	有机和无机的磷	产生定量结果 结果也可以按照一定格式处理（通过统计方法）找到土壤磷浓度异常的区域 土壤样品中的所有磷的成分都能被提取和测量；因此不必知道有效磷和考古活动增加的磷之间的关系	相对来说价格高，耗费人力，而且样品必须在实验室内处理，包括把有机磷转化成无机磷，还有后续的提取测量方法，因此结果反馈慢 土壤中所有的磷对被提取和测量，包括没有考古学意义的部分（如从地质堆积中继承来的部分）
*或者叫：Gundlach法；环状试验；**或者叫Lovibond法			

多元素地球化学分析作为勘探技术来确定考古遗址，并划出大致范围。在 Somerset 的 Shapwick（Aston et al, 1998），在一个区域定量分析了 9 种元素（磷、铅、铜、锌、镉、镍、锰、钴和铬），该地区以往的土方调查、地球物理勘探、实地踏察和小规模发掘显示了大量的聚落活动，可追溯至史前、罗马和中世纪时期，其中最后一期包括一座

旧教堂遗址。高水平的磷、铅（正好对应教堂遗址）和锌与其他方法鉴定的聚落活动中心相符合。然而，其余的元素（镍、钴、铬和锰）要么与已知考古遗址的浓度相差较远，要么毫无规律可循（镉、铜）。土壤元素组成分析也可以帮助解释考古建筑和其他遗迹。这方面工作不是很多，而且也很少考虑到特定元素是否可能来源于相关的人类活动，以及在特定地点与浓度（或消耗）的关系。英国为数不多的这种方法的应用之一是研究 Sky 岛上小村庄（或农庄）周围的历史悠久的土地利用方式（Entwistle and Abrahams, 1998）。这里，高水平的钙和锶（相对于那些毗邻的土地）被认为是由将海岸沙作为施肥材料用于耕种作物引起的。重金属和微量元素的浓度也可以用作地层标记和大范围遗址内的单位关联信号，特别是河流或河口过程引起的细颗粒沉积序列（Wilkinson et al, 2000）。这些方法还被成功地用来识别出在河漫滩聚落上进行的采矿活动引起的景观变化（如 Taylor and Macklin, 1997）和相关的污染问题（Hudson-Edwards et al, 1999）。

6.微形态

微形态可以在不同尺度下观察未经扰动的土壤和沉积物样品，实时认识到大多数的组成物质。把一整块完整的沉积物或土壤从地层中取出，注入树脂。从样品块上切下一片，磨至标准厚度 30μm。制作过程十分费时（通常要几个月），因此如果项目要求快速出结果，就要提前计划。切片可以用来细致检验地层中的各种问题（Davidson 和 Simpson, 2001）。这个过程通常要用配有各种可控光源的岩相显微镜来实现。切片和注入树脂的样品块都可以用电子显微镜来分析，分辨率高达亚微米级（小于 0.001mm）。如果同时用到显微探针，还可以获得切片中小块区域的物质元素分析结果（图 22）。

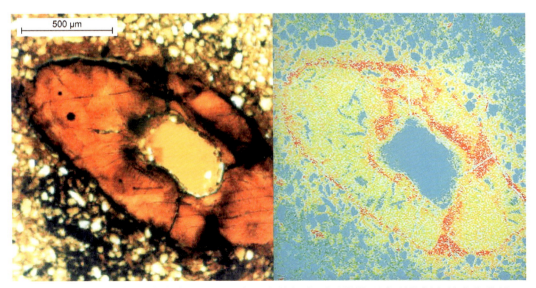

图 22　一个切片的元素分布图，显示在正交偏振光下显微镜观察到的颜色是富集的铁

　　无论方法是什么，只有根据与遗址形成过程有关的显微变化，才能提出合适的问题。例如，Heathcote（2000）通过比较切片中每层的显微构造类型、风化状态和有机质，能够知道在 Somerset Levels 的冲积物序列中是否发生过沉积停止和土壤发育。微形态十分适合有母质的堆积物之间的比较，这种方法在有些遗址中很有成效。在苏格兰的圣安德鲁斯经常发现厚厚的"花园土"，一般认为这是为了园艺刻意堆起来的。Carter（2001）表明它的显微构造包括约 20 % 的燃料残余、家庭垃圾和建筑材料。剩下的 80 % 跟当地的土壤很相似，可能是作为建筑用的草皮或胶泥而引入的，生物扰动搅乱和毁坏了所有的地层。结果显示它跟伦敦的"黑土"堆积极为相似，这个词是 Courty et al.（1989）提出来的。在研究家庭空间利用时，显微镜下观察垃圾的包含物也是重要的内容之一。Simpson et al.（1999）分析了冰岛 Hofstadir 的一个大灰坑的切片，找到了最初的人类活动期和随后的垃圾堆积期。活动期的证据包括水平分布的板状空隙和小泡样的微结构，而垃圾堆积期主要包含各种垃圾，比如说灰烬、食物残渣和木炭。微形态有助于解决大尺度的问题，如土壤和景观历史。在相关的研究中，微形态通常会辅助许多其他方法，帮助建立大范围的环境变化格局（如 French，2003；本书文章 12）。在一些案例中，切片可能需要用标准方法和参数来描述。这样可以使显微镜下观察的图像描述标准化，才能比较不同切片的矿物质和有机质成分的本质、关系和发育历史（图 23）。但是，描述应该是分析的工具而不是分析本身。微形态是有目的的，发掘者和项目负责人在花钱制作和分析切片之前，应该对微形态所解决的问题和做出的回答是非常清楚的。这个方法既有它的过人之处，也自然会有沟通上的问题。非专业人员会觉得很难了解它到底能干什么，在拿到结果的时候也就无法给出技术评价。这也就给专业人员一份额外的责任，把微形态的结果解释清楚。

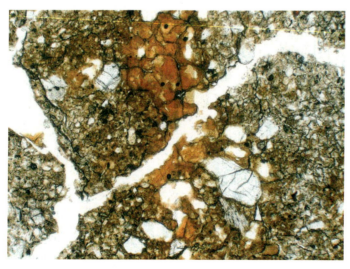

图 23　一个牲畜圈地表层下面的饱水迹象（潜育化）在切片中的观察

在必要的时候，详细的微形态描述应当单独列出来，避免使工作的中心目标过于庞杂。微形态的报告结果中，大部分应当是相关显微证据得出的考古学推论，应尽量避免专业术语的描述。

7.X-射线造影技术

块状的土壤或沉积物样品，也可以进行 X 射线造影（X-射线照相术），得到肉眼不能直接看到的信息。沉积物质的 X 射线造影术突出了密度较大或较小的区域，这或者是由于构成材料的不同（如轻微的纹理变化），或它们致密程度度的变化。因此，铁锈斑在 X 射线影像上将显示为光斑，在较粗颗粒的沉积序列上的一层致密黏土会产生一个微弱的白条带。这种视觉上的相似性使得解释要比切片困难，但是这个结果可以洞察重要的沉积和沉积后过程。例如，通过清楚地展示出扰动的区域，它们可以协助解释生物地层的结果。一般来说，如果无法按物质成分或颜色区分（例如冲积序列），就会阻碍了对背景环境的解释，这种情况下 X 射线造影术的长处就凸显出来，但它的使用必须根据实际问题的需要，而不是简单地希望结论会自己冒出来。

8.矿物学性质

除了泥炭，多数地层由有机质和矿物质的混合物组成。矿物组分主要是石英（尤其粉砂级颗粒）或黏粒，在某些地方还另外含有长石和碳酸钙。始终存在小比例的其他矿物质，但这些主要取决于地理区域。矿物质如锆石、电气石和石榴石因为极端耐风化，在土壤中比比皆是。抗性较差的品种，如绿泥石和角闪石也经常存在，可作为源区的敏感指示物。这些被总称为"重矿物"，因为它们比石英重——利用该性质在实验室将它们分开。重矿物可以在偏光显微镜下被鉴别出来，计数以显示起源地的不同趋势。因此在母岩有显著差异的地理区域，该技术对于追溯沉积物、建材或废物的来源很有价值（如Catt, 1999）。此外，来自长距离的风成堆积相对于叠压在下面的物质具有明显的矿物学差异。矿物质也作为生物过程的结果（生物矿化）生长在一些地层中。例如，蓝铁矿和各种形式的磷酸钙经常取代有机质或在它们之间的空间里结晶（图24）。通过细菌作用碳酸钙在一些土壤中沉淀为极细的针状体，而且还有由蚯蚓的特殊腺体产生的粒状形态。在一些食草动物的肠道内也经常产生很多碳酸钙的微小球晶，而这些最终会形成含粪地层的主要成分（参照图9）。植物产生硅（植硅体），在大多数土壤内都保存，为早期植被及植物材料的添加提供了证据。

9.粒度分析

粒度分析是与质地手测法等效的实验室方法（见上文，现场描述和解释），且提供了所有颗粒尺寸的准确分类。它使用分析筛来分析粗颗粒（砂粒级或更大）物质，使用各种沉降或基于衍射的系统测量粉砂和黏土。粒度分布反映了来源地质材料的结构特征，粒度变化是由沉积过程甚至是沉积后过程和成土过程造成的。因此，粒度分析对观察沉

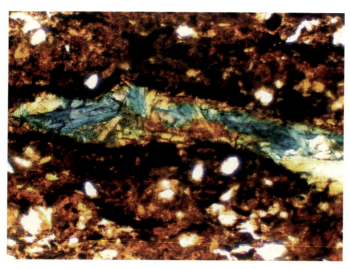

图 24   Silbury Hill 草堆里的层位间生长的蓝铁矿晶体（蓝绿色）

积物源区及沉积或成土过程的某些方面是很有用的，如分选和黏粒迁移这些方面。粒度分析像许多地学考古技术一样，在没有必要的情况下被滥用。只有在真正需要了解沉积物来源或过程时，才值得进行粒度分析，此时需要一系列样品来获得它们的动态关系。在大多数情况下定性描述就足够了，手测法应是现场结构评估的主流方法。

10.烧失量

烧失量是用于测量土壤和沉积物的有机质含量的主要实验室技术。尽管有许多不同的方法可供使用，它们基本原则都是加热时失去的重量与样品中有机质含量密切相关。由于有机质累积在表土层，该方法对于观察土壤发育序列很有价值。在沉积环境中，它是一个精确的方法，用于追踪泥炭层和河口序列中的沉积物加积和植物生长之间的波动。所产生的数据也可以被用来检查序列的不整合和间断，其中有机质含量的快速变化可能是侵蚀的结果，而不是真正的环境变化。在附录中可以找到推荐的烧失量实验方法。

11.磁化率

磁化率是对样品易受磁化程度的度量。此属性受许多自然和人为因素的影响（Thompson and Oldfield, 1986; Gale and Hoare, 1991），但本质上与土壤发育有关，且一般经过燃烧或加入加热过的材料磁化率会显著增强。因此，经过这种改造的土壤或沉积物与那些未经改造的截然不同，且差异可以很容易地测量出来（图 25）。因此，磁化率的变化规律可以用于相互对照钻探获取的钻芯地层。对沉积序列进行密集测量可以指示特定事件是否发生过，或者序列（可能是遗址或局部区域）在所讨论的时期中是否保持不变。尽管磁化率更多地被用作考古学中的地球物理勘探工具，但更广为人知的是它在试图找出深层序列中的人类活动的作用（Walden et al, 1999: 218-219）。测量磁化率的方法见附录。

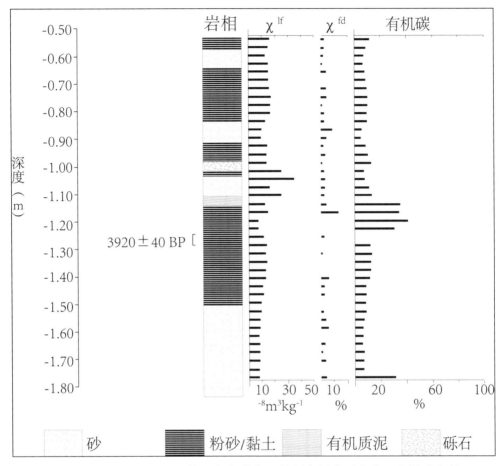

图 25　伦敦 Westminster 的沉积物结构、低频和频率磁化率、有机碳含量

12.pH

　　沉积物的 pH 值是对酸碱度的测量。这实质上是一种广泛的化学定义，但它可以帮助了解土壤的发育历史，并帮助解释与埋藏和人工遗存或自然遗存保存有关的问题。一般来说，在英国的气候条件下和在考古学关心的年代范围内，排水良好的硅质沉积物会酸化，而钙质沉积物仍保持碱性。在这两个极端之间，存在一系列可能的结果。这其中包括大致保持中性的堆积，它们通过风化作用释放新鲜的石灰质物质，还包括几千年来保持碱性的沉积，它们直到碳酸钙溶解之后才开始酸化。每个不同的 pH 值历史与饱水条件和氧化还原性质等因素相结合导致遗址之间甚至一个遗址内的不同区域之间的保存条件不同（Campbell et al, 2011 中的图 4-2）。pH 值使用 pH 计和探头放入土壤的蒸馏水悬浊液中进行测量。pH 计需要定期根据已知标样进行校准。可用野外 pH 计，但必须从可靠的科研用品供应商获得。园艺品店的 pH 计在质量方面参差不齐，不应使用（表 10）。

表10　分析方法和相应的考古学应用

分析方法	调查的范围	样品类型	考古学应用
粒度分析	遗址和地区范围	散样	找到沉积物的物源区 了解沉积和土壤发育过程
烧失量	遗址，有时候也可以是地区范围	散样	找到土壤发育的序列 在沉积物加积和泥炭生长之间寻找海平面浮动的证据
磁化率	遗址和建筑物	散样	地球物理勘探 在界限不明显的序列中找到人类活动的痕迹
pH	主要是遗址和遗迹；有时候也可以是地区范围	散样	了解土壤历史 埋藏条件；人工制品和自然遗存的保存
矿物学分析	遗址和地区范围	散样	寻找沉积物来源； 生物来源的矿物帮助了解土壤或沉积物的使用和历史
X-射线照相技术	遗址	未经扰动的整块样品	了解堆积时期和环境
微形态分析	遗址、建筑物和遗迹	未经扰动的整块样品	在解释考古学遗迹、建筑物和遗址上有广泛应用
多元素分析	地区、遗址、建筑物和遗迹	散样	勘探和调查，寻找遗址边界 在聚落和遗址内确定活动区域 对单个遗迹和/堆积的解释
磷酸盐分析	地区、遗址、建筑物和遗迹	散样	勘探和调查，寻找遗址边界 在聚落和遗址内确定活动区域 对单个遗迹和堆积的解释

13.典型的地学考古问题

在本文中，重点一直放在以问题为导向的地学考古方法上。这不论在高水平的方法上还是更具体的遗址工作上，都一样适用。在景观范围内的一些问题，诸如一个地区是否具有考古价值，其可能的人类使用及人类对地貌的影响等，都属于地学考古的范畴。这类景观分析通常应使用相应水平上的技术手段，例如钻孔调查和航空照片解释。在单个堆积的范围内，地学考古问题通常关注地层的划分或遗址形成过程。表11举例说明了地学考古学家经常处理的典型的遗址问题。为回答这些问题所建议的方法只限于那些地学考古方面，而实际上其他的环境方法也可能有助于解决一些问题（Campbell et al, 2011）。需要重点强调的是在多数情况下野外观察是主要方法，只在必要时采用辅助测试手段。

表11 常见问题与可行的地学考古解决方案

问题举例	地学考古技术	参考章节
发红是因为燃烧吗?	宏观观察剖面并进行现场描述 磁化率有无异常 或在红烧土和正常土壤的边界上采集土壤微形态样品,来确定颜色变化是氧化还原斑块,或者是土壤在别处受热被废弃在这儿,或者是原地加热?	燃烧的影响
两个地层之间的接触面代表的是自然的堆积环境?还是上层是人为废弃堆积?	细致的野外考察,可以用微形态观察接触面。下层有一部分处在上层吗?还是上层有一部分在下层?如果是这样,是由于生物扰动吗?	边界特征
地层看起来不一样,是由于土壤发育过程还是环境背景不同?	主要是进行野外描述,可以用微形态观察基质的不同。 它们是相似的物质吗,铁的运移改变了外观属性?	野外描述 微形态
地层看起来发灰,它一开始就是灰烬吗?	微形态表明有灰烬的痕迹(标志性的晶体和植硅体),部分溶解,在野外观察不到	微形态
微地层是完整的还是受到过生物扰动?	X-射线摄像技术或微形态观察沉积物中的孔洞结构或土壤动物的粪便遗存 有时候整个土层都是粪便物质	X-射线摄像技术 微形态
这是牲畜圈吗?	观察堆积和下层土的交界面 定点靶向及其周边区域磷分析 微形态观察碳酸钙残留物和粪便微球	边界特征 土壤磷分析 微形态
这是埋藏土吗?	与周围土壤对比,眼睛观察可能的土壤分层 有些情况下可以用到磁化率和烧失量 微形态证实是否存在某些土壤发育过程	野外描述 磁化率 烧失量 微形态
这是完整的土壤剖面还是在埋藏之前被削平过?	在一定范围内寻找土壤剖面与目标剖面做对比,如果认为存在运移或堆积(如淀积黏土),也可以使用微形态	野外描述 微形态
在地层堆积过程中,有停滞期吗?	野外描述,也可以随后使用X-射线照相技术、磁化率 微形态寻找腐殖质、风化、磁异常、粪便遗存或生物来源矿物的证据	野外描述 X-射线照相技术 磁化率 微形态
这是踩踏面,甚至是地面吗?	微形态寻找压实的结构 比较粒度分析,看地面是否是由外源物质组成的	微形态 粒度分析
这一层可能是周边冲下来的细颗粒物吗(例如,冲下来的路土)?	粒度分析,比较每一层的细颗粒物质,和/或使用微形态观察交界面	粒度分析 微形态
这层粉砂是哪里来的?	在周边景观里观察可能的物源 对可能的物源进行粒度分析和重矿物分析	野外描述 粒度分析 矿物学性质
这是自然形成的吗?	视觉观察 或者在一些很难观察的情况下可用粒度分析和矿物学性质	野外描述 粒度分析 矿物学性质
这是流水堆积吗?	视觉观察分选和分层现象 有些情况下可以使用微形态	野外描述 微形态

（三）项目组织和规划

1.规划和经费

上面讨论的活动范围有相当不同的方式来进行规划。调查作为评估的必要部分，每个项目通常都少不了，有时与发掘同时进行。例如，钻孔工作有时也用于地貌研究（例如古河道的位置），可能对评估策略也非常重要。这种类型的需求可以事先计划，并在项目立项之前准确计算成本（见上文，地层的考古学方法）。另一方面，发掘期间出现完全不可预测的地学考古需求。在表 11 中给出了地学考古学家通常需要处理的特别问题类型的实例；从本质上讲，它们代表了许多发掘者不能解决的地层问题。这些问题通常需要专家在现场指导，可能还需要通过一个简短的书面报告澄清各种事项。在少数情况下，本文第二节列出的某种技术还需要采样。当遇到这种情况，未预料到的开支会成为问题。如果仍然在发掘阶段，这些支出可能还不是太困难；地学考古方法现场取样一般较便宜，大多数会使用现场设备，单体的大盒子用于沉积物研究，小盒用于微形态取样。但是，实验室成本要高得多，由于这个原因，专家和项目负责人之间的密切联系非常重要，可以避免误解或与期望不符。在投入成本之前，专家需要确定什么可以在实验室测定，项目负责人需要指出该项目需要什么，他们两者的观点必须一致。由于发掘过程中会浮现出潜在的无常的问题，特别重要的是，在对地层相关部分的解释做出重要调整后，需要重新协定进行分析。如果遵照 MoRPHE 规程，这个过程应当自主进行（见 www.historicengland.org.uk/images-books/publications/morphe-projectmanagers-guide）。

2.在项目不同阶段的地学考古

大多数的考古项目包含地学考古作为其一个组成部分，而不是全部基于地学考古研究。在任何项目开始时有地学考古学家参与总是有益的，地学考古学家可以参与规划必要的工作范围及可能需要的费用，并参与观测遗址以及选择最佳方法。如果这么简单的事情不去做，可能会导致方法不当和资金计算错误；往往过高也可能过低。

3.案头评估

地学考古学家可以帮助进行案头评估，他们提供一个地区的地质和地形历史方面的信息，并检查开发商提供的土工数据。这可以用来模拟遗址的地表下地层，以确定有考古价值的区域，并找到合适的探沟位置或钻孔位置（图 26）。

4.评估

评估中往往有很大一部分是地学考古，这是开发商资助项目的阶段，可能会完全使用地学考古方法。对于发掘来说相关序列被埋太深，或没有进行过考古的地方往往需要进行评估。钻孔可用于检查地层和采集样品以表征遗址形成过程、年代序列和遗址内存在的环境条件。钻孔方法的选择将由地层的可能深度（开发商应该有这样的信

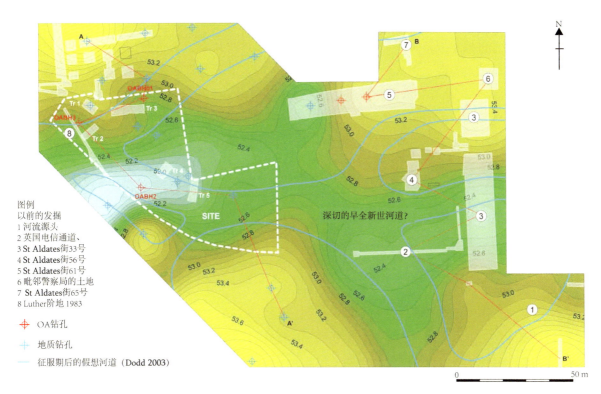

图例
以前的发掘
1 河流源头
2 英国电信通道、
3 St Aldates街33号
4 St Aldates街56号
5 St Aldates街61号
6 毗邻警察局的土地
7 St Aldates街65号
8 Luther阶地 1983

OA钻孔
地质钻孔
征服期后的假想河道（Dodd 2003）

图 26　牛津 Luther Terrace 更新世砾石层地表的海拔模型图
（图中有钻孔位置和之前的考古调查）

息）及所需样品的类型（见上文，钻孔）方面的信息来决定。这应该由地学考古学家或与商业公司一起进行，项目领队可以确保对调查、摄影、卫生安全系统的支持到位。一个项目不能继续进行充分发掘的原因很多，如考古价值不高或开发计划变更。在这种情况下，评估过程中对遗址的采样成为获取遗址信息的唯一渠道，可能值得进一步研究。如果决定发掘，并且如果可得到更好的沉积，则可以丢弃评估样品。在评估过程中没有发现人类活动的自然痕迹的地方，也仍然可能通过地学考古方法获得关于遗址的有用信息。显然，这需要与当地的研究团队讨论，并且将取决于他们认为在资金允许范围内什么是能接受的。地层序列的观察可以提供当地遗址形成过程的重要信息，并在后期解释来自该地区其他地方的考古信息时具有相当大的价值。

5.发掘

　　一般情况下，发掘为地学考古采样提供了更多的机会，尤为重要的是，发掘领队需要与地学考古学家保持联系，以便讨论他们发现的新遗迹，安排实地考察或随着发掘进展讨论修改已经商定的采样方案。采样往往需要在短时间内（例如，如果正迅速发掘的一层薄活动面需要土壤微形态采样）完成。发掘开始前，地学考古学家和遗址领队商定为实地考察和取样预留出一段合理的可用时间是很重要的。

6.评价

地学考古技术通常不太适合典型的考古学价值评价体系。基本上，当地学考古样品中含有某种遗存时，例如骨头，是不能被扫描的。需要具有实效的做法以最好的满足评价的需求（Canti, 1996），开展工作的水平一般由方案和资金决定。在评价阶段现场描述至关重要，但分析工作的精确程度会因项目不同而有所变化。它可能是总体样品组合的一个非常基本的评价，或者是一部分样品的实际分析。无论哪种方法，都应该足以解决研究问题，并且显然必须决定与其他发掘队员保持密切联系，以获得最佳的信息。评估报告应包含分析提案（如适用），包括所有的单个任务和成本。还要考虑很多东西，比如如果工作是在借来的实验室进行的，就要考虑到实验费，还要考虑到耗材成本，如化学试剂。除了任务列表，在这个阶段还要考虑评价报告是否有必要从主报告中分开单独出版。因此，评估报告应包括：

- 有关项目研究规划的专家宗旨和目标
- 采样和处理的评价方法
- 在必要的时候，土壤和沉积物的标准描述
- 有助于项目目标的潜力声明
- 有助于更广泛意义的研究问题的潜力声明
- 对今后工作的建议，其中包括全面的分析（如适用）
- 未来工作所需的时间和成本

7.分析工作

分析往往比评价更加直接，当准备更新项目计划时，应该已有计划并核算成本。地学考古学家需要与该项目的其他专家密切合作，在没有从遗址领队那里获得详细的遗址信息（包括年代序列）时不宜进行分析。应准备完整的报告，包括方法、样品的细节、结果和解释，以及相应的支撑数据。

8.宣传和存档

稳定的材料应放置在可公开访问的档案馆。一些样品，如微形态切片、固化块和干的散样容易与该遗址的其他实体遗存一起储存；而许多其他的样本是潮湿的，需要冷藏。迄今为止，没有可行的方法确保土壤和沉积物样品长期储存，因此需要考虑冷藏样品的二次取样问题或丢弃样品。所有记录表和笔记应该去档案部门，按照他们的标准编写报告。理想情况下，这将最终整合到完整的发掘报告里。整合整个地学考古报告并不总是行得通，可能需要另行出版，例如在考古杂志、地球科学期刊或会议论文集。

（四）如何获得帮助

众多的个人和组织可以帮助上述的任一活动或需求。一些专攻实验室分析，其他

专攻化学调查、钻孔工作或其他方法。此外，近来从大学中走出的合格的地学考古学家人数大幅增长。因此，不可能产生一个专家列表而不遗漏一些人，这就涉嫌偏见或明显的推荐。一旦所咨询的领域从本文讨论的范围内分离出来，建议首先联系英国遗产区域科学顾问，他能提供最新的相关专家的姓名和联系电话。联系方式见 http://HistoricEngland.org.uk/advice/technical-advice/ archaeologicalscience/science-advisors/

附录　沉积物描述与分析方法

地球科学中的沉积物，种类繁多，研究方法多样；即使地学考古中的沉积物，也有多种分析方法。这里介绍三种简单易行的沉积物描述与分析方法，包括手测法、Troels-Smith 描述系统和磁化率等分析方法。

A1.手测法（图27）

取少量的土壤，大约一个弹珠的大小，并在必要时将其湿润。用手将其捏碎捏均匀，然后通过这些问题进行：

1.土壤能否搓成一团？

是 . . . . 转到问题 2

否 . . . . .砂土

2.土壤是否能在手掌中揉成粗条（直径为 10—15mm）？

是 . . . . .转到问题 3

否 . . . . .壤质砂土

3.土壤是否能在手掌中揉成细条（直径约为 5mm）？

是 . . . . .转到问题 4

否 . . . . .砂质壤土

4.细条是否可以弯成 U 形不断裂？

是 . . . . .转到问题 5

否且手感像砂 . . . . .砂质粉砂壤土

否且手感柔软 . . . . .粉砂壤土

5.细条是否可以弯成圆环不断裂？

是 . . . . .转到问题 7

否 . . . . .转到问题 6

6.土壤手感

略带砂？. . . . . .黏壤土

像面团？. . . . . .粉砂质黏壤土

7.用拇指和食指摩擦表面

非常光滑非常光亮？.............黏土

光滑且略微光亮？.............粉砂质黏土

光滑可见砂粒？........ .....砂质黏土

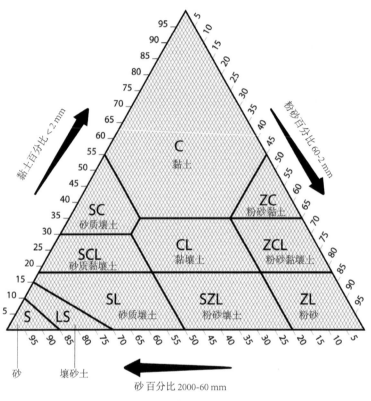

图 27　土壤质地三角图

A2. Troels–Smith描述系统

Troels-Smith 系统（Troels-Smith, 1955）对地层的自然属性和沉积组分进行编码，通过拉丁命名法的形式细化，使得该系统可以国际通用。它是半客观性的，仅依靠描述没有解释沉积过程，使得它同时适用于野外和实验室，也避免了试图重新诠释序列时出现的问题。除了拉丁术语，还有一系列表示沉积类型的符号。对自然属性的描述包括黑暗度、分层、弹性、干燥度和边界特征。从 0 到 4 给这些特性打分——例如，纯净的白垩土单位的黑暗度为 0。沉积组分以有机质和矿物质两类进行描述。矿物质一般按粒度归类，对夹杂钙质与铁氧化物的土壤和沉积物另行归类。有机质进一步细分成碎屑型和原地沉积型，然后通过植物的类型和碎块的大小进行分类。每个沉积单位实现 4 分量化组分分类。例如，一个纯黏土将计分 AS 4（高岭土滑石——胶体或颗粒＜ 0.002mm），而被分解的碎屑木泥炭可能得分是 SH 2（腐殖质——无法辨认的有机质）

DL 2（碎屑木质素——地面上的木本植物片段＞2mm）。该系统有一些缺点，例如这个广泛使用的系统有不同的粒度等级，而事实上，沉积单位之间的边界的描述仅仅是对过渡区厚度的度量；但是单位的描述还可以添加注释（表12）。

表12　调整后的Troels-Smith法描述的堆积元素（Aaby and Berglund, 1986）

		Sh	Substantia humosa	腐殖质，均一的显微结构
I Turf		Tb0–4	T. bryophytica T. lignosa T. herbacea	苔藓+/–腐殖质 残枝、树根和盘根交错的木本植物根+/–树干、茎、树枝等与+/–腐殖质有关的 树根、交错的细根、草本植物的根茎+/–茎、叶等与+/–腐殖质有关的
II Detritus		Dl Dh Dg	D. lignosus D. herbosus D. granosus	木本植物的碎块＞2mm 草本植物的碎片＞2mm 约＜0.1mm木本和草本植物的碎片，有时加上动物化石（除了软体动物）＜2mm
III Limus		Ld0–4 Lso Lc Lf	L. detrituosus siliceus organogenes L. calcareus L. ferrugineus	植物和动物（除硅藻、海绵骨针、有机来源的硅质骨架等），或这些东西的碎片；粒径＜约0.1mm。+/–腐殖质 硅藻、海绵骨针、有机来源的硅质骨架等，及这些东西的碎片；粒径约＜0.1mm 泥灰岩，不像钙质石灰华一样变硬；生石灰和类似物质；粒径约＜0.1mm 铁锈，没有变硬；粒径约＜0.1mm
IV Argilla		As Ag	A. steatodes A. granosa	黏土粒径＜0.002mm 粉砂粒径0.06—0.002mm
V Grana		Gmin Gmaj	G. minora G. majora	砂粒径2—0.06mm 砾石粒径60—2mm

A3. 磁化率等分析方法

磁化率

在大多数情况下，样品应最初在40℃以下风干，以避免影响其磁特性。然后用研钵和研杵研磨，用2mm孔径的网筛过筛，并根据线圈尺寸将其放入已编号的100mL或10mL的带盖塑料管（称量至小数点后两位）内。然后再将管、盖和样品一起称重。应注意来自于饱水沉积的样品可能含有大量的不稳定含铁矿物，比如硫复铁矿，因而在风干过程可能受到氧化作用影响。在这种情况下，应立即对湿样品进行测量，然后再风干，称量样品的干重。分析过程的低频（χlf）测量遵照 Gale and Hoare（1991: 204-220）的方法，使用特定用途的 Bartington 磁化率传感器和仪表。在每次测量样品前，仪表归零并测定空气的空白值，由于空气流动、温度变化和机械漂移，空气空白值并不总是零。样品被放置在测量仪上，以低频进行测量约 10 秒钟，然后取出再测量空气空白值。当实际测量样品的磁化率时，可能仍然存在漂移因素；因此需要测量两次空气空白值。然后将两个测量值结合，计算平均值，将所得值从实际磁化率读数中减去。此外，实验室样品可能要在高频的交流磁场中重新测量，来确定磁化率的频率磁化率。频率磁化率随着超细磁性颗粒的浓度增加而增加——常常通过燃烧产生——且可能用来检测燃烧过的材料。

烧失量

Gale and Hoare（1991: 262-264）详细说明了烧失量的操作过程。样品应在 105℃下干燥，称重，然后放入已称重（至小数点后三位）编号的瓷坩埚中。瓷坩埚和样品应在一起重新称重，然后在马弗炉中在 430℃下烧 24 小时。在干燥器中冷却后，将瓷坩埚和剩余的沉积物重新称重，重量损失表示为原始沉积物重量的百分比，以提供有机质含量。如果样品中不含有碳酸钙，烧失量可以在较高的温度下进行较短时间（例如 550℃下进行 4 小时），但是碳酸钙的含量并不好估计，所以还是长时间的燃烧方案更可靠。

磷的点滴实验

此低成本的测试可以在野外快速进行，所以结果可以直接反馈给正在进行的调查或发掘方案。该测试要求制备两种溶液，这两者都可以安全地在野外使用。应当指出的是，溶液 A 可以稳定约一个月，而溶液 B 必须每天制备新的一批：

溶液 A：溶解 5 克钼酸铵于 100mL 冷却蒸馏水中，再加入 30 毫升 5N 盐酸酸化

溶液 B：溶解 1 克抗坏血酸于 200mL 冷却蒸馏水中

为了进行测试，将少量土壤（约 5 克）放置在干净滤纸上并滴加两滴溶液 A。30 秒后，加入两滴溶液 B，如果样品中有磷，在滤纸上土壤样品周围开始出现蓝色。该着色的强度可以反映出样品中的含磷量（图 28 和表 13）。然而，显色也与时间相关，因此，

图 28　土壤磷分析点滴试验的两个例子
（从土样中出来呈放射状的蓝色线条的长度和色调都代表了磷浓度定性分析结果）

表13　颜色发生的相对等级和解释意义（改自Schwartz，1967）

值	描述词语	观察现象
0	无	没有蓝色
1	痕量	从样品出发蓝色生长至多2mm，放射状蓝色线条不连续
2	弱	从样品出发蓝色生长呈环状，放射状蓝色线条融合在一起
3	有	直径约10—15mm的分开的蓝色条带生长在样品周边
4	强	直径约20mm或更大的蓝点

反应时间应标准化（例如始终恰好在加入溶液 B 两分钟后观察颜色）。在该阶段可以将滤纸浸入柠檬酸钠溶液（水与柠檬酸钠比例为 2：1，见 Eidt，1977）中停止反应。这会固定反应，之后可以将滤纸存储和标记，从而将结果存档。必须强调的是，点滴试验仅适用于相当粗略的应用，特别是勘探和低精度的调查工作，如果与诸如航空勘察和钻孔调查的其他技术相结合，将会非常成功。如果磷分析是用于高精确度的遗址内分析时，需要采用定量方法。

原载北京联合大学考古学研究中心编：《早期中国研究（第 3 辑）》，文物出版社，2018 年。

5.土壤微形态分析及其在考古学中的应用

靳桂云、宿凯★

　　微形态学是土壤科学的一个分支，它的基本任务是将显微镜下观察、描述的土壤微形态特征及变化用来说明土壤生成、发育的演变规律，它有助于了解一般自然力量或人为因素对土壤形成过程的影响。土壤微形态学的起源可以和 Kubiena（1938）所著微土壤学的问世相联系。20 世纪 60 年代，澳大利亚学者 Brewer（1964）和前苏联学者 Parfenova（帕尔费诺娃等，曹升赓译，1987）等则对土壤微形态的基本概念、鉴定方法等做了总结。到了 20 世纪 80 年代，土壤微形态描述和解释的方法已日渐成熟，显著的标志之一就是 Bullock 等（1985）的土壤薄片描述手册，此后这个手册成为一个国际通用的土壤薄片描述系统；大约与此同时，土壤微形态方法在中国的土壤学和第四纪古环境科学研究中也得到了应用，其中包括唐克丽（1981）、郭正堂等（1996）的相关研究。微形态学除被用于农业科学等土壤学领域外，在考古学、生物学、地质学中也得到应用。

　　早在 20 世纪 50 年代，科学家就已经尝试将土壤微形态分析方法应用到考古学研究中。Cornwall（1953）首次根据考古遗址中土壤微形态分析的结果重建环境变化的历史，并解释了灰烬、居住面等人类活动遗迹的特征。Dalrymple（1958）通过分析文化层与腐殖层之间的关系，展示了土壤微形态分析在考古学研究中的意义。60、70 年代，土壤微形态分析在陶器结构研究中得到应用（Peacock, 1969）。80 年代以来，在欧洲、中亚、中美洲等地的考古研究中做了许多土壤微形态分析工作，其结果不仅推动了环境考古研究的深入，而且在大量实践的基础上，出版了可以作为土壤微形态分析在考古学研究中应用手册的《考古学中的土壤微形态分析一书》（Courty et al., 1989），它标志着土壤微形态分析在考古学中应用的一个新阶段。至此，从野外采样、实验室分析到结果解释，考古学的土壤微形态分析都有了一套相对独立的方法，推动了地质学、土壤学等学科与考古学的结合，在环境与人类关系的研究中显示了其巨大的潜力。

　　★ 靳桂云：山东大学文化遗产研究院；宿凯：美国圣路易斯华盛顿大学博士生。

一　土壤微形态学基本原理

土壤微形态学在技术上与岩理学研究十分类似，但在原理上却有很大不同。Kubiena 常用一个通俗的例子来说明土壤微形态学的基本原理：土壤在其复杂性、动力和生物的变化性上，和不同组配的钟表有些相似，我们可以从很多角度来研究一块表：第一种方法是将其粉碎成粉末后进行化学分析，从而会知道制造时所用的金属类型等。但我们对各种部件的特征、相互组合方式及各元件的工作原理却一无所知。这就是传统土壤学研究方法的缺陷所在。如果我们对钟表再进行机械分析，则可以知道其中所用部件的特征，但我们仍然不知道各种部件及钟表的工作原理。第三种方法是在对钟表不破坏的情况下对各个部件进行研究，则更有利于了解其结构和原理。第四种方法是在钟表工作时对各个部件的特征、位置及其作用进行研究。土壤本身也和钟表一样处于不断变化和运动之中，第三和第四种方法就是土壤微形态学的基本原理。在研究尺度上，我们用显微方法研究土壤是因为许多成土特征及过程只有在显微镜下才能被观察到。没有土壤微形态分析，一般很难对土壤的发生学过程进行详细的研究。

二　标本的采集与分析技术

野外采样之前要进行详细的观察、记录，这些资料是后面进行薄片描述、尤其解释的基础。考古遗址的野外观察、记录要注意两个方面：一是遗址及周围的环境状况；二是考古学资料的基本特点。其他资料如已经开展的古环境研究、对动植物遗存的分析、沉积物的物理化学分析等也要具体了解。对取样剖面及平、剖面上的取样点进行详细描述。剖面描述可以在考古地层划分的基础上进行，重点描述不同堆积单元的成因及特点，区别地质成因、风化作用和人类作用。

采样点的选择及样品数量取决于考古发掘的目的及提出问题的性质。如果需要研究古气候演化和遗址的形成过程，就要对整个剖面进行系统采样。系统采样要求在一个剖面上连续进行，样品之间不能有任何间隔，甚至两个样品之间应该有少部分重叠：如果某一地层单元的土壤特点比较一致，可以只在有代表性的部位采样；在进行系统采样的剖面，如果发现采样点的旁侧有明显的变化（这在考古发掘的剖面中是常见的），可以再进行有选择地采样。在考古发掘的过程中，对重要的遗迹如房址、灰坑、窖穴、灶址等的不同部位平面采样是必不可少的，目的是从平面上掌握遗迹的性质及其在遗址中的意义。

最为流行的采样方法是在设计的位置上压入一个大小为 8cm×6cm×4cm 的

Kubiena 盒来取下整块非扰动的样品。由于土壤微形态学的主要特点是研究非扰动的定向样品，采集时一定要标出产品的方向，尤其顶部。所有样品必须用防水笔清晰标明，且在运输和薄片制备的过程中要保证标签不被破坏。要记录每一个样品的剖面号、地点、深度和方向。从采样到薄片制作，应将生物活动和湿度变化保持到最低限度。对考古遗址中经常遇到的灰坑填土等松软样品要采取必要的措施以保证其结构在采样及运输过程中不被破坏，有时甚至要在野外完成浸渍树脂或水玻璃的程序，以保证样品的完整。此外，在取土壤微形态分析样品的同时，还要根据实际情况，采集土壤散样以供物理、化学、生物分析之用。薄片的制作方法是用特制树胶浸渍样品，待样品干燥坚硬之后用自动磨片机制成薄片。

这里分段薄片描述的内容包括薄片中所能提供的所有土壤学信息，如土壤的形成、演化过程，土壤的物理、化学性质，土壤反映的气候状况，土壤反映的人类活动等。薄片描述的方法一般是文字、照片、绘图三者结合。不同学科有不同的描述术语和标准，侧重的内容也不同。如，地质学家注重通过薄片分析沉积形成的动力过程，而土壤学家则注重分析其物理、化学过程，通常是指成土母质的变化过程，考古学家除了分析土壤的上述特点外，还要考虑那些与人类活动有关的特点。考古遗址土壤微形态分析主要对薄片描述下列内容：土壤的垒结，即指物质的全部组织，包括空间排列、形状、大小及成分（包括矿物、生物来源的有机质、人类遗物碎片等）、颜色、粒度、分选性、颗粒的形状及磨圆度（指示沉积环境及沉积物被搬运的过程）、每种组分的丰度等。在描述中必须选择一种特定的系统而避免同时使用不同系统中的术语。Bullock 等（1985）的土壤薄片描述手册是目前流行的系统，后来有增补了的中译本（黄瑞采，1990）。该系统中主要的描述内容包括微结构、矿物有机成分和成土特征三个部分。

薄片解释是土壤微形态分析的最终结果。不同的研究目的有不同的解释方法。任何一本土壤微形态学书籍或文献都难以给出对微形态特征的普遍性解释，因为同一种特征在不同场合下常有不同的含义，有关土壤微形态特征的解译可以参阅历届国际土壤微形态会议的论文集，也可以参阅各种土壤文献，尤其将论文按题材归类的学术杂志，如 *Soil and Fertilizers*，对土壤微形态特征的解译要掌握一定量的文献基础，更重要的是要具备一定的土壤学和土壤地理学知识。

对考古样品薄片的解释关键是要与现存的地质研究中土壤微形态的参考资料进行比较，因为考古遗址中的沉积物多数都与地质沉积物有密切的联系，而且正是这些地质沉积形成了考古遗址中各种堆积物的基础。此外，对考古土壤薄片的解释还要运用现代实验的方法，如通过研究现代农业土壤来认识考古土壤微形态中反映出来的古代农业活动信息。

三　土壤微形态分析在考古学中的优势

在考古学研究中，土壤微形态分析主要在以下方面提供重要的信息：进行环境考古研究，即分析区域环境演化与考古遗址形成及考古学文化发展的关系；分析考古遗址内各类遗存的特征及其所反映的人类活动特点。

人类自诞生以来就与环境有着密不可分的关系。人类的一切活动都受到周围环境的制约，史前时代更是如此。考古沉积物形成后在被改造过程中都记录了大量的人类与环境关系的信息。例如，文化层形成及形成后被改造的过程包含了人类、其他生物和气候条件的作用，土壤微形态分析能揭示区域环境演化与考古遗址形成及考古学文化发展的关系。对美索不达米亚平原北部 3000 多年前古文化遗址中的文化层及文化遗迹进行包括土壤微形态分析在内的环境考古研究，揭示了区域环境演化与人类文化发展之间的关系，即伴随着气候恶化，出现了文明衰落（Weiss et al., 1993）。

对印度河流域史前遗址的土壤微形态研究表明，气候变化和区域环境演化对农业活动有明显的影响。研究证明，公元前 3000 年左右，印度河流域的史前农业文明迅速发展，到哈拉帕文化时期（2300—2000 BC）达到顶峰，在 Ghaggar 平原有大量的聚落遗存。古植物研究发现，在 Ghaggar 平原的史前居民以不耐干旱的麦类为主食，表明史前时代这里可能有河流水系（现在则无河流通过），航空照片和卫星影像资料也证明了古河道的存在。在公元前 1800 年前后，具有发达社会组织的哈拉帕文化的衰落及人口东迁曾被解释为史前时代末期水网的破坏或气候恶化的结果，但每一种解释都没有十分充足的证据。为研究这一问题，法国印度考古学会在这里进行了调查和研究，以期回答：气候变化对古代水网有什么影响？估计史前土壤的农业潜力：史前土壤与当今土壤有什么区别？史前土壤能够为冬季作物的生长提供足够的水分吗？他们的研究方法是首先获得聚落考古资料和对考古土壤的沉积特征分析，为进一步的土壤微形态分析打基础。其次，根据自然剖面与有年代的文化层之间的关系确定沉积物的时代，获得了区域内沉积物从早到晚的堆积顺序：自然沉积物（可以细分为下、中、上三层）—哈拉帕文化堆积—风成细砂—历史时期堆积—现代土壤。对这一沉积物序列的土壤微形态分析得出了以下环境考古研究结果：自然沉积物的上层内丰富的土壤物象表明，在史前时代以前，这里是稳定的冲积地貌，从土壤形成过程的特点来看与现代土壤及古土壤没有什么明显的差别，这即是说，哈拉帕文化居民的聚落位于稳定的冲积平原上，这种土壤的表面不仅肥力高而且保水性好，提供了农业活动的良好条件，这是哈拉帕文化繁荣发展的主要基础：史前时期以后，由于风的作用和它对土壤化过程的影响，土壤质量下降，细颗粒丢失，进而肥力减少，蓄水性变弱，再加上气候变干，居民转而利用人工灌溉系统来进行农业生产（Courty et al., 1989）。

　　土壤微形态分析在研究考古遗址的各种遗迹特点及其反映的人类活动情况方面的作用是其他方法不可替代的。包括三个方面：第一，提供人类居住遗存如燃烧活动、垃圾处理与堆放、房屋的地面处理方法、贝丘遗址反映的食物结构、灰坑和窖穴中堆积物提供的人类食物方面的信息。第二，提供史前时代的建筑材料如砖、土坯、土墙、草屋顶、石膏和水泥的使用信息。Courty 等（Courty et al., 1989）对约旦河下游 NetivHagdud 和 Salibiya 前陶新石器遗址建筑遗存的土壤微形态分析发现，所有用来建筑房屋的土坯都是用从附近的河流冲积物中专门挑选的原料制成。用作黏合剂的白色石膏也是用特殊材料制成的。房屋的地面采用了同土坯相同的加工技术，但不同地面所用的材料有所区别。第三，分析遗址周围的土地利用及相关特征如森林砍伐、放火烧荒、放牧、农耕、灌溉等活动的遗存及其对周围生态环境的影响。Biagi 等（Biagi et al., 1984）对史前遗址周围土地利用情况的研究为认识农业和畜牧业等经济生活方式提供了重要信息。Courty 等（Courty et al., 1989）对意大利亚平宁半岛和阿尔卑斯山地区的史前遗址进行土壤微形态和孢粉分析发现，早期以畜牧农业为主要生活方式，到了铜石并用时代，人类活动对周围的环境产生了重要的影响，山区的农业活动改变了土壤和植被状况，居民的生活方式变成以畜牧活动为主。

四　补记

　　自这篇文章发表（1999 年）以来，土壤微形态技术在考古学中的应用逐渐增多，尽管从考古学这个学科整体来看微形态方法的应用还有很大的发展空间（Goldberg and Aldeias, 2018），但最新的成果很值得做一介绍。这里拟分四个方面做介绍，即：（一）土壤微形态分析在中国考古学中应用成果概述；（二）土壤微形态方法的新进展；（三）与微形态分析相结合的其他分析方法；（四）高分辨率薄片数据获取；分享与发表。

（一）土壤微形态分析在中国考古学中应用成果概述

　　本文发表后不久，由美国学者 Goldberg 等（2001）开展的关于周口店遗址形成过程的研究、吴小红等对江西万年仙人洞遗址陶器年代的研究等（吴小红等，2012），都应用了土壤微形态分析方法，这是土壤微形态分析方法第一次应用到中国考古学研究中。在过去的 20 年里，土壤微形态分析方法，在遗址形成过程、遗址功能分区、史前壕沟功能、农田等研究方面的应用，都拓展了考古学的研究深度和广度。

1.遗址周围环境复原

为了了解周口店遗址环境背景以及生计策略，Paul Goldberg（2001）等对遗址沉积物进行了土壤微形态和FTIR分析。研究结果显示，周口店遗址是一个逐渐被填充的、露天的洞穴；洞穴内的堆积物主要来自岩壁崩塌与次生黄土。宋艳花等（Song et al. 2017）用土壤微形态、孢粉、非孢粉生物指标以及动物遗存分析，重建了山西柿子滩遗址的环境背景；研究表明，距今28000—18000年间遗址附近反复有人类居住，之后人类活动停止，直到约13500年前再次出现人类活动；尽管环境波动，但低山和黄河支流依然提供了丰富的食物资源。Patania等（2020）研究了湖南玉蟾岩旧石器时代晚期洞穴堆积，土壤微形态分析揭示了遗址形成过程，并以此为基础识别出人类活动特点。研究结果显示，洞穴堆积沉积物多数都是人类活动的结果，这些人类活动包括反复发生的燃烧活动产生的燃料及其再利用等过程；与陶器制作有关的黏土资源，也被用于涂抹在灶膛的内壁。上述结果结合对黏土和骨骼等的红外光谱分析，揭示了火和陶器可能都是用于熬煮动物骨骼并获取其中的胶原的。胡金明（2002）等利用土壤剖面及炭屑显微结构对西辽河流域全新世以来自然景观演变过程及人地关系的耦合演变进程进行研究；认为该区域早期环境很大程度决定文化发展，而后文化的能动性逐渐增强，人类适应自然、改造自然的能力越来越强。董广辉等（2005）对青海喇家遗址及周边环境沉积物的土壤微形态分析结果显示，遗址内成壤环境较稳定，受生物扰动较少，有局部淋溶作用较强，明显看到人类作用的痕迹；而遗址外土壤微形态受到生物强烈的扰动，并且经历了古水流的作用。姜钰（2016）对仰韶遗址内、外开展了包括土壤微形态分析在内的地学考古研究，结合微形态和孢粉、植硅体、化学元素等分析结果，认为仰韶文化时期，气候变化趋势特点呈现暖湿—干冷波动—暖湿—暖湿稳定—干冷波动，这与仰韶文化由兴起—发展—繁荣—衰落的史实基本吻合。查理思（2017）也对仰韶遗址的环境考古研究，也得出了大致相同的认识，仰韶文化时期气候温暖湿润。

2.遗址所在地表环境状况研究

古代人类选择居住地点，需要考虑多方面的因素，地表的水文环境条件是关键之一。靳桂云等的沉积物微形态分析显示，北京王府井东方广场旧石器文化遗址，所在地为河漫滩相沉积；并结合植硅体分析结果，认为东方广场遗址可能为旧石器时代晚期华北地区古人类临时活动性场所（本书文章6）。庄奕杰等（Zhuang et al. 2013）对山东月庄遗址沉积物的地学考古分析，包括了土壤微形态、粒度、烧失量等分析手段，得出结论认为，月庄遗址所在的地表水文状况，主要表现为由短期地表稳定和继发冲积频繁交替的模式，地表相对稳定阶段是人类活动频繁时期；该研究成果，对于我们理解后李文化时期的生业经济、聚落形态与社会提供了非常重要的证据（本书文章7）。受到这个研究的启示，柏哲人等对山东前埠下遗址开展了类似的研究，对文化层的土壤微形态分析，揭示了与月庄遗址类似的水文条件和人类活动模式，进一步证明，后李文化时期，鲁北地区人类居址环境处于水文状况不很稳定的环境背景下，人类可能季节性在高河漫滩上活动（本书文章8）。

3.史前壕沟功能研究

史前时代的壕沟与城墙，一般被认为主要是防御性设施，但是一直缺少具体的研究；土壤微形态分析方法可以通过考察壕沟内沉积物特点帮助我们理解其水文状况，进而结合相关考古发现考察其功能。

张海等（2016）和庄奕杰等（Zhuang et al. 2017）在对河南禹州瓦店遗址龙山文化时期壕沟的研究中，以地貌分析为基础，通过对壕沟堆积物的土壤微形态分析，复原了壕沟从建造、使用、维护、废弃到再利用的完整生命周期；并根据壕沟直接与古颍河河道相通这个认识，提出了壕沟可能作为引水排灌的水利设施的观点。宿凯采用系统的地学考古方法，通过 ^{14}C 测年、土壤微形态、植硅体、烧失量、磁化率、XRF 多种分析手段，考察了城子崖遗址岳石文化时期壕沟从开挖、清淤到废弃的过程（本书文章15）。宿凯等通过土壤微形态与植硅体结合分析凌家滩遗址的壕沟沉积过程，认为凌家滩时期为挖壕沟开始清理植被，后期壕沟被人类垃圾填满并逐渐废弃。在经历了一段的较少人类干扰后，植被逐渐恢复，近现代作为农田使用（本书文章13）。柏哲人等通过土壤微形态、植硅体、磁化率、烧失量和 XRD 分析，将丁公遗址龙山文化早期壕沟 G114 按照沟内微环境分为四个阶段，并推测前两个阶段壕沟可能具有防御、排水防洪功能，后期成为垃圾倾倒场所，壕沟功能的转变可能与聚落扩大有关（本书文章18）。饶宗岳等通过土壤微形态、烧失量、粒度、植硅体等地学考古方法，对山东焦家遗址大汶口文化时期壕沟与城墙的生命史及其功能进行了分析，结果显示，（1）壕沟起初开挖于河漫滩相的粉砂质沉积物上，并用挖出来的沉积物修筑了第一期城墙；在壕沟的使用阶段，降水带来短期水流，而周边地表和边坡冲刷而来的沉积物成为壕沟内沉积物的主要来源。人类在壕沟周围活动比较频繁，同时通过清淤等维持壕沟的功能，而且清淤所得沉积物用于维修城墙。最终，壕沟内存居住区变成墓地，壕沟的功能也逐渐弱化甚至消失。（2）壕沟与城墙的主要功能可能是阻挡聚落南侧坡地来水，而水资源调配与管理的功能并不明显；从形制与空间关系看，壕沟与城墙是配套设施，功能上也更有可能是一体的，客观上具有防御作用（本书文章11）。

4.农田与遗址周围古耕作土研究

不论是寻找古代农田还是遗址周围或某个区域的古耕作土 [1]，土壤微形态的方法都

---

[1]　农田和耕作土，都可能与农业活动有关。但是，考古学中的"农田遗迹"需要经过系统发掘才能比较确定，而且需要具有一些基本特征，如果是水稻田，一般有比较明确的灌溉沟渠或水塘，还需要有农田土壤植硅体证据，旱田则需要有田垄和土壤植硅体等证据。但是，耕作土，则是我们认为有可能是农田的一种沉积物，多数未经正式的考古发掘，更不清楚其与聚落之间的关系。

能发挥很好的作用。

　　庄奕杰等（Zhuang et al. 2014）对浙江茅山良渚文化时期水田的研究，在充分的考古发掘与研究的基础上，结合了土壤微形态、粒度、植硅体等分析方法，认为良渚中期到晚期水田耕作技术经历了根本性的变化，其中在集约化耕作、管理方法等方面都有明显的体现，而这种变化的背后可能与良渚社会成熟的政治组织有关（本书文章12）。庄亦杰等（Zhuang et al. 2016）对西安郊区老官台文化时期的郭北遗址开展了农业活动的研究，土壤微形态和其他地学考古证据显示，遗址及周围地区存在早期农业活动，但确切的结论还需要做更多的具体遗址的深入研究。

　　20世纪60年代，土壤专家朱显谟（1964）就发现在关中地区存在一种可能是5000年以上的耕作土（墣土）。龚子同等（1999）在《中国土壤系统分类》中，将这种古耕作土划入"人为土亚纲下的人为土"。赵烨等（2001）更进一步提出，在这些古耕作土中，可能保存了古人类所使用工具残体、古作物残体、刀耕火种所形成的草木灰残体、施用农家肥等古信息；他们对郑州西山遗址开展的土壤微形态研究发现了人类活动导致相对均匀的自然土层发生变异，从而成为我们考察古耕作土的一个指示。庞奖励等（2008）对关中地区墣土剖面进行了微形态分析，并认为剖面上层是2000年来人类施加土粪等农业耕作活动和自然粉尘堆积共同作用的结果。申朝瑞等（2007）用类似的方法研究了泾河中游地区古耕作土的特征，他们从沉积物有机质、土壤微形态等方面进行综合考察，分析了土壤特征。张玉柱等（2015）结合沉积物宏观特征、$CaCO_3$含量、粒度组成和微形态特征，分析了青海喇家遗址古耕作土壤层和现代耕作土壤层的发育过程和微形态特征及背后的环境变化信息。

　　在考古学研究中，经常需要借鉴人类学的一些考察结果来理解古代人类的活动，这一点在古代农田的研究中表现尤其突出。对现代不同耕种条件下土壤特征的考察，无疑是我们发现和理解古代农业活动的重要参考。庞奖励等（2006）对比黄土高原南缘自然降水灌溉与漫灌下的耕土微形态特征发现，农业管理方式对土壤剖面分异和土壤微形态有显著的影响；其中，对粗颗粒矿物组合影响不明显，主要矿物仍为石英和长石，但会影响不同矿物之间的相对比例；灌溉作用可增强颗粒形态参数变小的程度，使粗细颗粒比 C/F（10μm）C/F（10μm）值变得更低。还会使土壤中残积黏土数量显著增加，且可出现淀积黏土，孔隙度规则和孔壁粗糙程度降低。庞奖励等（2009）对比关中地区耕作历史20年与80年的土地，表明耕种时间长短会使矿物间的比例、颗粒形态、C/F（10μm）值等有明显差异，耕作时间越长，颗粒的长度、等圆直径、周长和面积减小和圆度增加越明显。

　　5.遗址功能分区

　　功能分区是聚落考古尤其微观聚落考古研究的重点内容之一，而土壤微形态分析，在识别遗址功能分区的研究中具有独特的作用。姜钰（2016）对仰韶遗址不同区域做了土壤微形态、土壤磷元素、能谱等特征分析，发现了如下特征：古人在居住区营建方面已掌握了房屋防潮技术；在制陶区则发现，制陶并非就地取材；对用火遗迹进行微形态观察推测仰韶古人类已经掌握了较高的用火技能。查理思（2017）、查理思等（2020），对仰韶遗址的地基区、饮食区、瓮棺区、陶窑区，开展了沉积物土壤微形态、色度、磁化率、颗粒组成、游离铁、矿质全量等分析，佐证了田野发掘过程中对于这些功能区的判断的准确性。

此外，还有一些文献对土壤微形态分析方法进行了综合论述。相关文章或者介绍技术原理、阐明工作方法、概述作用意义，或者结合案例介绍方法。这些文章促进了土壤微形态分析方法在中国考古学中的应用。曲彤丽（2011）也同样介绍土壤微形态技术的原理及应用的注意事项，并细致阐述了技术对史前遗迹的意义，特别是对用火有关的遗迹、踩踏清扫等动态人类活动的堆积微层序，以及地层分析、测年等方面具有特殊意义。姜钰（2016）等总结目前全球在灰烬层及用火痕迹、生活居住区、耕作区、墓葬区、制陶区几部分所做的工作，并以图表方式概括总结文化遗址内不同活动区对土壤微形态特征。李海群（2017）介绍国内外土壤微形态在环境考古中的应用，同时也介绍了磁化率、粒度、总有机碳、土壤化学分析、孢粉等地学考古方法在环境考古研究中的应用。徐祥明、何毓蓉（2011）在概述国外土壤微形态学在其他学科的应用研究进展时简要提及土壤微形态在考古学中的发展及意义。申朝瑞、庞奖励（2005）在介绍土壤微形态学的应用进展时都提及了其对考古学的意义及发展简史。吴克宁（2014）等在阐述文化遗址区古土壤特性及古环境研究进展时提到土壤微形态方法并举例说明其成果。

（二）土壤微形态方法的新进展

土壤微形态分析方法在考古学中的应用，除了案例的积累，在方法上也有很多新进展，特别是欧美等国家的环境考古研究项目中不断开发新的方法，包括微形态方法以及与微形态分析相结合的方法，极大地促进了微形态方法在考古学中的应用。下面将从野外采样、与微形态分析相结合其他方法、高分辨率薄片数据获取与发表三个方面做介绍这些新进展。微形态的实验室分析方法（灌胶、切片、制片、磨片、显微镜观察与拍照等）需要依据不同样品选择不同的胶、灌胶方法；切片和磨片方法也比较多样性，限于篇幅，本文不作专门介绍，相关方法可以参考《土壤微形态研究理论与实践》（何毓蓉、张丹，2015）等文献。

1.野外采样

不同类型的遗址、同一个遗址不同类型的沉积物、不同的科学问题，需要不同的采样方法。这里主要介绍山东大学环境考古实验室的一般性采样流程，然后介绍国际同行在微形态样品采集过程中的一些新方法。

（1）根据遗迹类型设计不同采样方案

微形态样品也可以采取系统采样方法，这个应当跟植物考古的系统采样类似。这里说的仅仅是根据不同遗迹采取的针对性采样。

①灰坑

在大多数考古项目中，灰坑都是发掘中数量最多最常见的遗迹，同时也是研究的最不清楚的遗迹，几乎所有的坑状遗迹都会被叫作灰坑。这就造成了对灰坑的取样经常没有目的性。一般来讲，如果坑内堆积没有分层，只在中央部位取一样品，底边或侧边跨灰坑边界取一样品，用以分辨灰坑内外组成的不同和形成过程；如果坑内堆积是分层的，则从底边开始，取柱状样品或连续采集块状样品，尽量跨层和连续，尤其在分层的堆积中配合植物考古样品一起采集，对后期解释植物考古的发现很有帮助。

②房址

采集活动面的比较多，如果意识到完整的房址内有功能分区，可以在不同位置采集；但是活动面经常是揭露出来之后才发现，这时候已经没有剖面了，就只能从上往下垂直采。房址内有其他人工遗迹和遗物，如墙、倒塌的屋顶、灶等，都可以采集（图1）。

图 1　房址采样示意图
（山东菏泽青邱遗址 F32 室内垫土、活动面微形态采样，请注意左下角的土坯墙体）（饶宗岳提供照片）

③墓葬

通常认为采集墓葬样品的必要性比较小，因为墓葬中的特殊现象很少，而且对墓葬的形成过程也似乎没有什么兴趣，所以微形态样品因地制宜，出现问题时再采。

④路土、夯土

路土和夯土都可以采集微形态样品，除了对遗迹性质进行确认之外，还可以通过对比，来研究不同的夯土夯筑方式在微形态上的区别。采样示意见文章 15 相关图示。

⑤沟类遗迹

考古发掘中经常会遇到沟类遗迹，从规模和用途上都可以分为不同类型。如果从规模上分，与聚落内部排水或农田灌溉沟渠相关的可以称之为沟，而围绕聚落的、尤其与城墙配套的，则一般称之为壕沟或环壕或护城河，目前一般称之为壕沟。尽管沟类遗迹的功能多样，但一般来讲，沟内沉积物的微形态分析都能够为我们提供关于（a）沟内水文状况；（b）沟内沉积物形成过程；（c）诸如清淤等沟的管理与维护等多方面的信息。所以，沟内沉积物的微形态样品采集需要遵循以下几个原则：首先，明确沟内沉积物特征。根据土质土色包含物和沉积相等特点将沉积物尽量详细分层，然后描述和记录各层的具体情况以及最小堆积单位的分组情况。其次，在壕沟的中间部位采集一套微形态样品。根据沉积物特点布设采样点，既要考虑不同类型堆积的分界线位置，又要考虑那些肉眼看起来比较特殊的沉积物，比如有动物或植物遗存的位置。同质性明显的沉积物只在中间采集一个样品即可。第三，为了考察沟壁崩塌和清淤等活动，需要在相关的位置采样。

对照样品。对照样品包括人工遗迹和遗物的对照样品和自然堆积的对照样品，用以判断其中人活动对自然堆积的改造。比如打破生土的遗迹，一定要连生土一起取，跨层取样也有这个含义。总之要时刻考虑所采样品对应的问题，才能采集到合适的对照样品。

另外，微形态的样品除了观察薄片之外，还可以做各种物理和化学分析，比如分析有机质和无机质的组成等。因此，在微形态样品旁边要采集平行的散样。如果时间许可而且考古发现很重要，还建议另外采集一套块状样品，这套样品以微形态样品的方法采集，如果后期并不需要，也可以作为散样利用，但散样反过来则不可能用作微形态样品。

（2）微形态样品采样一般流程

土壤微形态（soil micromorphology），因为最初主要用来研究沉积物的土壤化过程而得名，似乎在中文世界和英语世界都是如此。但是，它在考古学中的应用更多的时候只是叫它微形态，因为考古中微形态的关注重点已经不是土壤发育的地层，而是考古遗址中各种堆积的性质及其背后反映的人类行为。因此我们采样的时候也要顺着这个思路，根据在发掘中遇到的问题，来设计采样的方案。采样流程一般包括采样前的物资准备、采样点的观察描述与记录、样品采集与保存等。

①采样前的物资准备

记录本、笔、记号笔、相机、手铲、铝盒、胶带。采样的盒子很关键，也存在多种选择。其中有一种PVC方管，具有以下几个特点：首先它可以截成任意厚度，使用范围很广，在焦家墓葬发掘过程中，人骨没有取出前需要采样，就将这种方管切成合适的厚度，用起来很方便；如果跨很深地层的样品，这个可以直接穿透，更方便；其次它被截开后背面没有盖，观察和取样都方便，也不会因为空气挤压造成样品局部变形，只不过封住的时候最好用卫生纸之类的东西挡住再用胶带封；第三，这种方管，后期处理样品更方便，材料甚至可以反复使用；价格更便宜，重量更轻，硬度足够。

②采样点观察、描述与记录

决定采样前：要记录遗迹的性质、产生的问题，位置（探方内的位置，有坐标更好），深度，地层划分和描述土质土色等，样品的朝向（上下或东西南北），画剖面图记录采样位置，相机记录。

③样品采集与保存

采样时，先用手铲掏出样品的形状，只能比铝盒稍大，不能小；如果样品太松散，一掏就掉，可以直接用饭盒扣进去。在铝盒背面写好信息（包括遗址、日期、采样人、样品号、正方向、必要时可以在背面划上地层线），把铝盒扣上去，照相，取下来，盖住盒盖，用胶带封好。

采完后，尽快送到实验室内打开盖子晾干，最好能在烘箱内风干（建议不超过50℃左右）再保存或灌胶处理。如需从中采集分样品，要在灌胶之前分割完，但不能扰动剩余样品。

（3）现场制作微形态薄片

微形态研究中，关键一点就是在采集、运输以及后续样品保存过程中，始终要保证样品不会因为强烈震动等使其原有结构遭到破坏，就是保持其从发掘到薄片制作完成这个过程原来的结构未被改变。实践表明，不同类型的样品，采集非扰动样品的难度差异明显，结构致密的黏土类样品相对容易，而结构疏松、尤其砂粒级较大的或分选较差的样品，采样过程中经常会出现样品开裂甚至完全无法采样的情况，在这种情况下，如果能够在发掘现场将沉积物硬化，就可以更大限度地保证获得理想的样品。以色列的微形态专家在这方面做了有益的尝试（Asscher and Goren, 2016），这里简要介绍一下具体方法。这个方法不仅在发掘现场将沉积物硬化，而且完成了薄片制作和观察，极大地凸显了微形态分析方法在田野考古尤其各类文化堆积分析中的意义。

这种方法，在比较干燥的地区，3 天就可以完成从确定采样部位、采样、制片的过程。具体操作如下：

在计划采样的剖面上划出 76mm×50mm 的（薄片大小）范围，在剖面上向内切入厚度 2—3 厘米。

用 50 毫升带刻度的离心管将树脂与硬化剂按照 2∶1 的比例混合均匀然后慢慢垂直滴入划定范围的沉积物中，树脂一般都能渗入到剖面的 2—3 厘米，经过一夜第二天就可以用手铲取下固结的块状样品，然后用手提式的锯将块状样品切成载玻片大小，切好的样品要稍微干燥几分钟，然后滴入新鲜的环氧树脂混合物，完成灌胶过程需要 2 天，获得一个厚度 1—2 厘米的块状样品。

用抛光机打磨样品，然后用树脂将打磨过的一面贴到 76*50 毫米的载玻片上，再用一个磨片机将薄片打磨到 30μm 厚度。用偏光显微镜观察、描述。

采样现场制作微形态薄片的方法具有三个明显的优势：第一，缩短了薄片制作的时间；第二，能在发掘现场采集那些非常松散的或者那些分选特别差的沉积物的块状样品，因为现场采集这类沉积物的盒装样品经常失败，而现场灌胶则可以保证获得更完整的、更原始的沉积物，进而保证了微形态研究所得结论的科学性和可靠性；第三，可以实现在发掘期间就获得对于各类堆积物的初步认识，指导发掘和其他采样工作。后两个意义尤其能够提高微形态分析在考古学中的重要价值。

（三）与微形态分析相结合的其他分析方法

大量的实践表明，因为考古遗址堆积物的复杂性，仅仅微形态分析是远远不够的，必须结合多种分析方法，其中主要是地球化学方法以及与此相关的沉积学、生态学等方法。考虑到这些方法不断更新，而且中国的地学考古实践还处于起步阶段、相关的方法应用还比较少，为了更好地理解各种分析方法的作用，下面通过具体案例对一些主要的方法进行介绍，这里必须说明的是，还有一些其他的方法在这里并没有全面介绍。

如前所述，在较早开展考古学中的微形态分析的欧美考古学界，不仅在环境考古项目中普遍采用微形态分析方法，而且不断扩展微形态分析方法应用的领域，并将微形态分析方法与植物考古、动物考古等研究结果结合，全面分析古代社会。其中，微形态分析与红外光谱技术、植物考古等方法、化学分析、古 DNA、古寄生虫、民族考古学、实验考古学等方法结合，在史前人类空间利用方式、家畜饲养方式等方面都有成功的研究案例。

1.微形态与红外光谱等分析结合

在微形态分析基础上，对沉积物中复杂的物质组成和元素进行确认，可以深化对文化层的物质构成、元素、遗址形成过程以及相关的人类行为的理解（Shillito et al，2009）。

以恰塔胡尤克遗址的研究为例，对土墩沉积物序列中的沉积物的微形态分析，发现了田野发掘中无法确认的一些地层尤其一些亚层之间的区别；因为微形态方法只能发现形态上的不同，却无法确认这些不同是由什么原因造成的，更无法知道这种不同的地层其物质组成的异同；而红外光谱（IR）、x射线衍射（XRD）、扫描电镜-能谱分析（SEM-EDX），则在微形态观察结果的基础上，鉴定出不同颜色的物质及其元素特点，主要成果包括（1）对那些可能保存在粪便类物质中的沉积物进行傅里叶变换红外光谱（FTIR）和显微X射线衍射（micro-XRD）分析，证明了这些物质是生物文石，并进一步确认这种物质成分就是来自黑莓果皮，在野外肉眼观察和微形态薄片中都只能看到这种呈棕色的物质，但无法确定其具体属性，这个结果也证实了植物种属鉴定的准确性。（2）在整个土墩堆积物序列，晚期的堆积物中常见一种白色结块儿，而早期堆积物中则不见这种物质；FTIR分析显示，这些白色结块儿都是石膏或硫酸钙，micro-XRD分析也支持上述分析结果，样品中XRD示踪与石膏的参考值相匹配；而且这些石膏类物质有可能是后堆积过程的结果。这个结果对于我们理解沉积物中各种物质成分的保存条件和后堆积过程对沉积物的改造有重要意义，因为位于土墩上部的地层更多地暴露在空气中，受到更多的堆积后改造是正常的现象。（3）在土墩堆积中，肉眼或微形态能看到一些颜色不同的堆积单元（或亚层），采用FTIR分析方法对比，结果发现不同单元之间的矿物特性总体上是接近的，只是偶尔存在石膏或磷酸盐的差异；有磷酸盐的样品可能与粪便类物质有关，而光学显微镜是无法鉴定到的磷酸盐矿物的。（4）对植硅体的FTIR分析发现了硅化的蛋白石中含有较少的晶体化的石英，这类发现表明，用FTIR和SEM-EDX分析植硅体还有更大的潜力，比如，通过对控制生长条件的植物标本的分析来评估单硅酸对于微量元素组成的影响，进而分析土壤特点及耕种方式。

总之，不断涌现的新技术，为土壤微形态分析方法提供了越来越多的辅助证据，比如，能谱分析技术所获得的微结构元素分析结果，显著的深化了微形态分析方法（宋菲，2004）。CT分析技术能够获得土壤容重、水分、孔隙度、优势流、植物根系、生物洞穴系统等方面的信息，可以为土壤微形态分析提供重要的佐证（李德成等，2002）。

2.微形态分析与植物考古等方法结合

随着植物考古方法的不断完善，考古遗址植物遗存组合的解释迫切需要埋藏学和形成过程分析（Matthews，2010）。在结合地学考古和植物考古分析植物遗存出土背景及人类的生态的和社会的实践方面，微形态分析方法具有不可替代的作用。首先，微形态分析能够获得植物遗存堆积的原地信息，是我们理解植物遗存的堆积路径和历史的重要证据；其次，在微形态分析中，我们不仅可以看到炭化植物遗存，在半干旱环境中还能发现遗址中保存的植物印痕、植硅体、钙质灰烬等多种形式的植物遗存。如果不采用微形态的分析方法，这些不同类型的植物遗存多数情况下都会被常规的植物考古分析工作分离开而丢失了它们原本的背景，而这些埋藏学和形成过程等方面的信息是我们解释这些植物遗存的关键。考古发掘中遇到的燃料、动物粪便、动物饲养和管理的圈栏、建筑材料、以及包括食物储存加工仪式等方面的特殊活动的遗存，都可以通过微形态分析方法获得更多更可靠的信息，进而丰富对考古遗存的理解。

结合动物考古、植物考古、分子生物学、民族考古学等分析方法，沉积物微形态分析还为理解土耳其中部新石器时代早期农业聚落的生计策略尤其人与家畜之间的关系（动物管理策略和家畜饲养活动）提供了非常重要的信息（Partillo et al., 2020）。通过微形态、化学标记物和组成成分分析发现，在开阔地带、动物圈栏和粪堆沉积物中主要是食草动物的粪便和其他粪便形成物。食草动物粪便和包括了钙质粪球晶和植硅体的积聚物为我们理解动物食谱、粪便燃料利用等人类行为提供了新信息。该文的综合研究揭示了新石器时代早期农业聚落中粪便堆积的多样性，及其作为考察生态多样性、家畜饲养策略、饲料类型、健康状况、粪便利用行为以及全新世早期该地区人与动物之间关系的复杂性的潜力。

3.微形态方法与化学分析方法结合

考古学研究关注人类行为，而在我们推断任何人类行为之前，理解遗址形成过程是最基本的前提，而遗址形成过程的研究中关键的是多学科、各类证据的结合。在史前人类空间利用研究中，多学科方法越来越受到重视，地学考古中的多学科分析尤其重要。在恰塔胡尤克遗址的研究中，20世纪90年代就开始了这种多学科研究，具体方法包括沉积物的微形态学、微人工制品模式和居住面、墙面的地球化学分析，与文化遗物相关的植硅体、淀粉粒分析，植物大遗存和动物考古研究，所有这些都为理解遗址的人类行为提供了坚实的证据（Shillito, 2017）。

4.微形态分析与古DNA分析结合

沉积物微结构分析对于沉积物古DNA研究提供了判断沉积物性质和DNA保存状况的重要信息（Massilani, et al., 2022）。来自德、美等国家的国际联合团队，对过去在世界各地采集的土壤微形态样品进行了微形态分析，发现这些沉积物中能够保存古DNA。从阿尔泰山区的丹尼索瓦洞穴沉积物中的广泛采样揭示，哺乳动物DNA的分类组成在毫米级尺度上存在巨大差异，而且DNA聚集在小颗粒上，尤其聚集在骨骼碎片或粪便中，意味着这些物质是进行DNA分析的基础原料。在其中的一个曾经获得了尼人DNA的块状样品附近采集的样品中发现了与之关系密切的DNA。研究显示，DNA能够在沉积物中长期稳定保存并可以在微地层尺度上提供将基因信息与考古学和生态学记录联系起来的方式。

5.微形态分析与古寄生虫学等结合

对英国 Glastonbury 附近中世纪小教堂外面的一个房屋建筑的研究，采用了微形态学、古寄生虫学和真菌学等多学科方法，其中的微形态分析方法揭示了房屋堆积中的生物扰动过程及其背后的动物饲养行为，进而丰富了考古学家关于中世纪神职人员经济活动的认识（Banerjea et al., 2020）。

6.地学考古与民族考古结合

地学考古 - 民族考古和实验考古等多学科方法，研究近东地区（自然地发生了植物和动物驯化的核心地区）、北非地区（具有潜力的、对周围地区比如地中海地区和撒哈拉地区农业发展的关键地区）动物粪便遗存，为阐释人与动物关系、空间利用方式、能源资源、特别是早期食物生产人群和农业系统发展等提供了重要证据（Portillo and Matthews, 2020）。

7.微形态分析与实验考古结合

在微形态研究中，实验考古的方法也是非常必要的。在对以色列旧石器时代晚期—新石器时代早期洞穴的考古研究中，以微形态分析为基础的实验考古，为理解活动面的功能提供了重要帮助（Homsey and Sherwood, 2010）。考古发现的活动面类遗迹，从宏观尺度无法观察到反映其功能的信息，对这些堆积的微形态分析，依然无法确定其功能，研究人员便尝试在微形态分析基础上开展实验考古。其中的一项实验如下：首先，根据对考古发现的活动面遗迹的表面进行的微形态和地球化学分析，得知活动面建筑过程中使用的原料来自洞穴内部堆积，具体包括了原生黏土、风化的石灰岩、磨圆的钙质结核；这个遗迹表面缺乏有机物遗存；地面上有凸起的铁锰结核。其次，采集原生黏土，人工建筑四个不同的类似活动面。第三，模拟史前人类可能的使用活动面的方法，包括用火烧、火烤等，烘烤的方法不同，使用的燃料也不同，烘烤的时间也不同。第四，将不同种类的食物原料放到不同的活动面上进行加工。第五，观察、分析不同活动面吸收食物的情况，进而建立不同类型活动面、加工不同食物的判别标准，再用这个标准去推论考古遗迹的性质。

最终的综合研究结果得到以下结论。第一，活动面地表可能是经过了这样的建筑过程：获得黏土、运输黏土并快速完成建筑。第二，黏土表面曾经在比较长的时间里有火或加热。最后，黏土表面的热度似乎并不足以将食物加工熟。不过，证据表明可能存在鱼类食物原料的加工。根据实验结果，作者认为这个活动面很可能是用于烤或烘干一些食物原料或晾干坚果的，也不排除有夜里给房间保暖的功能。

（四）高分辨率薄片数据获取、分享与发表

作为考古学和地球科学交叉的一个重要研究方法，地学考古借助多种分析方法和

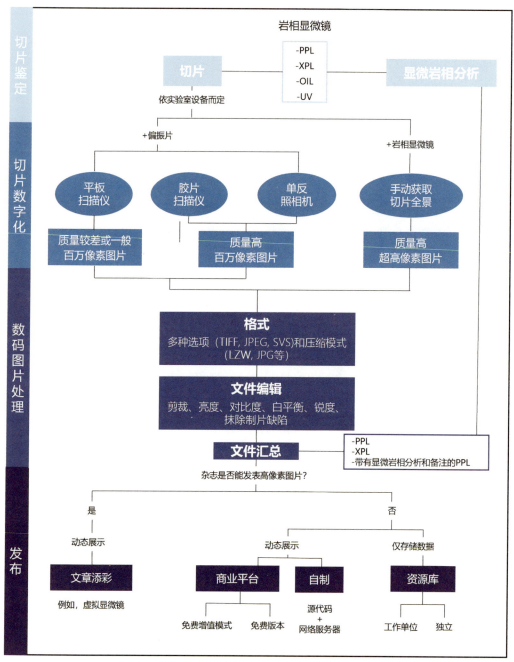

图 2　获得高分辨率薄片图像的操作程序示意图
（据 Gutierrez–Rodriguez et al., 2018 翻译）

技术得以在很多不同的尺度上的应用，其中微形态分析是一种相对微观的研究手段。尽管这个方法在考古学尤其遗址形成过程、人类行为与自然影响等环境考古研究中发挥着越来越重要的作用，但是，目前存在一个明显的问题就是：不仅微形态专家与考古学家之间、而且微形态专家之间的交流和分享还处于非常初级的水平，而用多种技术对薄片信息进行数字化处理将有望改善这种状况（Gutierrez-Rodriguez et al., 2018; Haaland et al., 2019; 贺秀斌等, 2005）。这个研究方法包括以下几个步骤：第一，常规方法制作微形态薄片，每个样品制作两个薄片，用平面偏振光（PPL）、交叉偏振光（XPL）、斜入射光（OIL）和紫外线进行显微观察并描述观察到的信息。第二，进行沉积微相分析。考古遗址中的沉积物是地质作用和人类作用充分结合的结果，物质来源和变化过程都十分复杂；而从沉积物本身性质讲，又可以分为沉积的和沉积后的改造，沉积物的垂直或水平方向都经常发生岩相变化。所以，尽量缩小沉积物分析单元，识别出尽量多的岩相单位，在微形态研究中具有方法论上的意义。Flügel 的沉积微相概念指的是那些在薄片中反复出现的、成分和组织结构相似的沉积单元（Flügel, 2004）。这样就可以通过沉积微相分析将那些岩相组成、几何关系、沉积后改造等相似的特征进行分组，识别不同的薄片中沉积微相的模式。第三，对薄片中的信息进行高分辨率描述和记录。其工作思路如图 2 所示。主要依赖五种常用的设备：平板扫描仪、胶片扫描仪、放大摄影装置、常规的立体显微镜和光学显微镜。

用上述方法获得的高分辨率图像记录与普通显微镜下观察的记录相比具有明显的优势：能够在电脑等设备上更有效地和持久地观察薄片中的细节，这样的观察也使得更细致的记录成为可能；建立起来的数字化数据储存可以促进不同实验室之间的交流，为地学考古的教学、培训提供更有效的高水平的资源。同时，在科学研究论文中也可以以多种方式发表这些图像资料，这样既可以增进学者之间的交流，也可以扩展微形态分析方法的普及，因为即使不是专业人士，也可以看到高清晰的甚至是动态的微形态薄片的图像。目前在土壤科学领域，中国学者已经比较多地利用高分辨率成像技术获取微形态图像资料（李德成，2003；贺秀斌等，2005）。

毫无疑问，不论是微形态分析本身，还是相关的科技分析方法，所有的研究结果的可靠性都依赖于将这些样品放到准确的地层和考古学背景下。田野发掘与特定的堆积环境和考古学地层背景相结合，才可能提供进行地学考古数据解释的框架。严谨缜密的田野观察、微形态分析、现代分析技术相结合，已经在很多考古遗址沉积物研究中得到成功实施（Goldberg and Sherwood, 2006）。

原载《地球科学进展》1999 年第 14 卷第 2 期，作者为靳桂云。收录本书时，靳桂云与宿凯共同完成了“四 补记”部分。

6. 北京王府井东方广场旧石器文化遗址
——沉积物的土壤微形态学研究

靳桂云、郭正堂★

一 引言

王府井东方广场工地发现的古人类活动遗存是一处旧石器时代晚期文化遗址（李超荣等，2000）。该遗址包括上、下两个文化层，根据热释光测年结果（夏正楷等，1998），上、下文化层的年龄分别为距今 1.9 万—1.5 万年和 2.6 万—2.2 万年。对遗址的地貌和旧石器时代文化的研究已经取得了初步的成果（李超荣等，2004）。然而，有关该遗址人类活动的环境背景仍需进一步的工作。文化层所在的沉积物中有若干红棕色黏土层，在发掘过程中认为有可能是古土壤，而这些层位是否为古土壤无论从地层学还是古气候学的角度都有重要的意义。本文主要对这些红棕色黏土层进行土壤微形态分析，以进一步探讨人类活动的特点。

二 材料与方法

遗址位于北京市王府井大街南端的东方广场建筑工地，地貌上属于古永定河冲积扇构成的山前倾斜平原（李华章，1994）。在广场施工中揭露的古人类活动遗存有灰坑、打制石器、动物碎骨和炭屑等（李超荣等，2000），分别深埋于地表以下 7.81—7.92 米和 8.68—8.84 米的砂层中。1997 年 1 月和 1998 年 4 月，笔者对遗址所在沉积物剖面进行了细致的野外观察，采集了完整的地层剖面样品，并根据研究的需要，采集了 9 个非扰动定向样品，并磨制了 4 厘米 ×5 厘米的微形态观察片，进行土壤微形态分析。土壤微形态描述以 Bullock 等的术语（Bullock et al., 1985）为准，参考黄瑞采（1990）的中文译法。对土壤的微形态特征进行鉴别，对各种特征及其不同组合方式的古环境意义进行分析，在此基础上恢复古环境特征，并与其他手段所获结果相印证。

★ 靳桂云：山东大学文化遗产研究院；郭正堂：中国科学院地质与地球物理研究所。

三　结果

（一）宏观形态特征

野外对王府井遗址沉积物剖面进行详细观察，发现自下而上有若干个红棕色黏土层，这类层位的主要特征是厚度薄；主要成分是粉砂质黏土，与上下层之间有明显的界线，在颜色和主成分方面都表现为突变特点；无生物活动痕迹。

（二）土壤微形态分析结果

对 9 个样品进行分析后，根据微形态特点可以将其分为三种类型：

（1）样品 PS-1（33—38.5 厘米）、PS-2（126—132 厘米），土壤微形态特点是：母质类似黄土物质，基质有风化；有 2%—3% 的土壤原生碳酸盐和碳酸盐假包膜；有 10%—15% 的植物根孔和虫孔；含大量的尖角石英，颗粒均小于 100μm，孔壁周围有铁锰质假包膜，基质中有缺乏细粒物质的淋溶片，还有粉砂质条带。

（2）样品 PS-3（230—235 厘米）、PS-4（288—294 厘米）、PS-5（430—436.5 厘米）、PS-6（517—523 厘米）、PS-7（625—633.5 厘米）、PS-8（682—687 厘米），在野外发掘和调查中被怀疑为古土壤的若干层位的微形态特征是：致密块状微结构；3%—5% 虫孔和根孔，孔周围有铁锰质还原斑点，基质中有铁质浸染片；有粉砂质条带，基质中有边缘清晰的粗、细粉砂质勃土，粗粉砂类似于黄土状物质，细粉砂颗粒小于 10—15μm；除虫孔和根孔外，无其他土壤特征。

（3）样品 PS-9（936—942 厘米），微形态特征是颗粒细，有很好的层理，属于河流相淤泥堆积物；有 20% 细的碳酸盐；基本不含虫孔和根孔，无土壤特征。

四　讨论

（一）土壤微形态分析揭示的环境特点

（1）在剖面的 1.3 米以上，土壤微形态特点是有 10%—15% 的孔隙，孔壁周围有铁锰质假包膜，基质中有次生碳酸盐浸染斑点，一些孔壁周围有次生碳酸盐假包膜，还有粉砂质黏土条带。该层是发育在黄土或次生黄土上的碳酸盐褐土，是较温暖气候下发育的草原土壤，表明此时环境温暖，植被比较茂盛，可能是全新世的产物。

（2）剖面中的若干棕红色黏土层的微形态特征表明，它们不是土壤，而是典型的淤泥质河漫滩相沉积。沉积物的微形态主要表现为清晰的层理，反映沉积物是在水作用下形成而且受到后来生物扰动很微弱；孔隙占 3%—5%，有限的孔道数量说明植被覆盖度并不高，生物活动并不强烈；3%—5% 的根孔仍表明在枯水期，地表有少量的植物生长；孔隙周围有铁锰质还原斑点，基质中有铁质浸染片，表明土体湿度较大，这也是河漫滩相沉积的典型特征。

植硅体分析结果显示，下文化层中植硅体浓度非常低，表明植被稀疏，植硅体组合反映的植被状况为凉湿的草地类型。孢粉分析结果（徐海鹏等，1999）显示，草本植物花粉占绝大多数，为73.5%—94.4%，木本花粉占3.8%—4.9%，水生植物和蕨类孢粉为0.7%，草本植物花粉主要是菊科、蒿属和黎科等，孢粉分析结果表明当时周围地区是干凉的草原气候环境。上述研究与本文的结果基本一致。

沉积物颜色偏红是流域内的风化物本身带有红色物质又被河流带到下游沉积下来的结果，是洪水堆积的特征；此外，这些颜色偏红的层位宏观特征还表现为层位的顶、底部突变，无土壤发生学层次。

（3）剖面底部粉砂质黏土的微形态特点表明，堆积物是典型的河流相淤泥沉积，不含植物根孔和虫孔，表明基本无植物生长。

（二）旧石器时代人类活动的环境背景

考古发掘表明，遗址分上、下两个文化层，二者文化内涵相同，下文化层遗存较丰富，均为旧石器晚期人类临时活动场所（李超荣等，2000）。遗址所在沉积物中棕红色黏土层的土壤微形态分析揭示的环境特点是：在人类活动时期，这里发育了河漫滩相沉积，在枯水季节，河漫滩上有少量的植物生长。结合考古学研究结果，可以得出下列认识：旧石器时代晚期，由于环境冷干，在中国北方的广大地区，食物资源匮乏，仅靠洞穴周围的动植物不足以维持人类生存的需要，势必促使人类在温暖的季节离开居住地，到更远的地方获取食物，王府井旧石器时代遗址可能就是北京附近的古人类为获取食物的临时营地。古地貌研究也表明，遗址位于当时河流平原的天然堤上，是古人类在河边进行短期活动留下的遗迹（夏正楷等，1998）。

五　结　论

对王府井东方广场旧石器文化遗址所在沉积物的土壤微形态分析表明，野外调查和发掘中认为可能是古土壤的棕红色黏土层不是古土壤，而是河漫滩相沉积。尽管在冰期条件下，枯水期河漫滩上仍可以有少量的植物生长，反映了当时气候不是十分寒冷，这一结果与孢粉、植硅体等其他古环境研究结果是一致的。在晚冰期的气候条件下，王府井等平原地区可能是北京附近古人类临时活动的场所，人类在适当的季节来到这里从事渔猎采集活动。

原载山东大学东方考古研究中心编：《东方考古（第8集）》，科学出版社，2011年。

7. 河漫滩加积历史与文化活动：

中国黄河下游月庄遗址的地学考古调查

Yijie Zhuang（庄奕杰）、Wenbo Bao（宝文博）、Charles French著
宿凯、靳桂云译；庄奕杰校★

摘要

黄河下游后李文化月庄遗址和西河遗址的植物考古研究，发现了比较丰富的炭化植物遗存，包括稻、粟、杂草种子和很多其他植物（7800—7000 cal. BP）。对后李人群的多种经济行为的研究已经开始，但对例如生态多样性、遗址形成过程与环境变化的关系仍了解很少。这篇文章运用土壤微形态和其他相关方法，如粒度分析和烧失量，展示了月庄遗址的地学考古调查结果，重建了与河流冲积历史有关的遗址形成过程。我们重建了一个很长的冲积序列，主要由短期地表稳定和继发冲积的频繁交替构成。人类活动的出现对应于这些短期的地表稳定，证据是在这些层位中出现了与人类活动相关的包含物，包括烧过的骨骼碎片和陶片。我们还讨论了这次研究对着眼于环境变化和文化适应的生态学方法的意义。

一　研究背景、目标和方法

在黄河下游月庄遗址（图1）和西河遗址的植物考古研究发现了中国北方最早的炭化稻遗存（7800—7000 cal. BP）（秦岭，2012），伴出的还有炭化的粟粒和很多杂草种子（Crawford 等 , 2006; Crawford, 2011; Jin, 2011）。在两个遗址连续发掘的结果也揭示了它们在地貌部位和周边环境的相似性。因为缺少系统的地学考古调查，关于遗址形成过程和文化活动、环境变化之间的内部关系的详细信息，仍然很不明了。这种不明了阻碍着以下问题的讨论：在这两个遗址中与水稻消费相关的是什么样的经济活动，

　★ 庄奕杰（Yijie Zhuang）：Merton College, University of Oxford; Archaeology Institute, University of College, London （英国伦敦大学学院UCL考古学院）；宝文博：北京大学考古文博学院；Charles French: McBurney Laboratory for Geoarchaeology, Departmeng of Archaeology and Anthropology, University of Cambridge, UK；宿凯：山东大学历史文化学院、美国圣路易斯华盛顿大学博士生；靳桂云：山东大学文化遗产研究院。

图 1　月庄遗址地理位置和遗址周边地质情况

而且它们与当地生态之间的关系又如何呢？杂草植物的出现表明稻作农业已经开始了吗（Jin, 2011）。同样的，当地生态条件与考古遗址里粟类遗存的出现是什么关系？如果粟的耕作已经开始，那它与稻作农业的关系又是怎样的？要回答这些问题还要做大量的学术工作。

　　地学考古调查，目的是把考古数据和高分辨率的环境证据整合起来，重建遗址的形成过程和过去的人与环境、地貌之间的相互作用（Goldberg and Macphail, 2006）。我们希望地学考古能增加我们对这些问题的了解。这篇文章就是介绍月庄遗址地学考古项目的成果，重建与河流冲积历史相关的遗址形成过程。我们还讨论了这次研究对着眼于环境变化和文化适应的生态学方法的意义。

　　土壤微形态（Bullock et al., 1985; Stoops, 2003）和土壤地球物理分析包括粒度分析（PSD）和烧失量（http://www.geog.cam.ac.uk/facilities/laboratories/ techniques/）是在剑桥大学地理学院完成的。对于粒度分析实验，每份样品都用激光粒度仪测量三次，必要情况下重复直至粒度曲线重复分布。以下结果是三次测量的平均值。碳含量、总有机质和碳酸盐分别是在 400℃、480℃和 950℃下马弗炉中进行总重损失实验获得的。采用 Murray 和 Wintle 描述的单片再生剂量法（single aliquot regenerative）进行的（Murray and Wintle, 2003; Wintle and Murray, 2006）光释光测年在北京大学考古文博学院完成，为被检样品提供了可靠的年代序列。

二　区域地质背景

黄河下游流经山东半岛，在东营入海。然而，由于气候变化、地壳构造活动和基准面改变的综合原因，古代黄河频繁改变河道和入海口形态（Wu et al., 1996a,1996c; Xu et al., 1996a,b; Zhao et al., 1999）。这种频繁改道对塑造周边地形有重要作用（例如河流三角洲的形成和变迁），黄河支流的变化也与主干河流的变化密切相关。

如图 1 所示，山东省中部（后李文化的主要分布区域）的地形，主要以泰沂山脉和它前面的冲积平原为主。该山脉以华北地区标准的寒武纪张夏组[1]闻名，基岩中石灰岩特别丰富（张祖陆等，2005）。相对裸露的地表和干燥贫瘠的土壤条件加速了基岩的风化和侵蚀过程。很多小河发源于山地，大致沿相同的东南—西北方向流遍整个地区。从更新世晚期（Q3 和 Q4）开始，其中一些河流从上游地区携带大量风化物质，把这些物质重新堆积在河流冲积平原上。特别有趣的是在更新世中期到晚期在山地形成的一些小盆地。台地和堌堆也从那时开始因为粉尘堆积形成（山东省地震局等，1961）。

风化物质是沉积过程的主要来源（刘乐军等，2000；辛良杰，2005）。粉尘经历了冬季风的长途搬运，其中主要包含 0.05—0.005mm 粉砂粒径的石英和其他矿物质（如长石）。这些可以占到沉积物的 60%。其中粒度分布的变化范围同公认的华北地区黄土粒径变化的模型不同，后者由于风的搬运能力向东部减弱，粉尘的粒径也从西北内陆（被认为是空气传播物质的主要来源）向东部逐渐递减（刘东生，1985；张宗祜，2003）。这暗示着也许有其他地方为这个地区提供物质来源。有研究表明，黄河及其支流的阶地和不稳定的河漫滩（尤其位于中部华北平原的山地地区的相关地貌单元），在全新世早期至中期很容易受到风力侵蚀（查小春等，2005）。这或许也适用于张夏地区（图 1）（刘乐军等，2000；辛良杰，2005）。但是，有些研究也发现了来自东部渤海沿海末次冰期大陆沉积物的风源沙砾物质，主要是末次冰期残留物（辛良杰，2005；张祖陆等，2005）。

根据当地地质背景和粉尘堆积的历史，这一地区在粉尘堆积之前和期间的古地表也许在海拔和地形起伏上更多变（辛良杰，2005）。这与黄土高原的大平原很不一样。风源粉尘从 0.8Ma 开始堆积，与黄土高原相比晚很多（刘乐军等，2000；张祖陆等，2005）。最深的层位也就是 30 米左右，比黄土高原对应的地区薄得多。这里的古地表并没有因为长期的黄土堆积经历均质性的转变，因此形成了零散的马赛克式的黄土覆盖的地貌景观（刘东生，1985；辛良杰，2005）。

从古气候来讲，山东半岛也许同样受到大陆和海洋的共同影响。最近一些合成和

---

[1]　译注：张夏组（张夏石灰岩），命名剖面位于山东长清县张夏镇北约5km，固山镇东1km虎头崖至黄草顶。主要为浅灰色、灰色厚层鲕粒灰岩、致密结晶灰岩和藻灰岩，岩性标志明显。

模拟表明，山东半岛大致处在印度和东亚夏季风的交界处，这意味着气温和降水可能由于季风的运动频繁改变（Zhang et al., 2011）。沿海气象系统（如大热容、海面上升）也会对当地气候产生很大影响，但关于这方面的了解还太少。

大沙河是黄河下游的一条支流，月庄遗址就在黄河下游和大沙河的交汇处（图1）。大沙河在临近遗址的地方有下切很深的河道，但是现在一年中大部分时间是干涸的。取土烧砖和其他目的的开采行为对当地水文状况产生很大影响（参见 French, 2009）。现在在当地几乎到处都是农耕土地，只有很少的树木生长在耕地边缘。遗址是在20世纪80年代发现的。零星分布在河岸边的考古遗存很可能是多个时期居住活动的结果（山东大学东方考古研究中心等，2005）。1999年的发掘，在1500m2区域内出土了大概一百个灰坑，两条灰沟，一个墓葬和数千人工制品。没有发现定居或聚落的遗迹。地学考古调查在2010年和2011年开展。为了对遗址环境变迁和大沙河流域的地层关系有大致了解，我们选择了四个主要的冲积 - 河漫滩剖面（表1是剖面1和剖面3的沉积物描述），除了位于考古遗迹旁边的区域以外，还包括遗址更西面大沙河沿岸（图2）。从三个剖面采集了26个薄片样品和76个用于地球物理分析的散样，从两个剖面采集了19个用于光释光测年的样品。

表1　月庄遗址P1和P3的沉积物描述

剖面1		剖面3	
单元	描述	单元	描述
e	浅黄色粉砂堆积，略带粗砂；大量植物根；垂直层理发育不明显	e	没有描述
d	浅灰色粉砂质黏土或泥质堆积；大量植物根；包含木炭和陶片；土壤结构发育，干燥时显示结块结构	d	没有描述
c	浅黄色粉砂质堆积；少量植物根；垂直层理发育不明显	c	与剖面1c层相似
b	深灰色粉砂质黏土，伴有粗砂；大量植物根；包含木炭和陶片；土壤结构发育，与d层相似	b	与剖面1b层相似，但是颜色更深，植物根更多，层理发育更完善
a	黄色、浅灰色粉砂质或泥质堆积，伴有很多细小的薄层，包含有深色的受侵蚀的团聚体；少量植物根；上部包含木炭和陶片	a	与剖面1a层相似，但是薄层不如剖面1明显；仅有很少的受侵蚀的团聚体；少量木炭，没有陶片

图2　在月庄遗址考察的取样剖面位置

三　光释光测年和一些初步的结果

剖面1的十二个光释光测年结果如表2所示。除了YZP1：1可能受到地表下辐射的影响（Duller, 2008），剂量率很低，其他样品都表现出良好的一致性，表明相对稳定的沉积后环境。

YZP1：12和YZP1：13是更新世末期的地层，这与该地区的地质研究和这次的地学考古调查结果是一致的。YZP1：13的光释光测年结果没有完成。

有几处年代反转现象。第一处发生在YZP1：11和YZP1：10之间，YZP1：10处在更新世末期和全新世早期交界的堆积位置，年代为11110±570BP。这个光释光年代可能被高估了。大量的木炭块、骨骼碎片，尤其重要的是从这一层往上，开始出现的陶片，表明有人类活动。而从发掘和 ^{14}C测年结果来看，人类活动的最早时间大概在8000 cal. BP（或许更晚一些）（秦岭，2012）。测年结果偏大可能与沉积物的部分曝光有关，这在对冲积物进行光释光测年中是常见的问题。在重建的土壤演变模式图中（后文中的图9），

表2　剖面1光释光样品的测年结果

样品	剂量率 （Gy/ka） （a=0.035）	等效剂量De （Gy）	OSL年龄 （ka）	年龄（BP）	年龄误差
P1:1（30cm）	1.99 ± 0.05	2.01	1.01 ± 0.05	1010	50
P1:2（52cm）	3.54 ± 0.09	1.91	0.54 ± 0.02	540	20
P1:3（75cm）	3.67 ± 0.09	24.1	6.57 ± 0.43	6570	430
P1:4（95cm）	3.78 ± 0.10	23.1	6.10 ± 0.29	6100	290
P1:5（120cm）	3.62 ± 0.09	30.0	8.27 ± 0.42	8270	420
P1:6（143cm）	3.62 ± 0.09	28.3	7.83 ± 0.28	7830	280
P1:7（163cm）	3.54 ± 0.09	22.0	6.20 ± 0.25	6200	250
P1:8（181cm）	3.59 ± 0.09	23.5	6.54 ± 0.21	6540	210
P1:9（201cm）	3.40 ± 0.09	28.3	8.31 ± 0.34	8310	340
P1:10（233cm）	3.61 ± 0.09	40.1	11.11 ± 0.57	11110	570
P1:11（273cm）	3.57 ± 0.09	37.3	10.44 ± 0.38	10440	380
P1:12（315cm）	3.67 ± 0.09	46.5	12.66 ± 0.69	12660	690

YZP1：10 对应于阶段一（stage 1）的后期。

　　YZP1：9 和 8 是从主要人类活动层采集的。尽管 YZP1：8 的光释光年龄比发掘和
[14]C 的测年结果稍微年轻一点，但它们仍形成较好的序列，在土壤演变模式图中对应
于阶段二（stage 2）。YZP1：7 处在全新世早期古土壤和随后发生的冲积层的交界，
YZP1：6 和 YZP1：5 对应于土壤演变模式图的阶段三（stage 3）的冲积事件。它们的年
代要比预期稍微老一点，有可能也是因为冲积物局部曝光造成的。剩下的光释光年龄
大体形成较好的年代序列（图 3）。

四　地球物理和地球化学分析结果

　　粒度和烧失量的分析结果为下面要做的土壤微形态分析提供了辅助信息。

　　粒径的种类依据 Stoops（2003）的分类，2—60μm 之间的颗粒被归为粉砂质类。
考虑到出现在两个剖面的主要是粉砂粒径大小的颗粒，依据土壤质地等级三角，沉积
物的质地主要划分在粉砂和粉砂质壤土的类别里。

　　即便如此，与小于 30μm 的典型的黄土颗粒不同，这些粉砂颗粒属于很粗（多

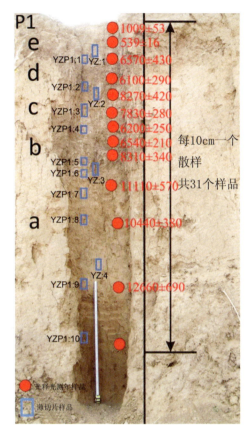
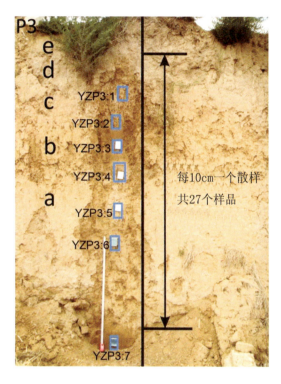

图 3　地层采样位置和 P1、P3 的 OSL 测年结果

达 38%）和粗的粉砂（多达 24.5%）颗粒。这也许是风成沉积物和河流冲积物的重要区别，因为风一般不太可能长途搬运大粒径的矿物质（如粗砂粒径的物质）（刘东生，1985）。然而，大部分随机分布很细的砂粒，在冲积沉积物中也大量出现（多达19%），而且很可能是来源于当地。

粒度分析的实验结果证明颗粒的粒径有较大的差异，这表示由于河流能量和沉积状态的变化，来自长途搬运和当地来源的物质都参与了冲淤过程。这可能进一步表明短期的地表稳定是沉积状态改善引起的。

另外，P1 底部的切片（YZP1∶10，YZP1∶9 和 YZ∶4）包含粗砂和砾石粒径的矿物质，但是粒度分析实验却没有指示出来。这种不一致可能是因为粒度分析检测仪的激光不能探测到砾石粒径的物质（有时大于 2000μm）；也有可能是这些沉积物来源很近，例如，地表径流带来的侵蚀物或是局部的河岸侵蚀（Charlton, 2008: 38-51），但这些不一致的情况是很偶然的，也极少发生，因此只在部分沉积物中有反映。

此外，整个剖面粒径组合百分比也发生了巨大变化。在两个剖面的中间部分都可以见到极细矿物质的短期浮动（后文中的图 8: YZP1∶15-5；YZP3∶17-5）。一开始 P3极细颗粒的含量急剧降到 1.8%，P1 降低到大概 4%。极细物质含量在 P3 增长速度很快，而在 P1 则缓慢稳定减少，直到 YZP1：5，在这期间极细物质的绝对含量比上面和下面的地层要少很多。这种减少与全新世古土壤的形成有关，表明在土壤形成过程发生之前，周边来源的物质输入减少，沉积状态改善。这也符合黏土颗粒的含量变化规律，因为黏土含量改变与土壤形成有关。一般地，极细的砂粒级矿物质减少、黏土颗粒相应增加，表明黏土粒级物质的含量与粗颗粒矿物的化学风化和黏土沉积有关，这两种现象都可以被微形态检验证实（Stoops and Schaefer, 2010; Zauyah et al., 2010）。在某些层上，黏土粒级的颗粒百分含量格外高，与之对应的是大量的黏土质地特征。最后，黏土粒级物质的百分比在总堆积中占有重要比例，与极细砂物质的百分比相关（见下文），尽管它们的绝对百分比值比张祖陆等（2005）发现的要小。

两个剖面的有机质变化模式十分一致（表 3）。不同发育程度的古土壤一般比它上下层的沉积物有机质含量要多。但是，P1 的两层古土壤比 P3 相应层位的有机质含量多。这与微形态检验得出的结论相矛盾，因为微形态的结论表明 P3 古土壤的形成（尤其早期形成的）是因为植被状况更好，似乎表明高含量的有机质是来源于植被。P1 有机质含量较高的一个可能解释是这些有机质母质（比如河岸冲积）对此有贡献，这也许又跟周围人类活动有关系（例如地表片蚀或侵蚀）。这也可以解释 P1 靠下部分的高含量有机质（Brady and Weil, 1999: 446-489），尽管这里的高有机质含量不一定直接由人类扰动造成。此外，大量棱角状的骨骼碎片的出现也表明强烈的地表冲积或侵蚀。

P3 的土壤微形态切片中出现少量的钙质特征，在烧失量实验中略高含量的碳酸盐能说明这一点。而且，土壤微形态表明 P3 的植被状况较好，生物过程可能参与了碳酸盐富集。

来自土壤微形态检验和地球物理分析的支离破碎的信息，不总是互相印证，甚至有时候互相矛盾。因此在利用不同分析手段得出的证据时，做出相关性的判断要谨慎。

五 土壤微形态检验的结果

对 P1 和 P3（图 3）的加积冲积序列的详细土壤微形态观察的具体结果见原文附件。P2 记录了晚更新世沉积过程，结果将会在其他地方发表。这些特征的时间和空间变化总结如下：

两个剖面的靠下部分（图 3: YZP1：10，YZP1：9，YZ：4，YZP1：8，YZP3：7，YZP3：6 和 YZP3：5）的光释光测年结果是 ca.13000—10000，YZP1：8 在运输途中丢失。土壤结构中的粗组分主要是很细的砂粒级的石英，其中明显可见来自少量的形状不规则、分选差、粗到很粗的砂粒级矿物的贡献（图 4，a 和 b）。这些粗矿物主要包括长石、

表3　P1和P3样品烧失量的结果

样品	% 有机质（105℃—480℃的烧失量）	% 碳酸盐（950℃的烧失量）	样品	% 有机质（105℃—480℃的烧失量）	% 碳酸盐（950℃的烧失量）
YZP1:1	2.321	1.921	YZP3:1	1.830	2.902
YZP1:2	2.127	2.082	YZP3:2	1.568	3.215
YZP1:3	1.714	1.960	YZP3:3	1.215	2.501
YZP1:4	1.990	1.765	YZP3:4	1.293	2.404
YZP1:5	2.698	2.279	YZP3:5	1.574	2.939
YZP1:6	3.260	2.509	YZP3:6	1.739	3.268
YZP1:7	3.603	2.511	YZP3:7	2.179	3.837
YZP1:8	3.404	2.721	YZP3:8	2.004	3.821
YZP1:9	3.441	2.758	YZP3:9	2.099	3.573
YZP1:10	3.588	2.805	YZP3:10	1.989	3.550
YZP1:11	2.803	2.427	YZP3:11	2.148	4.653
YZP1:12	2.777	2.383	YZP3:12	1.913	2.938
YZP1:13	2.683	2.370	YZP3:13	2.596	4.192
YZP1:14	2.925	2.313	YZP3:14	2.291	4.008
YZP1:15	2.717	2.264	YZP3:15	2.005	3.580
YZP1:16	2.432	2.034	YZP3:16	1.759	2.904
YZP1:17	2.357	2.115	YZP3:17	1.568	2.849
YZP1:18	2.548	2.417	YZP3:18	1.492	2.848
YZP1:19	2.440	2.288	YZP3:19	1.420	2.689
YZP1:20	2.473	2.238	YZP3:20	1.411	2.595
YZP1:21	1.847	2.208	YZP3:21	1.462	2.911
YZP1:22	2.020	2.453	YZP3:22	1.470	3.028
YZP1:23	1.748	2.352	YZP3:23	1.505	3.073
YZP1:24	1.700	2.303	YZP3:24	1.497	2.910
YZP1:25	2.748	2.197	YZP3:25	1.455	3.119
YZP1:26	3.001	2.179	YZP3:26	1.389	3.138
YZP1:27	2.697	2.449	YZP3:27	1.167	2.937
YZP1:28	2.319	2.062	YZP3:28	1.277	3.024
YZP1:29	3.693	1.898			
YZP1:30	2.892	2.061			
YZP1:31	2.467	1.950			

云母、角闪石和斜长石，还有其他不透明的矿物。在野外观察，两个剖面的靠下部分都呈浅黄色，有明显的土壤化的痕迹，如由有机质积聚产生的深褐色。水平形成过程明显缺失。但是土壤微形态检验提供了不同的观察结果。从两个剖面对应的层位制取的切片的土壤形成物是以薄的粉尘黏粒胶膜、亚黏土胶膜（图4，f和图5，a）、填充物、结皮特征和蚯蚓粪粒为主。这些特征都与典型的经受淀积作用而形成的定向黏粒胶膜不同。这种较差的分选也进一步被粉砂黏粒胶膜的出现所证实（图4，b和e），表明了非常迅速的下渗过程（Brammer, 1971; Gerrard, 1992: 95-98; McCarthy et al., 1998, 1999）。另外，在一些黏土胶膜的填充物内，植物组织的形状或结构被保存下来（图4，f），这可能也是携带粉砂的水体迅速充满然后又迅速蒸发的结果。表面典型的风化线和断裂的结构（图5，b和c）指示这些粗矿物正在经历着风化过程。沿着靠近这些矿物的空隙，分布着一些很细、带着红色的粉尘较少的黏粒胶膜。结皮的特征主要分为两类，一类是"沉积壳"（Pagliai and Stoops, 2010: 423），通常具有水平的层状结构，可能是在一种被埋藏之后又干燥最后露出水面的过程中形成的。另一类多数都沿着没有层理结构的大型孔隙分布。这些结皮特征有时会有一种从孔隙到其相邻的母质或者相反方向的分选趋势（图4，c和d）。这种结皮特点很可能是由于水平层内快速的水饱和形成的（有毛细水压参与？）（Pagliai and Stoops, 2010）。这两类结皮迹象经常会被扰乱、移动、重新堆积，最后与土壤基质融合在一起。纵观两个剖面的靠下部分（见原文附件中的YZP1：10，YZP1：9，YZ：4，YZP3：7，YZP3：6和YZP3：5），都有大量的大小不一、浸透程度不同的铁质结核（图5，d）。有些跟母质之间有明确的边界，表明它们可能是在被侵蚀和重新堆积之前就形成的（这些受侵蚀的氧化铁结核经常发现在斜坡堆积处，参见Mücher, 1974）。大多数铁质结核与母质之间都有模糊的边界。这些铁质结核很明显是由于地下水位的频繁变化新形成的（McCarthy and Plint, 1999; Bridge, 2003: 284）。经常可以发现块状木炭（大多数是中等至粗砂粒径大小，小部分是极粗砂大小），虽然形状不规则或者细长，部分甚至分解，但仍能偶尔在里面辨识出植物组织的结构。

渐渐往上，至全新世早期古土壤下面的地层（YZP1：7和YZP1：6的靠下部分；YZP3：4），有些光释光测年的年代反转，但这些地层的形成年代很可能是距今ca.9000到8000之间。虽然这里的主要沉积过程大体保持不变，但是粗矿物的贡献变化很大。例如，YZP1：6的基质粗矿物丰富（图5，e），存在数量和分选的垂直变化，相比较而言，土壤结构上部的沉积物分选更差，粗矿物更多。这表明与沉积过程相关的水体的状态一直很不稳定。然而，矿物的种类跟剖面靠下部分的很相似。极少表现风化的痕迹。在P1中，土壤形成物也主要是很薄的粉尘黏粒胶膜、亚黏土胶膜和填充物稀疏地分布在整个层面上。但是在同时期的P3，除了薄薄的粉尘黏粒胶膜，也有分层的、略呈粉

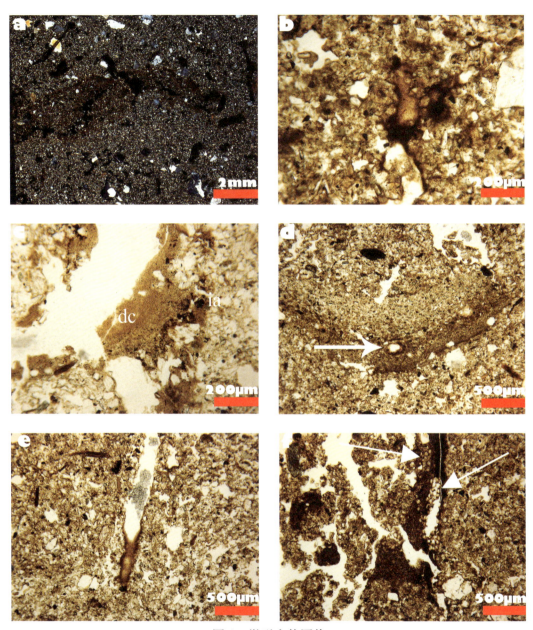

图4　微形态的图片

（YZP1 和 YZP3 表明样品分别从剖面 1 和剖面 3 中采集）

（a）YZP1∶9 的靠上部分，314cm（从地表至样品上表面的深度，下同），可以看到土壤基质里保存的原生结皮特征，有分选很差的粗颗粒矿物（XPL）；（b）YZP1∶9 靠下部分，320cm，分选差，极细粉黏土到粉砂质黏土胶膜，颜色呈黑色至黑褐色，可能是由于随机定向和相对粗糙的颗粒胶膜（PPL）；（c）YZP1∶10，357cm，盖有富铁团块（ia）的粉尘黏土胶膜（dc）（PPL），粉尘黏土胶膜包含有一些粉砂粒径的黑色颗粒（可能是微小的木炭），在 XPL 下有双折射现象；（d）YZP1∶9 的靠上部分，314cm，原生地表结皮特征表现出方向朝上的极好的分选趋势。这些特征沿中间（箭头指处）的孔隙覆盖有很薄的胶膜（PPL）；（e）YZP1∶10，357cm，极细粉黏土至粉砂胶膜，呈现与 b 相似的黑色至黑褐色（PPL）；（f）YZP1∶10，357cm，粉尘黏土胶膜，被扰乱的结皮特征。注意，植物遗存的形状保存较好，可能是环绕植物根部的植物根或真菌（箭头）（PPL）

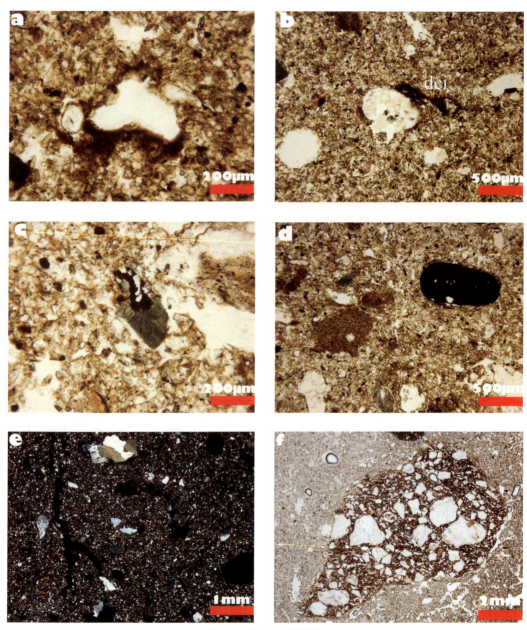

图 5　微形态的图片

（a）YZ：4（剖面 1），280cm，位于孔隙下半部分的薄黏土胶膜，这样的薄黏土层经常是水平直线集中排列的，参见图 7c（PPL）；（b）YZ:4，280cm，与粗糙矿物相关的富铁深色黏土填充物（PPL），在 XPL 视野下，这些黏土矿物没有双折射现象；（c）YZP1：9 的靠上部分，314cm，覆盖有很深颜色富铁黏土矿物的风化闪石（PPL）；（d）YZP1：10，357cm，扰乱的地表结皮特征和嵌入土壤基质内的侵蚀圆形铁质结核（PPL）；（e）YZP1：6，222cm，粗糙，分选差，棱角状矿石（XPL）；（f）YZP1：5，212cm，由细腻褐色材料和粗糙矿石（主要是石英）制造的陶片，陶片上稍微覆盖有细腻的物质（PPL）

状的或半透明的黏粒胶膜和粉砂质黏粒胶膜（图 6，a）。可以看到大量新形成的铁质结核（YZP1:6 和 YZP3:4，见原文附表），而老的被重新侵蚀堆积的铁质结核很少见。

结皮特征比前期少得多。变化最大的是在 P1 剖面薄片分析的层中发现了大量的骨骼碎片，而在 P3 却一点都没有。主要根据它们的形状、矿化程度和与黏土矿物的分布关系，这些骨骼碎片可以分为三类。在第一类骨骼碎片中，磷灰石纤维、哈佛氏管[1] 或典型的骨骼形状、尤其尖锐的骨骼锐缘（图 6，b），都保存较好；第二类是数量最多的，矿化程度很高，大多数已经没有骨骼的形状和结构，但是它们在 XPL[2] 下的灰色可以与其他矿物区别开（图 6，c）。非常有意思的是，很多骨骼，不论大小，都在边缘包裹了一层铁矿物，在表面或沿着原来哈佛氏管的位置（图 6，d）附着了一些铁锰的痕迹。第三类骨骼是完全矿化的，颜色呈灰色至浅橙色，与第二类稍有差别。这些骨骼都经过磨圆，表明它们在埋藏之前经过了长途搬运。它们的边缘和表面都附着有一层铁锰矿物，但是附着面很随机。也有烧过的（赤化的）骨骼（图 6，e）。不规则形状或细长的粗糙木炭和腐殖化的有机质，有时部分分解，但在两个剖面中都很常见。

　　成土过程中的这种时空变化贯穿于全新世早期古土壤的形成过程中（YZP1∶6 的靠上部分，YZ∶3，YZP1∶5 和 YZP1∶4 的靠下部分；YZP3∶4 的靠上部分，YZP3∶3，YZP3∶2 的靠下部分）。尽管这里出现光释光年代反转，但大致都在距今约 8000 到 7000 年之间。粗矿物在沉积过程中的贡献显著减少。与那些早期沉积物相反，这些粗矿物（尽管很少）经历了强烈的风化过程，常见的富铁矿物覆盖或包围这些风化中的粗颗粒和风蚀切口可以证明这一点。黏土质土壤形成物十分丰富。形式和颜色十分多样，表明淀积过程多次发生。第一类是半透明至粉尘稍少的黏粒胶膜和填充物，颜色呈亮红色或黄色和有较强的双折射现象（图 6，f 和 7，b），多数有层状结构（图 7，d）。第二类更丰富，是层状的粉尘黏土胶膜（图 7，a），颜色要么是典型的红色或褐色，要么是很深的灰色，后面这一种可能是在快速淀积作用中黏土矿物分选较差的结果，而且含有更多粉尘颗粒（例如微小的木炭或是细腻的有机颜料（Fedoroff et al.，2010））。这种情况在剖面 1 中更常见。第三类，同样有很多很薄、水平排列的纯净略呈粉尘状的黏粒胶膜和亚胶膜，都分布在不规则的多孔形孔洞的下半部（图 7，c），和在前一个时期样品中观察到的相似。前面描述的两种结皮特征都出现了，有些结皮也被侵蚀、再沉积并结合到基质里面。与前面的层位相比，铁质结核的数量显著下降。这个可能与相对稳定的地下水动态或者地下水位相对较高有关。另一个显著的差别是有机质和大小不等的炭屑（主要是粗砂到极细砂的粒级）的增加，它们是古土壤呈现黑色的原因。除了丰富的骨骼碎片以外，偶尔也可以见到陶片。

　　这个古土壤形成期之后，就是中全新世至晚全新世粉尘堆积增加的时期（YZP1∶4

---

[1]　以纵行于长骨骨干的多数血管为其中心的管状构造，作为血管通路的直径为20—100μm的中心管，称为哈佛氏管。

[2]　PPL表示单偏振光，XPL表示正交偏振光。

图 6　微形态的图片

（a）YZP3∶5 的靠上部分，190cm，半透明至略粉尘黏土胶膜，土壤基质中富含细木炭和有机质（箭头）（PPL）；（b）YZ∶3（剖面 1），210cm（YZ∶3 和 YZP1∶5 和 YZP1∶6 是在两个不同的田野季节采集的），YZ∶3 的确切深度大概有 ±5cm 的误差，但是相对地层关系如图 3 所示，有保存较好的骨骼碎片，其上有纤维状结构和哈佛氏管。同时留意有机质的出现（箭头）（PPL）；（c）YZ∶3，210cm，有纤维状结构和哈佛氏管的骨骼碎片，上面覆盖有铁质矿物（箭头）（XPL）；（d）YZ∶3，210cm，深黄色的骨骼碎片，覆盖有铁质矿物，显微结构已不可见，这些骨骼碎片相对小很多。同时留意粗糙矿物（cm）（PPL）；（e）YZP1∶5，212cm，燃烧过的破损的骨骼碎片，表面上有裂痕（PPL），在 PPL 下颜色沉陷从橘黄色到浅红色的转变；（f）YZP3∶4 的靠下部分，160cm，半透明，略呈粉尘样黏土胶膜或填充物，亮黄色至浅红色（XPL）

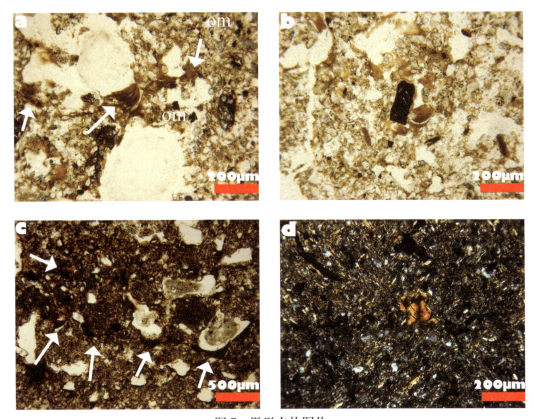

图 7　微形态的图片

（a）YZP1∶4 的靠上部分，164cm，层状的粉尘黏土胶膜（箭头），土壤基质富含有机质（om）（PPL）；（b）YZP1∶4 的靠下部分，170cm，半透明粉状黏土胶膜和填充物，还有粗糙的长方形木炭（PPL）；（c）YZP1∶3 的靠上部分，137cm，薄薄的深色黏土胶膜（箭头），水平排列（PPL）；（d）YZP3∶4，152cm，层状的，半透明或略呈粉尘黏土胶膜。注意细小的木炭和富含有机质的基质（XPL）

的靠上部分，YZP1∶3；光释光测年：ca.7000）。晚全新世古土壤形成的时候剖面加积就结束了（YZP1∶2 和 YZP1∶1），古土壤形成的特点表现为由严重的内部崩解产生了大量的粉状黏土质土壤形成物。

六　讨　论

（一）土壤演变模式序列重建

结合土壤微形态和沉积研究，我们能够在冲积序列内重建可靠的不断加积的古土壤演替模式，在这个重建中，与土壤形成过程有关的成因、时空信息都被考虑到了（McCarthy et al., 1998）。在冲积平原的土壤里，最有解释价值的微形态特征是黏土质土壤形成物、铁锈色包裹体（铁锈和铁质结核）、构造（地表结皮特征）和结构，这些为研究地表稳定性、水文状况和冲淤的转变期提供重要信息（McCarthy et al., 1998;

Richards and Vepraskas, 2001; Lindbo et al., 2010）。

　　图 8、9 展示了被重建的古沉积过程的五个主要阶段。像在 P1 和 P3 中见（图 8）到的那样，第一阶段（ca. 13000—8000）的特点是短期的地表稳定和继发的黄河冲淤频繁转换，冲积物分选很差，伴有当地河流的高能量时期带来的碎岩屑。这在周期性的水平序列里展现的很清楚：B/C[1]，微弱发育的 B/C，B/C，B/C-slight B/C，B/C（剖面 1）；B/C，B/C，Bt/A（剖面 3）。这里的 Bt 层不是指的在温带地区典型的经历活跃淀积作用[2] 的 Bt 层（淀积黏土大于 3%），而是指剖面 3 里，相比而言含量较多的黏土质土壤形成物。

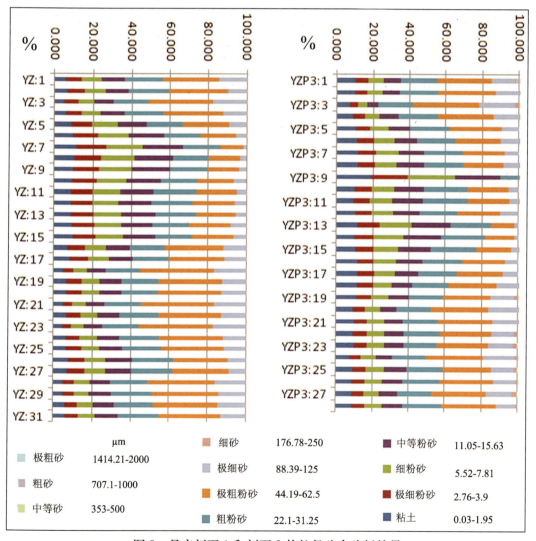

	μm				
极粗砂	1414.21-2000	细砂	176.78-250	中等粉砂	11.05-15.63
粗砂	707.1-1000	极细砂	88.39-125	细粉砂	5.52-7.81
中等砂	353-500	极粗粉砂	44.19-62.5	极细粉砂	2.76-3.9
		粗粉砂	22.1-31.25	粘土	0.03-1.95

图 8　月庄剖面 1 和剖面 3 的粒径分布分析结果

---

[1]　A：淋溶层；B：淀积层，里面含有由上层淋洗下来的物质；Bt表示黏粒淀积层；C：母质层。

[2]　淀积作用：指下渗水到达剖面下层沉淀其中某些溶解物或悬浮物的作用。

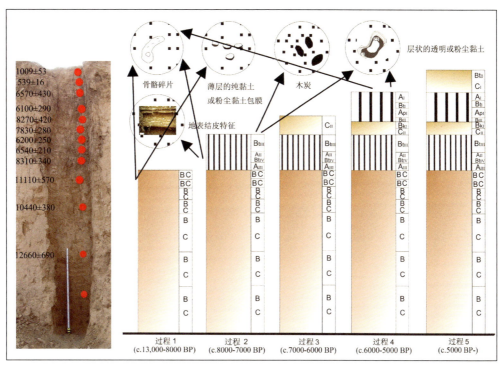

图 9 重建的月庄土壤演变模式图
（土壤水平面主要是根据剖面 1 的样品切片）

在浅颜色冲积层／崩积层上的发育较弱的土壤具有形成薄粉尘黏土胶膜的特点，指示了较高的地下水位和相对较差的排水，这种环境可能有利于耐涝植物的生长（Brown，2001: 104-146; Haslam, 2006）。有时候河水可能很快干涸，导致悬浮的粉尘黏土矿物在土壤中沉积下来（如 YZP1：7），也会导致在表面发育结皮特征，而后这些土壤又被生物扰动、再沉积或混合到土壤中。被扰动的结皮不总是有分选，可以确定反映了短暂的干燥事件。在发育较差的土壤和其上的冲积物上都遍布新形成的铁质结核，进一步表明水位的季节变化，促进了氧化还原反应（Kraus, 1999: Fig. 7; McCarthy and Plint, 1999; Richards and Vepraskas, 2001; Schaetzl and Anderson, 2005: 381; Marcelino et al., 2010）。在第一阶段的末期（ca. 9000—8000），P1 出现了大量的骨骼碎片，伴有大块的木炭。这些不同的包含物有可能是人类行为产生的，表明人类可能在地表稳定的短暂时期开始在当地环境中活动。

第二阶段（ca. 8000—7000）在冲积物沉积之后经历了很长时期的地面稳定，同时观察到了土壤形成过程的空间差异。因为 P1 距离河流冲积平原较近，这时它的土壤形成过程以形成薄粉尘黏土胶膜为主导，交替着也有冲积物的沉积。但是这时的黏土质土壤形成物更丰富，不仅分布在孔隙的下半部分，有时还填充在晶簇中。经常可以观察到成层的黏土胶膜。逐渐地到接近顶部的位置（YZP1：4），尽管这种薄黏土胶膜仍占主要地位，但分选较好或半透明黏土胶膜的出现明确地指示了地表稳定性的增强（Avery, 1985; Fedoroff et al., 2010; Kuhn et al., 2010）。而 P3 同时期的层位，在冲积活动结束后，随着地表扰动减少，植被覆盖好转，更重要的可能是水文状况稳定导致丰富的半透明黏粒胶膜和填充物的形成，可以看到土壤形成的稳定好转现象。整体来看这个时期河流冲积平原面积扩大，起伏减缓，下切减轻。这些新形成的地貌景观极大促进了人类的活动，这从土壤中显著增加的骨骼碎片、有机质和大块木炭，还有随处可见的陶片就可以看出来。不仅如此，一些在冲积平原短暂稳定的地表上的结皮特征，可能是由于文化活动造成的（例如开垦和农业？参见 Goldberg 和 Macphail, 2006: 第九章；Pagliai 和 Stoops, 2010）。有意思的是在 P3 里，丝毫见不到骨骼碎片和陶片，表明文化活动更可能在 P1 附近发生，那里更接近河道。换句话说，河漫滩的环境可能在他们的经济活动中非常重要。对河流冲积平原的管理可能促进了粉尘黏土胶膜、结皮特征等成土特征的形成，也改变了有机质的输入。因此从长期来看，这些活动可能扰乱了地表稳定性和土壤形成过程的自然周期。

两个剖面都覆盖有 ca.7000 以后（第三阶段）形成的冲积物。但是土壤微形态观察显示了在晚/中全新世土壤形成之前发生了与第一阶段中观察到的相似的变化过程。孔隙的下半部分再次以薄的粉尘黏土胶膜为主，表明了间歇性非常短期的地表干涸（详见原文表 S1 和 S2，YZP1：3 和 YZP3：2）。稍晚阶段，在地表状况改善的情况下出现了大量半透明黏土胶膜。未来的研究应该集中在对这种加强的黄河冲积活动的调查，以及这种活动对黄河支流和当地地貌的影响（Wu et al., 1996b; Xu et al., 1996a,b）。

第四阶段，一开始冲积物沉积下来，后来有机质堆积和黏土质土壤形成物表明了土壤开始形成。黏土质土壤形成物在形式、颜色、包含物和丰富度方面的差异指示了轻微的但能够观察到的植被和水文状况的变化。在 YZP1：2 发现有粉砂质黏土集中的特征，可能是由农业活动引起的内部崩裂，这在微形态特征中可见（Lee, 2011）。在两个序列里，土壤沉积过程都是以一个新的粉尘堆积过程和被改造过的黄土堆积以及越来越多的扰动而结束。

总体来看，P1 和 P3 反映出一个典型的冲积型河漫滩土壤和冲积物的加积历史，其中伴有局部侵蚀，人类扰动和河谷水文状况的变化（参见 Brown, 2001: 96）。土壤微形态在调查冲积序列、水文变化和文化适应等方面是个可靠的手段。例如，上述大量的土壤样品的例子，都经历了仍在发生的风化过程，还有它们与一些黏土土壤特征的分布关系，都提供了频繁变化的水位影响土壤发育的堆积过程的直接证据（Stoops and Marcelino, 2010）。这也有助于我们理解黏土矿物发生的背景（Ufnar, 2007），即有关稳定和不稳定黏土矿物（例如高岭石、蛭石等等）的出现和数量与土壤发育的关系（Jackson et al., 1948; Brady and Weil, 1999: Chapter 81; Schaetzl and Anderson, 2005; Ufnar, 2007）。

（二）河流河漫滩的重要性

这个研究揭示了河流河漫滩在早期黄河下游生业经济中的重要地位。我们依据连续加积剖面所重建的连续的河流冲积活动，每年或季节性的洪水都会带来大量侵蚀的土壤或沉积物。这些新沉积物可能带着营养物质在冲积平原上创建新的生态位，这个生态位将有助于植物生长（参见 Smith，1992，关于美国东北部几个史前遗址相似场景的讨论）。这些植被富集的新的生态位对史前植物利用策略产生很大影响，因为相比来讲，当地的高地地表是贫瘠的。

河流河漫滩的演化对当地水文也有决定性的影响，反过来又跟植被演替密切相关。除了上面讨论过的大沙河频发的洪水和不断变化的排水条件，田野调查中发现的三到四层古土壤（图10）可能作为含水层阻碍了排水（Dimbleby，1984：49；Brown，2001：105；Schaetzl and Anderson，2005：199，206）。这些古土壤经历了强烈的风化，富含细腻物质尤其由植被生长产生的分散的胶体腐殖质。干燥的时候这些古土壤会变得很硬。直到有人类活动时，考古遗址周围，尤其远离河漫滩的地方，地下水位可能在古土壤和上层堆积之间浮动，水源主要由河流供给。在跟这一地区史前遗址的分布密切相关的河流交汇处（如图1，月庄的位置），地下水位一直很高，因此可能有助于各种植物的生长（尤其对需要较好水热条件的一年生植物比多年生的植物更有利）。

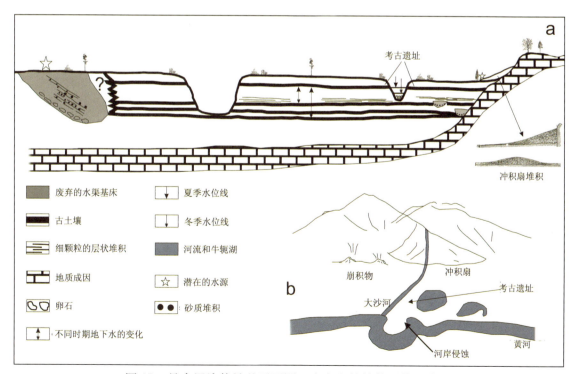

图10　月庄周边的地貌平面图，水文和植被状况的示意图
a：横剖面；b：平面图。大沙河和黄河的距离不太精确。b图的一些思路来自 Charlton（2008：55）

从更大范围来看，当地的水文和地貌实际上是受到黄河下游的演化控制的。黄河频繁向南改道促进了牛轭湖和湿地环境的形成（Wu et al., 1996a,b; Xu et al., 1996b）。这种环境容易产生丰富的自然资源，也是史前人类活动的理想环境。

新石器早期的人们与当地环境的相互作用，可能在第一阶段（ca. 9000—8000）早些时候就开始了，这可以从那些薄片中和人类活动有关的包含物中看出来。这些活动包括由大块木炭所指示的用火行为（尽管如何区分自然火和人工火产生的木炭还不是很清楚，参见 Moore, 2000），狩猎和动物肉类的消费，以及其他相关活动（如制造陶器）。根据在英国 Star Carr 的中石器时代遗址的多学科研究（Mellars and Dark, 1998），用火的一个原因，是促进放牧行为。但这需要进一步研究。西河遗址是该地区发掘的另一处同时期的遗址，尽管月庄和西河都出土了炭化稻粒，但有学者提出（Jin, 2011）的西河遗址存在水稻栽培的观点还有争论。傅稻镰等（Fuller et al., 2010）认为在新石器早期水稻采集更有可能，因为，根据他们对东亚地区全新世野生稻分布的重建，这一地区可能大面积生长野生稻。小河流冲积平原和河漫滩因此成为从事狩猎和采集的史前聚落（也可能是原始农民）生存的最佳环境，就像生活在大沙河河畔月庄遗址的后李人那样。未来对于新石器早期的生业经济和河流冲积平原演化的长期相互关系的研究，地学考古仍将可以为相关问题提供重要的信息。

七　结　论

月庄遗址的地学考古调查，第一次为我们提供了更准确地观察这一河漫滩环境随时间变化的人类活动模式。这也将使综合检视人类与河流环境的相互关系成为可能，这个问题由来已久，在全世界史前考古领域已从不同角度对此问题进行过广泛讨论（Bottema et al., 1990; van Andel and Zangger, 1990; van Andel et al., 1990; Smith, 1992; Brown, 2001; Mithen and Black, 2011）。

光释光测年被用于获得月庄遗址初步的年代序列。跟黄土高原南部的郭北遗址相比（Zhuang, 2012），月庄遗址的光释光年龄总体来说与土壤微形态检验得出的主要沉积和土壤形成事件有更好的对应关系，但是未来的研究应该着力彻底了解这些年代反转现象。有些方面应该做进一步调查，比如不同大小的石英颗粒对冲淤过程的荧光表现差异，还有水含量对剂量率的影响等。

土壤微形态为研究人类与河漫滩演化的长期的相互关系提供了分辨率很高的信息。月庄遗址 P1 出土的大量骨骼碎片和木炭就是人类活动的坚实证据。但是，沉积状况、保存模式和考古发现都表明遗址的居住时间是季节性的，与上述黄河和大沙河河漫滩的演化历史相一致。黄河下游有大面积的冲积河漫滩（Wu et al., 1996b; 胡春宏等，

2007），促进了洪水事件后沿牛轭湖和其他常见的河流地貌单元形成一些小型水体（胡春宏等，2007: 276）。靠近斜坡的地方虽然也经常遭受洪水侵袭，但是比平原面上更适宜人类居住。

除了光释光测年的后续工作，未来的研究应该结合多种证据，充分说明河漫滩生态系统内的生物和非生物条件，以及从大的地貌景观背景来看河流冲积平原的环境变化与人类活动的关系，这将包括：

（1）系统的植物考古调查，尤其杂草和炭化的粟、稻颗粒。上面介绍的月庄和西河的植物考古遗存表明了植物性食物的多样性利用模式，其中粟和稻的利用在这样的河漫滩环境中是前所未有的（Fuller et al., 2010），这早于全新世晚期稻作农业和粟作农业的多农作物系统（参见 Song, 2011）。

（2）对人类和动物骨骼的生物考古，重建古食谱、季节效应和环境，尤其亚洲季风和水文变化的影响。

（3）进一步研究该地区居住模式，与该地区其他同时期遗址的居住模式进行对比。例如，同一地区两个同时期的后李文化遗址，西河和小荆山遗址的居住模式研究，都表现出相似的堆积历史，即周期性的冲淤和短期人类居住交替。因此值得进一步研究（孙波，2006；Jin, 2011）。

原载山东大学文化遗产研究院编：《东方考古（第12集）》，科学出版社，2016年（当时受版面限制省略了参考文献，本次收录补足了全部参考文献）。

8.山东潍坊前埠下新石器时代遗址文化层沉积物微形态分析

柏哲人、王守功、党浩、靳桂云★

一 引言

考古遗址沉积物微形态分析是获得环境变化和人类活动信息的一项重要手段（Courty et al., 1989），在欧美等国的古气候和环境考古研究中已经得到了广泛的应用。在中国，这类研究还比较少，但要详细分析古遗址的形成过程，深入研究古文化发展与区域环境的关系，认识史前人类活动特点及其对土地利用的方式，就需要在考古研究中运用沉积物微形态的分析方法。

前埠下遗址位于山东省潍坊市寒亭区朱里镇前埠下村西50米处。这里属于泰沂山北侧的冲积平原，遗址东边有一条季节性河流，再往东约1千米是现代的潍河，遗址向南约30千米进入丘陵，向北约40千米是莱州湾（图1）。从区域地貌看，前埠下遗址所在位置为潍河流域的二级阶地（图2），在整个阶地沉积物中，新石器时代遗存位于阶地形成过程的沉积物中，即新石器时代遗存在阶地里面，而不是在阶地面之上（图3）。不仅如此，仔细观察还可以看到沉积物具有明显的水平层理，这是河流相沉积物的典型特征。

根据出土陶片特征，前埠下遗址为后李文化和大汶口文化中期遗存（王守功等，2000）。

根据土质土色和包含物特点，遗址被分为四层，自上而下为：第一层，耕土层；第二至四层，文化层；第四层下为生土层。第一层下有汉代和清代墓葬；第二层至第四层为大汶口文化中期和后李文化层，在发掘区南部的第三层下、中部的第四层下、北部的第一层下，发现有后李文化遗迹，后李文化地层只在T5232有发现。发现的主要遗迹有灰坑、房址和柱洞等，遗物以陶器为主，还有少量石、骨、蚌器。

考古发掘中提出的与文化堆积有关的几个基本问题是：文化层反映的人类活动特

★ 柏哲人、靳桂云：山东大学文化遗产研究院；王守功：山东省水下考古中心；党浩：山东省文物考古研究院。

图 1　前埠下遗址地理位置示意图

图 2　前埠下遗址周围地貌示意图

点如何？生土层上部在多大程度上受到人类活动的影响？构成生土层主体的黄色粉砂质黏土是如何形成的？本文通过土壤微形态分析，对遗址的形成过程和史前人类活动提出一些初步的认识。

大汶口文化中期、后李文化层

图3　前埠下遗址新石器时代文化遗存在阶地沉积物中位置示意图

二　材料与方法

针对考古发掘的实际情况和提出的问题，在 T5232 东隔梁的关键柱下地层中取了 5 个样品（样品编号 1—5），1 号和 2 号样品分别来自生土层的下部和上部，3 号样品来自文化层第④层，即后李文化层，4 号和 5 号样品分别来自文化层第③层的下部和上部。

采样方法是在设计的位置上打压入大小为 20cm×8cm×4cm 的铝盒来取下整块非扰动的定向样品。薄片制作在中国科学院地质研究所完成。薄片的厚度是 25μm，尺寸是 8cm×6cm×1.5cm。薄片描述采用 Bullock et al.（Bullock et al., 1985）的系统。

三　结果

野外观察的 T5232 东隔梁关键柱下的地层如下：①耕土层，厚 30cm，黄色，土质疏松，含有大量的植物根系；②大汶口文化层，厚 10cm，灰黑色，土质松软，内含陶片和红烧土粒；③大汶口文化层，厚 40cm，灰黄色，土质较②层紧密，内含陶片；④后李文化层，厚 20cm，灰黄色，土质紧密，内含陶片及烧土粒；⑤生土层上部，厚 20cm，灰黄色，土质较黏，只含有极少量的烧土粒或炭粒；⑥生土层下部，黄色粉砂质黏土。

基本微形态特征描述如下：

样品 1（生土层下部）、样品 2（生土层上部）

两个样品微形态特征基本一致。

紧粒微结构，无团聚体；细粉砂质条带约占2%，黏土胶膜占土壤总量的2%；总孔度约为5%；粗细比为3∶1，分选性良好；矿物颗粒以石英为主，占70%，长石占10%，灰石、角闪石不足2%；矿物磨圆度及蚀变程度中等偏下；无人工制品，有机质碎屑很少，细物质中矿物质占70%，分选一般（图4，a、b）。样品2中发现有极少量的炭粒和烧土粒（图4，c）。

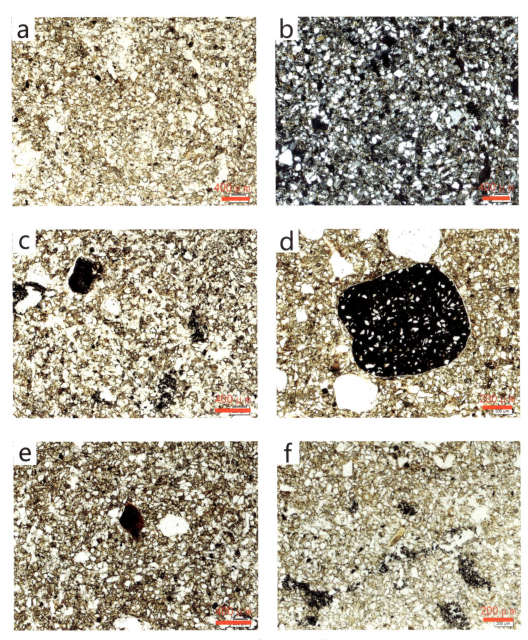

图4　土壤微形态照片

样品 3、样品 4、样品 5（文化层④、③下部、③上部）

微形态特征基本相同。粒间胞孔结构；无团聚体；黄色胶膜结晶度中等，双折射率中等偏高，胶膜明显增厚，占土壤总量的 5%；总孔度为 15%，孔隙大于样品 2；粗细比为 3：2，分选性良好，但局部可见较大的石英颗粒；矿物颗粒以石英为主，占70%—80%，长石占 10%，灰石、角闪石不足 2%；矿物磨圆度及蚀变程度中等偏下；有机质碎屑较多，细物质占 2% 左右，细物质中矿物占 50%，匀细性一般；样品 3 和样品 5 中都发现有陶片碎屑。样品 4 的有机质和胶膜都比较少。样品 3 陶片碎屑中黏土极多，占 90% 左右，石英等矿物颗粒明显小于周围土壤中的矿物颗粒（图 4，d）；样品 4 和样品 5 中有较多烧骨（图 4，e、f）。

四　讨论与结论

遗址内的生土层和次生土层是一种黄色粉砂质黄土状黏土。微形态分析发现分选性良好，颗粒磨圆度中等偏下，矿物颗粒中以石英为主（70%），长石含量少，表明这种沉积物搬运距离不远，是由河流作用从南部山区冲积下来的，野外发现的剖面上的水平层理也能证明这一点。次生土层的微结构与生土层一致，没有发现人类活动的痕迹，极少量的炭粒、烧土粒可能与生物作用、土壤浸染有关。

文化层的土壤微形态表明其与生土层的形成过程和物质来源是基本一致的，只是沉积物形成之后由于人类活动的结果导致有机质的增多，胶膜和孔隙发育，大的石英颗粒可能也与人类活动有关。

上述分析结果显示，前埠下遗址文化层及其下的次生土和生土层，都是典型的河流相沉积，人类活动可能是文化层中存在有机质，且发育胶膜和孔隙的原因。如果这个分析能够成立，那就是说，前埠下遗址后李文化和大汶口文化中期阶段，人类活动在河漫滩上。这个结果与庄奕杰等对于同是后李文化的月庄遗址的研究结果一致，即后李文化居民的活动场所主要是河漫滩（Zhuang et al., 2013）；不仅如此，前埠下遗址是目前确知的第一个位于河漫滩上的大汶口文化中期聚落，这个结果为我们认识大汶口文化时期的聚落环境及相关的生计方式提供了难得的证据。

对前埠下遗址新石器时代动物骨骼和灰坑土样中的植硅体分析显示，居民的食物中多数来自野生资源，生产的食物占的份额非常低。以动物遗骸分析为例，超过一万块动物骨骼，包括了 35 个种属，其中 8 种淡水软体动物、2 种浅海相软体动物、5 种淡水鱼、2 种爬行动物、1 种鸟、12 种野生兽类和 5 种家畜；野生兽类骨骼非常丰富，而且都很零碎，显然是人类消费之后遗留下来的，其中以梅花鹿为主，还有野猪、狗獾、貉、獐、麇等；家畜包括猪、狗、牛、羊等，猪的骨骼具有明显的从野生向驯化过渡的特点；动物群反映的环境具有明显的江南水乡特点，当时气温可能比现在高 4—5 度，聚落周围湖泊众多，各类动植物资源丰富（孔庆生，2000）。部分灰坑土样的植硅体分析也显示，聚落周围喜湿的芦苇等植物比较多（靳桂云，2000）。前埠下遗址综合研究显示，后李文化和大汶口中期文化阶段，这里的居民选择在河漫滩上生活，生计方式则以狩猎采集捕捞为主，植物栽培和家畜饲养为主，这是典型的低水平食物生产方式。

根据北阡等遗址的研究，大汶口文化时期是农业逐渐取得生业经济主导地位的阶段（Jin et al., 2016），随着农业的发展，人类逐渐从河漫滩转移到河流阶地上居住，但不同地貌部位和不同资源组合，可能是影响生计方式的最直接的因素，前埠下遗址的大汶口文化居民为什么选择河漫滩居住，需要未来更多的研究来回答。

对前埠下遗址的沉积物微形态分析，获得了遗址的形成和沉积物特点等信息，这是田野发掘和其他方法无法获得的，为全面认识古文化发展及其与环境的关系提供了十分重要的线索。在考古学研究中，沉积物微形态分析主要在以下方面提供重要的信息：1. 重建古代气候环境演化过程；2. 分析区域环境演化与考古遗址形成及考古学文化发展的关系；3. 分析考古遗址内各类遗存的特征及其反映的人类活动特点。随着分析技术的进步，在史前环境考古研究中，沉积物微形态分析将越来越显示其重要作用。

致谢：1997 年前埠下遗址发掘过程中，我们采集了微形态分析样品并在中国科学院地质与地球物理研究所完成了制片和微形态观察与分析，这些工作得到了刘东生院士和郭正堂研究员（现为郭正堂院士）的指导和帮助，在此表示深深的谢意！本研究得到国家自然科学基金（41771230）资助。

原载山东省文物考古研究院：《海岱考古（第十三辑）》，科学出版社，2020 年。

9.史前灰坑与人类行为

——山东汶上东贾柏遗址H1堆积过程的植硅体和土壤微形态分析

饶宗岳、梅圆圆、胡开国、柏哲人、高明奎、靳桂云★

摘要

东贾柏遗址北辛文化灰坑 H1 内的堆积物，据野外观察可以分为 13 层，表明这个灰坑内的堆积物是多次人类行为的结果。植硅体分析显示，H1 各层中均出有较丰富的植硅体，H1 ③、④、⑩a、⑩c、⑪等层集中出土大量的来自稻、粟、黍等农作物的植硅体，并以稃壳植硅体为主。土壤微形态分析表明：（1）H1 开挖于相对稳定的河漫滩相堆积物上，坑内堆积分层明显，以包含丰富人工遗物的堆积物为主，各层中均可见到较多的生物活动迹象与土壤形成物的发育，可能是比较长时间不断投入垃圾的结果；（2）采自 H1 ⑪、⑫a、⑫b 交界处土壤切片 WD-4 的微结构显示，此处堆积的是植物燃烧后的灰烬，其中丰富的、来自农作物稃壳和叶片的植硅体可能是在它处燃烧，然后作为灰烬被先民倾倒入 H1 中，而非直接向灰坑内弃置脱壳加工副产品的结果。本文的研究为我们理解东贾柏遗址以及北辛文化时期居民的日常生活行为提供了重要线索：人们可能在相对稳定的河漫滩上持续地生活，灰坑中稻、粟、黍植硅体的出现表明存在对三种植物性食物资源的利用行为；粟稃壳与叶部植硅体共出暗示了当地种植的可能性；灰坑堆积中的农作物稃壳和茎叶植硅体等，可能是植物被燃烧并将灰烬投入到垃圾坑的结果，与脱壳行为无直接联系，这个结果纠正了以往我们根据灰坑中丰富的农作物稃壳、茎叶植硅体简单判断其为谷物加工活动遗留的认识，进一步完善了对考古遗址中植物遗存数据的解读方式，也显示了植硅体分析中埋藏学研究的重要性。

一 引言

作为田野考古中最为普遍、内涵最为多样的遗迹现象之一（燕生东，2008），灰坑

★ 饶宗岳：山东大学历史文化学院、山东省文物考古研究院；梅圆圆、高明奎：山东省文物考古研究院；胡开国、靳桂云：山东大学文化遗产研究院；柏哲人：山东大学文化遗产研究院、上海博物馆。

与坑内堆积的形成和遗址中的人类行为及自然过程密不可分（陈星灿，2002；付永旭，2014；张小虎，2017；陕西省考古研究院等，2018；曾丽，2019）。在植物考古研究中，灰坑也常是样品的主要来源，其中的植物遗存组合对我们理解灰坑的功能与性质（陕西省考古研究院等，2018）、古人对植物资源的选择与利用（赵志军、蒋乐平，2016；吴文婉等，2019；钟华等，2020）、栽培植物的收割（杨凡等，2018）、加工（靳桂云等，2007；邓振华、高玉，2012）与储藏方式（马志坤等，2021）、农作物的田间管理（Bogaard et al., 郭荣臻等，2017）与耕作制度（赵昊，2020）等考古学问题具有重要意义。

但受技术手段所限，以往植物考古研究往往缺乏对植物遗存（特别是微体遗存）的原生埋藏状态及后生改造过程的考察。García-Suárez、Portillo 等在 Catalhöyuk（恰塔胡尤克）（García-Suárez et al., 2018；Portillo et al., 2019）的工作显示出与考古学情境紧密结合的微体遗存数据在重建古人行为方面所蕴含的巨大潜力。其中，土壤微形态所具备的对未经扰动的堆积样品进行高分辨率观察的能力，已被证明可在考察微体遗存的考古学情境时提供有效的帮助。

作为海岱地区新石器时代的重要阶段，北辛文化生业经济的研究对于理解本区域的人地关系演变、农业起源过程与社会复杂化进程等问题无疑具有重要意义。但目前已进行系统植物考古工作的北辛文化遗址只有即墨北阡（王育茜，2011；王海玉，2012；王海玉、靳桂云，2013）、临沭东盘（王海玉等，2011）、滕州官桥村南（Jin et al., 2020）三处，囿于遗址数量与空间分布的限制，现有材料对于开展北辛文化生业经济的系统研究显然不足，仍有必要对更多遗址进行植物考古研究以丰富我们对于北辛文化生业与社会的认识。

2019 年，为做好东贾柏遗址的保护规划，山东省文物考古研究院对该遗址展开了系统调查勘探。在这个过程中，调查人员清理了几个自然侵蚀非常严重的剖面，其中一个剖面上保存的北辛文化灰坑（H1）中有机质含量高，是开展植物考古研究难得的机会。H1 内堆积共分为 13 层，可能是多次人为与自然作用的结果。针对其中的堆积开展多学科分析，或许可以为我们了解东贾柏遗址北辛文化时期先民的日常行为提供线索。因为近年来山东地区北辛文化遗址开展工作数量较少，所以我们希望能够借此机会尽可能全面地提取 H1 中所蕴含的人类行为信息；又由于植硅体具有产量大、体积小、易受扰动的特点，对植硅体埋藏状态的复原是准确解读植硅体数据的前提，故还需获取植硅体在 H1 中的原生埋藏状态及其与周边遗物间的联系，以尽可能准确地对植硅体数据进行阐释。因此，本文尝试首先运用土壤微形态观察，重建 H1 填土的堆积过程；其次，以此为基础，结合植硅体数据与已有发掘、勘探成果，尝试对东贾柏遗址北辛文化先民的居住模式与植物利用方式进行探讨；最后，从考察 H1 中植硅体的考古学情境（archaeological context）入手，反思以往对植硅体解释过程中所存在的问题，强调情境对微体遗存解释的重要意义，以冀为未来植物考古研究中微体遗存数据的解读提供新的方法与视角。

二　材料与方法

东贾柏遗址位于汶上县中都街道东贾柏村东南的缓台地上（图1），地势较周边略高，总体较为平坦。1989—1990 年，中国社会科学院考古研究所山东工作队对东贾柏遗址进行发掘（中国社会科学院考古所山东工作队，1993），2019 年山东省文物考古研究院对东贾柏遗址进行了调查勘探。勘探结果表明，东贾柏遗址现存形状略呈西北—东南向长椭圆形，东西长度约 260 米，南北宽度约 170 米，现存面积约 3.5 万平方米。遗址的主体为北辛文化堆积，堆积厚度 0.5—2m 不等，所发现的北辛文化遗迹主要包括灰坑、房址、窑址、墓葬、壕沟和洼地等。鉴于 H1 堆积分层明显，本研究设计了植硅体与土壤微形态分析相结合的研究方法。

植硅体样品的采集方法是在清理灰坑剖面的过程中，使用手铲逐层采集松散土样装入干净封口袋中。每次采样完成后均对手铲进行了清理，以确保不会造成样品之间的相互污染。另外在 H1 ②/③、⑥/⑧、④/⑩ a/⑩ b/⑩ c、⑪/⑫ a/⑫ b、⑬/生土等地层的交界位置，压入铝盒采集 5 个未受扰动的定向样品，用于土壤微形态观察。对 H1 采样剖面地层的田野描述，详见表1。

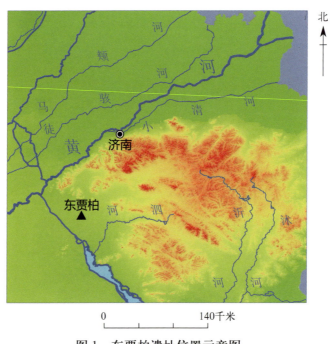

图 1　东贾柏遗址位置示意图

表1 汶上东贾柏遗址H1采样剖面地层描述
Tab.1 Field description on sampling profile of H1, Dongjiabai site

地层单位 Unit	颜色 Color	田野描述 Field description
H1①	灰褐色 Greyish brown	粉砂黏土，较致密；少量烧土颗粒；遗物有陶片、兽骨等。厚3—20厘米
H1②	深灰褐色 Dark greyish brown	粉砂土，较疏松；较多烧土颗粒；遗物有陶片、兽骨等。厚12—30厘米
H1③	灰褐色 Greyish brown	粉砂土，较疏松；含少许烧土颗粒和黑色灰烬；遗物有陶片、兽骨、石块等。厚3—20厘米
H1④	灰褐色 Greyish brown	粉砂土，较疏松；夹杂少许烧土颗粒和木炭；遗物较多，包括陶片、兽骨、鱼骨等。厚5—16厘米
H1⑤	浅灰褐色 Light greyish brown	粉砂土，夹杂有淤土斑块，较致密；无遗物；仅分布于H1西部，范围较小。厚3—15厘米
H1⑥	黄褐色 Yellowish brown	粉砂土，夹杂少许灰色淤土，较致密；无遗物；仅分布于H1西部，范围较小。厚2—8厘米
H1⑦	灰褐色 Greyish brown	粉砂土，较疏松；含有零星烧土颗粒；遗物有少许兽骨。仅分布于H1西部，范围较小。厚3—20厘米
H1⑧	黄褐色 Yellowish brown	粉砂土，夹杂少许淤土，较致密；无遗物。仅分布于H1西部，范围较小。厚2—22厘米
H1⑨	浅灰色 Light Grey	粉砂土，夹杂少许淤土，较疏松；无遗物，厚2—17厘米
H1⑩a		红烧土层，夹杂少许黑色灰烬及浅灰褐色粉砂土，质地疏松；内含遗物较多，除较多兽骨、鱼骨外，还有较多陶片，层内还分散着7、8件可复原陶器。厚3—10厘米
H1⑩b	黑灰色 Black	黑色灰烬层，夹有少许烧土，质地疏松；遗物混入⑩a层内。厚8—15厘米
H1⑩c	深灰褐色 Dark greyish brown	粉砂土，夹有大量黑色灰烬，质地疏松；内含大量螺壳、蚌壳，少许兽骨、陶片等。厚1—28厘米
H1⑪a	浅灰褐色 Light greyish brown	粉砂土，质地疏松；含较多烧土，遗物较少，有陶片、兽骨和少量螺壳。厚3—35厘米
H1⑪b		红烧土夹杂少许灰土，质地疏松；层底有较多螺壳、蚌壳。厚2—18厘米
H1⑫a	浅灰色 Light Grey	粉砂土，质地疏松；含有较多烧土、炭屑，遗物有陶片、石块、兽骨、少许蚌壳。厚2—10厘米
H1⑫b	深灰褐色 Dark greyish brown	粉砂土，夹杂大量黑色灰烬、较多炭屑和浅灰色土，质地疏松；遗物有陶片、兽骨、少许蚌壳
H1⑬	黄褐色 Yellowish brown	粉砂土，沙性大，质地疏松；层底有1—2厘米厚的灰褐土，含烧土颗粒和黑色灰烬；遗物仅见若干蚌壳和1块兽骨。厚2—18厘米
生土	浅黄色 Light yellow	淤沙土

　　植硅体样品在山东大学环境与社会考古实验室进行提取、观察与统计。植硅体的提取采用了 Pearsall（2000）、Piperno（2006）和王永吉、吕厚远（1993）的方法：①把风干样品 2g 放入玻璃试管中；②加入 10ml 30% 的 H_2O_2，使有机质分解；③加稀盐酸加热（30—60min），脱铁、去钙；④用比重为 2.355 的重液浮选；⑤制片观察。

　　随后用尼康 E800 生物显微镜进行观察与拍照，每个样品随机统计大约 300—400 个植硅体，以反映样品中的植硅体组合（Piperno，1988），并依据现代植物植硅体标本和公开发表的文献（王永吉、吕厚远，1993；Lu et al., 2009; Out et al., 2016）对植硅体形态进行鉴定。

　　土壤微形态样品委托北京大学地球与空间科学学院进行处理，制成规格 8cm×10cm、厚度 30μm 的土壤切片，随后在山东大学环境与社会考古实验室使用 Olympus BX53M 型偏光显微镜在平面偏振光（Plane Ploarized Light，PPL）和正交偏振光（Cross Ploarized Light，XPL）下，参照 Bullock（1985）和 Stoops（2003）等的方法对切片进行观察与记录。

三　结　果

（一）植硅体鉴定结果

　　根据 H1 的植硅体分析结果（图 2、表 2）可知，H1 中仅②、⑩b 两层的植硅体含量很低，其余各层均发现有较为丰富的植硅体。可鉴定的植硅体类型主要有稻壳突起型、粟稃壳 Ω 型、黍稃壳 η 型、芦苇扇型、长柄扇型、短柄扇型、长方型、方型、平滑棒型、刺棒型、哑铃型、多铃型、长鞍型、中鞍型、短鞍型、帽型、长尖型、短尖型等。

　　其中，具备种属指示意义者，除芦苇扇型在②和⑩b 两层集中出现外，以稻壳突起型、粟稃壳 Ω 型、黍稃壳 η 型为主；这三种植硅体分别产于稻（王永吉、吕厚远，1993）、粟（Lu et al., 2009）、黍（Lu et al., 2009）各自的稃壳，它们在 H1 ③、④、⑩a、⑩c、⑪、⑫a、⑫b 等层大量出现，以③、④、⑩a、⑪中最多（图 2），伴出的还有稻粟黍叶部植硅体（王永吉、吕厚远，1993；Lu et al., 2009）。

（二）土壤微形态结果

　　H1 土壤微形态样品的观察结果详见表 3、4。

　　5 张土壤切片按层位关系自上而下依序编号 WD-1 至 WD-5。显微镜下观察，可以看到丰富的微结构特征（图 3、4）。除取自灰坑底部 H1 ⑬与生土交界处的 WD-5 外，其余 4 张切片均表现出相对明显的均一性；切片 WD-5 可明显分为上下两部分，上部堆积属于 H1 ⑬，基质分选偏弱并包含人类遗物，应来自 H1 ⑬，编微地层号 WD-5A；

表2　汶上东贾柏遗址H1植硅体鉴定结果
Tab.2 Phytolith morphotypes in H1 assemblage, Dongjiabai Site

编号（Numbers）	HI①	H1②	HI③	II1④	HI⑤	H1⑥	H1⑦	H1⑧	HI⑨	H1⑩a	H1⑩b	H1⑩c	H1⑪	H1⑫a	H1⑫b	H1⑬
稻双峰型（Double peaked phytolith from rice）	4		107	78			2			24		6	10			2
黍稃壳η型（η-type husk ohytolith from broomcorn millet）	1		15	29	2	1				58		36	28	10	15	7
粟稃壳2型（Ω-type husk phytolith from foxtail millt）	1		20	23	2					9		2	30	2	2	8
芦苇扇型（Fan-reed）	19	15	1	39	8	12	8	8	8	1	12			2		4
扇型（Cuneiform bulliform）	146	1	32	23	85	132	114	118	124	25	9	19	12	32	9	81
方型（Trapeiform）	40		9	24	41	44	36	25	36	12	1	6	7	6	2	29
长方型（Rectangle）	72	2	15	32	46	62	50	61	71	20	3	17	11	16	8	64
棒型（Elongate）	36	3	63	41	107	75	82	112	129	189	8	164	129	149	117	153
中鞍型（Middle-saddle phytolith）	1		1	8			4	1	1							
帽型（Rondel）	4		2	9	28	22	9	19	31	10		4	5	14	14	20
哑铃型（Bilobate）	5		27	12	47	22	28	22	33	25		40	66	106	149	22
莎草科帽型（Sedge conial type）	1		2	21			1									
硅藻（Diatom）	22		29	35	15	10	15	20	22	16		8	7	3	5	17
总计（Total）	352	21	323	374	381	380	349	386	455	389	33	302	304	339	322	409

下部堆积属于被灰坑底部打破的生土，基质分选相对较强且不见人工遗物，应来自 H1 底部生土，编微地层号 WD-5B。

5 张切片中，WD-1、WD-2、WD-3 及 WD-5A 的观察结果表现出了相似的特征。这四个样品的基质均为分选较差、非定向排列的矿物颗粒，主要组分为石英和黑云母，部分矿物表面有明显的风化线和断裂痕迹（图 3，i），表明已经受到风化作用影响（Stoops and Schaefer, 2010: 59-71）。孔隙较多。土壤形成物以粉砂黏粒胶膜（silty

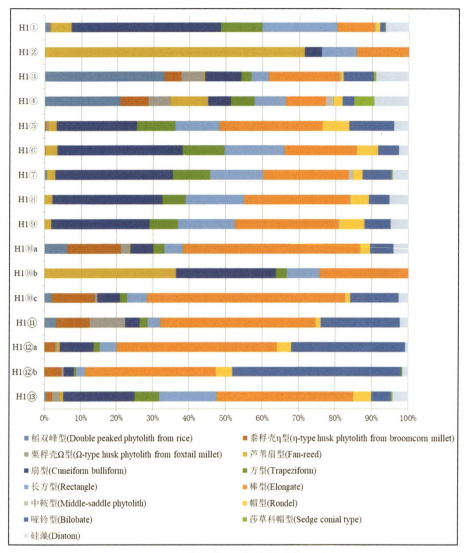

图中图例：
- 稻双峰型（Double peaked phytolith from rice）
- 黍秆壳η型（η-type husk phytolith from broomcorn millet）
- 粟秆壳Ω型（Ω-type husk phytolith from foxtail millet）
- 芦苇扇型（Fan-reed）
- 扇型（Cuneiform bulliform）
- 方型（Trapeziform）
- 长方型（Rectangle）
- 棒型（Elongate）
- 中鞍型（Middle-saddle phytolith）
- 帽型（Rondel）
- 哑铃型（Bilobate）
- 莎草科帽型（Sedge conial type）
- 硅藻（Diatom）

图 2　H1 各层样品中的植硅体组合

clay coating）、生物扰动形成的填充物（infillings）等为主。粉砂黏粒胶膜多偏黄色，其中少数有分层，表明发生多次的淋溶过程（图 3，b、d、g、h）。切片中的包含物均主要为人工遗物（图 3，a、e、f），包括燃烧过的动物骨骼碎片、螺壳、无定形炭屑、禾本科植硅体、炭化秆壳等；另在 WD-2 中见有磨圆度低的透亮黏粒胶膜（limpid clay coating）碎片（图 3，c）。以上包含物多为棱角状、次棱角状，尺寸自 100μm 至 1000μm 不等，分选差，非定向排列。

WD-4 中的基质以钙化灰烬（calcareous ashes）为主，主要成分为草酸钙假晶（pseudomorphs of calcium oxalate，图 4，g），其间散布有大小不一、分选很差、磨圆较低的矿物颗粒，但与此前的切片相比，含量极低。孔隙较多。切片内的包含物除少

表3　汶上东贾柏遗址H1土壤微形态观察结果
Tab.3 Micromorphology observation of H1, Dongjiabai site

切片编号 Section No.	采样位置 Sampling position	微地层 Microstrata	粒度 Particle size	分选 Sorting	细粒物质 Fine materials	微结构 Microstructure	粗/细粒质相对分布 c/f related distribution	包含物：分布与走向 Inclusion: distribution & orientation
WD-1	H1②/③	N/A	砂质粉砂壤土 Sandy silty loam	无 Unsorted	黏土 Clay	孔洞状（vughy），10%	紧密斑晶嵌埋状（close porphyric）	随机分布，无定向 Random & random
WD-2	H1⑥/⑧	N/A	粉砂壤土 Silty loam	差 Poorly sorted	黏土 Clay	孔道状（channel），10%	紧密斑晶嵌埋状（close porphyric）	随机分布，无定向 Random & random
WD-3	H1④/⑩a/⑩b/⑩c	N/A	砂质壤土 Sandy loam	差 Poorly sorted	黏土 Clay	孔洞状（vughy），10%	紧密斑晶嵌埋状（close porphyric）	随机分布，无定向 Random & random
WD-4	H1⑪/⑫a/⑫b	N/A	粉砂壤土 Silty loam	差 Poorly sorted	黏土 Clay	孔洞状（vughy），15%	双倍距斑晶嵌埋状（double-spaced porphyric）	随机分布，无定向 Random & random
WD-5	H1⑬/生土	A（H1⑬）	粉砂壤土 Silty loam	差 Poorly sorted	黏土 Clay	孔道状（channel），5%	紧密斑晶嵌埋状（close porphyric）	随机分布，无定向 Random & random
WD-5	H1⑬/生土	B（生土）	砂质粉砂壤土 Sandy silty loam	适度 Moderately sorted	黏土 Clay	孔洞状（vughy），10%	紧密斑晶嵌埋状（close porphyric）	随机分布，无定向 Random & random

表4　汶上东贾柏遗址H1土壤微形态切片中的包含物
Tab.4 Inclusions in soil thin sections of H1, Dongjiabai site

切片编号 Section No.	矿物 Minerals		团块 Aggregates	动物骨骼或壳体 Bone/shell			植物遗存与灰烬 Plant remains/Ashes		土壤形成物 Pedofeatures	
	石英 Quartz	黑云母 Biotite		动物骨骼 Bones	贝螺壳 Shells	植硅体 Phytolith	碳化灰化植物组织 Charred/Ashed plant remains	钙化灰烬 Calcareous ashes	粉砂黏粒胶膜 Silty clay coating	填充物 infillings
WD–1	*****	***	*	****	*	*			****	**
WD–2	*****	***	*	*		*			****	*
WD–3	*****	**		**	*	*		*	*****	***
WD–4	**			*	*	****	****	*****		
WD–5A	*****	**	*	*		*	*	*	*	*
WD–5B	*****	**								**

注：*=0%—5% **=5%—10% ***=10%—15% ****=15%—20% *****≥20%；在特制图表的辅助下，研究者以数字形式表述切片中特定对象的丰度。/With aid of specially designed graphs, researchers express the abundance of a specific constituent in thin section by numbers.

图 3 土壤微形态照片

（a、b）来自 WD-1；（c、d）来自 WD-2；（e-h）来自 WD-3；（i）来自 WD-5A；（j）来自 WD-5B

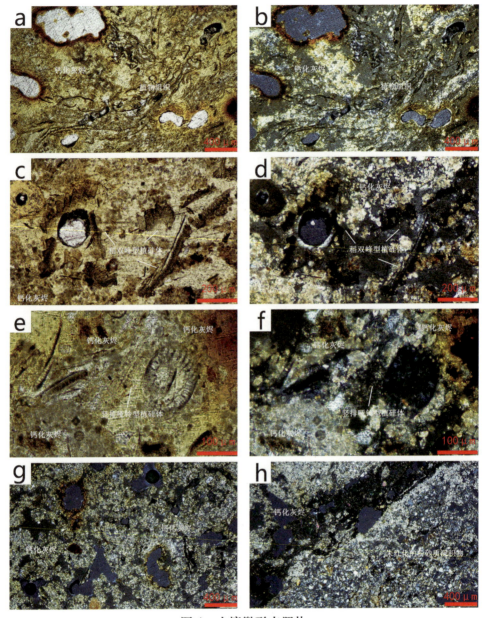

图 4　土壤微形态照片

（a–f）WD-4 中朝向不一的植物组织与植硅体镶嵌于钙化灰烬基质中 a/c/e 为 PPL，b/d/f 为 XPL；（g）WD-4 中由钙化灰烬构成的基质；（h）WD-4 内植物组织层的下伏堆积物，未见红化等原地燃烧迹象

量的动物骨骼碎片外，主要组分为大量植硅体、炭化或灰化的疑似稃壳等植物组织，在切片中部成层分布。和前四个样品一样，它们亦具有分选差、非定向排列的特征（图4，a、b）。植硅体主要见有稻壳突起型、黍亚科哑铃型、竖排哑铃型、长柄扇型、长方型等，结构整体较完整，与其他疑似稃壳等植物组织混杂分布并镶嵌于切片的基质中（图4，c-f）。

　　WD-5 切片中的 B 层则为我们部分揭示了人类到来前的地表状况。基质中主要为分选适中、非定向排列的矿物颗粒，但粒径仍然较细，反映了水动力相对较弱条件下的自然沉积环境（图3，j）。微结构主要由10%的孔洞状孔隙组成。少量孔壁周围可见粉砂黏粒胶膜，部分孔隙被后期生物活动形成的填充物所填充，表明此时地表可能相对稳定并具有一定的植被覆盖与生物活动，土壤化过程已经开始。

四　相关问题讨论

（一）H1填土堆积过程重建

在取自H1内堆积物的WD-1、WD-2、WD-3、WD-5（A层）四个切片中，基质均为分选较差、非定向排列的矿物颗粒；WD-4的基质虽以钙化灰烬为主要成分，但其中所散布的矿物颗粒，也表现出同样的分选和排列特征。切片中包含物还具有形状上以棱角状 - 次棱角状为主即磨圆度低的特征。这种沉积特征表明其形成于搬运距离较短的快速堆积过程（如现代过程中的崩塌、倾倒垃圾、短距离流水搬运等）（García-Suárez et al., 2018, 杨景春、李有利，2017；Mücher et al., 2010）。

除取自H1 ⑥、⑧层交界处的WD-2外，其余4张切片中的包含物主要包括燃烧过的动物骨骼碎片、螺壳、无定形炭屑、禾本科植硅体、炭化或灰化的疑似稃壳（chaff）等日常生活常见遗物。田野观察亦表明H1 ②、③、④、⑩、⑪、⑫、⑬层包含有较多的陶片、兽骨、炭灰等人类日常生活的常见废弃物（表1）。结合采样位置，可以认为H1内的堆积物应主要为经过人工搬运形成的堆积，具体来说可能为人类向灰坑中倾倒日常废弃物的结果，其中部分废弃物可能是在别处燃烧植物稃壳茎秆后的垃圾。

切片WD-2中的人工遗物为所有切片中最少，主要为少量植硅体和经过燃烧的动物骨骼碎片。此外，还见有磨圆度低的透亮黏粒胶膜（limpid clay coating）碎片镶嵌于基质中，这常见于流水侵蚀地表物质并进行搬运后形成的堆积中。结合野外观察H1 ⑥、⑧两层中均无可见包含物且堆积中包含有少量所谓淤土的现象，H1 ⑥、⑧应为周边地表物质在流水作用下被侵蚀、搬运并在灰坑内沉积而形成的自然堆积物。

在切片WD-1、WD-2、WD-3、WD-5中，可见到一定数量的孔隙和生物活动形成的填充物。这表明各样品所代表的堆积物在形成后曾经历过植被生长和土壤生物活动的改造。这进一步说明H1可能并未被短时间内连续形成的堆积所填满；相反，灰坑的堆积过程可能存在一定的间断，已形成的堆积物上可能会生长植被并存在土壤生物的活动。

同时，灰坑中所生长的植被可能并不足以覆盖灰坑内的地表，从而对地表形成连续的遮蔽，主要依据是在WD-1、WD-2、WD-3和WD-5的孔隙周边常见发育有粉砂黏粒胶膜。这些粉砂黏粒胶膜是土体中水沿孔隙下渗时将颗粒带动并再沉积的结果（Deak et al., 2017）。在植被发育不良的裸露地表，地表漫流（overland flow）、溅击侵蚀（splash erosion）、冻融风化（freeze-thaw weathering）等过程都可以使土壤颗粒发生松动，从而为粉砂黏粒胶膜的形成提供所需的物质（Deak et al., 2017）。考虑到 H1 内的堆积主要为古人向灰坑中倾倒的废弃物，其结构本身就较为松散，这也可能导致堆积中的土壤颗粒更容易由于水的带动而发生移位，最终沉积于孔隙中或团块表面形成粉砂黏粒胶膜。部分粉砂黏粒胶膜有分层现象，则指示着这种淋溶淀积过程曾多次发生。

另外，WD-3 中的粉砂黏粒胶膜含有相对较多的炭屑颗粒（图 3，g、h）；该切片中孔隙的发育程度也是 5 份样品中最高的，指示着较为活跃的土壤生物活动。因此，胶膜中所混杂的炭屑颗粒，或许来自于土壤化过程中土体上层所包含的木炭、炭灰等被破坏和扰动而形成的细小颗粒。

以上现象表明，H1 的堆积应当是人为过程和自然过程共同作用而成。②、③、④、⑩、⑪、⑬等层的堆积，应当主要为人类向坑内倾倒的废弃物；H1 ⑥、⑧等层的形成则可能以自然作用为主，应为流水将周边地表的物质带进灰坑内堆积的结果。先民并未在短时间内向 H1 中投入大量废弃物将其迅速填满，更可能是在较长的时间里断断续续地向坑内投入数量相对较少的废弃物；与此同时，流水会将周边地表的物质带入灰坑中并发生沉积。在整个堆积形成过程中，H1 内有时可能会有少量植物生长或其他土壤生物活动，最终被逐渐填满。但各层形成的时间间隔目前还无法准确界定。

综上，微形态观察结果与发掘者在田野工作过程中对于 H1 性质与功能的认识是一致的：在其被最终填满之前，H1 应该在当时聚落中发挥过作为垃圾坑的作用。

（二）东贾柏北辛文化聚落环境背景的初步探讨

由前述微形态观察结果可知，H1 所打破的生土可能形成于水动力相对较弱的沉积环境，应为河漫滩相沉积物。由于样品取自 H1 底部，考虑到灰坑开挖对土壤序列所造成的破坏，切片中所观察到的土壤化过程可能表明在先民到来以前，本区域地表或已经进入相对稳定的阶段。由第一次发掘的报告可知，北辛文化地层直接叠压生土，距地表深度 22—38 厘米，其下开口有北辛文化的房址、灰坑、墓葬等遗迹；该层之上，除耕土层外仅覆盖有一层混有北辛文化、汉代陶片及晚期瓷片灰褐色粉砂土，厚约 10—20 厘米（中国社会科学院考古所山东工作队，1993）。19 年的勘探也发现了类似的地层堆积序列。据此我们推测，从北辛文化到东周时期之间，东贾柏遗址附近区域的加积很可能相对较为缓慢，附近河流泛滥所带来的加积过程或许未对这一地区造成太多的影响。

综合前述 H1 历时较长且常有间歇的使用过程以及往年发掘、勘探过程中发现有北辛文化的房址、窖穴、壕沟等遗迹现象，初步推测北辛时期东贾柏可能为一处依托于较为稳定的河漫滩而形成的定居聚落。

同时，H1人为废弃堆积中除⑩c、⑪等层外均发现有芦苇植硅体，且芦苇植硅体在H1②、⑩b层中大量出现。如前所述，H1内堆积的形成是一个相对较长时间内人为与自然过程共同作用的结果，因此，灰坑堆积中芦苇植硅体较高的出土概率，或许说明芦苇也是一种常被带入聚落中的植物，进而表明聚落周边可能仍然存在相对潮湿的环境。

此外，H1①、③、④、⑤、⑦、⑩a、⑩c、⑪、⑫、⑬等层发现有稻、粟、黍植硅体；经由微形态分析，其中③、④、⑩a、⑩c、⑪、⑫、⑬等层应为人类废弃堆积。这表明北辛文化时期聚落中应已存在对稻、粟、黍的利用行为。

以上结果为我们了解东贾柏遗址北辛文化时期的居住模式与植物利用提供了线索。北辛文化时期，聚落周边的地表可能在一段时间里较为稳定，此时附近河流水文季节性变化所带来的加积过程或许未对这一地区造成太多的影响，但聚落周边可能仍存在相对较为潮湿的环境。先民可能就在这样一个相对稳定的地表上持续地生活，建造房址、营建壕沟并在此过程中开挖H1，向内倾倒日常生活的废弃物。根据对H1内人为废弃堆积的植硅体分析结果，此时先民对稻、粟、黍等植物性食物资源进行着利用，芦苇也可能经常被带入遗址中。

但必须指出的是，考虑到河流地貌形态的多样性与水文、生物条件的空间差异，只有在进行更广泛的调查、发掘与取样后，才能对东贾柏遗址北辛文化聚落周边的微地貌演变进行更系统深入的讨论。

（三）情境（Context）对于解释微体遗存数据的重要性

作为西方考古学中的关键概念，"情境"强调所有考古遗存都应在其特定的外部环境中、在与同环境内各种因素的联系中被认识和解释（李新伟，1999）。希弗（M.B. Shiffer）将"情境"分为系统情境（systematic context）与考古学情境（archaeological context），分别指代考古学材料背后的人类动态行为过程和物品废弃后在埋藏环境的作用下所形成的考古材料背景（Schiffer, 1972；刘岩，2020）。费根（B.M. Fegan）则强调Context对遗物之间空间关系的体现，这种空间关系又可分为遗物（artifacts）、建筑（structure）、遗址（site）和区域（reigon）四个层次（李新伟，1999）。

显而易见，准确理解考古遗物的情境是研究者对遗物进行准确分析与解读的前提，作为遗物的植硅体自然也具有其考古学情境。但在以往的研究中，受技术手段所限，对植物遗存（无论大遗存还是微体遗存）考古学情境的讨论，特别是其在堆积中的原生埋藏状态、与其他遗存之间的空间关系等内容往往缺乏重视。又因植硅体产量大、体积小、易受扰动的特点，目前主要以散样形式采集植硅体样品的采样方法，毫无疑问会使植硅体丢失大量与考古学情境有关的信息。而在不同考古学情境下，即使类似甚至相同的植硅体组合也可能指示着完全不同的人类活动，最终影响我们以植硅体数据为基础的一系列讨论。

在 H1 的植硅体组合中除多层内均发现有较多农作物植硅体外，多见农作物秤壳而少见茎叶的现象亦较为特殊。王城岗遗址 H85 等单位也曾见有类似情况，其植硅体组合中稻、粟秤壳植硅体明显多于叶片、茎干，研究者认为这一现象可能是灰坑中曾经堆放过脱壳加工副产品的结果，进而推论先民可能曾在城墙附近进行谷物（脱壳）加工活动（靳桂云等，2007）。两城镇 H93、H54、T2047 ⑥和丹土 H4018、G3 等遗迹单位也由于样品中稻壳植硅体较稻属扇型、哑铃型植硅体更多，而被研究者解释为曾经的水稻加工场所或至少位于曾经的水稻加工场所附近（靳桂云等，2006）。基于这一思路，我们也曾一度推测东贾柏 H1 中多见稻、粟秤壳植硅体，少见茎、叶植硅体的现象可能是古人在附近对作物进行加工后，将加工过程的副产品直接投入灰坑中的结果。因此，我们进行 H1 土壤微形态观察的初衷之一即是考察灰坑中植硅体的原生埋藏状态以期获得更多信息对这种组合的特殊性予以解释。

值得注意的是，在全部的 5 张切片中，仅有 WD-4 中发现了数量较多的植硅体与其他形式存在的植物组织，在其他样品中均仅发现了个位数的植硅体，并且多单个出现、零星散布于切片内各处。这种微形态观察结果与植硅体数据的不匹配可能是因二者在采样方法和过程上相互独立所致。这也提醒我们在以后的工作中，需时刻注意采样方法的科学性。一种可行的方法是：以堆积的层位关系为基础系统采集植硅体样品的同时，在平行于植硅体采样处且局部堆积特征没有发生明显变化的位置采集土壤微形态样品，以保证二者的一致性。

由于其他切片中植硅体数量过少、分布过于稀疏，无法排除其受后生自然、人为过程扰动而进入堆积内的可能，所以本文主要以 WD-4 为基础展开讨论。

相比于其上层位的样品，WD-4 中大量植硅体和炭化、灰化的植物组织镶嵌于构成基质的钙化灰烬（calcareous ashes）中（图 4，a、b），其主要成分为草酸钙假晶。草酸钙晶体是植物生长发育过程中除 SiO_2 外形成最多的矿物，多以一水草酸钙（$CaC_2O_4 \cdot H_2O$）的形式存在于高等植物的不同组织和器官内（李秀丽等，2012；Canti and Brochier, 2017；吕厚远，2018），其在禾本科植物中含量明显较非禾本科植物更低（李梦琦等，2018）。

在植物的自然降解过程中，草酸钙晶体很快便会因后期的土壤过程而分解，但在燃烧过后的灰烬中它们则能以碳酸钙假晶（calcium carbonate pseudomorphs）的形式稳定保存（Canti and Brochier, 2017；Durand et al., 2010）。Canti（Canti and Brochier, 2017）、Braadbaart（2012）等的实验考古结果表明，禾本科植物（grass）燃烧而成的灰烬（ashes）主要由植硅体组成，在 XPL 下常表现出光性均质性（optically isotropic）（图 4，

f）；草酸钙假晶（pseudomorphs of calcium oxalate）则大量见于木材（wood）燃烧形成的灰烬中，并呈现出高阶乳白干涉色特征（show high order creamy white interference color）。因此 WD-4 中构成基质的大量草酸钙假晶很有可能来自于非禾本科植物经过燃烧形成的灰烬。

切片中大量的植硅体与稃壳等植物组织混杂分布且结构较完整，说明其应与稃壳等植物组织一同发生堆积，在堆积后亦未经过剧烈的扰动（图 4，b）（Vrydaghs et al.，2017）。同时这些植物组织镶嵌（embedded）于草酸钙假晶中（图 4，d、f），表明样品中植物组织与草酸钙假晶的堆积应同时发生。结合镜下所见稃壳等植物组织已发生炭化甚至灰化等经过燃烧的证据（Nicosia and Canti，2017），我们认为 WD-4 中应曾经堆积有粟叶片、稻壳及其他非禾本科植物组织经过燃烧而形成的灰烬。

又因为这些植物组织在排列上表现出非定向特性（Portillo et al.，2019），所以 WD-4 中的灰烬层可能并非植物组织在灰坑中经原地燃烧形成，而是古人在别处对植物组织进行燃烧后将灰烬遗弃于灰坑中的结果。这些植物组织中既包含农作物稃壳，也包含农作物叶片及其他无法鉴定种属和部位的植物组织。

由此可知，H1 ⑪、⑫ a、⑫ b 等层的形成是先民在别处对稻壳、粟叶片及其他非禾本科植物组织进行燃烧后将灰烬遗弃于灰坑中的结果，与脱壳等加工行为并无直接联系。结合前文所述，H1 ⑥、⑧层是流水侵蚀周边地表物质后在灰坑中形成的自然堆积，而这两层堆积的植硅体组合中不见农作物稃壳、叶片的植硅体，也暗示着先民或许并未在 H1 的周边地表进行作物的加工活动。

显然，对 H1 内植硅体考古学情境的考察，否定了此前我们仅依据植硅体数据所做出的假设——灰坑内部分堆积的形成可能与先民对谷物的脱壳加工行为直接相关。据此也有理由推测：王城岗等遗址的植硅体分析结果是否也可能指示着除脱壳加工活动之外的如集中焚烧、处理植物类废弃物等其他人类活动？此问题的答案必然会影响我们对于当时聚落中该区域功能、性质的判断以及作物加工方式、过程的理解。而正如东贾柏 H1 的个案所表明的，在注重对微体遗存的考古学情境进行考察后，我们便有可能从同样的一份样品中获得更加丰富的信息，在解读微体遗存数据时也可以与其他考古记录进行更加紧密的结合，进而为我们生业、聚落等问题的探讨提供更加多样化、更加全面的信息来源。

五　结语

综上，本文的研究为我们理解东贾柏遗址北辛文化时期居民的日常生活行为提供了重要线索：

　　首先，H1 的性质和我们在田野工作中的判断是基本一致的——H1 应为东贾柏遗址北辛文化聚落的一个垃圾坑。对其堆积过程的分析还表明这一灰坑可能开挖在已相对稳定的河漫滩相沉积物上，且 H1 并非在开挖之后便被垃圾迅速填满，而是经历了一个持续较长时间的使用阶段。期间坑内可能还生长有少量植被。在 H1 ⑪、⑫ a、⑫ b 等层形成时，古人应曾经向 H1 中倾倒了粟叶片、黍亚科叶片、稻壳及其他非禾本科植物组织经过燃烧而形成的灰烬。目前暂时没有证据显示 H1 与古人对农作物进行脱壳的行为直接相关。

　　其次，东贾柏遗址北辛文化时期的居民可能在地表相对稳定的河漫滩上定居并持续生活，利用着遗址周边稻、粟、黍等植物性食物资源。但以上认识仍需要在未来的发掘中进行系统采样，以更加全面地获取东贾柏遗址北辛文化聚落变迁、周边微地貌变化等方面的信息。

　　最后，相比于传统单纯提取植硅体等微体遗存所获得的数据，拥有明确考古学情境的微体遗存数据具有更大的信息量以供发掘。而在考察其考古学情境的过程中，土壤微形态所提供对未经扰动的堆积样品进行高分辨率观察的能力，无疑具有巨大的优势。因此，本文也是一次方法论上的探索，尝试通过土壤微形态观察重建样品中植硅体的考古学情境，进而综合地学考古与植物考古方法对人类行为进行更高精度的复原。在未来的工作中，地学考古与植物考古的综合研究或许可以帮助我们更加深入地解读与挖掘植硅体等微体遗存所能提供的信息，并将其与考古背景建立更加紧密的联系，从而为中国考古学在生业、聚落等层面的研究提供更多样化、更高分辨率的信息来源。

　　本研究为国家自然基金（41771230）资助项目。

10. 大汶口遗址环境考古调查报告

柏哲人、陈松涛、高明奎、梅圆圆、靳桂云★

摘要

2018 年春季对大汶口遗址大汶河两岸地区进行了环境考古调查，在大汶口遗址公园西侧发现一处含有周代、大汶口文化地层的剖面，根据野外观察和土壤微形态样品的分析，对大汶口遗址的环境复原得出了以下几点认识：一是大汶口文化时期聚落所在位置在雨季容易受洪水威胁；二是大汶口文化时期人类曾开发过大汶口遗址公园西侧的剖面所在区域；三是大汶口文化时期食物生产与觅食行为并存的生计方式，是人类适应聚落周围环境的结果。

大汶口遗址的发现，是新中国考古发现的重大收获之一。已公布的发掘简报和动植物遗存资料，为我们认识大汶口文化乃至海岱地区史前生业与社会提供了重要信息。但是，目前对大汶口聚落所处的环境背景，尤其地貌、水文与植被状况，依然所知甚少[1]。因此，对大汶口遗址周围进行环境与地貌的调查，无疑具有重要意义。

一　调查背景

大汶口遗址位于山东省泰安市大汶口镇南端的卫驾庄和宁阳县堡头村之间，大汶河与柴汶河在此交汇，遗址被大汶河分成南北两个部分，现存总面积约为 45 万平方米。1959 年，济南市文物工作队在河南的堡头村发掘了大汶口文化晚期墓地（山东省文物管理处等，1974），1974、1978 年，山东省博物馆在河北发掘了北辛文化晚期和大汶口文化早期的墓葬与居址（山东省文物考古研究所，1997），2012—2017 年，山东省文物考古研究所又在大汶口村进行了发掘（山东省文物考古研究所，2015），发现了一些居住遗迹（图 1）。

★　柏哲人：山东大学文化遗产研究院、上海博物馆；陈松涛：山东大学历史文化学院、国家文物局考古研究中心；高明奎、梅圆圆：山东省文物考古研究所；靳桂云：山东大学文化遗产研究院
[1]　夏正楷教授等曾经做过地貌调查，但结果尚未发表。

图 1　大汶口遗址地理位置、历次发掘区位置和 2018 年调查采样位置示意图

根据历次调查发掘的结果，汶河北岸主要为北辛文化晚期至大汶口文化早期的遗存，汶河南岸则主要是大汶口文化中、晚期阶段的遗存（山东省文物考古研究所，1997；山东省文物考古研究所，2015）。据此我们推测，大汶口文化早期，居民主要活动在大汶河北岸，但晚期阶段，则可能已经将活动重心转移到大汶河南岸。

对 1959 年发掘出土大汶口文化晚期人和动物骨骼的同位素食谱分析（Chen et al., 2019）以及对 2015 年发掘的两个大汶口文化早期灰坑的植物考古研究（吴瑞静，2018）发现，大汶口遗址居民的生计方式可能是粟黍稻栽培和家猪饲养为主的食物生产与狩猎采集捕捞等觅食相结合的混合型生计策略。

以此为基础，我们进一步提出以下问题：（1）大汶口文化时期居民的生存环境是怎样的？现今遗址周边地貌与大汶口文化时期相比产生了哪些变化？当时的水文和植被状况如何？（2）他们狩猎采集捕捞的食物资源状况如何？（3）居民活动重心为什么从河北向河南转移？

针对上述问题，2018 年春季我们陆续对大汶口遗址进行了环境考古调查，本文将报告调查的基本收获，并对大汶口遗址的环境复原提出初步的认识。

二　调查方法

调查前，我们首先翻阅了相关地方志等文献资料，同时查找遗址所在区域 20 世纪 60 年代的高清航片，获取该区域自历史时期至近现代以来的相关资料，为我们提供在未受到平整土地、修路架桥造坝等人类活动影响前的遗址周边地貌信息。

调查过程中，以大汶河为东西轴线，实地调查大汶河南北两岸。调查中借鉴区域系统调查的方法，沿途记录有研究意义的位置，采集文化遗存和现代动植物标本，并收集相关信息和拍照。同时在调查中注意走访附近居民，采访问题以近年来的环境变化、生计方式和历史故事为主，详细记录相关信息。

调查过程中，于大汶口遗址公园西侧，发现一处因工程建设而开挖的缓坡状剖面，我们对剖面进行了观察并采集了相关土壤微形态、植物考古样品，并在实验室内对样品进行观察与分析。

三　现代自然环境调查结果

大汶河北岸地势平坦，基本不见低山丘陵。南岸地势起伏，分布有低山丘陵，由西南至东北地势渐低。区域内存在至少三条河流，均发源于南部的低山丘陵，自西向东分别为潮河、海子河、柴汶河，均注入大汶河，河道平坦，河床较浅。潮河现今除曹庄水库外基本常年断流。但附近村民告知，在约二十年以前该河仍未断流。后两条河流水量充沛，并在与大汶河交汇处形成湿地，水草丰茂，多有水鸟、野鸭等栖息。彩山是大汶口遗址视力所及最近的低山，山上多为繁茂的次生林，并生长有野酸枣树等。北岸土壤以黏土为主，颗粒细，适宜农业种植。靠近大汶河处有粉砂黏土，在有些剖面可见一层河流相堆积，应曾受到洪水的侵袭。南区磁窑镇以东至柴汶河也以黏土为主，但土壤颗粒略大，以农田为主，主要种植小麦，也种植耐旱的花生等。磁窑镇以西区域，越向西土壤颗粒愈大，夹杂的砂砾石愈多，土质也越差，且土壤堆积渐薄，部分区域基岩裸露。因而这一区域除种植小麦外，农作物组合更加多样，还种植有花生、药材以及果树等，不过小麦的生长状况明显不如河北岸。

大汶河古称汶水，发源于章丘东南约 18 千米的凉泉，自东向西流经莱芜、新泰、泰安、肥城、宁阳、汶上、东平等地。大汶河干支流都是源短流急的山洪河流，洪水涨落迅猛，平时只有涓涓细流。大部分河道为中粗砂堆积，河身宽浅，没有明显河槽。柴汶河又称小汶河，为大汶河支流，该河季节性强，夏季河水暴涨，春季常干涸断流。在大汶口村以东、柴汶河与汶河汇流始称大汶河，自此下的下游段，河道流行于大汶河冲积扇的北缘，冲积扇西南倾，因此洪水易决溢冲向西南，淹及大汶河左岸地区，历代这一区域曾深受汶水决溢的危害（山东省地方史志编纂委员会编，1996）。

现在的大汶河水流充沛，河流含沙量少，河床底部基岩裸露，河床较浅，据附近居民回忆，20 个世纪 50 年代以前大汶河的河床更高，河床内堆积有厚厚的泥沙，甚至可与现在河流的两岸齐高，每年丰水季，水可蔓延至岸边的农田，在某些年份洪水会淹没农田。由 20 世纪 60 年代的高清航片的观察可知，当时大汶河中还留有较大面积的河漫滩堆积，在我们调查时并未发现这类河漫滩，原因可能与当地近三十年来采砂业的发展有关，导致河漫滩中的泥沙基本被采集完，从而造成河漫滩的消亡。同时大量农田也侵占了两岸部分原本是河漫滩所在的区域，这就造成了在雨季，河水最高能够上涨到离村庄很近的位置。

由此可知，大汶口遗址所在区域的地貌在近几十年中受到了强烈的人为因素的改造，即使是与 20 世纪 60 年代相比也发生了较大的变化。大汶口文化时期的地貌情况与现今相比必然存在迥然差异，如当时的河流形态、河道位置是怎样的，河流又是在多大程度上影响遗址内居民居住环境的生业模式的，都是需要开展科学研究的。

四　大汶口遗址公园西侧剖面观察

环境考古调查过程中，我们发现了一个工程建设开挖的剖面[1]。该剖面位于大汶河北岸、104 国道西侧，在大汶口遗址以西 100 米处，剖面南距大汶河约 200 米，剖面以北 20 米左右为一条东西向无名道路。剖面呈缓坡状，坡度约为 10°。

（一）剖面基本情况

我们在大剖面上选取 4 个小剖面进行清理、观察、描述并采样（图 2）。其中 P3 的经度为 117.076927。纬度为 35.944469。海拔 87 米。P3 以西 30 米处为 P4，以东 40 米为 P5，P3 正南 30 米为 P6，P3 与 P6 之间隔一条人工河。剖面高约 3 米[2]。在剖面上，发现有包含陶片的文化层，可以作为理解大汶口遗址先秦时期环境的研究对象，在大汶口文化层和周代文化层之间有明显的河流相堆积，显示期间有河流作用。

结合四个小剖面的地层，可以将大剖面堆积分为 5 层（图 3）。

第①层，厚度约 17 厘米。出土东周时期的鬲口沿、豆盘等陶器碎片。根据土质土色可以分为两小层。

第①a 层，厚约 8 厘米，灰褐色粉砂土，土质疏松，包含较多红烧土颗粒、陶片。

第①b 层，厚约 9 厘米，灰褐色粉砂土，土质较致密，包含较多红烧土颗粒、陶片。

第②层，厚约 18 厘米，褐色粉砂黏土，土质较致密，包含物较少。

第③层，厚约 64 厘米，黄色砂土，土质疏松，顶部有一些周代青灰色泥质陶片，磨圆度较好，这一层可能是河流相沉积。

---

[1]　我们在这个大型剖面上选择了几个采样剖面，为避免混乱，将大型剖面命名为大剖面，具体的采样剖面称之为小剖面或以具体剖面（比如P1）称呼。

[2]　剖面高度由斜面长度与坡度计算得出。

图2　采样剖面位置图

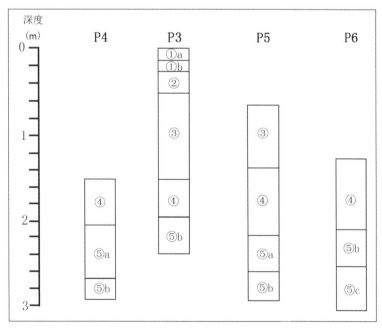

图3　大汶口遗址公园西侧剖面图

第④层，厚约32—100厘米，各剖面上厚度不一，灰黑色粉砂黏土，土质较致密，包含较多大汶口文化陶片及炭屑、骨骼碎片、磨圆度较好的砾石等，形成年代应为大汶口文化时期。我们对剖面所在范围进行了试探，但并不能确定地层沉积物的性质。勘探同时，采集了土壤微形态样品，希望能帮助我们了解该地层的性质。在P3剖面，④层下开口两个灰坑，编为H1、H2，坑内均填包含红烧土粒和炭屑的灰土。

第⑤层，粉砂黏土，包含较多红烧土粒，该层中有较多黑色斑点，P6该层有较多黏土块，因为均无陶片等包含物，我们推测该层为自然沉积层。可分为三小层。

第⑤a层，厚约104—143厘米，黄褐色粉砂黏土，土质较致密，无包含物。

第⑤b层，厚约38厘米，灰褐色粉砂黏土，土质较致密，无包含物。

第⑤c层，厚约105厘米，黄褐色粉砂黏土，土质较疏松，无包含物。

在剖面描述之后，进行采样。采集的土样包括浮选土样、植硅体土样、土壤微形态样品。其中，两个灰坑各采集浮选土样4.5L和3.5L；H1和④层各采集1份植硅体土样；于P3④层、H1、P6④层上部、P6④层下部、P6⑤层各采集一个土壤微形态样品。

（二）文化层采集的遗物

在清理剖面和采样过程中，收集了文化层中出土的陶片等文化遗物，其中多数来自P3。

大汶口文化层采集遗物共8件（图4）。

2018P3④：1，鼎口沿。夹砂红陶，外壁灰黑色，侈口，圆唇，残高5.5、残宽6.5、厚0.7厘米（图4，7）。

2018P3④：2，桥形鋬手。夹砂红陶，残长6.5、宽3.7、厚2厘米（图4，5）。

2018P3④：3，器柄。泥质黑陶，外部有三道凹槽，残高6、残宽2、厚0.4厘米（图4，4）。

2018P3④：4，鼎腹片。夹砂红陶，外部饰有一圈附加堆纹，残高3.5、残宽5、厚0.7厘米（图4，8）。

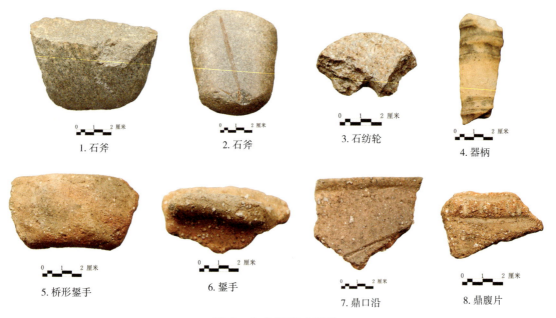

1. 石斧　　2. 石斧　　3. 石纺轮　　4. 器柄

5. 桥形鋬手　　6. 鋬手　　7. 鼎口沿　　8. 鼎腹片

图4　文化层出土遗物

2018P3④：5，鋬手。夹砂红陶，残长6.5、残宽3.5、厚2.5厘米（图4，6）。

2018P3④：6，石斧。平面近梯形，器体宽厚，磨光，残长4.5、宽7、厚4厘米（图4，1）。

2018P3④：7，石斧。平面近长方形，器体较宽，有改制痕迹，残长6.5、宽6、厚3.3厘米（图4，2）。

2018P3④：8，石纺轮。近圆形，直径6.2、厚1.1厘米（图4，3）。

H1共采集遗物4件（图5）。

2018P3H1：1，鼎足。夹砂红陶，底部灰黑。锥形足，底部残，残高3厘米（图5，1）。

2018P3H1：2，鼎足。夹砂红陶，内壁灰黑。凿形足，底部残，残高4厘米（图5，2）。

2018P3H1：3，鼎足。夹砂红陶，凿形足，底部残，残高3厘米（图5，3）。

2018P3H1：4，豆盘。泥质黑陶。敛口，圆唇，浅盘，斜腹，素面。残高4，厚0.7厘米（图5，4）。

东周文化层共采集遗物3件（图5）。

2018P3①A：1，豆盘。泥质灰陶，敞口，方唇，浅盘，素面。残高3.6、厚0.5—1厘米（图5，5）。

2018P3①A：2，豆盘。泥质褐胎黑皮陶，敞口，方唇，素面。残高2、厚0.3—1厘米（图5，6）。

2018P3①B：3，鬲口沿。夹砂灰陶，侈口，方唇，平沿。绳纹。残高7、残宽9、厚1厘米（图5，7）。

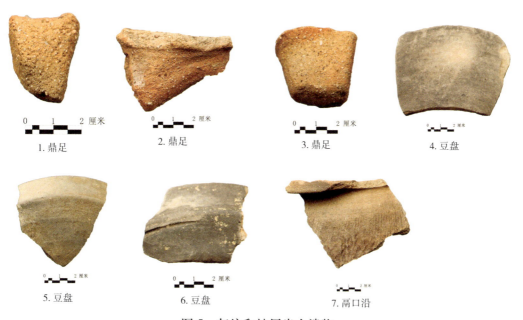

0 1 2 厘米   1.鼎足   0 1 2 厘米   2.鼎足   0 1 2 厘米   3.鼎足   0 1 2 厘米   4.豆盘

0 1 2 厘米   5.豆盘   0 1 2 厘米   6.豆盘   0 1 2 厘米   7.鬲口沿

图5　灰坑和地层出土遗物

（三）植物考古结果

H1 和 H2 均只浮选到炭化粟，其中 H1 出土 10 粒，H2 出土 1 粒（图 6）。H1 和 P3④层均出土了植硅体，但没有发现确定的属于农作物的植硅体；植硅体类型包括扇型、棒型、长方型、尖型等（表 1）。

图 6　炭化粟照片

表1　植硅体分析结果登记表

样品单位	植硅体特征	植硅体组合
H1	炭屑较多；植硅体较少	扇型、棒型、长方形、短尖型、长尖型
④层	炭屑较少，相对比较完整；植硅体很少	扇型、短尖型、长方型、棒型

（四）微形态结果与分析

对 P3 和 P6 的土壤微形态观察结果详见表 2、图 7。微形态切片在单偏振光和正交偏振光下参照 Bullock 等（1985）和 Stoops（2003）等的方法进行观察和记录。

P3④层、P6④层和 P6⑤层的粗组分含量都较多，且以细砂粒级次棱角状的石英为主，辅以少量黑云母、蓝铁矿、橄榄石、斜长石，其中部分矿物表面有明显的风化线和断裂痕迹，说明这些矿物可能是在他处经历了较长时间的风化后，在搬运过程中与其他未被风化的矿物一起被搬运而来。土壤形成物方面，存在较多透明黏粒胶膜，

表2　土壤微形态结果列表

样品编号	地层单位	微地层	粒度	分选	细粒物质	微结构	b-构造	包含物	成土特征
DWK-1	P3-④层		粉砂质壤土（Silt Loam）	适度	矿物；矿物	孔道状2%	晶质双折射（crystallitic）；点状（dotted）；孔隙外围条纹状（porostriated）	棱角状石灰岩，2%	较多粉尘黏粒胶膜，深红色，通常沿孔隙分布，5%；动物扰动形成的填充物，颜色浅，含大量粗颗粒物质，5%；较多圆形的铁结核，不同程度浸透，4%
DWK-2	P3-H1		粉砂黏壤土（Silty clay loam）	无分选	黏土；有机质	孔道状5%	斑状（stipple-speckled）	大量无定形炭屑，部分破碎或分解，20%；少量植硅体，呈随机分散分布，2%；少量疑似人类排泄物，1%；少量燃烧过的动物骨骼，2%	大量粉尘黏粒胶膜，深红色，通常沿孔隙分布，部分分层，25%；少量动物扰动形成的填充物，2%
DWK-3	P6-④层上		砂质粉砂壤土（Sandy silt loam）	差	矿物；黏土	孔道状5%；气泡状10%	晶质双折射（crystallitic）；孔隙外围条纹状（porostriated）；颗粒外围条纹状（granostriated）	无定形炭屑，2%；炭化植物遗存，2%	较多透明黏粒胶膜，偏黄色，其中少数有分层，10%；大量不规则形、圆形的铁结核，不同程度浸透，10%
DWK-4	P6-④层下	a	砂质粉砂壤土（Sandy silt loam）	好	矿物	板状5%	晶质双折射（crystallitic）		较多动物扰动形成的填充物，浅灰色，含大量粗颗粒物质，5%；较多粉尘黏粒胶膜，深红色，沿孔隙分布，5%
DWK-4	P6-④层下	b	砂质壤土（Sandy loam）	适度	矿物	管道状5%	晶质双折射（crystallitic）		较多粉尘黏粒胶膜，深红色，沿孔隙分布，5%
DWK-5	P6-⑤层		粉砂壤土（Silt loam）	好	矿物；黏土	气泡状10%；囊状5%；孔洞状5%	晶质双折射（crystallitic）		较多动物扰动形成的填充物，浅灰色，5%；少量粉尘黏粒胶膜碎片，深红色，随机分布，2%；少量不规则性的铁结核，2%

偏黄色，其中少数有分层，表明发生多次的淀积过程（图7，a）。发现大量不规则形、圆形的铁结核，不同程度浸透（图7，b），部分铁结核跟基质之间有明确的边界，表明它们可能并非原地形成；而部分边界则不明显，表明这是由于地下水位的频繁变化而在原地新生成的（Lindbo et al., 2010; McCarthy and Plint, 1999）。以上结果一方面表明构成基质的矿物与部分土壤形成物来源不一，搬运方式应是相同的（即受到河流搬运）；另一方面这些证据并未在堆积后呈整体一致，有可能是因为堆积后在较短时间内即被新到来的沉积物覆盖。其他的土壤形成物以生物扰动形成的填充物、粉尘黏粒胶膜、黏粒胶膜为主。在这几个切片中都发现了粉尘黏粒胶膜（dusty clay coating），它的形成是由于土壤颗粒在地表裸露的情况下经地表径流或雨水冲刷导致部分颗粒崩解、分离从而下渗迁移至孔隙或土壤团块表面（Deak et al., 2017）。粉尘黏粒胶膜呈黑色或暗棕色，这主要是由于广泛分布的有机质造成的，通常认为它们也与采伐森林或其他人类活动相关，也有观点认为它们有时候可以反映人类早期耕作活动（Kuhn et al., 2010）。但是并不是所有地表裸露的情况都是因为人类活动，更多的是显示地表状况

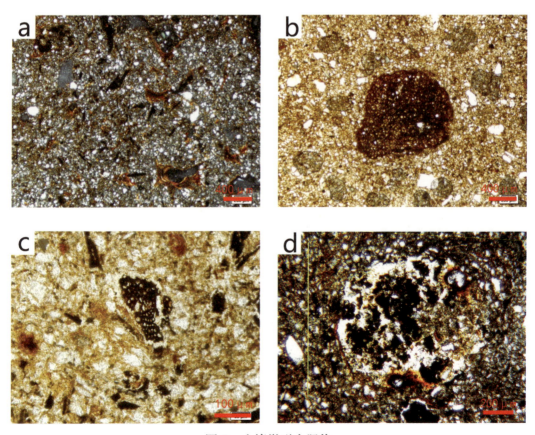

图7　土壤微形态照片

（a）粉尘黏粒胶膜，部分分层（P6④层下部），XPL；（b）铁结核（P3④层），PPL；（c）木炭和无定形炭屑（P6④层上部），PPL；（d）人类排泄物（H1），1mm，XPL

的不稳定。分层的粉尘黏粒胶膜则显示了多次淀积过程。在 P6 ④层上部有较少量无定形细小炭屑、炭化植物遗存和保存较好的木炭（图 7，c）。

H1 发现大量无定形炭屑，部分破碎或分解；少量植硅体，呈随机分散分布；少量疑似人类排泄物（图 7，d）；少量燃烧过的动物骨骼。有大量粉尘黏粒胶膜，深红色，沿孔隙分布，部分分层；少量动物扰动形成的填充物。

微形态结果与现场观察到的结果一致，即 P3 ④层、P6 ④层和 P6 ⑤层都为自然沉积层。存在铁结核但数量不多，表明了短期的饱水状态或是水位快速的升降。H1 的基质与④、⑤层的类似，可能代表了相似的沉积环境，仅在包含物的种类、数量上存在一定差别。在④层上部发现的炭屑和部分保存较好的木炭，结合切片中普遍存在的粉尘黏粒胶膜，可能存在人类对这一地区的土地利用行为，但无论是文化层中还是灰坑中代表人类活动的证据都很有限，推测当时人们虽然已经在这一区域活动，但未进行过多的开发利用，这些观察结果与这里位于遗址边缘的情况是相符的。

五　初步认识

根据调查的结果，我们对于大汶口遗址的环境，有如下初步看法：

1.大汶口文化时期聚落在雨季容易受洪水威胁

由于最近几十年大规模的采砂以及工程建设在内的原因，如今大汶口遗址附近的地貌即使较 20 世纪 60 年代而言也发生了较大变化，大汶口文化时期的地貌与现代地貌明显不一致，因此对当时遗址周边环境的复原存在较大难度。但是微形态证据表明，剖面所在位置曾受到多次水位升降的影响，大汶口文化层和其下的自然沉积层均存在较多需要被水浸泡一段时间才能形成的铁结核，表明在大汶口文化时期这个地区就已经时常受到高水位的影响。从整个剖面看，大汶口文化时期的堆积之上叠压的是河流相堆积，这一层河流相堆积之上有周代堆积，这或许说明，大汶口文化之后这里的洪水威胁加大了，直到周代，环境又一次相对稳定，人类再次回到这里居住。大汶口遗址周围地区的调查也显示，周围北辛文化时期至周代虽然都有遗址分布，但是数量都不多，可能也与该地区易受洪水侵扰有关。

我们推测，大汶口文化时期聚落会受到洪水的威胁，大汶口文化时期居民先居住在大汶河北岸，晚期时迁移到河南岸，或许与躲避水患有关。相关结论有待进一步的考古发掘特别是系统的环境考古调查与研究。

2.大汶口文化时期人类曾开发过剖面所在区域

微形态中发现的粉尘黏粒胶膜在④层广泛存在，表明当时地表并不稳定，通常与人类密切活动相关，在这里我们认为这极有可能是当时人类清理地表植被造成的。地表径流或者雨水在流经裸露或缺少植被的地表时会导致土壤颗粒的崩解和分离，从而在它们迁移时呈现灰尘样（dusty）的现象。然而，人类活动总体而言并未在微形态切片中留下更多的证据，可能代表了人类活动的时间并不长或是强度并不高。此外，据勘探结果，该区域除灰坑外没有其他类型的遗迹，也说明这里人类活动强度低。

3.大汶口文化时期食物生产与觅食行为并存的生计方式，是人类适应聚落周围环境的结果

尽管植物考古分析发现了粟黍稻农业的证据，而且同位素分析也显示人类的食物以 C4 类谷物为主，但动物考古分析揭示了狩猎采集捕捞在生业经济中的重要性，而且植物遗存中也有野生可食植物类型，这些都表明，大汶口遗址居民可能充分利用了聚落周围的自然环境，在种植粟黍稻和饲养家猪的同时，对自然界的各种食物资源都加以利用。这种情况在现代依然如此，只是由于环境的变迁和资源结构的变化，野生资源在生计中的地位远低于大汶口文化时期而已。

毫无疑问，对于大汶口遗址周边环境的认识，现有的工作还远远不够，与遗址相关的环境考古研究还有待深入，后续工作除了对遗址范围内区域进行进一步考古发掘外，还应从区域环境背景尤其大汶河河道变迁对于遗址的影响上来看待。

原载山东大学文化遗产研究院编《东方考古》（第 19 集），科学出版社，2022 年；本研究为国家自然科学基金（41771230）资助项目。

11.焦家遗址大汶口文化城墙与壕沟
使用过程的地学考古观察

饶宗岳、王芬、庄奕杰、武昊、靳桂云★

摘要

本文综合运用土壤微形态、粒度分析、植硅体研究等方法，重建了焦家遗址大汶口文化中晚期城墙与壕沟"兴建—使用—废弃"的完整过程。结果表明，焦家壕沟开挖于河漫滩相粉砂质沉积物上，先民使用开挖壕沟所得的沉积物修筑了第一期城墙。在壕沟使用期间，降水为沟内带来短期流水，土壤侵蚀堆积构成了壕沟内沉积物的主要来源。人类在壕沟附近的活动较为频繁，并利用清淤所得的沉积物修筑第二期城墙。最终，随着壕沟内侧聚落功能变化，先民逐步放松了对壕沟的管理，城墙壕沟先后废弃。在其主要使用阶段，城墙、壕沟客观上发挥着阻挡来水、聚落防御的功能，其社会意义亦不应忽视。

公元前 3300 年前后是中国史前社会复杂化的重要节点，城址的出现是这一时期聚落形态的根本性变化之一。海岱地区大汶口文化中晚期城址的发现、发掘与研究相对较少，鲁北地区的相关工作更为缺乏。焦家遗址的发现与系统发掘，为深入了解鲁北地区大汶口文化中晚期的社会复杂化进程与人地关系演变提供了契机。作为聚落演变过程中的重要组成部分，考察焦家遗址大汶口文化中晚期城墙、壕沟的"兴建—使用—废弃"过程无疑有着重要意义。

近年来，土壤微形态等地学考古手段被引入了史前壕沟研究。考古学家因此得以对地层进行高分辨率的观察，进而有效地复原壕沟内堆积物的形成环境与后期改造过程。目前该方法已被应用于瓦店（张海等，2016）、城子崖（本书文章 15）、丁公（本书章 18）、凌家滩（本书文章 13）等遗址的研究，为壕沟的使用过程、功能性质、水

★ 饶宗岳：山东大学历史文化学院、山东省文物考古研究院；王芬、武昊：山东大学历史文化学院；庄奕杰（Yijie Zhuang）：Merton College, University of Oxford; Archaeology Institute, University of College, London（英国伦敦大学学院UCL考古学院）；靳桂云：山东大学文化遗产研究院。

资源管理、周边土地利用变化等问题的探讨提供了新的视角。本文拟运用地学考古方法，对焦家遗址 2017 年度发掘中采集自壕沟内堆积物、城墙和生土的样品开展分析。结合已有的聚落考古成果，我们尝试探讨焦家遗址大汶口文化中晚期城墙与壕沟从兴建、使用、维护到最终废弃的完整过程以及城墙、壕沟使用初期阶段的功能与性质。

一　焦家遗址简介

焦家遗址位于济南市章丘区焦家村西，西南距济南市区 30 千米，东南距章丘城区 20 千米，南距城子崖遗址 5 千米。

按山东省内地貌区划，焦家遗址所在的泰山北侧山前平原地带，属泰鲁沂山北平原区（山东省地方史志编纂委员会，1996: 117）。自南向北，本区内部的地貌类型依次为：洪积—冲积平原和冲积扇平原、扇缘湖沼低地、河海积平原与海积平原。小清河沿岸的白云湖即为扇缘发育的一系列湖沼之一。遗址具体位于白云湖西南约 5 千米，大体属今鲁北冲—洪积平原向扇缘湖沼低地的过渡地带（图 1）。

2016—2017 年度的发掘所见遗存主体属大汶口文化中晚期，其中发现有一周壕沟和夯土城墙（山东大学考古与博物馆学系等，2019）。根据钻探，壕沟所圈围的范围平面形状近椭圆形，在壕沟的东北部有宽约 80 米的缺口，总面积约 12.25 万平方米（图 2）。

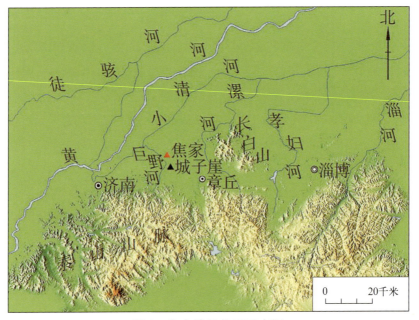

图 1　焦家遗址位置示意图
（山东大学考古与博物馆学系等，2019，图一）

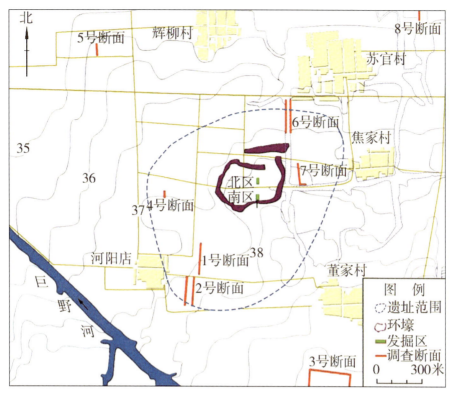

图 2　焦家遗址分布范围与发掘区示意图
（山东大学考古与博物馆学系等，2019，图二）

城墙叠压于第 6 层（大汶口文化层）下。从夯层的土质、土色、结构等判断，城墙的建造可以分为两期。壕沟位于夯土城墙外侧，发掘区内壕沟与城墙的现存开口高度相比基本持平或略低。壕沟现存宽 25—30 米、深 1.5—2 米。按照解剖壕沟的 TG4 剖面（图 3），壕沟内的填土堆积可以分为五大层。其中 1—4 层均由土色相近的若干小层构成；第 5 层断续分布于壕沟底部，除发现 1 件完整的大汶口文化陶罐外（图 4），该层其他包含物很少。

二　采样与方法

本文所用样品均取自焦家遗址 2017 年度发掘的 TG4 中，包括土壤微形态和全样两类，共计 24 个（份）。

微形态样品 9 个（图 5）。采样方法是在设计的位置上打压入大小 20cm×8cm×4cm 的铝盒来取下整块非扰动的定向样品。其中壕沟样品 6 个，采自壕沟中部序列，基本涵盖了壕沟从开挖至最终淤满的所有堆积物（图 5，a）。城墙样品 2 个，分别来自第一期和第二期城墙的中部（图 5，b、c）。生土样品 1 个，采自壕沟

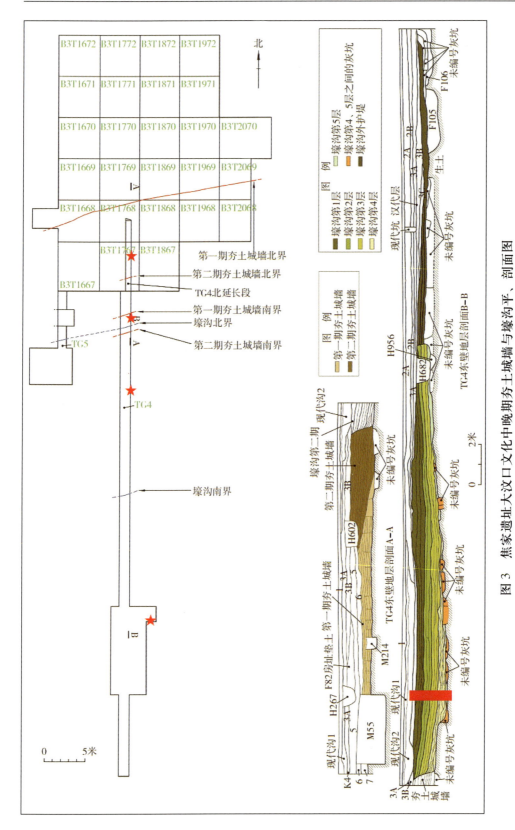

图 3　焦家遗址大汶口文化中晚期夯土城墙与壕沟平、剖面图

星形标记处为采样位置，自北向南依次为第一期城墙、第二期城墙、壕沟、M213 南壁的采样剖面；矩形标记处为壕沟序列样品的位置（改绘自山东大学考古与博物馆学系等，2019，图二八、二九）

图 4   壕沟第 5 层底部出土的大汶口文化陶罐

南侧 M213 南壁未受人类扰动的生土第 1 层与生土第 2 层[1] 交界处（图 5，d）。

全样主要用于烧失量、粒度以及植硅体分析，共 15 份。其中壕沟 13 份、第一期城墙 1 份、第二期城墙 1 份、生土 1 份，均采于同一地层中平行于微形态样品的位置。采集壕沟内样品的方法，是在结合层位的基础上，每层堆积内部以 15 厘米为单位取样。取样地层的田野描述详见表 1。

土壤微形态样品被送往北京大学地球与空间科学学院进行处理，制成 8cm×8cm 与 4cm×6cm 两种规格、厚度为 30μm 的土壤薄片。随后由饶宗岳在山东大学环境与社会考古实验室使用 Olympus BX53M 型偏光显微镜在单偏振光和正交偏振光下，参照 Bullock（Bullock et al., 1985）和 Stoops（2003）等人的方法对薄片进行观察与记录。

烧失量分析结果是在山东大学地学考古实验室使用马弗炉进行总重损失实验而获得。粒度分析在北京中国科学院地质与地球物理研究所用 Mastersizer2000 激光粒度分析仪进行，每份样品都使用粒度分析仪测量 2 次，必要情况下重复进行使粒度曲线重复分布。文中所披露粒度数据为样品所有测试结果的平均值，颗粒粒级的划分采用伍登 - 温德华划分标准（任明达、王乃樑，1981）。植硅体样品在山东大学地学考古实验室完成提取、鉴定与定量分析。

---

[1]　TG4的发掘表明焦家遗址所依托的生土包括两种上下叠置的自然沉积物，在TG4内，这套地层以探沟南段M213南壁剖面最为典型。位于下部的沉积物在剖面中表现为灰黄色粉砂，分选好，结构疏松，微具水平层理，包含少量料姜石，为行文方便编号为生土第2层；上部的沉积物则为灰褐色粉砂，分选较好，结构较疏松，质地均一，包含较多料姜石，编号生土第1层。

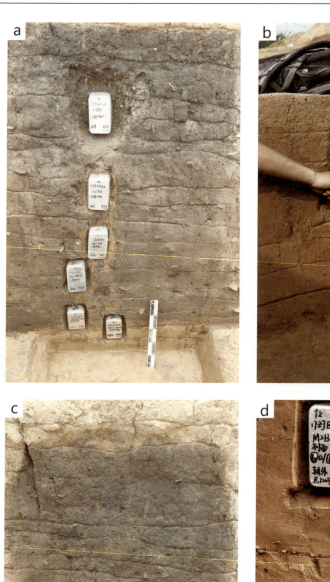

图 5　焦家遗址土壤微形态采样剖面照片

（a）焦家遗址土壤微形态采样剖面照片；（b）焦家遗址土壤微形态采样剖面照片；（c）焦家遗址土壤微形态采样剖面照片；（d）焦家遗址土壤微形态采样剖面照片

表1　焦家遗址TG4采样剖面野外描述

地层单位	色号	颜色描述	沉积特征描述	包含物	微形态样品编号	取样位置
壕沟第1层	7.5YR 3/1	黑灰色	黏土，非常致密坚硬。棱块状结构发育，可见较多竖向黄土条带。水平底面，与壕沟第2层间渐变过渡	少量陶片、较少的红烧土粒及零星分布的碎骨和碎蚌壳，分布较为均匀；陶片磨圆度低	ZJ-1	壕沟第1层中部
壕沟第2层	2.5Y 5/2	灰黑色	粉砂质黏土，较为致密坚硬，质地较均一；水平底面，与壕沟第3层间渐变过渡	少量陶片及红烧土，在该层内分布不均，密度自上而下递减	ZJ-2	壕沟第2层中部
壕沟第3层	2.5Y 6/3	灰褐色	粉砂，较以上两层较为疏松，质地较均一；水平底面，与壕沟第4层间突变过渡	少量陶片及红烧土，在该层内分布较均匀，另有一大石块分布于地层中部	ZJ-3	壕沟第3层中部
壕沟第4层	2.5Y 7/3	灰褐色	粉砂，整体疏松稍软；包含众多透镜体状微地层；与壕沟第5层间突变过渡	较少量陶片及红烧土，在部分区域近水平层状分布，部分区域仅有零星分布或没有分布	ZJ-4	壕沟第3、4层交界处
壕沟第5层	10YR 5/1	浅灰褐色	粉砂，细密稍软，混杂有少量灰白色土块；与生土间突变过渡	几无明显包含物，在壕沟底部最深处出一陶罐，基本完整，口朝下倒扣于壕沟底部	ZJ-5	壕沟第4、5层交界处
生土第1层	2.5Y 7/6	灰褐色	粉砂，分选较好，结构较疏松，质地均一	少量料姜石	ZJ-6	壕沟第5层与生土交界处
生土第2层	2.5Y 8/6	灰黄色	粉砂，分选好，结构疏松，微具水平层理	极少量料姜石	ZJ-7	生土第1层与生土第2层交界处
第一期城墙	10YR 6/6	黄褐色	粉砂，土质细密较硬	无可见包含物	ZJ-8	第一期城墙堆积中部
第二期城墙	10YR 4/1	深灰褐色	粉砂，土质坚硬致密	较少陶片、兽骨、红烧土粒，随机散布于整层堆积内，无特定排列方向	ZJ-9	第二期城墙堆积中部

三　结果与分析

（一）土壤微形态结果

1.生土

生土第2层的基质以分选较好的中粉砂-粗粉砂级矿物颗粒为主（图6，a）。包含物中，黏土团块多经磨圆，呈次棱角状或次圆状；钙质团块亦多呈次圆状。二者均具有明显边界，应为经过一定距离搬运后，与矿物颗粒一同沉积的次生团块（Zhuang et al., 2013; Lindbo et al., 2010: 134）；贝壳碎片在尺寸与分布形式上和以上物质相似，亦应为"侵蚀—搬运—再沉积"过程的结果。切片中孔隙较少，土壤结构弱发育，可

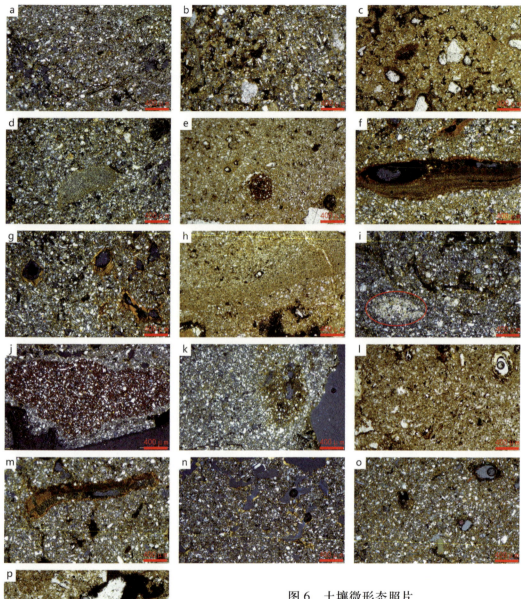

图 6　土壤微形态照片

（a）ZJ-7 下部（生土第 2 层）分选较好的基质，XPL；（b）ZJ-7 上部（生土第 1 层）分选较差的基质，XPL；（c）ZJ-5 下部（壕沟第 5 层）的大尺寸石英颗粒，PPL；（d）ZJ-5 下部磨圆度较高的黏土团块，XPL；（e）ZJ-5 下部的铁质浸染结核，PPL；（f）ZJ-5 下部的粉砂黏粒胶膜，具微层理；缺乏光性特征，XPL；（g）ZJ-5 下部的粉砂黏粒胶膜，略具光性特征，XPL；（h）ZJ-5 下部的黏土结皮，XPL；（i）ZJ-5 上部（壕沟第 4 层）中的碳酸钙土壤形成物（红圈处），XPL；（j）ZJ-5 上部的陶片碎块，XPL；（k）ZJ-4 中（壕沟第 3、4 层交界处）土壤团块中因铁被淋失而呈灰白色的基质，XPL；（l）ZJ-3（壕沟第 3 层）分选更好的基质，PPL；（m）ZJ-2（壕沟第 2 层）中缺乏光性特征的粉砂黏粒胶膜，XPL；（n）ZJ-1（壕沟第 1 层）中分选较好的基质，孔隙周边发育有透亮的粘粒胶膜，XPL；（o）ZJ-8（第一期城墙）中的基质，不见经强烈压实作用产生的裂隙，XPL；（p）ZJ-9（第二期城墙）中的基质，不见经强烈压实作用产生的裂隙，视野底部有一陶片碎块（红色箭头处），PPL

见较多铁质浸染黏粒胶膜、碳酸钙半胶膜，少量铁质浸染结核。综合以上特征，本层沉积物可能为土壤弱发育的河漫滩相沉积物。

相比之下，生土第1层中分选很差的矿物颗粒构成了基质的主体，矿物颗粒、钙质团块与黏土团块等包含物散布并镶嵌其中（图6，b）。切片中的土壤结构与孔隙较生土第2层更为发育，土壤形成物以铁质浸染的黏粒胶膜、钙质半胶膜、不规则形铁质浸染结核、钙质结核为主。田野工作表明，焦家壕沟所打破的生土其层面自南向北缓斜。因此，生土第1层所反映的沉积物可能主要是坡地过程形成的坡积物，在坡面相对稳定后逐渐有土壤发育。这说明在焦家先民到来之前，至少是TG4南段附近区域的地表起初可能会受到坡面流水的侵蚀，并不十分稳定；随后这种坡面侵蚀过程似乎有所减弱。

2.壕沟内沉积物

（1）壕沟下部（5、4层）

壕沟第4层、第5层的土壤微形态观察结果较为相似。基质均由中粉砂-粗粉砂级的矿物颗粒构成。中砂-粗砂级的矿物颗粒、黏土团块、炭化植物组织、动物骨骼碎片、陶片碎块、碳酸钙团块等包含物镶嵌于基质中（图6，c），整体分选较差且呈非定向排列，表明曾经历过短距离搬运。黏土团块的磨圆度较高，多呈次圆状或圆状，其沉积过程可能有流水参与（图6，d）。因此，前述黏土团块及其他尺寸相近的包含物可能主要是受地表径流冲刷而从周边地表、壕沟边坡等处进入壕沟。但又因切片中不见典型坡地过程产物的常见特征（Mücher et al., 2010: 41-44），故壕沟内堆积物在最初形成后应或多或少地受到过流水的改造。

铁质浸染结核（图6，e）的出现表明堆积形成后曾经历过一个饱水阶段。但由于在切片中并未观察到铁被耗减（depletion）的区域（Lindbo et al., 2010: 135-139），所以此时壕沟内应该并未长期处于饱和水环境下，相对湿润的沉积环境每次出现并不会持续很长时间，可能仅以天计算（Lindbo et al., 2010: 136-137）。

切片中的粉砂黏粒胶膜和结皮也能为壕沟内干湿交替的水文状况予以佐证。在XPL下，有的胶膜缺乏显著的双折射特征（图6，f），表明内部颗粒的分选较差且以非定向的形式排列（张海等，2016；Zhuang et al., 2017），应形成于地表径流快速下渗，水中携带的颗粒来不及进行分选便发生沉积的环境下（Brammer et al., 1971; Kuhn et al., 2010; 张海等，2016; Zhuang et al., 2016; Zhuang et al., 2017）。部分胶膜所见明显的分层特征则指示着这种沉积过程曾多次发生。切片中也可以发现分选相对较好的粉砂黏粒胶膜（图6，g），或许说明壕沟内水流的能量并不稳定。

在切片ZJ-5中，我们观察到数层结皮在垂直方向上按一定间隔排列。它们多呈水平且连续的层状结构，自下而上颗粒渐细，底部以粉砂粒级的矿物颗粒为主，向上过渡为顶部的黏土，与上覆沉积物之间的边界较为清晰（图6，h）。这类结皮又称"沉积壳（sedimentary crust）"，是水体快速干涸后，流水中的细颗粒物质在地表递次沉积的结果（Pagliai M. and Stoops G., 2010: 431）。因此连续多层结皮的出现，表明携带泥沙的水体出现并随后干涸的现象在壕沟内曾反复发生。

切片中的碳酸钙土壤形成物，除前述经过二次堆积的碳酸钙团块以外，主要包括少量的碳酸钙半胶膜和碳酸钙结核（图6，i）。二者均为土壤淋溶钙积过程的产物。在季节性的淋溶条件下，土壤中的钙等易溶性物质被下渗的水体淋洗，经过系列过程最终形成重碳酸钙溶液在土壤中移动；随着干燥环境的到来，土壤溶液蒸发，碳酸钙便在土壤中发生结晶形成前述的碳酸钙土壤形成物（刘东生，1985）。它们的出现也佐证了本阶段壕沟内沉积环境具有干湿交替的特点。考虑到钙等矿物的易溶性，碳酸钙形成物在土壤中得以保存下来，或许表明壕沟中还可能存在相对较长时间的干燥环境。

如前所述，壕沟第4、5层的切片中可见较多经坡地过程进入壕沟的中 - 粗砂粒级人工遗物碎块（图6，j），这可能反映了当时壕沟周边区域较高的人类活动频率。同时，在壕沟的发掘过程中，第4层出土陶片、石器、兽骨等遗物最多；第5层由于堆积较薄，出土遗物较少，但也发现有一个完整的陶罐倒扣于壕沟底部（图4），表明这一时期壕沟周边区域的人类活动可能相对较为频繁。但是，壕沟第4、5层中观察到的较多根孔、虫孔和粉砂黏粒胶膜，表明这一时期壕沟内沉积物在形成后可能曾作为地表存在，即使被埋藏也可能与地表相去不远，说明壕沟的堆积速度或许相对较慢。这或许与在壕沟开挖初期，人们对沟内进行的清理维护有关；也可能暗示着此时进入壕沟的物质也相对较少。后者又可分为至少两种情况：首先是在地表径流与坡面流水的作用下，来自周边地表与坡面的物质减少，背后可能是人对于这些部位的有效管理与维护；其次可能说明在焦家先民的认知中，壕沟当时并非倾倒垃圾的场所，故未向沟内集中、系统地堆填大量垃圾。

从图3可知，壕沟第4层叠压了一批打破壕沟第5层的灰坑。灰坑多呈浅盘状，宽约20—40厘米、深约15—20厘米，其内填土与壕沟内堆积区别较为明显，可能为原灰坑受人类行为破坏后残存的底部。这些现象或许暗示着一次清淤行为的存在。但微形态观察显示，壕沟第5层和第4层堆积形成时，壕沟内沉积环境并没有发生显著变化，因此，这次清淤或许是为了维持壕沟的形态，可理解为壕沟内部管理行为的一部分。

剖面中壕沟下部的堆积过程最终结束于壕沟第3层与壕沟第4层的交界处。此处的切片里，土壤基质充满了由非均质物质组成的土壤团块。这是人类使用工具将土壤切割、破碎后，再对已形成的土壤团块进行剧烈翻动与混合的结果（Deak et al., 2017; Zhuang et al., 2014）。具体到壕沟内，古人这种对土壤进行翻动的行为很有可能和清淤有关，壕沟第4、3层间清晰的地层交界面可能就是此次清淤行为的遗迹。值得注意的是，被翻动的土壤团块中常可见因铁被淋湿而呈白色的区域（图6，k），表明这部分沉积物在堆积发生之后曾较长时间处于水饱和环境下（Lindbo et al., 2010: 135-139）。这种水饱和环境的出现，究竟是壕沟整体的水文状况发生了突变，抑或只是壕沟内局部区域小范围的水文变化（类似现代沟内出现一处积水潴留较长时间的水洼），仍需对壕沟其他区域采样分析后才能展开进一步的讨论。

（2）壕沟上部（3、2、1层）

在这次的翻动之后，壕沟的堆积进入了一个新的阶段。在壕沟第3、2、1层的切片中，基质同样以矿物颗粒为主，但具有更好的分选（图6，1），表明壕沟内存在水动力条件下的沉积环境（Zhuang et al., 2017）。矿物颗粒粒径逐渐变细，极细粉砂至中粉砂粒级所占比例明显上升，则可能是壕沟中水流能量减弱的结果。本阶段切片中仍可见到中-粗砂粒级的石英颗粒、黏土团块、人工遗物碎块等包含物镶嵌于基质内。但相较于壕沟下部，壕沟上部切片中人工遗物碎块的数量已明显减少，或许说明壕沟周边区域人类活动频率已经降低。

在加积不断进行的同时，壕沟内的土壤化进程依旧持续。切片中仍然可见到原生铁锰结核的发育；粉砂黏粒胶膜相对少见（图6，m），部分可见分层，表明壕沟中的沉积环境依然处于干湿交替的状态。碳酸钙土壤形成物则已不见，表明堆积形成后的环境可能较前更为潮湿（张海等，2016；Zhuang et al., 2017）。与壕沟下部一样，本阶段切片中未见铁被还原而形成的灰白色区域（图6，1）。因此，这一时期沟内的流水应该依旧是季节性的，干旱时期壕沟底部的沉积物可以暴露在空气之下，壕沟的沉积环境总体而言仍然处于持续的干湿转换中，在壕沟第1层的切片中还可观察到较多光性黏粒胶膜（图6，n），这可能与壕沟堆积末期地表相对稳定情景下的土壤化过程有关。但是，本层被具有较明显土壤发育特征的汉代地层所叠压，野外观察可见两层堆积间呈渐变过渡，边界不清，汉代地层土壤发育可能已经对本层造成影响。所以有理由怀疑，壕沟第1层的光性黏粒胶膜也可能是汉代或以后土壤发育过程的产物，故暂不作讨论。

综合田野发掘和显微镜观察结果，壕沟第3、2、1层的沉积序列表现出了很好的连续性，未见明显的沉积间断或沉积环境的突然变化。因此可以推测从第3层开始，壕沟或许已经进入了一个持续的加积阶段，先民对于壕沟内部的清理已明显减弱，甚至基本停止。

3.夯土城墙

第一期夯土城墙的堆积与生土的微形态观察结果表现出了较高的相似性，第一期城墙的切片中，基质主要为分选较好的矿物颗粒，主要矿物种类按比例高低排序依次为石英、黑云母、白云母、斜长石、微斜长石。以上特征均与生土的微形态观察结果相接近。包含物也主要为生土样品中多见的黏土团块、碳酸钙团块和目前只见于生土样品中的贝壳碎片。根据以上线索，焦家遗址第一期城墙所用原料很可能来自墙体附近的生土。

Cammas 系统研究了原史时期及历史时期土质建材的微形态特征（Cammas，2018），其中夯土的主要特征是沉积物在干燥环境下经历了强烈压实，普通土墙所经历的压实作用明显更弱。由此可知，如果经历了细致扎实地夯打，受夯土壤中已有的孔隙等微结构应该会受压实而发生变形，土体也会破碎并发育众多裂隙（fissural microstructure）。但是，在焦家第一期城墙的切片中生物活动形成的长条形孔道等微结构和土体均未受明显破坏（图6，o）。这或许说明先民修建城墙时，只是对沉积物加以平整并略加夯实，未像城子崖岳石城墙（山东省文物考古研究院等，2019）等海岱地区相对晚期的城墙一般进行细致而扎实地夯打。但仍需对城墙进行更多的发掘工作并开展进一步分析后，才能对此进行深入讨论。

第二期城墙切片中的基质主要为分选较差的中粉砂-粗粉砂粒级的矿物颗粒（图6，p），矿物种类按比例高低排序为石英、黑云母、白云母，与壕沟下部堆积的微形态观察结果较为一致。除骨骼碎片、陶片碎块等人工遗物外（图6，p），切片中还发现有少量的碳酸钙半胶膜，这种土壤形成物目前只在壕沟下部的切片中有所发现。因此，第二期城墙的用土有很大可能来自壕沟内部。

又因城墙被壕沟第1层至第4层所叠压（图3），所以第二期城墙的兴建应早于壕沟第4层的形成，具体可能发生在壕沟第4层与壕沟开挖完成之间。壕沟第4层与壕沟第5层间疑似清淤的迹象，便或许与取土修建第二期城墙有关。

在切片中，第二期城墙的堆积物也可见较多未被破坏的孔隙，表明其亦未经过细致夯打。加之剖面显示第二期城墙的地层向壕沟方向缓斜，形态较第一期城墙更不规则，先民可能是将壕沟中清理所得的土堆筑在今第二期城墙的位置，对其进行平整、加固后即告完工。

（二）烧失量结果

烧失量结果表明，剖面自下而上，沉积物中的碳酸钙含量呈递减趋势。壕沟底部的自然沉积物碳酸钙含量最高，自第4层顶部开始，碳酸钙含量明显减少（图7）。

这较好地支持了前文微形态的观察结果，表明在壕沟上部的切片中没有发现碳酸钙土壤形成物并非完全是由于观察的偶然性，更有可能是沉积环境发生变化的结果。壕沟第4层以上，碳酸钙含量的曲线较为稳定，也从侧面证明第1、2、3层堆积应该是一个连续过程。此时壕沟内的沉积环境可能较为稳定，可能整体较前更加泥泞潮湿。壕沟第4层顶部碳酸钙含量突然降低，一方面可能与切片中观察到的壕沟第3、4层间的积水事件有关；另一方面，也可能说明此时壕沟内的水文条件已经开始与此后的壕沟第1、2、3层相似，变得较为泥泞、潮湿。

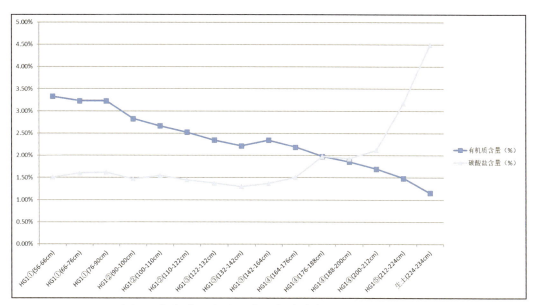

图 7　焦家遗址大汶口中晚期壕沟的烧失量分析结果

（三）粒度分析结果

粒度分析数据反映了壕沟内沉积物自早至晚颗粒逐渐变细的趋势：早期阶段（壕沟第4、5层）沉积物中粉砂粒级以上的粗颗粒组分明显更多；至晚期阶段（壕沟第3、2、1层），沉积物中黏土等细颗粒组分出现了稳定但明显的增长（图8）。

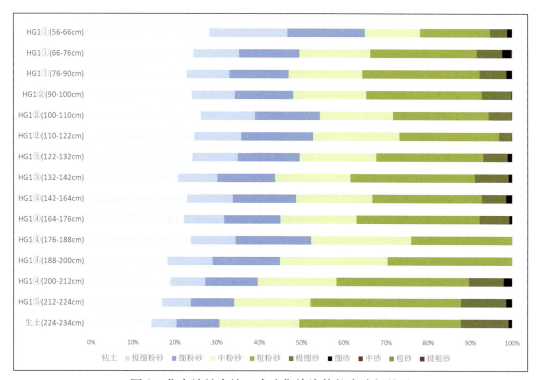

图 8　焦家遗址大汶口中晚期壕沟的粒度分析结果

壕沟早晚之间这种粒径上的差异可能意味着早期阶段壕沟中的水流具有比晚期更高的流速。壕沟第3层以上，沉积物中的细颗粒组分增加，表明随着壕沟持续加积，沟内径流的流速已逐渐减慢。此时人们可能已经减少甚至停止了对壕沟内部的清理。壕沟加积带来的另一个影响是边坡坡度的减缓。随着坡度降低，坡面流水的能量降低，导致携带颗粒物的粒径减小；崩塌等过程中固体颗粒的位移距离也减少，可能更多地堆积在坡底附近，而无法直接抵达壕沟中部的采样位置。此时流速更低的径流也只能将较小尺寸的物质向壕沟中部搬运。从而也可能在一定程度上导致壕沟第1、2、3层粒度数据中细颗粒组分增加。

（四）植硅体分析结果

壕沟各层土样中植硅体含量均较丰富，但在土壤切片中所见的植硅体均为单个出现、零星散布于基质中，表明这些植硅体可能并非原地沉积，而是已沉积的植硅体经历了流水、生物、人类活动等各种后期过程的改造后被搬运至此的结果。

壕沟内的植硅体以不具种属指示意义者居多，可鉴定种属者分为农作物、非农作物两类。农作物主要为黍稃壳 η 型，在壕沟第3层与壕沟第4层的顶部出现；在壕沟第1层中部发现有水稻扇型、水稻双峰型植硅体各1粒。非农作物主要为芦苇，除在壕沟底部的壕沟第5层相对集中外，自壕沟第4层向上，其所占比例逐渐升高（图9）。

由于壕沟内的植硅体受后期改造严重，其原始情境（Context）显然已经不存。因此剖面中黍 η 型植硅体的出现或许只能说明遗址中存在对黍的利用行为。相关问题在焦家遗址的系统植物考古工作中已有较详细的论述（吴瑞静，2018）。在壕沟第1层中部我们发现了发育于稻稃壳的双峰型植硅体和发育于稻叶片的特征扇形植硅体各一个。目前焦家遗址尚未发现过稻的植物遗存，但由于有且只有这一例，各种可能的干扰因素无法被排除，故本文对此不做讨论，仅将结果披露于此。

剖面中芦苇扇形植硅体的比例与壕沟的加积过程之间在整体上呈较为显著的正相关关系。作为史前人类最常利用的非驯化植物之一，人类活动当然也可能为壕沟中带来含有芦苇植硅体的物质。但是这种可能性在壕沟的整个使用过程中应一直存在。田野发掘和微形态观察均显示壕沟下部的人类活动强度应高于壕沟上部，但人类活动强度更高的时期，芦苇植硅体显然并未增多（图9）。剖面中人类活动强度的变化事实上没有打乱芦苇扇形植硅体比例与壕沟加积过程之间的相关性。因此，壕沟上部堆积中喜湿的芦苇植硅体比例的增加，可能也暗示了随着壕沟的不断加积，沟内环境也逐渐变得潮湿。

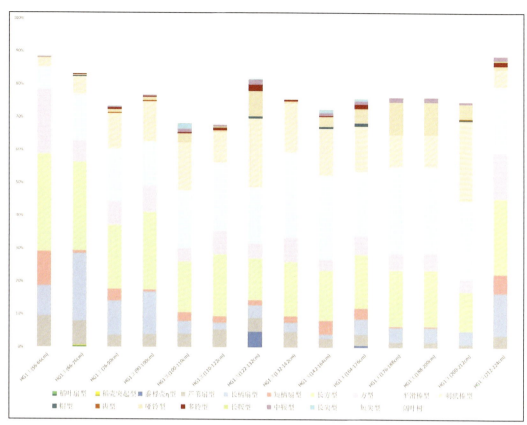

图9 焦家遗址大汶口中晚期壕沟的植硅体分析结果

四 相关问题讨论

（一）城墙与壕沟的使用过程重建

综合田野发掘和实验室分析结果，焦家遗址大汶口文化中晚期城墙与壕沟的使用过程可划分为如下三个阶段：挖沟与筑墙、清理与维护、淤塞与废弃。

1.第一阶段：挖沟与筑墙

在 TG4 的发掘区域内，生土主要为河漫滩相粉砂质沉积物，其层表为一自南向北渐低的缓斜面，壕沟南侧生土顶面较北侧高出接近 1 米。先民应在南侧地势较高处开始壕沟的挖掘，同时用土在北侧筑墙。通过借用部分城墙墙体与南侧开挖的沟坡，可以共同围限成一个宽约 25 米，深不低于 2 米的壕沟主体（现残存第二期城墙顶部至壕沟最深处高差约 2m）。

这种于斜坡上开挖壕沟，在壕沟靠近聚落一侧地势相对较低处修筑城墙，并将城墙墙体外侧作为壕沟边坡的思路，在距今 5300 年前后的中国北方并非孤例。郑州西山遗址（国家文物局考古领队培训班，1999）TG5 剖面中最早期的壕沟就开挖于生土上，并在壕沟内侧筑有城墙。壕沟两侧的生土地表也呈外高内低的地势；在壕沟修筑过程中也存在借用墙体作为壕沟一侧边坡的现象（图10）。

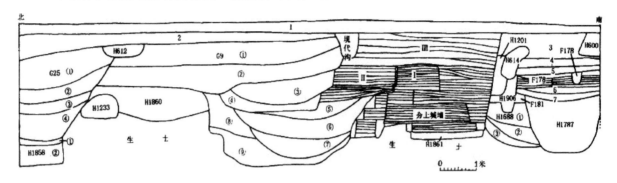

图10　郑州西山城址TG5剖面图
（国家文物局考古领队培训班，1999，图二）

开挖完成后，壕沟内部的沉积环境处于持续干湿变换之中，沟内干燥环境持续时间较长，而潮湿环境的出现可能与降水关系更为紧密。在潮湿环境下，坡面流水与沟内径流同时发生，将周边地表的物质搬运进壕沟，也对壕沟内此前已形成的沉积物进行改造。进入干燥时期，壕沟内的水体将会逐渐干涸，沟底的堆积物将得以暴露在空气之中。

随着壕沟的持续使用与淤积，先民组织了一次大规模清淤。壕沟第4层下打破壕沟第5层的浅盘状灰坑和在壕沟底部断续分布的第5层或许正是各自上半部分受清淤破坏后的残余。

2.第二阶段：清理与维护

壕沟第5层、第4层之间的清淤行为结束后，人们利用清淤所得的沉积物在第一期城墙的基础上增筑了第二期城墙，第二阶段随之开始。

本阶段先民可能仍有意维持着壕沟原有的形态与功能。人类在壕沟附近的活动已较为频繁，可能会向壕沟内投入生活垃圾，同时也在有意识地对壕沟内部进行清理以延缓壕沟的加积，维持壕沟的形态与功能。壕沟内有植物生长等生物活动；但可能由于人类对于壕沟经常性地清理，植被并不茂盛，地表也因此存在较多松动颗粒物。

在降水带来的潮湿环境中，壕沟周边区域及边坡会受到流水的冲刷并造成地表物质的"侵蚀—搬运—再沉积"，是为沟内堆积物的主要来源。发掘现场和切片中所见到的陶片、兽骨等遗物也可能经由这一过程进入壕沟。但整体而言，壕沟内仍存在相对较长时期的干燥环境，这或许与这一时期遗址周边的微环境有关；但也可能在很大程度上得益于先民对壕沟的清理与维护，使得壕沟内排水较为通畅。

在这些因素的共同作用下，壕沟内的加积相对缓慢。随着壕沟进一步加积至不低于今壕沟第4层顶部后，先民对壕沟进行了又一次清淤。此次清淤也是壕沟剖面中所能明确观察到的最后一次清淤行为。

3.第三阶段：淤塞与废弃

随着壕沟第4层、壕沟第3层间清淤活动的结束，人们也似乎放松了对壕沟的管理。

这一阶段，壕沟中的干湿交替环境仍然持续，沉积机制也没有发生根本性变化。在潮湿时期，坡面流水仍旧在向沟内汇聚，并将从周边地表和边坡上搬运的物质沉积下来；沟内径流则继续对这些沉积物进行新的改造。在干燥时期，沟中的水基本干涸，最终使沟底的沉积物暴露于空气之中，直到下一次的降水到来。但是可能随着壕沟的淤积，水的流速已经减慢，壕沟内较此前更为潮湿，芦苇的生长相较于此前开始逐渐繁茂。

同时，第三阶段地层中的人工遗物，无论是田野发掘出土的陶片、兽骨还是切片中被冲刷进入壕沟的细砂 - 细砾级遗物碎片都有相对明显地减少，表明这一时期壕沟附近人类活动的强度已经减弱。在自然营力主导下，壕沟进入了持续的加积过程。值得注意的是，此时壕沟事实上只填满了其目前残余深度的1/3左右，继续发挥原有功能在客观上完全可行。因此，先民放弃壕沟，或者说壕沟对先民失去原有意义的时刻，应当早于壕沟被彻底淤塞的时间。先民并非在壕沟因淤积而无法发挥原有功能的情况下，被迫废弃壕沟；反而是在壕沟还可以继续发挥原有功能时，有意识地放松了对它的管理。

这或许说明伴随着居址向墓地的转变，人们的主要生活区域可能已经逐渐远离了壕沟附近，疏忽了对壕沟内部及周边区域的管理。壕沟在缺乏维护的状态下持续加积，日益变浅，直至淤平；以出现打破城墙的大汶口晚期墓葬 M55、M152 为标志，城墙也被最终废弃。

综上，焦家城墙、壕沟的废弃过程与遗址内部的聚落演变过程具有较明显的同步性，这种模式应当是先民对聚落内部进行有意识规划的结果，表现出了较强的聚落规划能力和动员组织能力。

（二）墙、壕使用初期的功能和性质

值得注意的是，壕沟的功能并非自开挖之初至最终淤平废弃始终一成不变，而应当是随着壕沟加积的进行而处于动态变化中。因此，探讨壕沟功能的一种可行思路是，在识别出壕沟主要使用阶段的基础上，围绕这一阶段壕沟与配套设施的形制、内部堆积物的成因与沉积环境变化以及共时的聚落内部形态展开讨论。具体到焦家遗址，自第三阶段开始，先民已经事实上减弱甚至停止了对壕沟的管理，任由墙、壕进入废弃过程。故对于焦家城墙、壕沟功能与性质的讨论应集中于第一、第二阶段所代表的主要使用阶段。基于以上思路，可以依据已有材料和认识对焦家遗址城墙、壕沟的功能与性质进行初步解读。

焦家遗址位于鲁北山前洪 - 冲积平原向扇缘湖沼低地的过渡地带，地势天然自南向北缓斜。壕沟修建所依托的原始地表亦整体南高北低。生土的切片观察表明，在不晚于大汶口文化时期，焦家遗址周边也存在自南向北的坡面流水与侵蚀。根据目前的钻探结果，焦家遗址的城墙与壕沟开口北向。我们推测这一设计可能或多或少与排水有关：降雨时，南侧的城墙与壕沟可以挡住南侧坡地的来水；目前所发现的北向的出口或许对排除城内的积水有所帮助。同时微形态显示壕沟内尽管会存在径流，但这种径流更可能是与降水相关的季节性径流。因此，就目前材料而言，焦家壕沟与瓦店遗址龙山文化壕沟以及南方许多史前遗址中与河道直接相连、沟底被常年流水覆盖的壕沟可能存在一定的不同，其在水资源调配、管理层面上的功能可能相对较弱。

从形制上看，壕沟的最深处偏向城墙一侧，可以增大城墙的相对高差，客观上增强了城墙的防御功能。除了防御功能外，焦家遗址中城墙与壕沟出现的同时，约在大汶口文化中期偏晚，发掘区域内已经可见明显的财富分化。城墙、壕沟与墓葬中所体现的礼制要素一起，成为这一时期社会中划分等级、彰显权威的物质载体。而城墙与壕沟的废弃与聚落内部形态改变之间的同步性，事实上反映了较强的聚落规划能力和动员组织能力。因此，焦家遗址大汶口文化中晚期城墙与壕沟的出现在海岱地区的史前社会复杂化进程中无疑具有重要意义。

五　结　论

焦家遗址城墙与壕沟的使用过程初步重建如下：起初，壕沟开挖于河漫滩相粉砂质沉积物上，先民使用开挖壕沟所得的沉积物修筑了第一期城墙。随后进入壕沟的主要使用阶段，降水为壕沟带来短期流水，自周边地表和边坡冲刷而来的土壤侵蚀堆积构成了壕沟内沉积物的主要来源。人类在壕沟附近的活动较为频繁，通过清淤等方式对壕沟进行着持续地管理。清淤所得的沉积物被用于修筑第二期城墙。最终，随着壕沟内侧居住区向墓地的转变，先民逐步放松了对壕沟的管理。壕沟进入自然营力主导的加积过程，环境变得更加泥泞潮湿，水流可能也因壕沟淤塞而减慢。以出现打破城墙的大墓为标志，城墙被先民废弃，壕沟也最终日渐淤平。

在焦家遗址城墙与壕沟的主要使用阶段，墙、壕首先起到了抵挡聚落南侧坡地来水的作用，但其水资源调配、管理层面上的功能可能相对较弱。其次，焦家遗址大汶口中晚期的壕沟与城墙应为配套设施，壕沟的修建与城墙同步。形制上，壕沟的最深处偏向城墙一侧，可以增大城墙的相对高差，客观上增强了城墙的防御功能。除了防御功能外，也不应忽视焦家遗址的城墙、壕沟在这一时期社会中所发挥的划分等级、彰显权威等社会层面的意义。

原载《南方文物》2022 年第 1 期。

12.中国长江下游茅山遗址新石器时代晚期水稻耕作的水资源管理及农业集约化

Yijie Zhuang（庄奕杰）、Pin Ding（丁品）、Charles French著

宿凯、靳桂云译；庄奕杰校★

摘要

加强水稻耕作的水资源管理及相关土地的利用需要增加劳力投入来改变当地的景观。在发掘长江下游茅山遗址保存完好的新石器时代晚期稻田时，应用地学考古调查研究获得了晚全新世关键时期的水资源管理、农业集约化、环境变迁和社会发展之间变化关系的详细信息。这些信息表明多数时候水稻集约化耕作的发展得益于成功的水资源管理及稻田管理，但该地区日益干旱、海面变化不规律及水资源管理上劳务投入的增加导致在新石器时代末期稻田耕作的终结。本研究着眼于更具有经济重要性的小型遗址，以便于我们了解新石器时代晚期该地区人类社会与环境变迁的动态关系。

一 前言

新石器时代晚期，长江下游的良渚文化（距今约5300—4200年）曾经创造了灿烂的早期文明。该文化制作了大量的精美绝伦的玉器制品（Forsyth, 1995; Qin, 2013; Rawson, 2001; 王明达，1998; 汪遵国，1998），发展了奢侈的葬俗（Liu and Chen, 2012: Chapter 7; Qin, 2013），更重要的是建筑结构复杂的良渚古城，其周围环绕着许多同时期的卫星聚落（浙江省文物考古研究所，1999）。与此同时加大了水资源管理的投入并逐渐强化了稻作农业。

在长江下游地区，人类在全新世早期开始利用水稻（Liu et al., 2007）。而水稻驯化是一个漫长的过程（Fuller et al., 2007, 2009）。植物考古遗存中非落粒性驯化水稻

★ 庄奕杰（Yijie Zhuang）：Merton College, University of Oxford; Archaeology Institute, University College London（英国伦敦大学学院UCL考古学院）; Pin Ding（丁品）：浙江省文物考古研究所; Charles French: McBurney Laboratory for Geoarchaeology, Department of Archaeology and Anthropology, University of Cambridge, UK; 宿凯：山东大学历史文化学院、美国圣路易斯华盛顿大学博士生; 靳桂云：山东大学文化遗产研究院。

（*Oryza sativa*）的小穗基盘比例逐渐升高，进而证明水稻驯化出现于 6900—6600 年前（Fuller et al., 2009）。同时这些遗存中农田杂草的存在（Fuller et al. 2009）及相关植硅体分析（Zheng et al., 2009）表明了早期农业耕地的形成。但是古代饮食仍主要以采集及猎杀野生动物为主（秦岭等，2010）。大概直到全新世晚期的良渚时期稻作农业才在生业经济中占据重要地位。

对可能用于农业生产的石器的系统研究不断地为我们理解与该地区农业发展有关的技术革新提供新的见解（秦岭与 S Nakamura 正在进行的研究），同时，保存完好的茅山稻田的发掘为我们评估良渚文化的水资源管理及水稻耕作的规模、方式及演变提供了一个绝佳机会。本文将介绍茅山发掘取得的重要收获及其地学考古调查的结果。将环境研究与考古学结合的地学考古，使我们能够更细致地考察茅山的古水文及耕地的生态变化过程。尤其高分辨率的耕作土壤及其上下地层的微形态信息，揭示出这样的事实：良渚文化晚期水稻集约化耕作的发展得益于成功的水资源管理。此外，也有清晰的土地利用管理的微形态证据，例如火的使用、开荒和施肥。因此本次研究促进了各种古环境证据在不同尺度上的结合，加深了对该地区古环境变化、稻作农业发展和良渚文化演变的关系的理解。

二　环境背景及地质背景

在研究区内，包括杭州湾、长江三角洲和太湖北部（图 1，a），改变当地生态条件的两个主要因素是全新世海面变化和亚洲夏季风。夏季风在五月中旬到六月底会带来大量降水（Chen et al., 2004; Wang and Lin, 2002），在此期间低洼地区容易洪水泛滥。这种发生在春季和夏季的水情年度变化严重影响水稻生长和收割。

在全新世早期，已经被证实的海面快速上升（距离目前海平面 -5m）加快了像长江三角洲这样的低地的沉积速度 (Hori et al. 2002; Stanley and Chen, 1996; Zong et al., 2012)。这将"开放的，淡盐水环境"改造为"大部分封闭的，湿地生态系统"和 / 或淡水沼泽环境（Zong et al., 2012）。后来在全新世中期，大概在距今 7000—4200 年 (Wang et al., 2001)，海面持续上升（在距今 7000 年时达到 -2.5m，然后以约 0.36mm/yr 的平均速率上升；Zong et al., 2012），但是越来越多的证据表明全新世中期海面并不是平稳上升，而是波动很大，有年际和年代际差异（Atahan et al., 2008; Douglas et al., 2000; 信忠保、谢志仁，2006）。不管怎样，全新世中期海面高水位对当地环境产生了重大影响，具有代表性的影响是三角洲平原和滨海湿地的演变，地下水位上升及排水不畅（Stanley and Chen, 1996; Zong et al., 2012）。全新世晚期海面继续缓慢上升，从距今约 3000 年前的约 -2.5m 升到现在的海面高度，在此期间，小河口和潮滩演变成了淡水沼泽环境

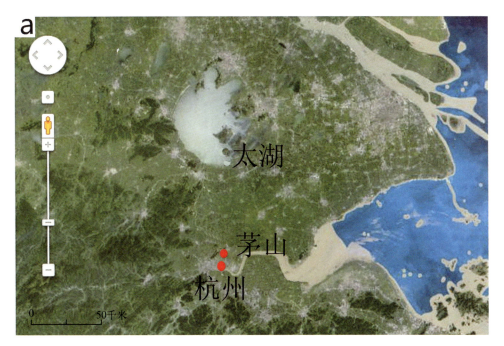

图 1　水田的地理位置

（a）研究区域的谷歌地图，图中有茅山遗址，太湖和杭州湾，（b）茅山遗址的位置，在茅山和冲积平原之间（感谢秦岭博士提供 b 图）

（Zong et al.，2012）。而距今约 5500 年和 4300 到 4000 年间发生的两次降温事件虽有报道（Chen et al.，2005；Tao et al.，2006；Wang et al.，2005；Zong et al.，2012），但是具体细节及机制尚不清楚。

　　大多数良渚文化遗址位于杭嘉湖平原，该平原西面围绕着天目山，北面分散着天目山余脉和大遮山，南面是大熊山和大观山丘陵。在杭嘉湖平原上有很多 20 到 50 米高的小山丘。茅山就是其中一个，东西宽约 200 米，海拔 50 米。杭嘉湖平原上纵横交错着发达的供水系统（史辰羲等，2011），这些供水系统由许多河流、池塘和沼泽组成。这些小山的主要地质构成是火成岩和变质岩（王建华等，2006），主要是白垩纪活跃的火山喷发及构造（地质断裂）活动产生的。但是地质勘察显示茅山地质主要由沉积岩组成，包括砂质泥岩、白云岩、石灰岩、硅质岩等。杭嘉湖平原主要由更新世以来累积的冲积层、河流沉积和崩塌堆积组成（中国地震局、水文地质工程研究所，1979）。该地区全新世沉积序列证实了这一点，不同相的沉积物之间犬牙交错是其特点，比如地面沉降产生的残积层、崩塌堆积、冲积层，以及海洋变化过程产生的河口及泻湖沉积（刘苍字和董永发，1990；史辰羲等，2011）。

三　茅山遗址的发掘

　　茅山遗址（图 1，a 和 b）坐落在良渚文化古城遗址以东约 20km。连续发掘发现了属于良渚文化中晚期的结构良好的稻田，位于平坦的冲积平原和茅山较低山坡的中间地带（图 1，b），而居住区则坐落在斜坡上。

　　在良渚稻田建设前，马家浜时期（大约距今 7000—6000 年）建造了 3 个房屋，4 座墓葬，大约 160 个灰坑和两口井。

　　发掘的良渚时期的考古遗迹包括 2 座房址，大约 80 个灰坑，161 个墓葬，以及其他一些遗迹，比如井、道路的痕迹等等。良渚中期的稻田大体上是西北—东南走向，中间的自然水渠将耕地分开。稻田的建造过程如下：首先挖开冲积物，然后分隔成小田块，并通过小沟渠将方格连接到水渠边（图 2，a）。共揭露了 26 个田块，这些田块平面形状不一，面积从 1—2 平方米到 30—40 平方米不等。田块之间是高出的冲积层，冲积层表面覆盖薄层细砂、黏土层和陶片。在自然水渠东端发现了一条保存完好的用圆形中国红赤松制造的独木舟（7.35m × 0.45m × 0.23m）（图 2，b）。除此之外，在居住区上挖了两口可能用于灌溉的水井。

　　稻田表面被淡黄色冲积物直接覆盖，在冲积物之上就是良渚晚期的稻田（图 2，c）。这一时期见证了稻田建设和使用的根本变化。在稻田与居住区之间新挖了人工水渠，与位于南边的其他小水渠一起用于水管理。钻探勘察发现人工水渠与前期被人类

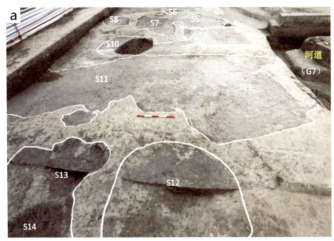

图 2　茅山的发掘

（a）较早（良渚中期）的茅山水田，"S"指的是单独的方块；（b）较晚（良渚晚期）的水田，红线穿过田间的小路，绿线是水渠的轮廓。更多图例解释见图 3d；（c）保存良好的独木舟（良渚中期）

利用的自然水渠平行，但是在东西方向上延长了一段距离。在这些水渠之间，用红烧土铺成南北方向的小径穿过稻田，将稻田分隔成比先前更大一些的田块。面积通常是1000平方米，有一些可达2000平方米。根据发掘与勘测得出耕地总面积大概为5.5公顷（700m×45m-100m）。良渚晚期稻田荒废后，表面覆盖了一层富含有机质和腐殖化的泥炭似沉积物，包含广富林时期的陶器（相当新石器时代末期，大概距今4100—3800年），在其上面发现了一行牛脚印。该序列以沉积达1米厚的均质粉砂黏土层结束，标志着水稻种植的终结。

四　材料与方法

分别从遗址内和遗址周边采集土样（图3），包括稻田、水渠堆积和自然冲积序列。这些自然冲积序列分别距离遗址约300m、500m和2km（图3，b）。此外，在遗址周围现代的稻田中采集耕作土壤作为对照。在剑桥大学地理系采用Malvern粒度分析仪2000按照标准流程共进行42组粒度分析，标准流程参考 http://www.geog.cam.ac.uk/facilities/laboratories/techniques/ psd.html。参照Murphy（1986）和Courty et al.（1989）

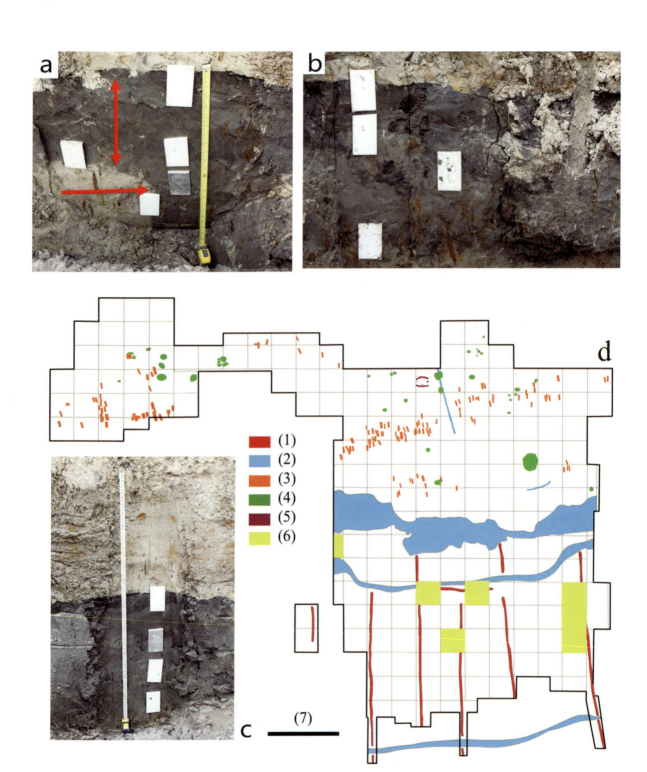

图 3 地层和采样方案

（a）剖面 4 展示的是灰黑色的较晚水田堆积（双箭头）和较早水田堆积（单箭头）；金属盒是微形态样品的采样区域，下同；（b）在茅山遗址东面公园检查的剖面，与在遗址内观察的剖面大概呈同样的地层顺序，灰黑色的沉积物叠压在浅黄色冲积物的上面，最上面覆盖了浅黄色的洪水堆积；（c）剖面 2 呈现出泥炭样的堆积，叠压在灰黑色的较晚水田堆积上；（d）发掘区轮廓和采样方案。（1）穿过水田的小路，（2）晚期水渠，（3）墓葬，（4）灰坑，（5）房址，（6）采样区域，除此之外，遗址外和现代水田的采样区没有在图上标明，（7）方块边长 30m

描述的方法共做了 77 个薄片，采用岩相显微镜单偏振光（PPL）和正交偏振光（XPL）并借助于斜入射光（OIL）和荧光显微镜观察切片，术语参照 Bullock et al.(1985) 和 Stoops（2003）。在北京大学考古文博学院共测得 29 组 AMS^{14}C 数据。这些数据采用 IntCal04 校正曲线和 OxCal v3.10 软件进行校准。稻田沉积物的大部分数据显示的时间跨度为距今约 4700—4200 年，也就是良渚文化中晚期，但是完整的 AMS^{14}C 报告将另行公布。

五　结　果

粒度分布结果见图 4。良渚文化中晚期的微形态研究结果概述见下文。详细信息见原文表 1 及附表（网上提供英文附录）。微形态分析与发掘一起提供了确凿证据，证实了各时期的水稻耕作，水资源管理及稻作农业规模的扩大。

1.各时期水资源管理及水文变化

良渚中期，主要靠维护穿过田地的自然水渠实现茅山水稻栽培的水资源管理。这需要投入少量的劳动力挖掘沟渠出水口，将自然水渠引至稻田用于排水及灌溉（图 2，a 和 3，a）。这一做法导致土壤成壤过程发生了一些变化，土壤中存在极为丰富的铁氧化物胶膜及亚胶膜（图 5，c）。它们大多产生在大型植物根系周围，表明当土壤饱和时，根系内的有氧空隙促进了周围氧化作用的发生（Lindbo et al., 2010）。不过需要注意的是，自然土 / 未耕作的土也有这些特性，因为禾草类植物的根茎在自然干湿交替的情况下常常产生这些特征（Vepraskas, 2001）。更多的具有指示性的特征是那些黏土质土壤形成物，主要包括所谓的黏土集合物和 / 或灰尘样或粉砂质黏土土壤形成物，根据最近的一些研究（Lee, 2011）发现这些形成物与耕作中的灌溉或者水资源管理所引起的基质结构改变有关。实际上这些土壤形成物以粗颗粒（粉砂级）的大量存在、土壤基质扩散边界及 XPL 弱双折射或无双折射（图 7，b）为特征。不过，尽管在茅山发现的这些指示性土壤形成物与 Lee（2011）对韩国现代和古代耕作土壤的研究发现相似，充分表明这些形成物是水资源管理或相关活动造成的，但是在解释这些相似性时也要注意，只要相关的条件满足，类似的土壤形成物就可以形成。这些条件包括：由快速水饱和、分选较差的快速沉淀引起的颗粒破碎和物理流动（Lindbo et al., 2010）。

除了上述土壤形成物以外，还有丰富的土壤结皮，这在良渚晚期稻田的切片中很少见。结皮是由灰尘样到粉砂黏土构成，有很清晰的分选趋势（图 7，c）。持续水涝情况下出现短期表面干燥便会形成这种结皮（Pagliai and Stoops, 2010）。这些结皮通常逐层紧密地重叠，其中部分原因是表面频繁干燥，也可能是因为掩埋后重新压实所致。另外有趣的发现是有些结皮呈锯齿状，大概是表面干燥时生物扰动作用所致。

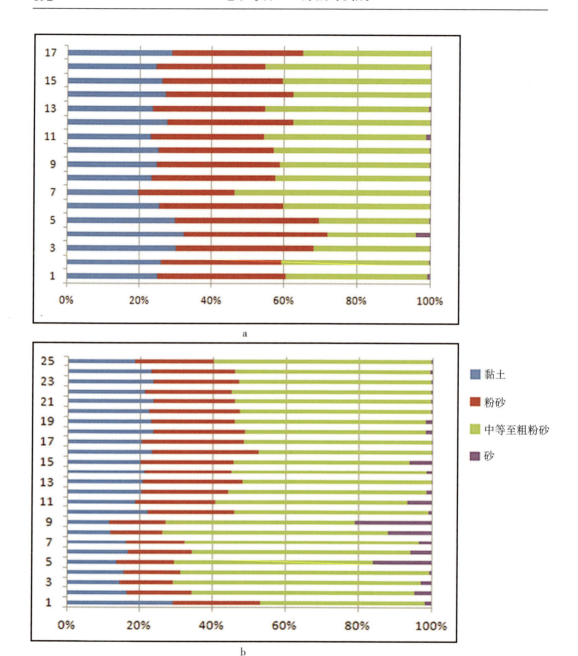

图 4　粒径分布结果

（a）17 个遗址外序列样品的粒径分布（1 区，MSP1）；从下到上，17-1；（b）水田 2 区的 25 个样品的粒径分布（MSP2），从下到上，25-1

　　伴随着早期稻田向晚期稻田的过渡，水资源管理也发生了根本性变化。首先，新挖掘了更多的人工水渠；水渠间的稻田块尺寸更大了（见上文及图 2，c）。第二，也是最重要的，氧化还原特征，特别是反复的铁淋失及再沉淀形成的典型的同心状土壤形成物尤为突出（图 5，d、e 及图 6，g、h），暗示了含水饱和持续时期更长（Lindbo et al., 2010; Richards and Vepraskas, 2001）。尽管如此，因为水稻耕作而故意排水导致的短时间的干燥期还是会频繁打断水饱和持续的时间。土壤基质中铁淋失的区域与此有关。包括黏土集合物和胶膜（图 5，b）在内的粉砂黏土形成物在此更常见，表明频繁的干湿交替会导致土壤中的颗粒发生化学反应和物理运动，进而意味着水资源管理对水文影响更大。

记录表明良渚晚期稻田即将结束之际发生了显著的水文变化。在良渚晚期耕作土

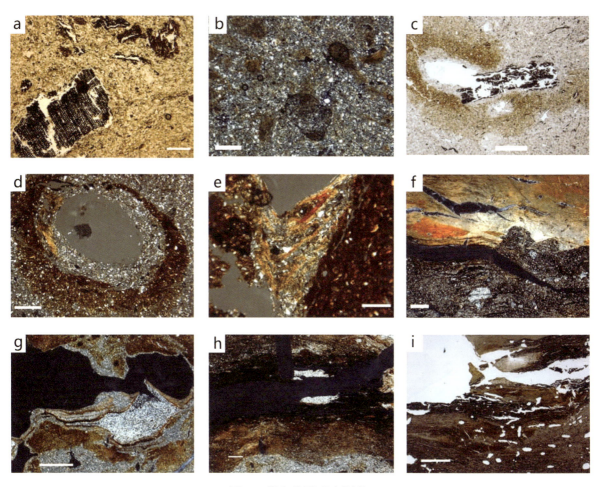

图 5　茅山的微形态照片

（a）晚期木炭和有机质团粒（MSP10 : 1），400μm（比例尺条的长度，下同），PPL（单偏振光，下同）；（b）晚期灰尘样黏土集中的特征是灌溉的结果（MSP10 : 2），50μm，XPL（正交偏振光，下同）；（c）孔隙中的早期木炭和铁氧化物（MSP10 : 3）；2.5mm，PPL；（d 和 e）晚期铁氧化物和同心圆灰尘样黏土（MSP7 : 2），原因分别是化学反应和黏土颗粒的自然搬运，这是多个时期的干湿交替造成的，注意（d）图铁消耗和富集区，分别是 500 和 200μm，XPL；（f）晚期水田向弱发育的泥炭过渡（MSP6 : 1），注意出现了极粗砂粒径的石英，500μm，XPL；（g）晚期铁氧化物和多时期的灰尘样黏土（MSP2 : 3），2mm，XPL；（h）晚期水田向弱发育的泥炭过渡（MSP2 : 1），注意在富含有机质的泥炭层和粉砂层之间夹有棕色的黏土层，2.5mm，XPL；（i）冲积沉积向泥炭过渡（遗址外样品），注意四周平滑的囊泡孔隙，1.5mm，PPL

壤的上部区域紧接着泥炭似沉积物的下层（图6，a），形成了水平分布的薄有机质透镜体与由淤泥到黏土颗粒构成的土壤基质的互层（图6，e）。这些有机质透镜体可能形成于有控制的洪水季节或者灌溉。有机质保存不佳表明间断式干湿变换促进了有机质分解。在剖面的更上一层（图3，a、c），向泥炭层过渡的区域，富含有机质的沉积物被分选差的橙色粉砂黏土替代，说明当时可能存在周期性注水（图5，h）。在这一层存在略带纹层的黏土透镜体也表明水的流速较低。之后，泥炭与粉砂黏粒、极少量微晶石英和其他矿物质交替聚积（图5，f、h）。这种现象表明，一方面是持续注水，但是一年中的大部分时间，地下水位已经足够高，使得湿地芦苇沼泽更容易入侵已经荒废的稻田。而这个过程迅速被以泥炭为主导的沉积过程所取代。然而，由于季节性的表面降解导致有机质的积累过程经常受干扰并中断。这种现象表明存在周期性干燥和扰动。在泥炭沉积和上覆的黏土质洪水沉积的过渡区，又水平散布着泥炭和淤泥。这种间断式的泥炭发展是由波动的地下水位引起的。

尽管上述内容提供了有关水资源管理和水稻耕作相关的宝贵信息，但是它所反映的是局部地区的稻作农业与环境变化之间的关系。这个应该从更广泛的环境背景采集样品进行检验补充。遗址外的泥炭沉积（图3，b）比稻田中的更加均匀，这意味着泥炭沉积期间受到的干扰较少（图5，i和6，c），且地下水动态可能更稳定。这里的河流冲积物（在稻田耕作区是作为耕作土壤的母质的）之上，以交替的泥炭和微晶矿物为主。有机质更均匀，大多是水平分布，除了偶尔的生物扰动产生一些弓状微结构。值得注意的是在这里发现了明显的囊泡孔隙（图5，i和7，d），这表明饱和之后快速充气。

水田及其周围都被厚达1米的黏质洪水沉积所覆盖。还应当指出的是，我们无法得知这里观察到的当地环境的变化与海面和气候（季风）诱导的地区冲积活动之间是怎样的关系，这是将来需要系统研究的主要课题。

2.农业活动的发展

已经有系统的研究明确地论述了整个良渚时期不同类型的石器农业工具的发展过程。良渚农业工具包括破土器（破土工具），耘田器（切割整个水稻植株的工具，如实验研究所示）和镰刀。前两者很可能是绑到木质工具上的。茅山遗址的发掘和地学考古提供了直接证据，证明这两种工具与水稻种植与收获有关。在两个时期的稻田之间及其下面的沉积之间，经常发现工具痕，有清晰的切割边界（图7，a）。良渚晚期耕地及其下面的冲积层之间的界线非常明显，这意味着耕作程度加深。此外，良渚晚期稻田土壤基质充满了由非均质物质组成的搅乱的土壤团聚体（图7，a）。这些可能是由耕作期间强烈的土壤翻动和混合所引起的。

此前该地区已经有新石器时代早期稻作农业施肥的线索（Zong et al., 2007），我们

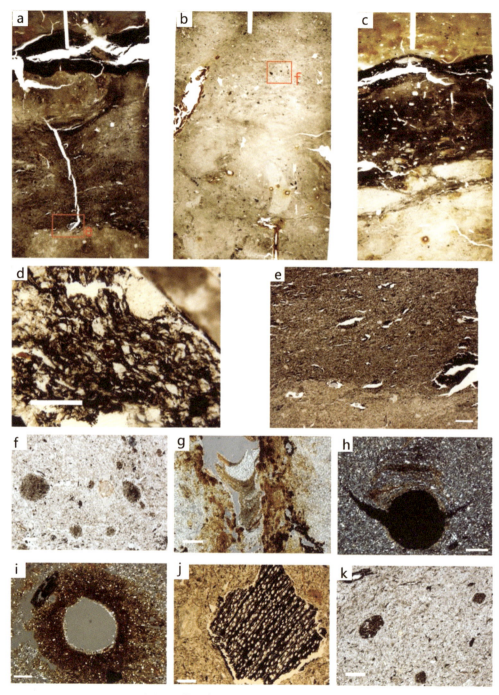

图 6　茅山的扫描照片和微形态照片

（a）MSP2：1 的扫描照片，照片尺寸 4.5cm×8.5cm；（b）MSP7：2 的扫描照片，注意扰动的土壤结构，5cm×8cm；（c）MSP1：2 的扫描照片（遗址外样品），注意土壤结构的均质性，扰动更少，4cm×7.5cm；（d）晚期人类活动包含物（MSP10：1），粪便碎屑，500μm，PPL；（e）水平分布的有机质薄透镜体（MSP2：1），1.6mm，PPL；（f）晚期人类活动包含物（MSP7：2），500μm，PPL；（g）早期铁氧化物和灰尘样黏土（MSP2：4），2mm，XPL；（h）晚期铁氧化物，注意铁富集区和消耗区的交替（MSP5：2），100μm，XPL；（i）晚期孔隙中的木炭和铁氧化物（MSP7：3），200μm，XPL；（j）早期木炭，还有保存完好的植物组织，PPL；（k）早期人类活动包含物（MSP10：3），2mm，PPL

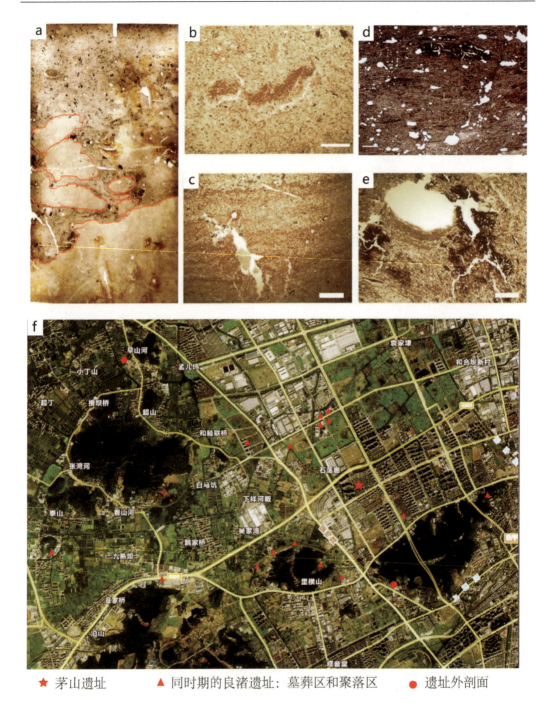

★ 茅山遗址　　　▲ 同时期的良渚遗址：墓葬区和聚落区　　　● 遗址外剖面

图 7　茅山的扫描照片和微形态照片

（a）MSP10-1 的扫描照片，呈现的是晚期耕作和切割痕迹，注意白色团粒是从上层搅拌下来的；图片长度
5.5cm×8cm；（b）早期黏土富集的特征（MS-S19），注意与基质的深色弥散的边界，500μm，PPL；（c）
早期结皮（MS-S10），注意在结皮中出现的孔隙，850μm，PPL；（d）囊泡孔隙，MSP1：2.1mm，XPL；
（e）遗址外的木炭（MS-Park），注意孔隙周围的灰尘样黏土胶膜，500μm，PPL；（f）茅山的位置和其
他同时期的良渚遗址，包括墓葬区和聚落区。尽管对聚落遗址的功能不是很了解，但是我们仍可以从地图
上看出该地区大多数遗址确实都靠近山地分布（感谢秦岭博士提供 f 图）

的微形态研究则提供了直接的证据表明当时有意将动物粪块、人粪便等等作为土壤改良剂添加到耕作土壤中（图6，d、f、k）。在良渚晚期的耕作土壤中，这些粪便较早期的更加丰富（见原文网络版附件）。粒度分布结果也表明了土壤改良剂的加入。如图4所示，从良渚后期稻田中采集的大量样品中含有明显的砂土颗粒，而从非耕作用地采集的对照样品中仅含很少或者不含大于中粗粉砂的颗粒。农田北部挖掘的人工水渠有效地阻止山坡上的侵蚀物质被冲积到稻田内，粗物质在稻田堆积内的出现就可以很好地解释为人类有意添加的（图2，c和3，d）。

这些由不同成分组成的团粒在被添加到土壤之前很可能先被焚烧，因为XPL和PPL观察发现它们大多数具有比较浓的黑褐色或者略带红色（图6，f、k）。此外，很多团粒中有植硅体，它通常出现在牲畜的粪块儿中，是牲畜进食并消化植物所产生的。

当时的人可能使用两种收割方法。第一种方法使用前文提及的石镰。水稻植株被从杆切断，或在某些情况下，只有穗被镰刀切下，秸秆被留在地里（Weisskopf，2009: 372-374）。第二个方法是微形态研究提供了线索。在良渚中期稻田的薄片中偶尔发现小坑状微结构的存在，这可能是在收割时连根拔起水稻植株所致（Fuller et al.，2007）。

虽然目前茅山遗址的信息不足以证明在水稻耕作中使用镰刀收割可显著加快水稻驯化过程（Fuller et al., 2009），但未来研究有可能揭示整个良渚时期收割技术的发展在该地区水稻种植的演变中确实起到了非常重要的作用。

当时焚烧似乎被广泛应用于管理土地生态。在良渚中晚期稻田中，除了基质内随机分布的木炭以外，在大根系留下的孔径内经常发现原地焚烧产生的木炭（图5，c）。这表明了稻田内部生态干扰可能发生在水稻生长季和收割季节后。焚烧不仅能产生用于改善土壤养分的理想材料草木灰，它可能也有助于减少杂草的生长。

六　讨论

1.人口增长、水资源管理和水稻种植集约化

良渚文化的发展是伴随人口增加的。在良渚文化中，大规模城墙及相关设施（用于埋葬贵族和用作瞭望台的人造平台）的建设象征着高度等级化的社会，并可能引发了人口膨胀，同时也是人口膨胀的后果（刘斌，2007）。尤其引人注目的是良渚早中期在城址西面和北面建造了巨大的水坝拦截在峡谷前面（最新的调查结果是大坝连续分布，而且年代较早，见2006—2013年良渚古城考古的主要收获）。

这也许是防止雨季可能发生严重的洪涝灾害的重要屏障。城墙四周围绕着人工及天然水体。如果没有水稻种植的盈余，这些需要消耗大量劳动才能完成的大型建筑，

以及支撑它们的政治体系是不可能实现并维续下来的。良渚晚期（距今约4500—4000年）证实了大量人口从高地移到平原地区（王宁远，2007），并且此时小型遗址的数量到达了最大值，直接原因是该地区为了水稻种植而出现人口迁移并重组。茅山遗址的微形态观察很好地证实了晚期的这种集约化。例如，在"各时期水资源管理及水文变化"中提及的频繁的地下水变化导致的那些氧化还原特征（Lindbo et al., 2010）便可证明这一点。因此，需要注意的是水稻耕作集约化的实现可能与成功的水资源管理密不可分，这一点非常重要。在该地区的考古发现表明水稻耕作晚期见证了农业工具的大量出现及技术改进，这些工具包括由超大块石板磨制成的犁地工具，如上文提到的工具（俞为洁，2007）。但是在茅山并没有发现这种技术转变的明显证据。良渚文化晚期的这种差别是否是当时区域内经济及政治职能的地区差异还需要更全面的调查研究。但是这似乎表明了水资源管理和相关的管理控制在良渚晚期水稻耕作中发挥了核心作用。

发掘过程中，在茅山的山坡底部也发现了一些墓葬和极少的随葬品。这与约1km外的玉架山墓地形成鲜明对比，玉架山发现的大多数墓葬都有精美的玉器随葬（赵晔，2012）。茅山居住遗迹很罕见。这种聚落结构表明在茅山种植水稻的农民大概与另外的人群和/或良渚城址有关系。这也可能表明了那时在管理、控制和再分配水资源上，文化中心与周边小型遗址有密切的关系，一种在其他古代文明和历史时代通常会发现的典型关系（Higham, 1996, 2001, 2004），这需要对该地区古水文学进行系统研究才能获得直接证据。

2.管理当地景观

如上所述，也有越来越多的证据表明狩猎采集是长江下游重要的史前生业经济形态（Fuller et al., 2007；秦岭等，2010）。例如，在一些地方橡子在古代饮食中占有很大比例（北京大学中国考古学研究中心，2011；秦岭等，2010）。这些野生资源的开发利用应该涉及了当地景观的管理。茅山遗址周边样品的微形态学研究使我们更深入理解良渚时期人类活动与地区景观改变之间的相互作用。结果显示直到良渚时期，不仅水稻耕作得到强化，管理丰富的自然生态以获得野生水稻和其他资源对良渚社会来说也至关重要。证明这一被长期忽视的论点的证据包括以下几个方面：第一，如上所述，全新世中期到晚期早段，广泛存在盛产野生水稻的湿地和沼泽（Fuller et al., 2010；Wang et al., 2001；Zong et al., 2012）。由于有利的温度、湿度及环境条件，正如一些近期研究所示（Atahan et al., 2008；Fuller et al., 2010），至少全新世早期以来，长江下游是野生水稻分布的中心地带之一。例如，系统调查的微体植物化石表明，*O. sativa* 植硅体大量堆积在茅山稻田及其附近同时期地层上，暗示着良渚时期大规模野生水稻的生长。

第二，对于良渚农民来说边缘环境的管理可能也一直很重要。如上所述，茅山遗址实际上就坐落在这样的地方（图1，a）。位于茅山坡底和毗邻的泛滥平原之间的稻田被连接到人工水渠和自然溪流。与平坦的泛滥平原上的田地相比，这里的供水系统包括坡度平缓的斜坡和发达的水渠及溪流。在季风气候和季节性地下水波动的影响下，这种局部环境更适合水资源管理。此外，这种生态交错区也有大的生物量和生物多样性，这对持续的狩猎采集活动是必要的。其中一个遗址外的堆积序列的微形态学研究也发现了采集野生水稻的证据，证实存在的大量木炭可能来源于就地焚烧（图7，e），这一序列位于同茅山相似的环境中，但是有一座更大的山，可能具有更丰富的生物量及生物多样性（图7，f）。这表明当时就存在对野生上地资源的管理，而这种边缘环境管理的视角可能有重要的意义。

最后，景观管理会导致生态效应。孢粉学研究显示，良渚时期（距今约5200—4200年）长江下游和长江三角洲地区次生林和人为干涉花粉组合的草本植物明显增多，最有可能的原因是扩大开荒及森林砍伐（Atahan et al., 2008; Li et al., 2010; Xu et al., 2010; Yi et al., 2003）。在当地的一些遗址，比如长江三角洲上的广富林，约4700年前因为人类活动的增加使得小块和大块木炭均有显著增加（Atahan et al., 2008）。然而，该地区土壤侵蚀的证据（Atahan et al., 2008）跟同时期其他地区（例如长江中游；Li et al., 2010）相比并不明显。据作者称这可能跟长江下游更有利的环境条件有关，或者跟当地滞后的生态反馈效应有关（Atahan et al., 2008; Li et al., 2010）。

也有推测认为局部构造过程（例如构造运动和沉降过程的改变）可能在一定程度上影响了长江下游相对海面高度变化（Zong, 2004）。尽管直接关系尚不明确，但是评估相对海面变化及其对当地生态的影响时应该考虑长期水资源管理的影响和水稻耕作、砍伐森林及随后发生的沉降变化（Fuller and Qin, 2009; Li et al., 2010）。

七　结论

本文介绍的茅山遗址的发掘和地学考古研究发现，农田景观的成功管理为良渚文化的发展提供了支持。这种景观管理包括水资源管理、开荒和尤其边缘地区的稻田建设。

从良渚中期到晚期，水稻耕作的发展经历了根本性变化。在良渚晚期，茅山遗址的稻田被分割成更大的田块，外加新挖的人工水渠，这些都表明在农业上进行了更多的劳务投入。农业工具生产方面的技术发展，更集约化的耕作，广泛地施肥和新的收割方法（更普遍地使用镰刀收割），均促进了良渚晚期水稻耕作的演变。这个背后肯定和良渚社会成熟的政治组织有关。因此这值得更多学者关注。

与水稻耕作发展平行进行的是，在我们的研究区域发现良渚时期当地景观的持续管理有多重目的，包括用于农业及家庭活动的土地清理，采集野生食物（例如野生水稻和水生坚果），水资源管理，等等。良渚社会的成功一定程度上归功于他们加强了当地景观的管理，甚至是操纵当地景观的能力。在茅山稻田附近采集的遗址外部的样品为研究良渚时期当地的景观管理提供了线索，但是研究仍需深入。

水稻耕作似乎持续了很长时间。但是长期以来存在一个争论，即良渚城址的废弃所表明的良渚文化的衰落或瓦解与晚全新世地区性或全球性气候事件一致。其中，被经常提及的是所谓的距今 4200 或 4000 年事件及其随后发生的生态效应（Li et al., 2010; 周鸿、郑祥民，2000）。尽管良渚晚期稻田上覆的泥炭沉积层的形成肯定与水文变化有关，从更大范围上讲，这种水文变化可能确实与该地区海面变化有关，但是到目前为止，很难将气候事件与水稻耕作的发展直接联系起来。在建立这种联系之前需要解决一些问题。比如，古生态学数据与考古数据之间的时间差异好像是一个普遍的问题，这需要更系统的研究；在将气候事件与文化适应的考古学观察联系到一起之前，还需要先全面了解这种气候事件对生态的影响。

另一个将来需要解决的重要问题是我们的样本量仍然偏小，这显然不足以说明良渚时期水稻耕作方式潜在的多样性与复杂性（在稻田建设、农业制度、水资源管理等方面）。将来我们应努力审视这里所揭示的模式是否在良渚文化里有典型性。

尽管如此，对茅山遗址这样的良渚文化时期小块稻田的地学考古研究，是一个颇有前途的领域，有助于增加我们对长江下游文化兴衰之谜的了解。

原载山东大学文化遗产研究院编：《东方考古（第 12 集）》，科学出版社，2016 年。

13.凌家滩遗址外壕沟沉积物反映的土地利用变化
——土壤微形态研究案例

宿凯、靳桂云、吴卫红★

摘　要

本文采用土壤微形态和植硅体分析的方法，对凌家滩遗址的壕沟沉积物进行观察和分析，研究了该地点沉积物反映出来的从凌家滩文化时期到近现代的土地利用变化。研究发现,凌家滩时期遗址内为挖壕沟开始清理植被,后期壕沟被人类垃圾填满并逐渐废弃。在经历了一段时期的较少人类干扰后，植被逐渐恢复，直到近现代被作为农田使用。

一　遗址简介

凌家滩遗址位于安徽含山县铜闸镇长岗村，历年发掘取得了丰硕的成果（安徽省文物考古研究所，2006a；安徽省文物考古研究所，2006b；安徽省文物考古研究所，2008）。2014年对内壕沟进行了解剖，发现沟内的上层是汉代堆积，下层为新石器时代堆积。2017年对外壕沟解剖，又发现了同样时代的堆积，两条壕沟内都有厚1米左右的汉代堆积，说明沟内在汉代还是呈凹陷状态。因此我们对壕沟的这种形态产生了疑问：究竟是壕沟经过上千年仍未填平，还是在汉代经过了疏浚，或者是其他原因？对史前遗址壕沟开展土壤微形态研究，有助于了解当时壕沟的功能、古人的土地利用和景观改造程度，以及遗址的形成过程。同时开展植硅体研究也能够进一步了解当时的植物状况。

二　样品和方法

2017年凌家滩遗址解剖发掘外壕沟，采样的部位为TG6。TG6位于外壕沟北端的

★　宿凯：山东大学历史文化学院、美国圣路易斯华盛顿大学博士生；靳桂云：山东大学文化遗产研究院；吴卫红：安徽大学历史系。

拐弯处，长 28 米，被划分为南北两段，分别记录为 TG6 南段、TG6 北段，中间留有 1 米宽的隔梁是本次分析的主要剖面位置，命名为 P1（图 1）。

P1 位于 TG6 北段的南壁，也就是壕沟的中间，堆积基本呈水平状。由本文作者现场采集微形态样品 6 个，自下往上分别为 W1—W5，随后在底部（12）、（13）a 层界面处补取 W6（图 2）。另外在 TG6 北段中间西壁（图 1，P3），取样位置为一个汉代沟（G19），在沟的边界和中间各取一个样品，分别为 W7 和 W8（图 3）。采集系列植硅体样品 29 个，其中 20 个在 P1 采集，另外 9 个在 TG6 的南段（图 1，P2）采集。

土壤微形态样品自下而上为 W1、W6、W2、W3、W4、W5。取样铝盒长度约 20cm，切片的规格为 10cm × 10cm。植硅体样品位置为蓝色方框处，蓝色加十字表示已分析，浅蓝色未做分析。

微形态可以在不同尺度下观察未经扰动的土壤和沉积物样品，可以同时观察到大多数的组成物质。微形态可以在不同放大倍数下观察沉积物的厚度、层理、粒度、分选、粗粒比例、细颗粒物质的组成、基质、颜色、相对分布、微结构、包含物的走向和分布、包含物的形状及最终的鉴定和定量统计。除此之外，沉积后的改造也可以鉴别出来，例如：土壤动物对微结构造成的生物扰动、黏土缩胀或踩踏引起的裂缝、黏土和铁的迁移，还有化学变化如新矿物的生成（蓝铁矿和锰），植物腐烂后形成的有机质粘附，还有粪便的土壤特征（蚯蚓粪便）。近年来该方法在国内考古学研究中的应用越来越

注：P2 是在壕沟南斜坡附近难以柱状采样

图 1　TG6 位置及北段 P1、P2、P3 剖面位置示意图

多,年代范围从旧石器时代(Goldberg et al., 2001; Song et al., 2017)到新石器(Macphail et al., 2007; 张海等, 2016; Zhuang et al., 2013; Zhuang et al., 2014)一直到历史时期(Storozum et al., 2017, 2018),应用范围十分广。

在装有沉积物样品的铝盒内注入树脂,待彻底凝固后从样品块上切下一片,磨至标准厚度30μm。本次制片委托中国地质大学(北京)完成,规格是约10cm×10cm的大薄片,取样品中间位置制片。微形态的分析在偏光显微镜下完成,放大倍数从6.5—400倍,运用平面偏振光(PPL)和交叉偏振光(XPL)。切片的描述、鉴定和定量标准依据 Bullock et al.(1985) 和 Stoops (2003),矿物鉴定依据 Mackenzie & Adams(1994)。结果用到的表格是 Matthews 和 Simpson 总结的。对

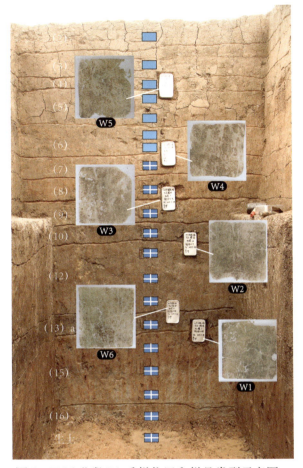

图2　TG6北段P1采样位置和样品类型示意图

图3　TG6北段P3采样位置示意图

(左为W7,右为W8)

于薄片中现象的解释主要参考 Nicosia & Stoops（2017）和 Stoops et al.（2010）。显微照片是用显微镜上附带的数码相机拍摄。鉴定和拍照在山东大学地学考古实验室完成。

植硅体是指高等植物的根系在吸收地下水的同时吸收了一定量的可溶性二氧化硅，经植物的输导组织输送到茎、叶、花、果实等处时，在植物细胞间和细胞内沉淀下来的固体非晶质二氧化硅颗粒。以这种形式存在的硅，占植物体内硅总量的 90% 以上。用过氧化氢和稀盐酸去除沉积物中的有机质和碱金属离子，洗净后离心，再加重液提取植硅体，制片。植硅体的种属鉴定和定量分析在透射光显微镜下完成。植硅体样品在山东大学地学考古实验室提取并完成鉴定和定量分析。

通过对壕沟沉积物的土壤微形态和植硅体分析，可以推测当时壕沟的功能、古人的土地利用和景观改造程度，以及遗址的形成过程。

三　分析结果

（一）微形态分析

取样剖面底部是凌家滩文化时期的壕沟堆积，通过整个剖面的系列样品，来分析该地点从凌家滩文化到近现代的土地利用变化。以 P1 为主要剖面，根据薄片的分析结果，在薄片中可以看到明显的微层位边界线(图4)粗略地分为人为活动堆积和自然堆积。

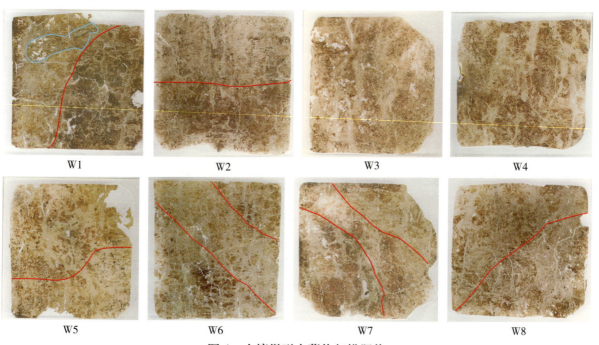

图 4　土壤微形态薄片扫描照片

（红线是微层位边界线，W1 中蓝色线框出部分是粪便）

1.人类活动堆积

以 W3、W4 和 W5 样品为代表的地层，是明显的人类活动集中的地层堆积。尤其 W5，可能反映了近现代此处作为农田来利用的状况，大量的残积黏土和残积粉砂黏土表明土地被经常翻动（图 5，a，b），未发现植物根孔留下的被铁侵染的发红的黏土胶膜，也间接表明土地被频繁耕作，破坏了原始的孔隙；腐烂未炭化的植物组织最常在此处发现，甚至在其中能看到保存较好的植硅体（图 5，c，d）；少量的炭屑也表明可能存在偶尔的烧荒行为（图 5，e）。同时，在 W3—W5 的连续序列中，越往下残积黏土和炭屑越少，表明这个连续的序列可能是由于在 W5 所在的地层中深耕造成的。通过薄片中的铁锰结核反映的氧化还原状况来分析水的影响。W5 中的铁锰结核都较大（200—1000 μm），而且几乎没有耗减（depletion）的情况（图 5，f），说明该层经历频繁的氧化还原过程，即频繁的浸水和干燥转换；而 W4 中几乎所有的铁锰结核都有耗减，表明经历了长时间的浸水环境（图 5，g）；W3 中甚至有很多方形和不定形的铁锰结核（图 5，h），可能是受到外界机械力破坏造成的。通过以上分析，W3—W5 所处的地层应当是近现代的水田（曹升赓、金光，1982）；但是从野外剖面看颜色趋近（图 1），并没有形成明显的土壤剖面，薄片中也没有发现明显的黏土胶膜发育，因此此处作为水田使用的时间可能并不长。

另一处人类活动密集期是以 W7 和 W8 为代表。田野发掘中就判断出此处是一处沟状遗迹（图 3），因此薄片中的迹象表明有人类活动，也是意料之中。同样，大量的残积黏土和残积粉砂黏土（图 5，i）表明这里曾经是稳定的地表，但经历了人为的翻动；残积黏土的量要少于 W5，因此活动强度应当小于农田。大量的炭屑和腐烂的植物组织（图 5，j），说明了当时为挖沟进行了烧荒等清理植被的行为，从沟的中间到边缘普遍出现的根孔（图 5，k），说明这个沟很可能是一次性完成，后期没有进行疏通，野外剖面上也未见到有后期翻动的迹象。薄片中大量出现的浑浊的黏土胶膜和粉砂黏土胶膜（图 5，l），表明沟挖好后暴露了一定时间，有一定程度的土壤发育，植被的破坏导致这条沟更容易受到地表水和降水的影响。但是两个薄片中都没有发现粗颗粒的矿物和层理，因此这条沟内并没有出现能量很高的水流。肉眼观察 W7 的薄片，越靠近沟的内测，颜色越浅（发灰，图 4），即还原程度越高，说明越靠近沟内越饱水。对薄片的显微分析也显示，W7 ①层局部的铁锰结核有耗减（图 5，m），说明有一段浸水期，W7 ②③层内透亮的黏土胶膜（图 5，n），说明沟内的水动力非常弱，黏土胶膜在这种条件下淀积形成。W7 ①②③层的铁锰结核逐渐减少，说明越靠近沟内水的变化越频繁。以上分析表明，这条沟的原始功能可能是用来排泻地表水。

最后着重要提的是，以 W1 ①层和 W6 ③为代表的 TG6 北段第（13）a 层，野外观察是一层水平分布的黑色薄层（图 2），根据薄片分析，很可能是一层人类生活垃圾

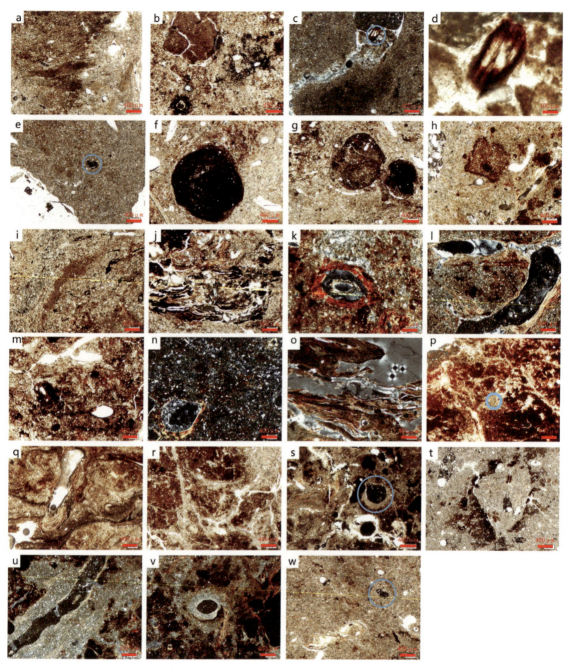

图 5　土壤微形态样品的显微照片

（a）W5 ①中的残积黏土，PPL；（b）W5 ②中的残积黏土，PPL；（c）在 W5 ②一个孔隙中腐烂的植物组织（蓝圈），PPL；（d）c 图的放大，PPL；（e）W5 ①中微炭屑，PPL；（f）W5 ①中的铁锰结核，PPL；（g）W4 中的铁锰结核，PPL；（h）W3 中耗减的方形铁锰结核，PPL；（i）W8 ①中的残积黏土，PPL；（j）W8 ①中较为连续的炭屑，被透亮的黏土胶膜包裹，PPL；（k）W7 ①中保存较好的根孔，注意同心圆中的内圈是残存的植物根，外圈是被铁侵染的黏土胶膜，XPL；（l）W8 ②中的有纹层的透亮黏土胶膜，XPL；（m）W7 ①层局部耗减的铁锰结核，PPL；（n）W7 ②有纹层的透亮的黏土胶膜，XPL；（o）W1 ①层中的粪便，XPL；（p）W1 ①层中的疑似寄生虫卵（蓝圈），PPL；（q）W1 ①层孔洞内的黏土胶膜，PPL；（r）W6 ③层中的板块状微结构，PPL；（s）W2 ②层中的孔洞的黏土胶膜／坠落型粘粒胶膜（pendants，蓝圈），孔洞被制片用的磨料填充，PPL；（t）W2 ①层中的被耗减的铁锰结核，PPL；（u）W2 ②层被耗减的孔隙的一个纵截面，注意靠上有透亮的黏土胶膜，XPL；（v）W2 ②层被耗减的孔隙的一个横截面，注意外圈还有一层正在耗减的铁锰准胶膜（quasicoating），XPL；（w）W2 ①层的炭屑（蓝圈），左下的孔洞内也有黏土胶膜，PPL

堆积。在 W1 ①层中，发现了粪便（图 4，图 5，o），但是由于保存较差，并不能区分是人类还是何种动物的粪便，在粪便的下方甚至发现了疑似的寄生虫卵（图 5，p）。根据 W1 ①层的颜色和微结构推测，该层的有机质丰富，生物活动较多，堆积方式和水平的地层边界都表明粪便和其他有机质可能是被微弱的水流搬运到此处堆积的。黏粒胶膜的发育也说明沟内的水流极其微弱（图 5，q），或者是茂盛的植被阻挡了降水的直接接触。结合 W6 的微结构分析（图 5，r），表明在人类生活垃圾的堆积末期，地表趋于稳定，黏粒向下迁移，土壤发育；沟壁受流水侵蚀冲下沟底，尤其在 TG6 北段第（13）a 层堆积末期，可能是沉积物的主要来源。

2.自然堆积

这里所说的自然堆积，仅仅是一个相对概念，只是说堆积过程受人类影响较弱，并不是说彻底远离了人类活动。通过以上分析，唯一受人类影响较弱的，就是以 W2 为代表的地层。也有可能是 TG6 北段第（12）层相对较厚，堆积速率较快，使人类活动的痕迹在其中表现的很弱；但要配合测年数据和粒度分析等其他方法，才能得到更有说服力的结论。黏粒胶膜的发育表明有一定的土壤发育（图 5，s），靠近顶部较少的铁和锰表明了一段时间的浸水环境（图 5，t），尤其在 W2 ②层沿孔隙周边的铁锰都有耗减现象（图 5，u，v），可能说明当时较高的地下水位，水沿毛细管上升将孔隙中铁锰还原带走。即使是这一层，也发现了一定数量的炭屑（图 5，w）。由于样品在 TG6 北段第（10）（12）层的边界处，说明在 TG6 北段第（12）层的堆积末期，又迎来了较强的人类活动。

3.微形态分析总结

总体来说，从上到下，粒度和矿物成分都较为统一，显示较为稳定的沉积物来源和堆积方式。水分（不管是降水还是地下水）一直很充足，而且水位变化频繁，形成了大量的铁锰浓聚物和铁锰结核。土壤应呈弱酸性，无任何碳酸盐类保存，也没有发现骨骼和贝壳类。该地点从新石器时代开始，一直到近现代，扮演了垃圾沟、稳定地表、排水沟和水田的各种角色，显示了沧海桑田之外，人类活动是改造景观的主要作用力。

（二）植硅体分析结果

植硅体分析旨在通过植硅体组合的分析，复原古代植被及更重要的，人对植被的利用和改造状况。但限于此处的埋藏状况，植硅体的保存很不理想，原因将在下文分析。

1.植硅体组合沿剖面的变化

从数量上来看，生土当中保存的植硅体数量最少，几乎可以忽略不计（图 6）。我们认为可能有两方面的原因，一是植硅体的来源，因为植硅体主要大量存在于草本植物，木本植物的植硅体较易溶解（李仁成，2013），所以生土层的植被可能是以木本

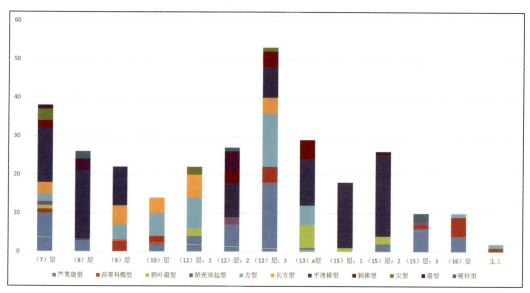

图 6　植硅体组合在 P1 剖面中的变化

植物为主，植被覆盖良好；二是埋藏的条件。植硅体的埋藏状况受到土壤 pH、温度、湿度、降雨、CO_2 浓度、黏粒含量等多种复杂因素的影响，但是其作用机制并不十分明确。目前的共识是，植硅体的化学组成 $SiO_2·nH_2O$ 决定了它在碱性条件下是极不稳定的（Cabanes et al., 2015）。然而，根据微形态的观察，该区域的土壤应当呈弱酸性，因此还需寻找其他原因。有研究表明，较高的土壤黏粒含量对植硅体的保存是不利的（刘利丹，2017）。田野发掘和微形态的薄片观察，无不表明当地土壤的黏粒含量之高，这可能是造成剖面整体植硅体保存不佳的重要原因。另外，也有研究推测季节性的干湿变化是导致植硅体含量低的因素（Rosen et al., 2017）。大量且普遍存在的铁锰结核是这种干湿变化的最好证据。因此种种证据都表明，该区域不利于植硅体的保存。

在 TG6 北段（16）（15）层底部的样品中，植硅体的数量稍有所增加（图 6），尤其莎草科帽型的出现，表明了清理植被的行为，使得林地退化为草地，潮湿的环境促进了莎草科的繁茂。同时还要考虑到，莎草科帽型植硅体因为其形状极易受到风化减少（Cabanes et al., 2015）。如此校正之后，可推测壕沟开挖初期周边的主要植物可能就是莎草科。而在（15）层堆积的后期，一种新的类型大量出现，即平滑棒型，可能代表了植被的演替。值得注意的是该时期开始出现稻叶扇型植硅体，说明这个时期稻作农业的副产物开始进入壕沟，可能是当时的周边有水田或在附近加工水稻。稻叶扇型植硅体的数量在（13）a 层达到顶峰，表明壕沟附近的人类活动较之前大大增强。通过微形态分析的佐证，（13）a 层可能是当时倾倒生活垃圾形成的，垃圾中可能就包含了较多的稻作产物。另外，这一层中保存了最多的刺棒型植硅体，而这种表面积 / 体积比的比值较大的植硅体，更不易保存（Cabanes and Shahack, 2015）。可能的解释是，人类倾倒的垃圾，改变了这一层的沉积物属性，使得植硅体更容易保存。

植硅体的数量在（12）层底部达到顶峰（图6），比较突出的是芦苇扇型和方型植硅体（图6、7）。芦苇比莎草科更适应水多的环境。微形态的分析认为，该时期受人类活动影响较小，微弱的层理表明此时有少量的地表水。因此此时的壕沟内，可能较之前更加潮湿，甚至有积水，沟内长满芦苇和莎草科植物。受前期人类垃圾堆积的影响，植硅体的保存也相对较好。在此之后，一直到（10）层，植硅体的数量直线下降。微形态的分析显示，在（12）层的堆积末期，又迎来了较强的人类活动；假如没有这次人类活动，可能植硅体的数量会一直下降到生土的水平。这种下降，除了与由植被演替和沟内环境逐渐变干导致的植被变化相关之外，最主要的还是受到埋藏条件的影响。（12）层顶层出现的零星稻叶扇形植硅体，不排除是从晚期的水田迁移到下层地层的。

随后，植硅体的数量又缓慢回升，尤其在（7）层，不管是数量还是种类，都明显增多（图6）。但这种增多，我们认为更应该与其沉积年代较晚有关，并不能代表植被的多样性增加或埋藏条件的变化。微形态分析中认为此层以上是近现代的水田，但是并没有发现更多的稻相关的植硅体，除了埋藏条件，可能还需要寻找其他原因，如是否该水田可能并不是用来种植水稻，而是其他作物。如果借助更上层的植硅体分析结果，可能会更有对照价值。值得注意的是，每次人类活动扰动之后，平滑棒型的植硅体都大量出现（图6、7），因此这种类型的植硅体可能具有某种指示意义，值得结合现代标本进行进一步确认。

2.植硅体分析总结

壕沟P1剖面的植硅体保存状况很不理想，植硅体的数量通常在个位数，统计意义

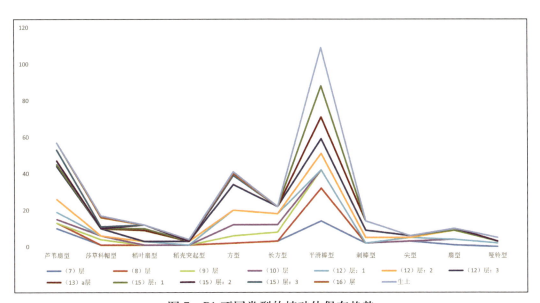

图7　P1不同类型的植硅体保存趋势

十分有限。保存下来的植硅体风化也很严重。虽然跟采样位置也有关系，但是通过以上分析，我们认为该地区可能植硅体普遍保存不佳，不是作为古环境研究的理想手段。但是人为堆积中可能保存相对较好，可在其他发掘区内的灰坑、房址等内进行检验。

四　壕沟沉积物反映的土地利用变化

（一）凌家滩文化时期

结合土壤微形态和植硅体分析，我们发现取样位置在凌家滩时期开始为了挖壕沟去森林化，草本植物比例增加。壕沟底部较为纯净的堆积表明初期人类活动在壕沟附近较弱。微形态分析证实该层顶部的黑色堆积含丰富的有机质，生物扰动较强，甚至在其中发现了粪便遗存。堆积的走向和水平的边界表明粪便和其他有机质可能是被微弱的水流搬运到此处堆积的。这个时期可能由于聚落的扩张，古人活动向壕沟方向移动。或者，壕沟与生活垃圾区相沟通，将人类活动的遗存带到此处堆积。（12）底部开始从下往上逐步递减的植硅体数量和种类表明草本植物，尤其喜湿的芦苇和莎草科逐渐减少，地表逐渐变干或者植被逐渐恢复，受人类活动影响较弱，并伴随一定程度的土壤发育，说明此处有一段时间作为稳定的地表存在，也就是说凌家滩文化在这个时期对这条壕沟的使用处于停顿状态，若能通过其他考古学证据佐证这一信息，则将是一个十分重要的结论。

（二）历史时期

由于没有绝对年代，无法得知此处凌家滩时期后到近现代地层之间的堆积速率。微形态分析表明（10）层之上并没有多少遗存。从（9）层到现代地表，是人类活动最为集中的地层，微形态分析认为是作为农田来使用的，耕作过程中可能伴随着深耕和烧荒。

五　结　论

通过对壕沟沉积物的土壤微形态和植硅体分析，我们发现凌家滩时期遗址内为挖壕沟清理植被的证据，后期壕沟被人类垃圾填满并逐渐废弃。在经历了一段时期较少的人类干扰后，植被逐渐恢复，直到唐宋以后此处被作为农田开发利用。从堆积的厚度推测，唐宋以后农田形成的堆积占到整个文化层的一半。近现代的人类活动也最强。人类活动对整个遗址的形成过程是影响最大的因素。

原载《南方文物》2020 年第 3 期。本次收录有小修改。

14.城子崖遗址环境演变过程的初步分析

夏正楷、刘江涛★

城子崖遗址发现于 20 世纪 30 年代，是我国著名的龙山时期城址。从 2013 年以来，山东省文物考古研究所通过两年多的田野工作，首次揭开了城子崖遗址 30 年代开挖的主干探沟，这一探沟长达 450 米（实际开挖 380 米），从南到北，贯穿了整个遗址。这一工作使我们有机会目睹城子崖遗址的地层结构和文化面貌。

我们从环境考古的角度，配合遗址的田野考古工作，开展了遗址周围地区的野外地貌调查，并对重新开挖的探沟进行了地层观察和分析，借助于这些工作，我们对城子崖遗址的形成和演变过程有了一些不成熟的看法，初步总结如下，希望能在今后的工作中得到进一步的验证和修正。

一 城子崖遗址的地貌位置

城子崖遗址位于山东济南市章丘区，遗址南 10 千米即为泰山山脉，遗址西北约 20 千米为黄河，属于黄河三角洲的南缘和泰山山地北缘的过渡地带。这里地势比较平坦，地貌结构简单，由南向北，呈带状依次出现有黄土覆盖低山丘陵、黄土台塬、河流阶地和河漫滩等（图 1）。

1.黄土覆盖的低山丘陵

主要分布于遗址以南泰山山地的北麓，由于长期的剥蚀夷平作用，这里形成低缓起伏的山麓剥蚀面，剥蚀面上常保留有孤立的基岩残丘，在这些残丘上通常覆盖有厚度不等的风成黄土，属于黄土覆盖的低山丘陵。

2.黄土台塬

分布在黄土覆盖的低山丘陵区以北的广大黄土分布区。黄土台塬的顶面平坦，海拔高程在 106—110 米左右，前缘陡坎不明显，与河流阶地面的高差通常在 6—7 米左右。黄土台塬主要由灰黄色黏土质粉砂组成，可见出露厚度约 4—5 米（未见底），其性状与黄土高原常见的马兰黄土相近，应同属晚更新世风尘堆积。靠近黄土剖面的上部，

★ 夏正楷：北京大学城市与环境学院；刘江涛：山东大学历史文化学院、中国社会科学院大学博士生。

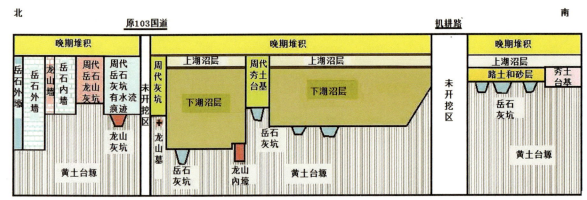

图1　城子崖地区地貌结构与新石器文化分布示意图

可见夹有一层褐红色的古土壤层，可能对应于我国北方黄土—古土壤序列中的L1S，即马兰黄土中的古土壤层，距今约3万—5万年。黄土台塬的形成应在晚更新世马兰堆积之后。受后期出山沟谷的侵蚀破坏，目前黄土台塬已被分割成一系列南北长十余千米，东西宽几千米到十几千米不等的条带状台地。城子崖遗址就位于这一黄土台塬前缘的塬面上。

3.河流阶地

沿小清河及其支流的河谷，广泛发育有两级河流阶地，其中高阶地（二级阶地）海拔在100米左右，阶地面平坦，与黄土台塬面之间有一定的高差，两者之间的陡坎目前已经被改造成和缓的斜坡。阶地堆积物主要由河流相的砂砾石层和上覆的粉砂质黏土和黏土质粉砂组成，下粗上细，构成典型的河流二元结构。西河遗址就位于这一级阶地。低阶地（一级阶地）海拔50米，阶地堆积也具有下粗上细的河流二元结构。阶地面比高阶地宽阔平坦，两者之间的高差较大，陡坎比较明显。

二　城子崖地区新石器文化遗址分布规律

通过对城子崖地区主要遗址的野外地貌调查，我们发现这一地区新石器时代的文化遗址，在分布上具有一定的规律，其中后李文化和大汶口文化时期的遗址主要分布在二级阶地的河流堆积层之中，而龙山—岳石文化时期的遗存则主要分布在黄土台塬面和二级阶地之上。

遗址的这一分布规律表明，史前人类栖息地的选择一方面与他们的生活—生产方式有关，另一方面也和地貌环境的演变有密切的关系。

在晚更新世，本区主要处于马兰黄土的堆积期，在干冷的气候环境下，由西北风带来的大量黄土粉尘堆积在泰山北麓，形成黄土覆盖的低山丘陵和山前黄土平原，在距今3万—5万年前后气候较好时期（MIS3阶段），是古土壤形成时期，在我国的北方地区，这一时期也是旧石器晚期人类活动比较活跃的时期，近年来在河南嵩山地区，在相同层位的古土壤层中，发现了大量旧石器晚期的人类遗存，在鲁东的沿海地区，也发现有这一时期的旧石器晚期文化遗址，本区工作较少，不排除未来发现旧石器遗存的可能性。

晚更新世之后，随着气候变暖，河流开始强烈下切，受河流下切影响，山前黄土平原转变为黄土台塬，台塬之下为新生的河谷，河谷中漫滩发育，堆积了厚层的漫滩堆积物。这一过程一直延续到大汶口晚期河流再次下切，漫滩转换为河流阶地为止。目前在本区二级阶地的漫滩堆积物中发现有较多的后李文化和大汶口文化时期的遗存，说明在新石器时代早中期，史前人类已经来此活动，他们主要活动在河漫滩上，从事采集、狩猎和原始的农业。由于河漫滩经常会被河水淹没，因此，这里并不是进行农业生产的最佳场所，史前人类可能也会到位置较高的黄土台塬面上生活，但目前在台塬面上很少发现有后李或大汶口时期的遗址，可能与黄土台塬地势较高、距河较远等带来的用水不便有关。

龙山文化时期和岳石文化时期的遗址主要分布在二级阶地或黄土台塬的顶面上。靠近河流又无洪涝之患的河流阶地，为人类的定居和农业的发展提供了良好的场所，而农业技术的不断改进和提高也使人类利用地势较高的阶地和台塬成为可能（表1）。

表1　鲁西北城子崖地区史前文化与区域地貌演变

文化阶段	气候	地貌过程	人类活动场所
旧石器晚期	干冷	黄土大规模堆积，形成山前黄土平原	史前人类主要活动在黄土平原面上
旧石器晚期—新石器早期	开始转暖	河流下切，形成新生河谷，黄土平原转变为黄土台塬	人类栖息地开始向环境较好的河谷地带转移
后李—大汶口时期	较好	河谷中河流加积作用强烈，是河漫滩发育时期，形成宽阔的河漫滩平原	史前人类主要活动在河漫滩平原上
大汶口晚期—龙山早期	气候变化	河流再次下切，河漫滩平原转变为河流阶地，河谷中出现二级阶地	人类开始向阶地转移，以适应农业的发展和定居
龙山—岳石时期	较好	在河流下切形成的新河谷中，河漫滩发育，形成新的河漫滩平原	人类主要活动在T2阶地和黄土台塬面上

三 城子崖遗址的结构和环境演变

（一）城子崖遗址优越的地理环境

如前所述，城子崖遗址位于黄土台塬的前缘，位置较高。当时其周边是平坦的黄土台塬面和 T2 阶地面，地势平坦、土质肥沃，适宜于农耕；遗址西侧为小清河支流武原河，水源丰富；其南不足 10 千米为黄土覆盖的丘陵低山和泰山山地，动植物资源比较丰富。从总体来讲，城子崖遗址的地理环境十分优越，是早期人类建立中心聚落的首选之地（图 2）。

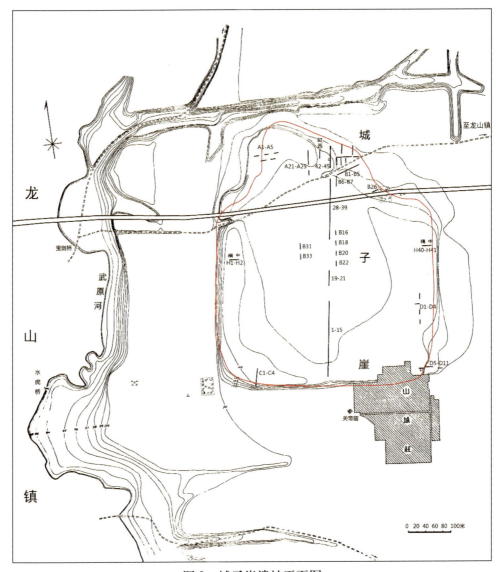

图 2 城子崖遗址平面图

（底图为 1930 年所绘地形图，探沟为 1930—1931 年所挖之探沟，红线为 1990 年经勘探发现的龙山城址）

（二）遗址的地层结构

据遗址的主干探沟揭示，遗址的顶部为晚期堆积，底部为组成黄土台塬的黄土堆积，两者之间为遗址的主要堆积层，总厚度大致在6—7米，包括周代、岳石文化和龙山文化等不同时期的文化堆积层和相关的自然堆积层，地层变化较大，相互之间的打破关系比较复杂。

根据堆积层的特征和所包含的文化遗物和遗迹现象，我们把探沟分为北段、中段和南段三部分，分别讨论遗址不同地段各个时期的堆积特征（图3）。

1.北段

从北城墙到原102国道南侧，长约100米。这里埋藏的黄土台塬顶面微微隆起，成为当时地势较高的黄土高地。在高地北坡，黄土面上筑有龙山的北城墙、岳石的内、外城墙以及岳石的外壕。在城墙之内的高地顶部，为总厚度可达3米的文化层堆积，文化层直接叠压在黄土之上，主要由龙山文化、岳石文化和周代等不同时期的灰坑叠压组成；在高地的南坡，在黄土面上分布有少量龙山文化时期的灰坑，其上为厚达3米多的文化堆积，主要为岳石文化和周代的灰坑叠压而成，其中岳石文化的堆积层中夹有薄层砂层，砂层具细微的斜层理或斜交层理，打破了部分岳石文化的灰坑，属流水沉积物。再往南，由于原102国道没有开挖，情况不详，国道南侧为周代的文化层，主要由大量的周代灰坑叠压而成，厚层达3米左右。文化层之下的黄土堆积中发现有龙山墓葬。这一情况说明，北段是龙山文化、岳石文化时期和周代先民的生活区，其间在岳石文化时期，这一地段的南部曾一度遭受流水的侵袭。

2.中段

从102国道南侧到机耕路，长约200米。这里的地下埋藏的黄土台塬顶面明显下凹，形成一个北陡南缓的箕状洼地，洼地的中部存在有一个东西向的黄土隔挡，把洼地一分为二，其中北洼地的埋藏黄土顶面较低，与北区人类生活区之间存在有一个高达2—3米的直立陡坎。南洼地的埋藏黄土顶面较高，且向南逐渐升高，形成一个向北倾斜的缓坡。在洼地底部的黄土堆积顶面，分布有龙山的内壕和较多岳石时期的灰坑。在南

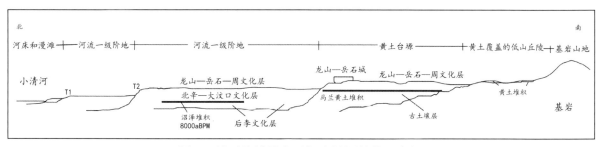

图3 城子崖遗址主干探沟地层结构示意图

（据探沟实测剖面改绘，图框宽代表400米，高代表9米）

北两个洼地底部的黄土顶面岳石灰坑之上，叠压有厚层的湖沼堆积，湖沼层由灰黑色的粉砂质黏土组成，十分纯净，几乎不含文化遗物，最大厚度可达 4 米。根据性状可以将湖沼层划分为上下两部分，但两者区别不大，仅在颜色上稍有差别，都属于自然堆积层。说明在岳石文化时期的中晚期，这里曾经有大片的湖沼存在，没有人类生活。由于南北两个洼地之间存在有黄土隔挡，隔挡之上又有周代的夯土台基把湖沼层隔开，因此，很难判断南北两个水洼地是否曾经相连。在南洼地靠近南端的湖沼堆积中，灰黑色黏土层中出现呈南北方向延伸的薄砂层或砂质条带，向南砂层或砂质条带有增加的趋势，并出现有少量的砾石，似乎指示当时可能有水流从南边注入水洼地。

3.南段

从机耕路到最南端的夯土台基，长约 100 米。这里的埋藏黄土台塬面要高于北区，是遗址区内埋藏黄土塬面最高的地方。在黄土台塬顶面，分布有少量岳石文化时期的灰坑。灰坑之上叠压有砂层和粉砂质黏土层，其中砂层厚 10—20 厘米，具有明显的斜层理和交错层理，为流速较快的水流堆积，黏土层厚 5—10 厘米，呈薄片状，应属于流速较慢的水流堆积，两者交互出现，构成 5 个粗细变化的河流沉积韵律。这一套沉积向南被夯土台基打破，再往南情况不详。向北它与中段南洼地的下湖沼层相连，构成一个完整的沉积相组：由南向北，依次出现砂层与黏土层交互—黏土层夹薄砂层或砂条—黏土层，反映水流从沟谷到沟口冲积扇再到湖泊的堆积过程。也有人认为这一套堆积属于人力铺垫踩踏而成的路土，是人工堆积，有待进一步研究。本层之上被上湖沼层所叠压。

（三）遗址演变过程

根据主干探沟的地层结构，我们可以初步恢复城子崖遗址的演变过程。

1.龙山文化时期

人类遗存主要分布在北段（龙山文化墙—龙山文化内壕之间），中段为箕状洼地，洼地北陡，南缓，南北宽 200 余米，底面起伏不平（洼地的成因可能与流水侵蚀，人工挖掘，或地震断陷等有关，有待进一步工作），南段亦为黄土高地。中段和南段龙山遗迹罕见。推测龙山文化时期先民的生活区主要分布在遗址北部的黄土高地上，中段的洼地和南段的高地可能为非生活区或农田。

2.岳石文化早期

人类遗存分布较广，在整个遗址区几乎到处都有分布，其中北段北城墙以内为先民们的主要生活区，其分布范围要大于龙山文化生活区。中段和南段则主要活动在洼地底部起伏不平的黄土台塬面和南段黄土高地上。

3.岳石文化中晚期

这一时期的先民们主要生活在北段北城墙以内的高地上，其中生活区的南部曾受到流水的侵袭。遗址中段的低洼地开始逐渐积水，形成大片的水洼地，水洼地中沉积了厚层的灰黑色湖沼堆积（下湖沼层），它掩埋了岳石文化早期的灰坑。下湖沼层堆积北部厚度大，物质较纯，向南变薄，并出现砂质夹层（或条带）和少数的砾石，再向南探沟中相同层位出现具有斜层理的中粗砂层，夹有黏土层，有可能是入湖河道的堆积物，与下湖沼层堆积属于同时异相。也不排除河道砂堆积上经人工叠加黏土和踩踏后形成的"路土"堆积的可能性。

4.岳石文化晚期

先民们主要在北段生活，中段和南段为湖沼环境，形成上湖沼层。上湖沼层厚度不大，它向南不但掩埋了入湖河道和冲积扇堆积层（或岳石中晚期的"道路"），并掩埋了最南端的夯土台基，说明当时水洼地面积出现明显的扩大，随后水洼地逐渐消亡（这一过程可能要延续到周代）。消亡的原因尚待进一步研究。

原载栾丰实等主编：《龙山文化与早期文明——第22届国际历史科学大会章丘卫星会议文集》，文物出版社，2017年。

15.城子崖遗址岳石文化时期壕沟微环境的复原

宿凯★

摘要

1930 年李济等在城子崖遗址中部挖了一条南北向的纵中探沟，开启了发掘城子崖遗址的序幕。2013 年和 2014 年，山东省文物考古研究所将这条探沟的一部分揭开，以期在旧的剖面上通过新的手段得到新认识。通过地层关系确认，探沟 TG47 北端露出的堆积，即本文样品采集的剖面，属于岳石文化时期的壕沟。本文通过地学考古的研究方法，采集未经扰动的土壤微形态、地球化学和 ^{14}C 测年样品，研究该壕沟的形成过程，及其反映的环境信息和人类行为。我们通过本研究获得以下认识：剖面中部以上因为缺乏测年数据不能得出结论。中部以下（底部距离现在地表 6 米）的堆积大约是在 300 年左右形成的，堆积过程大致可以分为四个时期：第一期壕沟倾向于稳定沉积，人为干预较少，植被发育也较好，有大量动物扰动，第二期开始出现了几次清理壕沟甚至修城墙的行为，清淤前可能焚烧过植被；第三期壕沟几乎已经废弃，看不到人工维护的迹象，气候可能趋于冷湿，堆积较为"干净"；第四期就已经开始作为垃圾坑使用，人为扰动很多。综合分析，一、二期属于壕沟的使用阶段，三、四期是壕沟的废弃阶段。

一　城子崖遗址的环境背景

（一）现代环境

前一篇文章里，作者描述了城子崖遗址的现代地貌，并为复原古代地貌做了大量调查和分析。本文仅进行概括性说明和部分补充。城子崖遗址（图 1）所在的章丘龙山镇位于鲁中山地北缘山前地带，一般海拔在 200 到 400 米，北临渤海，其间是冲积平原，地势呈东西向条带状分布，从南向北依次降低。南部山前海拔 60—200 米，向北下降到 40—60 米，到济青高速公路一线以北下降到 20—40 米，再向北至 20 米以下。城子崖遗址本身海拔高度 56 米。该地区河流多自南向北，发源于南部山区，向北切割黄土

★ 宿凯：山东大学历史文化学院、美国圣路易斯华盛顿大学博士生。

图 1　城子崖遗址位置示意图（由北向南）

台塬。区内更新世与全新世黄土发育，土地肥沃适于农耕。海岱地区尤其鲁北地区龙山时代的中心聚落集中分布在这条山麓带上，如丁公、桐林和边线王遗址，可能与古代的陆路和水运路线有关（孙波，2012）。根据我们在 2016 年 10 月对丁公和城子崖遗址最新的野外调查，两个遗址周围在当时应该都有湖沼样的水域，可能起到调节城内供水、支持水稻种植等功能，这些都有待于进一步工作做验证。

城子崖遗址所在的章丘市属于温带季风大陆性气候，四季分明，年均温 13℃，最高气温 41.1℃，无霜期 192 天，年平均降水量 627.9mm。土壤类型主要有褐土、潮土、棕壤沙姜黑土、水稻土等几种，主要农作物有小麦、地瓜、玉米、棉花和蔬菜等，名、优、特农产品有章丘大葱、明水香稻和龙山小米等。

（二）岳石文化时期的气候与环境

全新世气候以温暖湿润为主（王绍武，2011），期间也存在几次全球性的降温事件，最著名的如 8.2 Ka、5.5 Ka 和 4.2 Ka 等降温事件。其中 4.2 Ka 事件是与岳石文化的年代最接近的一次降温事件，至于它对文化所造成的影响，在有更多的环境考古成果（尤其在海岱地区）出现之前，还不能妄加判断。

　　青岛地区的孢粉记录显示，从 4550 BP 开始区域气候开始变干冷，一直持续到 3900
BP，可能对应的是 4.2 Ka 降温事件；此后至 3500 BP 间，树木花粉明显增多，指示气温
升高，气候好转（Chen and Wang, 2012）。也就是说孢粉结果显示，岳石文化期间气候
是较之前好转的。但是孢粉结果也显示 3900 至 3500 BP 期间藜科植物的花粉增多，通常
藜科植物指示干燥的气候，作者并没有对此做解释。其次，从农业角度来看，岳石文化
时期粟黍是主要农作物，水稻仍占有相当的地位，但与龙山时代相比地位下降，可能是
环境变干导致的（陈雪香，2012）。很明显，环境考古与孢粉结果似乎有冲突，除了与
二者之间的研究方式有差别外，也可能与孢粉的采样位置位于青岛的滨海位置有关，可
能不能反映整个山东半岛的气候。考古学家通过岳石文化时期的考古发现与古气候数据，
论证距今 4000 年左右开始的气候变寒是导致岳石文化衰落的直接原因（方辉，2003）。

　　地貌与水文分析显示，城子崖遗址所处的黄土台塬，不容易受到水患的影响。
城子崖遗址距离现代黄河的直线距离大约是 20 千米，但岳石文化时期黄河是从更北
的位置入海的（图 2）。当时的相对海平面的高度也不会高于现在水平（Wang et al.,
2015）。寿光双王城遗址也有 5900 BP—4300 BP 海面持续后退的证据，海水作用显著
减弱，之后更是完全脱离海水作用，开始陆相沉积（郭媛媛等，2013）。

图 2　岳石文化时期城子崖遗址与黄河和海岸线之间的关系示意图
（由 Qiao et al.(2011) 改绘，黄色椭圆区域为黄河的超级叶瓣，黄色虚线为假想黄河古河道位置）

二　材料与方法

（一）调查和采样

2014 年年底，山东省文物考古研究所复掘城子崖遗址纵中探沟，在最北端揭露了相互叠压的城墙和壕沟遗迹，深约 6m（图 3）。在探沟 TG47 的北剖面上，发现了属于岳石文化时期的厚厚的壕沟堆积。

根据发掘者对地层关系（图 4）和出土遗物遗迹文化内涵的判断，①、②层为近现代耕土层，③—⑧层为汉唐时期文化层。G 为打破并叠压在 HG1 上的晚期沟，HG1 为岳石文化时期的壕沟，可能与 TG44—TG45 内岳石文化城墙对应。自南向北，HG1 依次打破 HCⅢ和 HCⅠ（均为岳石文化城墙），叠压在 HG4 和 HG2 上（均为岳石文化壕沟），其中 HG2 是城墙 HCⅢ的配套壕沟，但 HG4 未能找到对应的城墙。HCⅠ、HG3、HCⅡ和 HG4 又共同组成一套叠压打破关系，HCⅡ和 HG3 为互相对应的城墙和壕沟。HCⅣ直接叠压在一个龙山早期的灰坑上，且根据夯筑技术和地层关系判断，属于龙山时期的城墙。总而言之，在这个剖面上可以体现出，岳石文化时期最早的遗迹是壕沟 HG4，接着是 HCⅡ和 HG3 组成的城壕设施；后来可能出于修补城墙的目的，建造了 HCⅠ；再后来，城壕似乎有变宽的趋势，出现了 HCⅢ和 HG2 的组合；最后，北城墙南移，因此 HG1 出现在了原来是城墙的位置。从而也推断，HG3，HG2 和 HG1

图 3　岳石文化壕沟沉积物微形态样品采样示意图
（右图是局部放大照片）

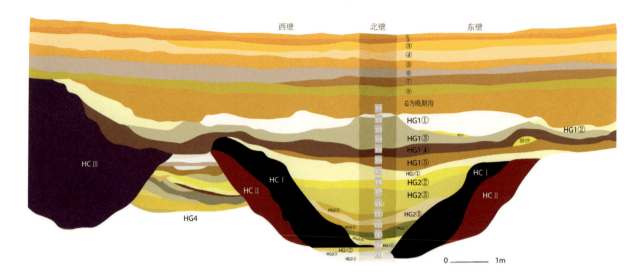

图 4　TG47 采样位置示意图
（将探沟以二维形式表示出来。阴影处为 TG47 北壁，其左右分别是西、东壁）

大概分别对应于岳石文化的一、二、三期。关于城子崖遗址城壕的演变，可参照朱超（2020）最新的研究成果。

当时考虑到以下几个原因，决定以地层序列相对清晰的岳石文化时期壕沟作为采样对象：

（1）这么厚的沉积序列可能覆盖整个青铜时代的早中期，有可能用来研究龙山到岳石文化的变迁过程。

（2）很有可能获得高精度的古环境信息。

（3）通过研究沉积过程和沉积物的包含物，与其他类似遗址作对比，可能用来窥见社会、经济、自然资源、地貌景观和聚落模式的变迁。

在排除顶部耕土层之后，从上至下编号 Y1—Y15（表 1）。采集时，先用皮尺测量深度，从第①层（发掘时认为是汉代地层）开始，把铝盒（17cm×11cm×6.5cm）压入剖面内，尽量减少震动；每个样品间隔 10cm，在铝盒上标注朝向、样品号和深度；照相，记录后，把铝盒取出，用胶带捆绑结实（图 3）。

对应每个微形态样品采集散样 2 份，每份约 1.5kg，一份用于湿筛获取炭化植物遗存和软体动物贝壳等测年样品，一份用于植硅体、烧失量、磁化率和 X 射线等古环境指标分析（图 5、表 1）。

此外，还采集了 5 个对照样品（表 2、图 6），用作磁化率和地球化学元素分析对比。

表1　TG47北剖面岳石文化壕沟内的取样深度、对应地层和分期

样品编号	地表下深度（米）	对应考古地层	岳石文化壕沟的分期
Y1	1.90—2.15	G晚期沟	汉代/三期
Y2	2.25—2.42	HG1①/③	三期（HG1）
Y3	2.53—2.69	HG1③	
Y4	2.79—2.95	HG1③	
Y5	3.06—3.23	HG1③/④	
Y6	3.34—3.50	HG1④/⑤	
Y7	3.60—3.78	HG1⑤/HG2①	二期（HG2）
Y8	3.87—4.04	HG2①/②	
Y9	4.15—4.32	HG2②/③	
Y10	4.43—4.60	HG2③	
Y11	4.70—4.87	HG2③	
Y12	4.97—5.14	HG2④/⑤	
Y13	5.24—5.41	HG2⑥/⑦	
Y14	5.52—5.68	HG2⑦/⑧	
Y15	5.78—5.95	HG3②/③	一期（HG3）

表2　对照样品的坐标位置及性质

样品号	坐标及具体位置	性质
C1	遗址西侧公路南4m高的剖面，样品为地表下2m	黄土
C2	与C1同一剖面，样品采自地表	现代地表土壤
C3	遗址所属台地西侧4.8m高的剖面，C3采自地表下3.8m，即380—385cm	黄土
C4	与C3同一剖面，地表下2m，即200—205cm	黄土
C5	与C3同一剖面，地表下1.6m，即160—165cm	可能为古土壤
岳石路土	未记录坐标，位于遗址南侧	古代路土

图5　采集散样的位置及样品包装照片

（二）实验室分析方法

1.¹⁴C年代测定

从散样中挑选出合适的炭化植物遗存（表3），寄送到美国 Beta 实验室测年。年代结果将验证我们在野外对于沉积物文化属性的判断，还可以用来估算沉积速率。

2.微形态薄片分析

微形态可以在不同尺度下观察未经扰动的土壤和沉积物样品，实时认识到大多数的组成物质。在装有沉积物样品的铝盒内注入树脂，待彻底凝固后从样品块上切下一片，磨至标准厚度 30μm（本书文章 4）。微形态的分析在偏光显微镜下完成，放大倍数从 6.5—400 倍，运用平面偏振光（PPL）和交叉偏振光（XPL）。薄片的描述、鉴定和定量标准依据 Bullock et al.（1985）和 Stoops（2003），矿物鉴定依据 Mackenzie 和 Adams（1994）。分析结果的表格形式参考了曹升赓（1987）、何毓蓉等（2015）的文献。显微照片是用显微镜上附带的数码相机拍摄。

微形态可以在不同放大倍数下观察沉积物的厚度、层理、粒度、分选、粗粒比例、细颗粒物质的组成、基质、颜色、相对分布、微结构、包含物的走向和分布、包含物的形状及最终的鉴定和定量统计。除此之外，沉积后的改造也可以鉴别出来，例如：土壤动物对微结构造成的生物扰动、黏土缩胀或踩踏引起的裂缝、黏土和铁的位移，还有化学变化如新矿物的生成（蓝铁矿和锰），植物腐烂后形成的有机质粘附，还有

图 6　对照样品采集示意图

（a）对照样品 C1 和 C2；（b）对照样品 C3、C4 和 C5；（c）对照样品 C3、C4、C5 采集照片；（d）岳石文化时期路土采样（注意千层饼似的结构）

粪便的土壤形成物（蚯蚓粪便）。

3.植硅体分析

植硅体是指高等植物的根系在吸收地下水的同时吸收了一定量的可溶性二氧化硅，经植物的输导组织输送到茎、叶、花、果实等处时，在植物细胞间和细胞内沉淀下来的固体非晶质二氧化硅颗粒。以这种形式存在的硅，占植物体内硅总量的 90% 以上。用过氧化氢和稀盐酸去除沉积物中的有机质和碱金属离子，洗净后离心，再加重液提取植硅体，制片。植硅体的种属鉴定和定量分析在透射光显微镜下完成。

4.烧失量分析

烧失量用来粗略的计算沉积物中的吸湿水含量、有机质含量和碳酸盐含量。把陶瓷坩埚洗净、烘干；再称量 10g 的沉积物样品，加入坩埚，称重得 W1，在 110℃的烘箱中烘干过夜。对烘干后的样品和坩埚称重得 W2，随后迅速放入马弗炉，在 550℃的温度下加热 2h，等待温度下降后，迅速放置到干燥器里，降到室温后称重得 W3。称重完后把样品再次放入马弗炉，在 950℃下加热 2h，重复上述降温和称重步骤，得 W4。沉积物在 110℃、550℃、950℃下，分别失去结合水、有机质和碳酸盐中的 CO_2。

5.磁化率分析

磁化率是在特定磁场下测定物质易被磁化的程度，它可以用来检测磁性矿物。沉积物在经过燃烧（自然或人为），风化或土壤化后，磁化率会升高。21 个样品在干燥后称量，用 Bartington Instruments 双频 MS2B 传感器分别在低频(460Hz)和高频(4600Hz)下测量，获得低频磁化率（ χlf，国际单位制 10^{-6} m^3 kg^{-1})和频率磁化率（ χfd)。在实际应用中，χfd 指示超细的铁磁性颗粒（超顺磁），例如磁铁矿或赤铁矿。χlf 和 χfd 同时增加表明超顺磁矿物颗粒的增加，它们通常出现在烧过的土壤或发育的土壤地表。

6.XRF分析

XRF（ X-ray fluorescence ）是 X 射线荧光光谱，XRF 用 X 光或其他激发源照射待分析样品，样品中的元素之内层电子被击出后，造成核外电子的跃迁，在被激发的电子返回基态的时候，会放射出特征 X 光；不同的元素会放射出各自的特征 X 光，具有不同的能量或波长特性。检测器接收这些 X 光，仪器软件系统将其转为对应的信号。这一现象广泛用于元素分析和化学分析。本次检测使用的是飞利浦 PW1480X 射线荧光光谱仪，文章中只利用了磷元素的数据。

沉积物的化学元素组成主要与其沉积物来源的自然值有关。然而，与农业、聚落和工业相关的人类活动也可能影响元素组成，在特定的地点引起化学元素的异常，局部积聚。这些异常可能在考古遗迹中能够被检测到，因为这些元素能以抵抗淋溶的化合物形式存在。磷可以人为地被引入到居住区，例如通过排泄物（人类和动物），尸体和动物的埋藏，有机建材，垃圾及食品加工或储存；而且磷在土壤剖面上存在浓度随着深度明显降低的整体趋势。通过与对照样品对比，可以推测人类活动对沉积物的影响。

三　结　果

（一）测年结果

测年结果如表 3。利用 OxCal4.4（ https://c14.arch.ox.ac.uk/oxcal/OxCal.html)，制作下图（图 7)。

表3　测年结果

样品号	测年材料	δ ¹³C ‰	¹⁴C 结果	cal.BP 95% 概率
Y3	炭化种子	–19.8	3630 +/– 30 BP	4080—3850
Y9	炭化种子	–23.9	3180 +/– 30 BP	3460—3350
Y14	木炭	N/A	3680 +/– 30 BP	4140—3910

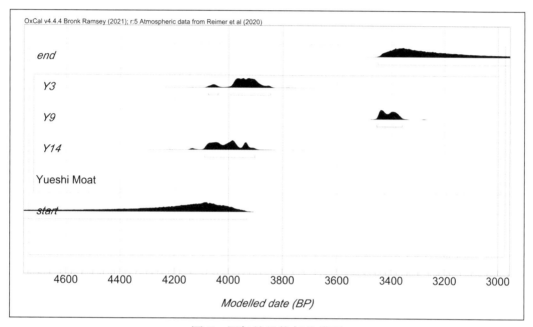

图 7　测年结果的年代模型

从图 7 中可以很明显地看出，出现了一个年代反转的数据。由于测年结果太少，还不能确定是哪一个数据的结果有问题，因此只能通过推测来排除一个数据，以便于讨论其他的测年结果。

传统上认为岳石文化与龙山文化之间有较小的缺环，年代约从 3900—3450 cal.BP（栾丰实，1997）；随着研究的进展和测年数据增多，海岱龙山文化的绝对年代被重新定义在 2400—1800 cal.BC（栾丰实，2016a），则岳石文化的上限不早于 3750 cal.BP。虽然岳石文化在整个分布区内的消失时间不一致，城子崖遗址所属的王推官类型应当是跟二里头文化相当的，即在二里冈上层文化之前（方辉，1987）。因此我们可以借用二里头的年代数据作为对比。巧合的是，在夏商周断代工程之前，二里头的年代也定在 1900—1500 cal.BC，断代工程之后将年代定于公元前 1800 年，直到最近的文明探源工程，通过大量系列样品得到了二里头不早于公元前 1750 年的结论（中国社会科学院考古研究所，2014）。所以，岳石文化的起始年代，也应当在 3750 cal.

BP 左右。除此之外，Y14 的测年样品是木炭，由于老炭效应可能平均偏老 250 年左右（Dong et al.，2014），因此如果把 Y14 的年龄减去 250 年，就与推测的年龄十分接近。Y3 的年龄很可能是由于年代老的样品被扰动进了较晚地层，得出了较早的数据，应舍弃。根据微形态分析，从 Y9 以上的地层就较少扰动，而且 Y9 的测年材料是植物种子，因此本文倾向于认为 Y9 的数据是可以直接采用的。照此假设，从 Y14 到 Y9 所在的地层，沉积物的堆积过程持续了约 300 年，占据了岳石文化的一大半时间。而且根据微形态分析的结果，从 Y8 样品所在的地层之后，可能壕沟就处于荒废阶段，可以假设沉积速率加快。

（二）微形态分析结果

图 8 是微形态薄片的扫描照片。微形态的观察结果通过三个表格总结包括对薄片沉积类型描述、分类和对映沉积事件、包含物的出现频率和种类、沉积后改造和成土特征的丰富程度。后两者通过半定量的形式表现出来。从微形态观察结果总结出几种堆积物类型，包括：流水堆积（a/g/h/i/j/m/o/q/r/s/v）、无水堆积（l）、人类废弃物堆积（b/c/d/e/f/u）、崩塌堆积（n/p/t）等。

1.流水堆积

薄片中观察到的流水堆积能量是极小的，通常呈层状或透镜体状的微结构，包含有气泡状的孔隙，分选和磨圆较好，疑似次生黄土的细粉砂和粉砂黏壤粒级表明水流缓慢，并没有能力搬运大块的石头（图 9，a）。有些不同粒级层叠的小块堆积是不同水动力条件造成的，可能是多次雨水冲刷形成（图 9，b）。

2.无水堆积

样品中只在 Y8 发现明显无水堆积的迹象，即不完全填充孔隙的完整方解石晶体（Stoops et al.，2010）（图 9，c）。由于长时间的干燥和稳定的沉积环境，导致晶体能完整不受破坏保存下来。

3.人类废弃物堆积

包含大量的人类活动废弃物，如粪便（图 10，a）、烧过的骨头（图 10，b）、炭屑（图 10，c）、碎陶片（图 8，Y4）、蛋壳等（图 9，d），堆叠孔隙微结构表明包含物是松散堆积的，没有互相嵌合的接触面。通常还伴随有较多的扰动（人为和土壤动物）和二次堆积的现象。

4.崩塌堆积

在壕沟堆积的相对早期出现更频繁，很可能与城墙的维护有关；大量的黏土结皮和团块可能是在壕沟内水干后形成的，或从城墙上掉落下来的（图 9，e）。有的经历了一定程度分选（图 9，f 和 g），可能是风力侵蚀或水的搬运。有的未经历分

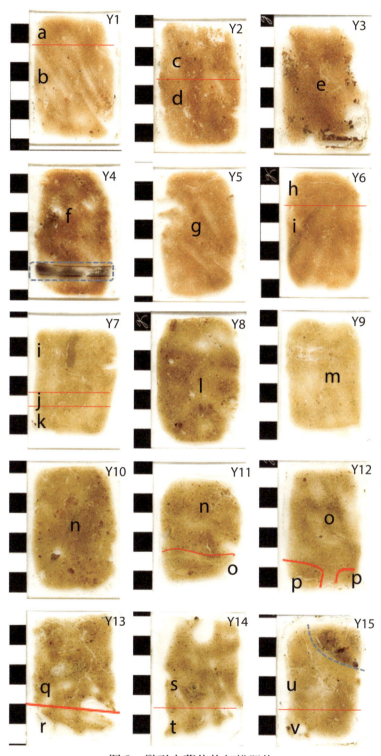

图 8　微形态薄片的扫描照片

Y1—Y15，字母表示微地层的编号，短实线表示微地层的边界线，个别明显迹象用蓝色虚线标出（如 Y4 的陶片，Y15 的疑似四分之一屎壳郎粪球切面）

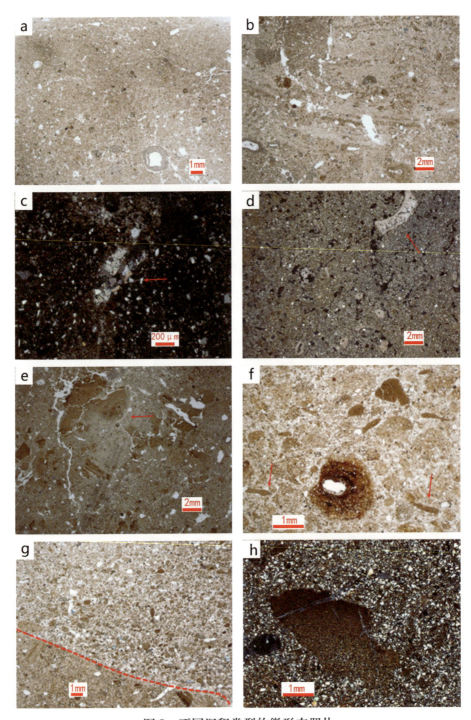

图 9　不同沉积类型的微形态照片

（a）Y1a 单位的微结构（PPL，右下角是碳酸钙胶膜）；（b）Y7j 单位的微结构（PPL，左上方是生物扰动形成的孔洞）；（c）Y8l 单位的孔洞内有发育完整的方解石晶体（红色箭头，XPL）；（d）Y3e 单位的微结构（XPL，红色箭头指示蛋壳碎片）；（e）Y10n 单位的微结构，充满大块的黏土结皮特征（红色箭头，PPL）；（f）Y12o 单位的微结构（红色箭头指示排列规则的黏土结皮，底部中间是氧化严重的根孔胶膜，PPL）；（g）Y12o 单位与 p 单位的微结构，红色虚线指示边界；（h）Y10n 单位中黏土结皮被撕裂的显微照片（XPL）；比例尺见图中

选和磨圆，但是存在被撕裂的现象（图9，h），可能是由于后期的机械扰动或胀缩形成的。

从微形态分析结果的总体来说（后文表4），可以将壕沟的堆积过程分为4个阶段。

第一阶段（以Y15为代表）：此时壕沟内没有水，但是有茂盛的植被和活跃的土壤动物活动（图10，f），黏土结皮的出现说明在此之前就已经清理过壕沟。大量的炭化物也说明为了清理方便，可能燃烧过植被，燃烧温度很低（在薄片中看到植硅体保存完好），说明是旷野低温燃烧。人类废弃物的出现说明此时有往壕沟附近倾倒垃圾的习惯，但是情况不严重。

第二阶段（以Y14—Y9为代表）：维护期。这个阶段壕沟内经历了频繁的有水和无水的交替，但即使是有水，水量也是极小的。大量的黏土结皮出现在这个阶段。地表结皮是在静水条件下形成的，Y11o单位是原地保存的黏土结皮，但除此之外，大多数薄片中的黏土结皮都是破碎的且均匀分布，因此本文认为这些结皮是在形成之后，受人为扰动，如清理壕沟被翻到别处，随后受重力和风的侵蚀搬运到壕沟内。在Y10中，大量出现的结皮碎块未经过分选和磨圆，可能是刚刚清理过壕沟不久形成的，且壕沟内没有水，直接坠入壕沟中。沉积物堆积到壕沟之后，有的会再受到流水的磨圆和分选（如图9，f）。在沉积后，又可能受到土壤动物的扰动，如Y12p单位。

在这个阶段至少有两次有水没水的交替，而且水量极小，很可能是季节性降水造成的。从上到下普遍存在的铁锰团粒也证明不稳定水体的存在。几乎不见人类废弃物，也可能暗示存在人为清理。

第三阶段（以Y8—Y5为代表）：荒废期。这个阶段中很少见到二次堆积的黏土结皮，这就暗示壕沟的清淤可能已经停止了。Y8孔隙中较大的方解石晶体也说明沉积环境区域稳定。而且人类废弃物也极少见，说明此时人们的生活活动也离开了壕沟。期间多多少少一直存在着水，潮湿的环境使得真菌可以生存，甚至可能有更多的水来支持鱼类生活（Y8的薄片中观察到鱼骨）；Y6表层的微结构显示在冷湿气候下，地表也会结冰。这种结构的完整保存也说明扰动较少。到后期植被更加发育，贝壳类的生物也增多，说明到后期可能由于长期远离人类活动，生态恢复较好。

第四阶段（以Y4—Y1为代表）：这个地方曾经作为壕沟的功能似乎已经彻底废弃，而且几乎要与地表等高了。大量的人类废弃物表明这里已经沦为倾倒垃圾的场所。水流已经彻底消失，可能是堆积变高远离地下水；陆地蜗牛（图10，e）和保存好的大量蚯蚓粪（图10，d）也说明了这一点。粪便（图10，a）的出现和磷含量的飙升，也不排除此处作为农田使用的可能。

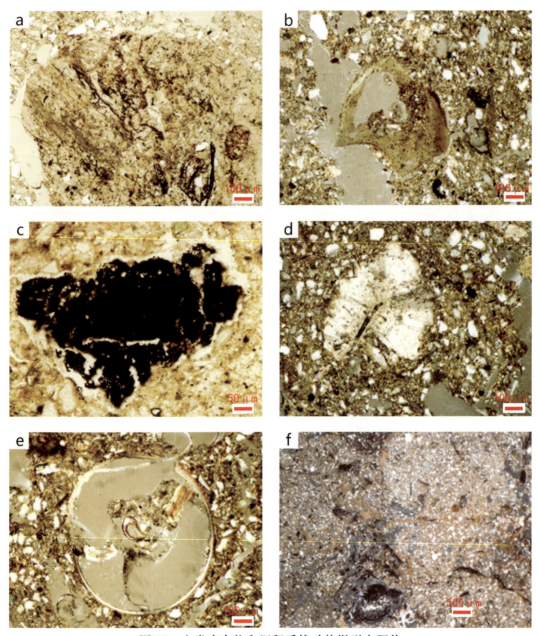

图 10　人类废弃物和沉积后扰动的微形态照片

（a）Y1b 单位中疑似降解或燃烧过的粪粒，其中包含木炭和植硅体（PPL）；（b）Y2d 单位里燃烧过的骨头（XPL）；（c）Y2d 单位中的木炭，细胞结构依然可见（XPL）；（d）Y2c 单位保存较好的蚯蚓粪粒（XPL）；（e）Y2c 单位中保存较好的一种陆地蜗牛壳（XPL）；（f）Y15u 单位中蜣螂粪球的放大照片，其中可见大量木炭还有一粒炭化种子、不规则孔洞和黏粒胶膜（XPL），比例尺见图中

（三）植硅体分析结果

壕沟沉积物中发现了比较丰富的植硅体类型（图 11），如稻叶扇型、有芦苇扇型、棒型等。

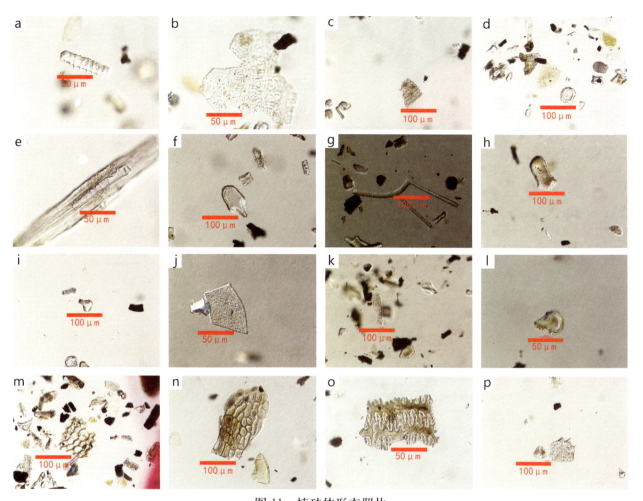

图 11　植硅体形态照片

（a）棒型植硅体，（b）黍壳植硅体，（c）小麦壳植硅体，（d）稻叶扇型植硅体，（e）竖排哑铃型植硅体，（f）芦苇扇型植硅体，（g）阔叶树棒型植硅体，（h）芦苇扇型植硅体，（i）扇型植硅体，注意旁边的炭屑，（j）粟壳植硅体，（k）黍壳植硅体，（l）稻扇型植硅体，（m）未知1，（n）未知2，（o）未知3，（p）未知4，比例尺见图中

　　植硅体分析结果见图 12、13。原始统计结果略。本文以普遍存在和反映壕沟潮湿状况的野生植物芦苇的植硅体为主要指标，将植硅体所反映的沉积环境分为四个阶段：

　　第一阶段（以 Y15—Y12 为代表）：早期壕沟刚开挖的时候，人类对壕沟周围的生态影响比较小，草本植物产量比较高（植硅体数量比较多）而且植物生长良好（植硅体大而且规整），但壕沟内可能并没有水或者水量很小（至少采样部位可能没有水），在壕沟周围可能有少量的谷物加工或者储存工作，所以少量谷物植硅体落入壕沟堆积中，早期的壕沟内堆积没有受到明显的扰动。但是这一阶段植硅体数量骤减明显，植硅体少的时期可能表明植物生长受到抑制，而且一般情况下植硅体少对应一定程度的

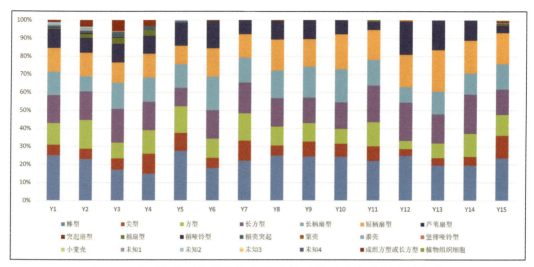

图 12　岳石文化时期壕沟沉积物中植硅体百分比随深度的变化

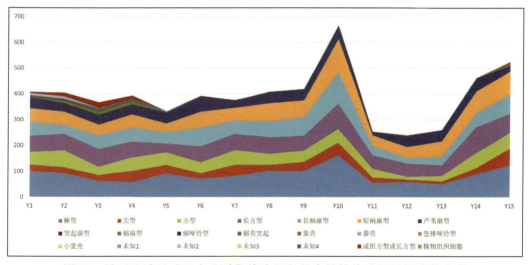

图 13　城子崖遗址岳石文化时期壕沟沉积物中植硅体数量随深度的变化

扰动，表明人类对壕沟的干预可能越来越强。芦苇植硅体占比逐渐增加，可能表明植被多样性随着人类干预减少，导致生长迅速且适应环境的芦苇比例升高。

　　第二阶段（以 Y11—Y8 为代表）：芦苇植硅体占比在 Y11 迅速减少，此后逐渐回升，表明环境在 Y11 发生了剧变，并逐步稳定下来。Y10 样品所在的层位植硅体数量飙升，可能是人类干预达到最小，也可能是环境改变比如水热增多导致植被明显发育，芦苇植硅体的绝对数量达到顶峰也说明这一点。Y9 至 Y8 的植硅体比例和绝对数量几乎都是相同的，表明沉积环境相似，也可能间接表明这期间沉积速率很快。

　　第三阶段（以 Y7—Y6 为代表）：Y7 中芦苇植硅体的占比和绝对数量又骤然下降，表明又是一次微环境的突变。这个阶段的植硅体数量比较稳定，而且 Y6 时芦苇植硅体

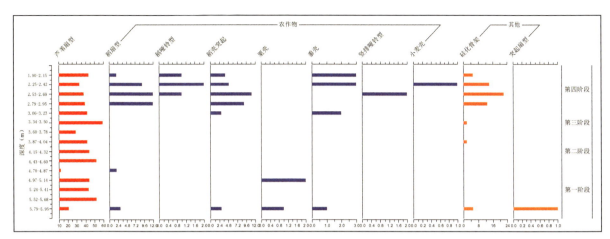

图 14　城子崖遗址岳石文化时期壕沟沉积物中芦苇植硅体与农作物植硅体的变化规律

的数量又迅速回升到另一个顶峰，可能表明在一次突变后，人类干预明显减少，环境逐渐恢复。

第四阶段（以 Y5—Y1 为代表）：这几层农作物植硅体有增多的趋势，尤其从 Y4 之后，反映了人类活动加强，至少是谷物加工或者秸秆利用活动加强。小麦壳植硅体在海岱地区史前时期样品中第一次发现，但因为只有一粒，还需要更多的证据来支持。

将芦苇植硅体与农作物植硅体结合起来，将会更加直观（图 14）。值得注意的是，第四阶段的农作物植硅体大量增加，但是芦苇的植硅体反而相对稳定。可能的情况是，前三个阶段的芦苇植硅体的变化，与壕沟内的水含量更有关。

（四）烧失量、磁化率和 XRF 分析结果

烧失量、总磷的百分含量和磁化率的深度变化曲线见图 15。对照样品及各指标的原始测量数值在此略过。

1.烧失量

在室内经过风干的土壤，看起来干燥实际上还含有水分。把它放在 105℃下烘干直至恒重，称为烘干土，这才算是真正干燥。当把烘干土重新放在常温常压的室内，土壤重量又会逐渐增加，直到与空气湿度达到平衡，这说明土壤有吸收水汽的能力，这部分水也因此被称为吸湿水。土壤的吸湿性是由土粒表面的分子引力、土壤胶体双电层中带电离子及带电的固体表面静电引力与水分子的相互作用决定的。因此，土壤质地越黏，比表面积越大，吸湿能力越强。沉积物也遵循同样的规律。这样沉积物和土壤中的质量含水量就与土壤的黏性呈正相关。由图 15 可大致观察到吸湿水有 4 个波谷，即可能经历了四次不同程度的土壤发育过程，造成了黏粒向下迁移。

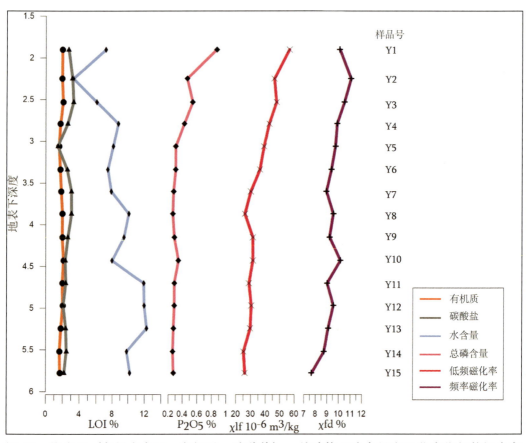

图 15　烧失量（包括水含量、有机质、碳酸盐）、总磷的百分含量和磁化率指标的深度变化曲线

　　与之对应的，碳酸盐含量（主要是 $CaCO_3$）有四个波峰，即也可能受到四次不同程度的土壤发育造成的钙积过程。在季节性淋溶条件下，易溶性盐类被降水淋洗，钙、镁部分淋失，部分残留在土壤里，土壤胶体表面和土壤溶液多为钙（镁）饱和，土壤表层残存的钙离子与植物残体分解时产生的碳酸结合，形成重碳酸钙，在雨季向下移动在剖面中部或下部淀积，形成钙积层，其碳酸钙含量一般为 10%—20%，有粉末状、假菌丝体状、眼斑状、结核状或层状等不同形式。这在沉积物的微形态分析中可以得到印证。

　　这种波峰波谷的对应关系，可能是由于在石灰性土壤中，由于 Ca^{2+} 的凝聚作用，黏粒被絮固为稳定的微团聚体，不被雨水分散，所以石灰性土壤或钙饱和的土壤在未脱钙前实际上不发生黏粒的悬浮迁移（黄昌勇、徐建明，2014）。城子崖遗址处于黄土台塬上，含有大量钙，所以先发生钙的淋失，再发生黏粒的迁移，这也是为什么这两个峰值总是有些许错位，而且水含量的峰值总是滞后于碳酸盐含量峰值的变化。

　　剖面从上至下，沉积物中的有机质含量基本维持在 2% 左右，含量很低，波动很小。

在对沉积物样品进行湿筛挑选有机质时，发现挑出的样品极少（炭化样品都不足以用来测年），与烧失量的结果相符，同时在微形态薄片中也有体现。土壤中的有机质绝大部分来源于动植物残体和排泄物。这很可能表明沉积物的堆积来源本身的有机物质含量就很低，再加上堆积速率很快，来不及支持繁茂的植被生长，因此缺少有机质的来源。

以变化规律且对环境尤其水含量变化敏锐的碳酸盐变化为主要指标，可以将烧失量反映的沉积环境分为三个阶段，每个阶段几乎都经历了碳酸盐由多到少的变化过程，符合碳酸盐淋溶和淀积的假设：

第一阶段（以 Y15—Y12 为代表）：这个阶段碳酸盐的含量变化不明显，表明水量很少，变化规律也说明这期间可能是一个连续的沉积过程；在 Y12 时淋溶最强，可能是暴露的地表。

第二阶段（以 Y11—Y5 为代表）：这个阶段碳酸盐的含量变化较第一阶段更加明显，尤其 Y8 达到顶峰后迅速下降，Y5 达到低谷，表明在 Y5 所在的地层时，发生了强烈的淋溶，也可能曾作为地表存在。

第三阶段（以 Y4—Y1 为代表）：这个阶段是另一个沉积过程，至 Y1 可能还没有结束，淀积比之前更加明显，可能表明水量增多。

2.磁化率

由于在发掘过程中和沉积物的微形态上都没有发现燃烧的痕迹，因此这次磁化率的结果可以大体体现壕沟内沉积物的风化 - 淋滤过程和成土程度。结合微形态的结果来看，磁化率指标的变化很可能是跟人为的清理活动和水位的变化有关。总的来说，磁化率反映的堆积过程可以大致分为三个阶段：

第一阶段（以 Y15—Y12 为代表）：低频磁化率和频率磁化率都在持续缓慢升高，尤其 Y15 之后，表明这个阶段还可以分为两个小的堆积期，即 Y14、Y13 和 Y12 是与 Y15 不同的堆积期，但总体来说是持续堆积时期，可能速率较快，土壤发育并不完全。

第二阶段（以 Y11—Y7 为代表）：经历了两次快速的振荡，即 Y11 和 Y9 的磁化率与之前相比突然减小，而且二者水平几乎相近，表明在 Y11 和 Y9、Y7 所在的地层，发生了沉积间断，可能是人为清理造成的，挖掉表层发育较好的土壤，暴露出更早的沉积物。说明在这个阶段人为清理较为频繁。

第三阶段（以 Y6—Y4 为代表）：这个阶段低频磁化率和频率磁化率都稳步升高，又回到了稳定沉积的阶段，与第一阶段相似，可能也是速率较快，土壤发育并不完全。

第四阶段（以 Y3—Y1 为代表）：低频磁化率和频率磁化率的变化幅度和绝对值都远大于之前，说明这个阶段的沉积环境与之前都不一样。而且频率磁化率的值接近古土壤，但是低频磁化率却差很多，说明磁化率的升高并不完全是来自环境变化导致的土壤发育，最可能是人为造成的。Y1 的磁化率指标与同时期的路土样品十分相似，可能表示同等程度的人为扰动。

3.XRF分析结果

通过 XRF 测量 P_2O_5 的百分含量得到磷元素的变化趋势。可以看出，自然黄土的磷百分含量在 0.1 左右；自然的土壤发育和剖面趋势，使得磷百分含量增加 0.8 左右；而现代地表样品 C2 的土壤磷百分含量是 0.27，这与从 Y15 到 Y7（除了 Y10）的百分含量几乎一致。虽然 C2 样品来自现在地表，但是并不是直接的路土，而且远离村庄和垃圾堆积区（在武原河的东侧），因此本文有理由推测，Y7 以下的沉积物有可能也是这样的状况，并没有受到人类活动如倾倒大量有机质垃圾的直接影响。Y10 磷百分含量的突变可能与当时的沉积环境有关，具体原因待查。Y6、Y5 的磷百分含量虽然开始增多，但是并不明显，可能与当时人类活动普遍增强的大环境有关。而从 Y4 以上磷百分含量的明显增多，便可能指示直接利用壕沟的痕迹，比如人开始往里倾倒垃圾等，Y1 比路土的百分含量还要高，表明对壕沟的利用达到了顶峰，不排除作为农田往里施肥造成的影响。

（五）数据汇总

通过表 4，将本文中用到的数据综合起来，用以观察不同数据代表的沉积阶段的差异。可以看出，不同的指标反映的沉积阶段并不完全重合，除了与作者本身的阐释有关之外，与方法本身的长处和局限性也有关；例如烧失量测得的几组数据数值都很低，磁化率在壕沟这种人工堆积中所能反映的结论也并没有过多经验可以借鉴。但总体来说互相之间拟合较好，与考古发掘划分的层位也没有太多出入，尤其以土壤微形态分析为主线，辅以其他指标，得出的结论是比较可靠的。

五　讨论与结论

（一）岳石文化时期微环境和情景复原

本文所用的微形态等方法并不是研究古气候的完美工具，尤其对于壕沟内这种被人严重扰动的堆积，分辨其中的人类行为是本文的主要目的。因此，此处的微环境是指壕沟的堆积环境，如壕沟内的堆积速率、含水状况和植被覆盖程度，情景则指的是人类活动对壕沟的干预，如清淤、焚烧植被等。

该壕沟内的沉积物成壤作用很弱，时间很短，因此可以直接用深度除以时间跨度来得到平均堆积速率。根据本文从 Y14 到 Y9 跨度 300 年的推测，Y14 到 Y9 的垂直距

表4　不同指标体现出的沉积过程和扰动过程

岳石文化壕沟分期	样品号	沉积阶段			扰动事件	
		磁化率	烧失量	植硅体（以芦苇扇形为主要指标）	微形态薄片	
汉代/三期（HG1）	Y1	第四阶段	第三阶段	第四阶段	前段有人为扰动和生物扰动，后段扰动较少	第四阶段
三期（HG1）	Y2				人为扰动和生物扰动	第四阶段
	Y3					
	Y4	第三阶段				
	Y5		第二阶段		扰动较少，中间有胀缩扰动	第三阶段
	Y6			第三阶段		
二期（HG2）	Y7	第二阶段				
	Y8			第二阶段	生物扰动	
	Y9				扰动较少	第二阶段
	Y10				胀缩扰动	
	Y11				生物扰动	
	Y12	第一阶段	第一阶段	第一阶段	扰动较少	
	Y13				生物扰动	
	Y14				扰动较少	
一期（HG3）	Y15				早期扰动较少，后期存在大量生物扰动，可能生物扰动对植硅体的破坏较少。没水或水量少，植被发育，可能存在烧荒行为	第一阶段

离是 1.37 米，那么壕沟在使用期间的堆积速率是 4.57 毫米 / 年。马兰黄土平均堆积速率为 0.078 毫米 / 年（孙建中、李虎侯，1989），因此壕沟内沉积物的堆积速率是自然黄土堆积速率的 59 倍。这不得不考虑来自沉积物来源和堆积速率的影响因素。

马兰黄土主要是晚更新世的风成沉积，上述沉积速率的数据是作者在陕西洛川的自然剖面上计算的，因此这种沉积速率主要跟气候变化有关，但即使气候变化较大的时期，沉积速率的变化也是微乎其微的，对我们讨论壕沟的沉积速率完全可以忽略不计。

壕沟是一种特殊的人工遗迹，它的沉积速率跟壕沟的植被发育、坡度、气候尤其人为活动有很大的关系。由于壕沟并没有清理到底，因此还不能确定壕沟最初开挖时的状态。本论文至少表明从岳石文化一期末段开始，壕沟内一直是没水或少水的状态，可能由于降水和地下水导致沟内长期潮湿，植被发育较好；有时壕沟呈干燥状态，比如刚清淤过的壕沟，壕沟的湿度会反复变化，沉积前期（Y15—Y8）更多的铁锰结核可能是这种变化的直接反映。因此城子崖的壕沟与岳石城的给排水无关，这与瓦店遗址龙山文化壕沟的早期功能完全不同（张海等，2016）。这就可以排除水流对壕沟内沉积物的侵蚀和堆积作用。唯一能对沉积物造成减少的作用，只能来自人为的清理。

捷克的 Lisa 等（2015）通过土壤微形态对比分析新石器时代晚期的壕沟和罗马时期短期营地壕沟的沉积物，发现二者的共同点是含有夯土成分，区别是新石器时期的夯土是自然崩落，而罗马时期则是人故意毁坏抛入壕沟；此外他们还发现，新石器时代的壕沟沉积物通常可以分为两大层，下层是地层明显的自然堆积，上层则是较多的人类活动废弃物。这种分层特征很可能是一种壕沟的堆积规律，同样的特征在日照尧王城（中国社会科学院考古研究所山东队等，2015）、沈阳的千松园遗址（最早堆积1880—1680 cal.BC）（沈阳市文物考古研究所，2013）等都有发现。这种堆积特征通常也反映了壕沟开挖、清淤、维护、废弃的过程，这在田野发掘中也已经被考古学家认识到，如郭伟民通过城头山遗址的城壕演变分析了它与稻作农业和聚落扩张的联系（郭伟民，2007），李新伟等还通过对灵宝西坡遗址壕沟沉积物的堆积过程分析了聚落的演变（中国社会科学院考古研究所河南一队等，2016）。从这方面来看，可以说壕沟是最能体现考古学文化堆积规律的遗迹。

综合来看，壕沟使用期间沉积物主要来自崩塌的城墙墙体和清淤后制造的护坡、雨水等造成的坡面侵蚀；同时会有少量的自然风成堆积，但是微乎其微。这 300 年间至少应当有两次清淤事件，但清淤过后本身就可能引起较大的侵蚀，加剧堆积。这对以后研究遗址内的堆积过程有一定借鉴意义。

通过分析土壤微形态，表明城子崖岳石文化时期壕沟在使用阶段加积过程显著，淤塞现象严重，沟内的堆积物主要来自周边地表的侵蚀堆积物和城墙的崩塌堆积物，可能正因为如此，才使得后期城壕分离，既方便施工（夯筑城墙外表面时有站立空间），又可以避免城墙崩塌物落入沟内，减缓淤积。赵春青等仅通过野外发掘对地层特征的辨识，恢复了壕沟的堆积过程（中国社会科学院考古研究所河南新砦队等，2009）。通过微形态薄片分析还认为，薄片中的黏土结皮是从壕沟清理出的淤土，作为维修城墙的材料随后又崩塌回壕沟形成的，这在桐林（北京大学考古文博学院，2004）、新砦等都有发现。

在壕沟彻底废弃甚至填平的阶段，各遗址几乎都能观察到人类堆积的大量出现，张海等（2016）等甚至还推测瓦店壕沟的部分洼地可以作为稻田使用。本文在最上层发现的粪便遗存和异常高的磷含量，也表明存在这种可能性。这种壕沟功能的转变，说明社会体制和土地利用都发生了很大变化。

从新石器时代早期，人类脱离自然庇护居住的时候壕沟就存在了，如现在发现最早的湖南彭头山文化八十垱遗址的围壕，有证据显示那时候也是稻作农业的开始。在长江下游，稻作农业开始更早的上山遗址，虽然没有发现壕沟，但是遗址被两河环绕，依然起到了壕沟的作用。壕沟作为城市系统的一部分，可能反映的更多是中心聚落尤其政治首领的人地关系意识，并不能反映社会整体的土地利用状况。因此人地关系的研究必须结合聚落考古、植物考古和动物考古等，通过分析各级聚落的地理位置、聚落形态和农业家畜业，利用地学考古方法对沉积物和土壤分析的专长，获得较为可靠和全面的人地关系信息。

（二）结论

综上所述，壕沟的沉积物可以分为四个阶段，以 3400 cal. BP 左右为界可以归纳为两个大的堆积期，分别由 Y15—Y8 和 Y7—Y1 样品为代表，暂且称之为前期和后期。

1.前期

也就是壕沟在发挥功能的时期，人类活动对堆积物的贡献较少，主要是自然堆积。前期还可以细分为一、二两个阶段，一阶段壕沟倾向于稳定沉积，人为干预较少，环境也较好，从薄片的包含物来看，二阶段开始清理过几次壕沟甚至修葺城墙，每次维修都应该发生在水少或没水的时候（很可能是季节原因）；为了维护方便，可能还燃烧过沟内的植被。岳石文化时期的城墙是采用版筑的技术，城墙陡峭，又贴近壕沟，因此很容易会有墙皮跌落到沟里。而且根据考古地层显示，在此期间出现了疑似护坡的 HC Ⅱ，还有拓宽壕沟 HG2 和新筑城墙 HC Ⅲ，因此支持了对于薄片的解释。

2.后期

也就是壕沟荒废的时期，也可以分为三、四两个阶段。三阶段时壕沟几乎已经废弃，但也可能还在发挥作用，不过看不到维护的痕迹；四阶段的时候就已经开始作为垃圾坑使用，从此彻底荒废。壕沟彻底淤平之后，不排除其作为农田使用的可能。

本文为作者硕士学位论文，收录时，文字、图、表有删减和修改。本研究为国家自然科学基金（41771230）资助项目。

16. 城子崖遗址龙山文化灰坑（H3）的地学考古研究

Rowena Y. Banerjea、宿凯、朱超、Karen Wicks、Steven Mithen、刘江涛、靳桂云★

经过发掘的龙山文化遗址都有一个共同的特点，就是灰坑特别多；尽管根据口部形态以及整体结构可以将灰坑分为不同类型，但对于灰坑的性质或功能，我们向来所知甚少；而那些形状规整、保存深度超过 50 厘米（多数原始深度可能更深）、填土分层且包含丰富有机质的灰坑，一直是田野考古学家关注的对象。城子崖遗址 2013—2014 年度发掘过程中，清理了一个这类灰坑（编号 H3），为我们开展相关研究提供了很好的机会。

一　考古发掘与采样

在 2013—2014 年城子崖遗址的发掘中，编号 H3 的灰坑位于发掘区北端探沟 TG45和 TG46 的连接处，其北面是岳石文化时期的夯土城墙（HC Ⅳ）。发掘揭露了灰坑的一部分，另一部分仍然在探沟的西壁上。龙山文化灰坑 H1 和 H220 打破了 H3 的上层，H3 打破了较其更早的龙山文化墓葬 M6 和一个未编号灰坑（图 1）。从已揭露部分推测该灰坑的完整形状近似圆形（图 2）。从平面形状和立体结构上看，H3 与大多数灰坑没有什么明显的不同，口部略大，弧壁中部内凹，底部基本平整；口径 193cm、底径 170cm、残深 85cm；坑内堆积分 6 层，多数堆积具有水平层理（图 3），第 1 层为浅灰褐色粉砂土，土色均匀，下部略有黑灰薄层，厚约 50 厘米；第 2 层为黑色灰土，含大量草木灰；第 3 层为浅灰色土，含大量成层的粉状红烧土及黑色草木灰；第 4 层的土质、土色接近第 3 层；第 5 层为深褐色粉砂土，含少量红烧土粒（山东省文物考古研究院等，2019）。H3 与众不同的是坑内填土的结构和组成；第 2、3、4 层堆积不仅具有明显的水平层理，而且黑色与灰色、红色的烧灰和烧土相间，仔细观察可以看

　　★　Rowena Y. Banerjea、Karen Wicks、Steven Mithen: Department of Archaeology, University of Reading；宿凯：山东大学历史文化学院、美国圣路易斯华盛顿大学博士生；朱超：山东省文物考古研究院；刘江涛：山东大学历史文化学院、中国社会科学院大学博士生；靳桂云：山东大学文化遗产研究院。

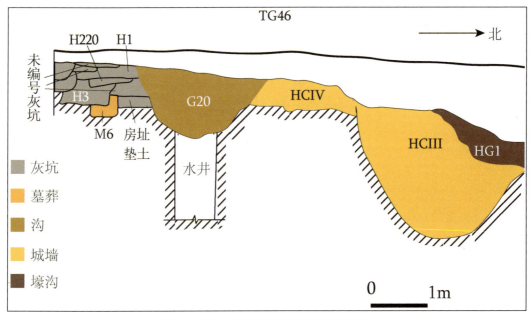

图 1 H3 在 TG46 剖面上位置示意图
（根据山东省文物考古研究所，2019 图七改绘）

图 2 城子崖遗址 H3 清理完的状况

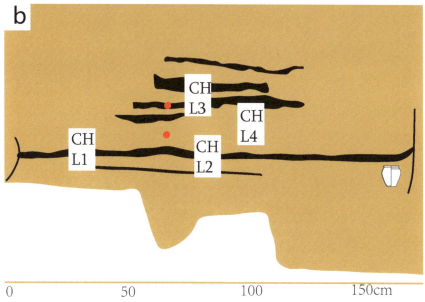

图3　H3 微型态样品位置示意图

（a）灰坑堆积分层照片和　（b）取样剖面示意图，盒子和方块表示微形态样品的取样位置；红色圆点表示剖面上的木炭测年样品位置。右下方陶罐线图表示出土陶片的位置

到在烧过的粉砂透镜体中夹杂有颗粒斑杂的灰烬层和炭化植物遗存（图3）；在这些松散堆积的边缘靠近灰坑壁的位置，出土了龙山文化陶器等遗物。

　　陶器类型学分析显示，H3 出土的陶罐（H3：7）与诸城呈子遗址 M10：1（属于龙山文化一期前段）同类器形制基本相同，被 H3 打破的城子崖遗址 M6 出土的三足杯（M6：4）与狮子行遗址 M107：4（属于龙山文化一期后段）同类器形制接近，所以，推测 H3 出

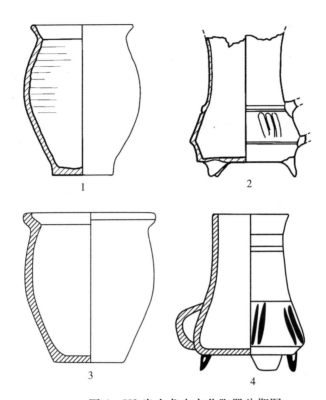

图 4　H3 出土龙山文化陶器分期图

1. 城子崖 H3∶7　2. 城子崖 M6∶4（山东省文物考古研究院等，2019）
3. 呈子 M10∶1　4. 狮子行 M107∶4（栾丰实，1997：253–255）

土陶器的时代属于龙山文化一期（图4）。

　　因为肉眼已经观察到灰坑堆积中有炭屑，所以发掘过程中采集了两份浮选土样[1]，希望了解灰坑堆积物中有哪些种类的炭化植物遗存，但我们更想知道灰坑中的堆积是如何形成的，这样或许能获得一些关于城子崖遗址龙山文化前期人类行为的证据，同时也可以为解释炭化植物遗存分析结果提供考古学背景信息。

　　灰坑发掘结束、绘图和拍照完成之后，我们使用铝盒在探沟西壁的灰坑剖面上采集 4 个块状样品（L1—L4）用于制作微形态薄片，每个铝盒长 17cm，宽 9cm，厚度为 6cm。L2—L4 包含连续的地层，L1 与 L2 采集了同层位的不同位置（图3）。

　　块状样品带回实验室之后，清理表面浮土，看到每个样品尤其样品 1、2 由多个微层组成（图 5—8），遂决定在微形态分析的同时，对一些明显的微层做植硅体分析。最后我们决定，结合 ^{14}C 测年，采用微形态、X 射线荧光光谱（XRF）、植硅体分析方法，探讨 H3 内的堆积过程及相关问题。

---

　　[1]　浮选工作由北京大学承担，蒋宇超告知如下消息：两个浮选样品大约22升土中，浮选到炭化种子将近500粒，以稻、粟、黍为主，狗尾草、马唐、黍亚科、牛筋草、豆科、草木樨属、大豆属、莎草科、藜属都很少。

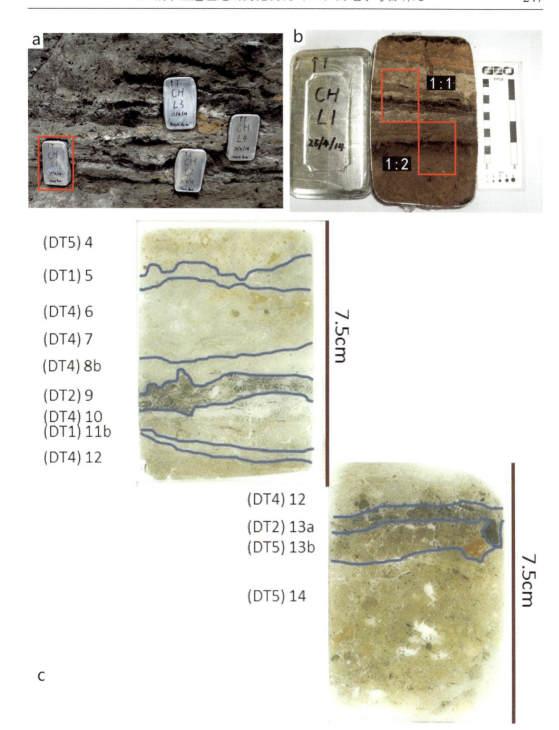

图 5　H3 微形态样品 L1 的（a）取样位置、（b）切片位置和（c）薄片扫描照片；DT 表示堆积类型

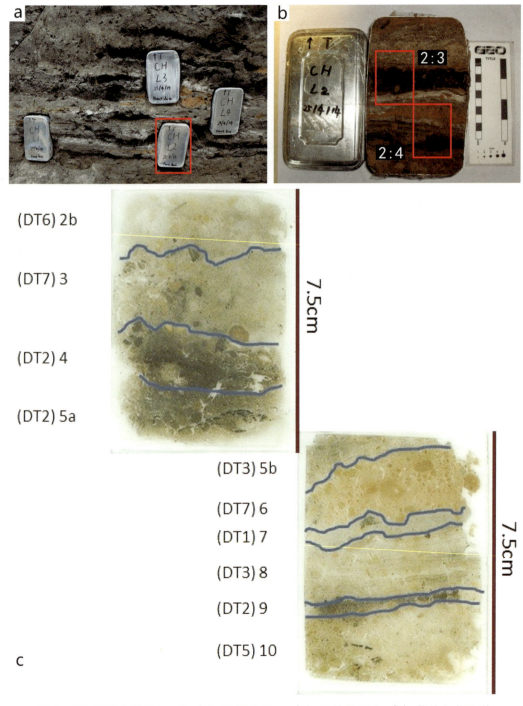

图 6 H3 微形态样品 L2 的（a）取样位置、（b）切片位置和（c）薄片扫描照片

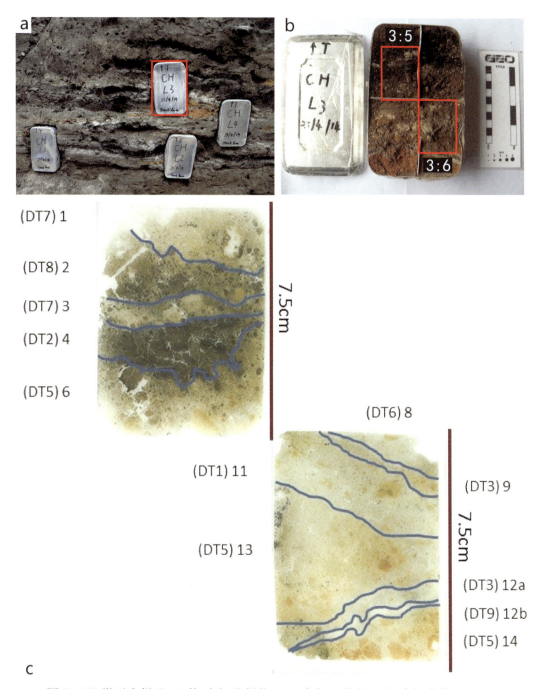

图 7　H3 微形态样品 L3 的（a）取样位置、（b）切片位置和（c）薄片扫描照片

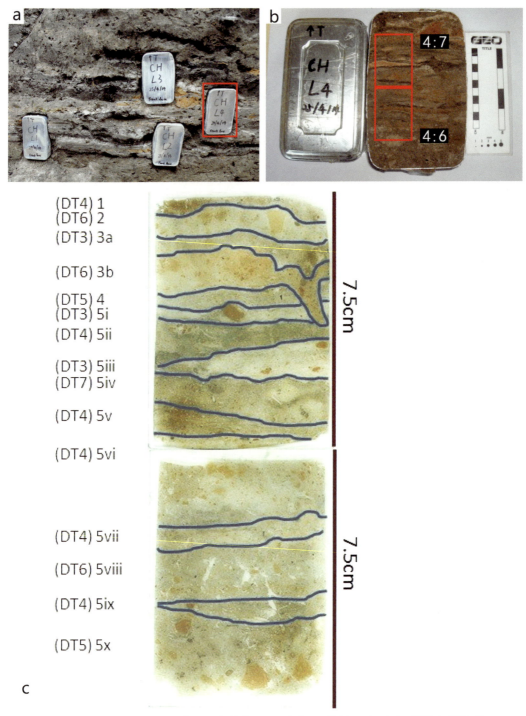

图 8　H3 微形态样品 L4 的 (a) 取样位置、（b）切片位置和（c）薄片扫描照片

二　实验室分析方法

（一）¹⁴C 测年

我们从 H3 中一共采集了 4 个测年样品。在野外直接从灰坑剖面下部和上部的透镜体层中分别取出整块的小块儿木炭（图 3）。另外，我们从灰坑土样浮选出的植物种子中挑选两份样品测年，以验证木炭测年数据是否可靠。两份种子测年样品中，一份包含粟（6 粒）和黍（3 粒），另一份只包含粟（10 粒）。我们将所有样品送到美国 Beta 实验室做加速器质谱测年。

（二）土壤微形态分析

在实验室内用刮刀和纯水去除样品表面的污染。每个块状样品制成两张微形态切片（尺寸为 7.5cm×5.5cm；编号 1:1、1:2、2:3、2:4、3:5、3:6、4:7、4:8，图 5—8）。

微形态分析使用的是 Leica DMLP 偏光显微镜，在平面偏振光（PPL）和交叉偏振光（XPL）下放大 40—400 倍，必要时使用倾斜入射光（OIL）。描述切片使用的鉴定和定量标准参考 Bullock et al（1985）和 Stoops（2003），包含物的相对分布和微结构术语参考 Courty et al（1989），岩石和矿物鉴定参考 Mackenzie & Adams（1994）和 Mackenzie & Guilford（1980），黏土胶膜等相关特征进一步参考了 Fitzpatrick（1993）。观察结果包括切片描述、包含物和阐释部分，以表格形式呈现，表格沿用 Matthews（2000）和 Simpson（1998）的格式。显微照片用显微镜附带的 Laica 相机拍摄。

在 40—400 放大倍数下，使用 PPL、XPL 和 OIL 光线可以观察以下特征：厚度、分层、粒度、分选、粗细颗粒的比例、细颗粒物之间的组分、基质、颜色、相对分布、微结构、包含物的走向和排列方式、形状，以及对包含物进行鉴定和量化。此外，沉积后的改造特征也可以鉴定和量化，如土壤动物的扰动造成的微结构变化、黏土胀缩或踩踏形成的裂隙、黏土和铁的迁移，还有化学改造，例如生成蓝铁矿和锰等矿物，植物材料腐烂造成的有机质侵染，以及昆虫排泄物和蚯蚓粪粒等土壤形成物。

（三）X 射线荧光光谱分析

为配合微形态结果的解释，从微形态块状样品中分离了 21 个样品做 XRF 分析。

（四）植硅体分析

植硅体分析方法是：先去除土壤样品中的有机质和金属离子，然后将植硅体提取出来。

H3 的样品足够干燥，因此没有经历烘干这一步骤。直接称取 1.50g 样品并装入离心管内，加入浓度 30% 的过氧化氢（H₂O₂）溶液，待其反应趋于缓慢后放入 80℃的水浴锅内加热。此次分析的样品有机质含量略多，因此在其反应停止后，将样品离心（2500r/min），再把上清液倒掉，此后再次加入相同浓度的过氧化氢溶液。随后加入浓度 10% 的稀盐酸（HCl）溶液。在 80℃的水浴锅内加热 30 分钟后，将样品加入纯水反复清洗 4—6 次。加入比重为 2.2g/mL 的溴化锌溶液，离心后用吸管吸取浮在上层的植硅体，转移至新的离心管中。使用纯水将植硅体反复清洗 3—4 遍，之后将样品放入 60℃的烘箱内烘干。样品彻底干燥之后即可制片。在舀取前将离心管内的植硅体敲散并摇晃均匀。用小勺从中挖取适量的植硅体放置在载玻片上，再滴加适量的中性树胶，之后用干净的牙签将其混合均匀，安装好盖玻片后在显微镜下观察。

植硅体观察使用的显微镜型号为 Nikon E800，放大倍数为 400 倍。

不涉及植物种属鉴定的植硅体种类参考 ICPN 1.0（International Code for Phytolith Nomenclature 1.0）（Madella et al., 2005）进行分类。能够鉴定到种的植硅体分别来自稻 *Oryza sativa*、粟 *Setaria italica*、黍 *Panicum miliaceum* 这三种农作物。鉴定标准参考吕厚远等的研究成果（王灿、吕厚远，2012；Lu et al., 2009）。其余能鉴定到科或亚科的参考山东大学环境考古实验室的图谱来进行鉴定。为保证鉴定结果能比较客观地反映植硅体组合，每个样品鉴定植硅体数大约在 500 个。

三 结果和阐释

（一）测年结果

测年结果见表 1，统计分析结果见图 9、10。

2 个小炭块和 2 份炭化谷物种子的测年结果比较接近（表 1），这可能说明炭块儿样品来自短生命的植物体，比如木本植物中的年轻个体或大龄树木的幼枝，因为当时没有考虑做树种鉴定，这个信息对于我们后续分析灰坑填土的性质有参考意义。接下来用贝叶斯算法和 IntCal 20 校正曲线（Reimer et al., 2020）对测年结果建模，这些在 OxCal v. 4.4 软件上都可以找到（Ramsey, 2021）。由于两份炭化种子的出土位点未知，而两个木炭样品是由相互叠压的层位关系的，我们的灰坑年代模型把木炭的年代结果先分开，再和种子年代结果并入同一期中。之所以最后把所有年代放到同一期中，是因为我们把整个灰坑堆积过程看成一个事件。

贝叶斯年代学模型的输出结果给出了经过校正的年代区间（图 9）。这个模型获得了较好的一致性指数（94.1），表明我们的年代模型是可信的（即 > 60，Ramsey，2009）。结果还表明木炭测得的沉积事件没有受到老碳效应的影响，因为木炭的数据

表1　¹⁴C测年样品种类和测年结果

实验室编号	测年样品材料和出土背景	δ ¹³C (‰)	¹⁴C years BP
Beta–424170	粟（*Setaria italica*）10粒	–8.6	3770 ± 30
Beta–424169	粟（*Setaria italica*）6粒； 黍（*Panicum miliaceum*）3粒	–8.4	3690 ± 30
Beta–395374	灰坑H3上层木炭层的木炭	–16.2	3640 ± 30
Beta–395375	灰坑H3下层木炭层的木炭	–	3850 ± 30

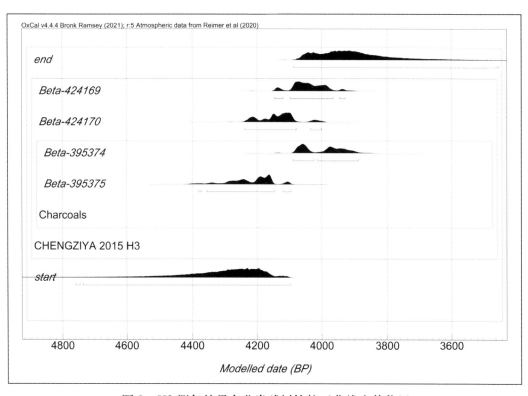

图9　H3 测年结果在北半球树轮校正曲线上的位置

与生长期短的植物种子遗存获得的测年数据是一致的。但是该模型的年代结果仍然有相当大的跨度，模型认为灰坑堆积的起始年代在4760—4095 cal. BP（95.4% 置信区间），结束年代在4090—3450 cal. BP（95.4% 置信区间）。即使是朴素的生活经验也使我们很难相信一个灰坑的堆积过程会持续几百年，何况微形态的分析也说明各燃烧层之间并没有经历长时间的间断。通过树轮校正曲线我们发现（图10），4000—4200 cal. BP大气处于一个波动比较频繁的时期，因此一个 ¹⁴C 年龄经过校正之后会出现较大的不确定区间。要解决这个问题，测年样品除了优先采用植物种子等生命周期短的遗存，还需要注意测年样品的层位要明确，例如通过更加精细的采集浮选样品，这样才能获得更高精度的统计结果。

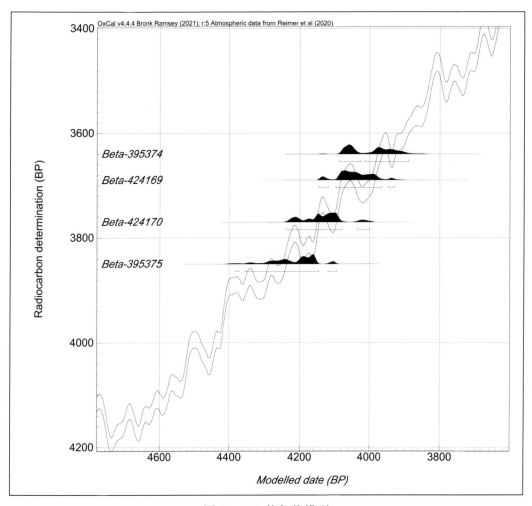

图 10　H3 的年代模型

（二）微形态分析结果

因为肉眼和微形态分析都确认了灰坑填土的分层现象，所以，微形态分析的描述具体到每个显微层位（表 2）、每层包含物出现频率和类型以及沉积后改造特征和土壤形成物的丰富度。沉积物属性和包含物组成能反映沉积物的来源、颗粒的搬运机制和沉积过程，因此可以对每种沉积物进行分类和对比。为确定沉积物的来源，我们着重描述颗粒大小、形状、粗颗粒和细颗粒的组分，尤其岩石、矿物和人为活动包含物的出现频率。沉积事件的特征主要反映在以下几个方面：分选、相对分布、走向和排列方式和层理。理解沉积过程对我们解释遗迹的地层序列至关重要（Schiffer, 1987）。

表2　根据沉积事件和材料总结的沉积物类型

沉积物类型	样品号	野外单位	微地层单位	底部边界	粒度	分选	细颗粒物	基质	颜色	相对分布	微结构	包含物：走向和排列
打扫过的烧烤面			4	波浪状、不清晰、人为的	粉砂黏壤土、砂壤土	分选差	二氧化硅、灰烬、一些矿物	各向同性、微晶	PPL:灰橙 XPL:银橙	嵌入和胶膜	发育一般的球状土粒，孔洞5%，腔室5%	随机排列分布
原地堆积的钙质灰烬			5	波浪状、不清晰、人为的	砂质黏土	分选差	二氧化硅、灰烬、一些矿物	各向同性、微晶	PPL:深灰 XPL:银灰	嵌入和胶膜	发育一般的球状土粒，孔洞5%，腔室5%	薄层的灰烬、炭化植硅体和植硅体、薄层与底部边界平行
原地灰烬：混合燃料			6	波浪状、不清晰、人为的	粉砂黏壤土、砂壤土	分选差	二氧化硅、灰烬、一些矿物	各向同性、微晶	PPL:灰橙 XPL:银橙	嵌入和胶膜	发育一般的球状土粒，孔洞5%，腔室5%，孔隙5%	随机排列分布
原地灰烬：混合燃料	1:1		7	清晰、波浪状、局部不清晰	黏壤土	双分选模式：分选一般的粉砂和分选差的砂	二氧化硅、灰烬、一些矿物	各向同性、微晶	PPL:灰浅棕色 XPL:银灰	嵌入、胶膜和连续胶膜	孔洞10%，腔室10%，互不拼接的块状土粒和球状土粒	薄层的植硅体和灰烬与底部边界平行。橙色的沉积团块和矿物成随机分布，无走向
原地灰烬：混合燃料			8b	清晰、波浪状、局部不清晰	黏壤土	双分选模式：分选一般的粉砂和分选差的砂	二氧化硅、灰烬、一些矿物	各向同性、微晶条纹	PPL:深灰 XPL:银灰	连续胶膜、局部嵌入和普通胶膜	孔洞2%，腔室5%	薄层的灰烬和有机质与底部边界平行。橙色部边缘的沉积团块和矿物成随机分布，无走向
原地炭化燃料			9	清晰、波浪状、局部不清晰	砂质黏壤土	分选差	无定形的有机质、灰烬和矿物	各向同性、微晶和斑点状双折射结构	PPL:棕深棕色 XPL:深棕色和金色	连续胶膜、局部嵌入和普通胶膜	孔洞10%，裂隙10%，互不拼接的块状土粒和球状土粒	薄层的灰烬和炭化植物遗存与底部边界平行。其他包含物成随机分布，无走向

沉积物类型	样品号	野外单位	微地层单位	底部边界	粒度	分选	细颗粒物	基质	颜色	相对分布	微结构	包含物：走向和排列
原地灰烬：混合燃料			10	清晰、波浪状、局部不清晰	黏土质/砂质黏土	分选差	灰烬、二氧化硅、无定形有机质和矿物	各向同性微晶	PPL:灰/深棕色 XPL:金色和深棕色	连续胶膜、局部嵌入和普通胶膜	腔室10%，裂隙10%，互不拼接的块状土粒和球状土粒	薄层的灰烬、炭化植物遗存和植硅体，薄层与底部边界平行；其他包含物成随机分布，无走向
原地钙质灰烬			11b	清晰、波浪状、局部不清晰	黏土质/砂质黏土	分选差	无定形有机质、二氧化硅、灰烬、矿物	各向同性微晶和斑点状双折射结构	PPL:灰/橙 XPL:银/橙	连续胶膜、局部嵌入和普通胶膜	孔洞5%，腔室10%，裂隙10%，互不拼接的块状土粒和球状土粒	薄层的灰烬和炭化植物遗存与底部边界平行。其他包含物成随机分布，无走向
原地灰烬：混合燃料			12	N/A	粉砂黏壤土/砂质黏壤土	分选差	二氧化硅、灰烬、一些矿物	各向同性微晶	PPL:灰/橙 XPL:银/橙	嵌入和胶膜	孔洞5%，互不拼接的块状土粒和球状土粒	薄层的植硅体局部或多数情况与底部边界平行
原地灰烬：混合燃料			12	波浪状、不清晰、人为的	粉砂黏壤土/砂质黏壤土	分选差	二氧化硅、灰烬、一些矿物	各向同性微晶	PPL:灰/橙 XPL:银/橙	嵌入和胶膜	孔洞5%，互不拼接的块状土粒和球状土粒	薄层的植硅体局部或多数情况与底部边界平行
原地炭化燃料	1:2		13a	清晰、波浪状、局部不清晰	黏土质/砂质黏土	分选差	无定形有机质、二氧化硅、矿物和一些灰烬	各向同性微晶和斑块状双折射结构	PPL:灰/深棕色 XPL:金色和深棕色	连续胶膜、局部嵌入和普通胶膜	腔室10%，裂隙10%，互不拼接的块状土粒的球状土粒	薄层的植硅体和炭化植物遗存与底部边界平行。其他包含物成随机分布，无走向
打扫过的烧烤面			13b	波浪状、不清晰、人为的	砂质壤土/砂质黏土	分选差	矿物	斑块状双折射结构	PPL:橙色/黄褐色 XPL:深黄褐色	嵌入、胶膜和连续胶膜	孔洞5%，腔室10%，互不拼接的球状土粒	随机排列和分布
打扫过的烧烤面			14	N/A	砂质壤土/砂质黏土	分选差	矿物	斑块状双折射结构	PPL:橙色/浅褐色 XPL:浅橙色/橙色	嵌入、胶膜和连续胶膜	次棱角状的块状土粒，腔室10%，孔隙5%	随机排列和分布

沉积物类型	样品号	野外单位	微地层单位	底部边界	粒度	分选	细颗粒物	基质	颜色	相对分布	微结构	包含物：走向和排列
打扫过的钙质灰烬			2b	波浪状、不清晰、人为的	黏壤土	分选差	灰烬和矿物	微晶、斑点状双折射结构	PPL:深灰/黄褐色 XPL:橙色和银色	嵌入和胶膜	孔洞10%、互不拼接的球状土粒	随机排列和分布
打扫过的混合燃料			3	波浪状、不清晰、人为的	砂质黏壤土/砂质壤土	分选差	二氧化硅、灰烬和一些矿物	各向同性、微晶	PPL:灰/深深灰/深棕色 XPL:不透光、银色、金色、深棕	连续胶膜、局部嵌入和普通胶膜	孔洞10%、互不拼接的球状土粒	随机排列和分布
原地炭化燃料	2:3		4	清晰、波浪状、局部不清晰	砂质壤土	分选差	灰烬、无定形有机质、矿物和二氧化硅	微晶、斑点状双折射结构各向同性都有	PPL:深灰色/深褐色 XPL:深褐色/金色	嵌入和胶膜	孔洞5%、腔室10%	薄层烧过的粪便和灰烬与底部随与底界平行。其他包含物随机分布。无走向
原地炭化燃料			5a	N/A	粉砂黏壤土	双分选模式：分选一般的粉砂和分选差的砂	二氧化硅、灰烬和一些矿物	各向同性、微晶	PPL:灰/深灰色 XPL:不透光、银色、金色	连续胶膜、局部嵌入和普通胶膜	孔洞5%	薄层的植硅体和灰烬与底部边界平行。橙色沉积物随机分布。无走向
原地燃烧的农作物废料			5b	清晰、波浪状、局部不清晰	粉砂黏壤土	双分选模式：分选一般的粉砂和分选差的砂	二氧化硅、灰烬和一些矿物	各向同性、微晶	PPL:灰/深灰色 XPL:不透光、银色、金色	连续胶膜、局部嵌入和普通胶膜	孔洞5%	薄层的植硅体和灰烬与底部边界平行。其他橙色沉积物团块和矿物成随机分布。无走向
打扫过的混合燃料	2:4		6	清晰、波浪状、局部不清晰	砂质黏壤土	分选差	矿物和一些灰烬	斑块状双折射结构	PPL:黄褐色/棕色	连续胶膜、局部嵌入和普通胶膜	次棱角状的块状土粒，腔室5%，孔洞5%，裂纹5%	随机排列和分布

沉积物类型	样品号	野外单位	微地层单位	底部边界	粒度	分选	细颗粒物	基质	颜色	相对分布	微结构	包含物：走向和排列
原地钙质灰烬	2：4		7	清晰、波浪状、局部不清晰	砂质黏土	分选差	灰烬和一些矿物	微晶条带	PPL:灰 XPL:银灰	嵌入和胶膜	孔洞5%	薄层的灰烬与底部边界平行。橙色的沉积物团块和矿物成随机分布，无走向
原地燃烧的农作物废料			8	清晰、波浪状、局部不清晰	粉砂黏壤土	双分选模式：分选一般的粉砂和分选差的砂	二氧化硅、灰烬和一些矿物	各向同性、微晶	PPL:灰或深灰 XPL:不透光/银色、橙色	连续胶膜、局部嵌入和普通胶膜	孔洞5%	薄层的植硅体和灰烬与底部边平行。橙色的沉积物团块和矿物成随机分布，无走向
原地炭化燃料			9	清晰、波浪状、局部不清晰	砂质黏土	分选差	无定形有机质和矿物	各向同性、斑点状双折射结构	PPL:黑色	连续胶膜、局部嵌入和普通胶膜	孔洞5%，腔室10%	薄层的炭化植物遗存与底部边界平行。橙色的沉积物团块和矿物成随机分布，无走向
打扫过的烧考面			10	N/A	粉砂黏壤土/砂质黏壤土	双分选模式：分选一般的粉砂和分选差的砂	矿物、二氧化硅和一些灰烬	斑点状双折射结构和各向同性	PPL:黄褐色 XPL:橙黄色	嵌入和胶膜	发育一般的球状土粒，孔洞5%，腔室10%	随机排列和分布
打扫过的混合燃料	3：5		1	波浪状、不清晰、人为的	砂质粉砂壤土	分选差	二氧化硅、灰烬和矿物	微晶、斑点状双折射结构、各向同性	PPL:棕色 XPL:灰黄色	嵌入、胶膜和连续胶膜	孔洞2%，腔室5%，孔隙5%	随机排列和分布
打扫过的炭化燃料			2	波浪状、不清晰、人为的	砂质壤土	分选差	灰烬、无定形有机质、矿物和二氧化硅	微晶、斑点状双折射结构、各向同性	PPL:深褐色 XPL:深红棕色	连续胶膜、局部嵌入	孔洞5%，腔室10%	随机排列和分布
打扫过的混合燃料			3	波浪状、不清晰、人为的	砂质黏壤土	分选差	灰烬和无定形有机质	微晶、斑点状双折射结构、各向同性	PPL:灰或深褐色 XPL:金色/深褐色	连续胶膜、局部嵌入和普通胶膜	孔洞5%，腔室5%	随机排列和分布

沉积物类型	样品号	野外单位	微地层单位	底部边界	粒度	分选	细颗粒物	基质	颜色	相对分布	微结构	包含物：走向和排列
原地炭化燃料	3:5		4	波浪状、不清晰、人为的	砂质壤土	分选差	无定形有机质、灰烬和矿物	各向同性、微晶、斑点状双折射结构	PPL:深棕色/黑色 XPL:深棕色和金色	连续胶膜、局部嵌入和普通胶膜	孔洞10%，裂隙10%，互不拼接的块状土粒和球状土粒	薄层的炭化植物遗存和灰烬与底部边界部平行。其他包含物成随机分布，无走向
打扫过的烧烤面			6	N/A	砂质黏壤土	分选差	灰烬、无定形有机质、矿物和二氧化硅	微晶、斑点、状双折射结构、各向同性	PPL:浅褐色至深褐色，黄褐色 XPL:银色、深黄色/红褐色	连续胶膜	孔洞5%，腔室5%，互不拼接的球状土粒	随机排列和分布
打扫过的钙质灰烬			8	清晰、波浪状，也有不清晰、人为的	黏土/粉砂黏土	分选差	灰烬和矿物	微晶	PPL:灰 XPL:银灰色	嵌入和胶膜	孔洞5%，腔室5%	随机排列和分布
原地燃烧的农作物废料	3:6		9	清晰、波浪状，也有不清晰、人为的	粉砂黏土/砂质黏壤土	分选差	二氧化硅、灰烬和一些矿物	各向同性、微晶、斑点、状双折射结构	PPL:深灰色/黄褐色 XPL:橙色和银色	嵌入和胶膜	孔洞5%	薄层的植硅体和灰烬与底部边界部平行。其他包含物成随机分布，无走向
原地钙质灰烬			11	清晰、波浪状，局部不清晰	砂质黏土	分选差	灰烬和一些矿物	微晶条带	PPL:灰 XPL:银灰色	嵌入和胶膜	孔洞5%	薄层的灰烬与底部边界平行。其他包含物成随机分布，无走向
打扫过的烧烤面			13	渐变、不清晰、人为的	砂质黏壤土/粉砂黏壤土	双分选模式：一般的粉砂和分选差的砂	矿物和一些灰烬	斑块状双折射微结构	PPL:黄褐色 XPL:橙黄色	嵌入和胶膜	次棱角状的块状土粒，腔室5%，孔洞5%，裂纹5%	随机排列和分布
原地燃烧的农作物废料			12a	清晰、波浪状，局部不清晰	黏壤土	双分选模式：一般的粉砂和分选差的砂	二氧化硅、灰烬和一些矿物	各向同性、微晶	PPL:灰/深灰 XPL:不透光/银色、金色	嵌入和胶膜	孔洞5%	薄层的植硅体和灰烬与底部边界部平行。其他包含物成随机分布，无走向

沉积物类型	样品号	野外单位	微地层单位	底部边界	粒度	分选	细颗粒物	基质	颜色	相对分布	微结构	包含物：走向和排列
打扫过的农作物燃烧废料	3:6		12b	波浪状、不清晰、人为的	黏壤土	双分选模式：分选一般的粉砂和分选差的砂	二氧化硅、灰烬和一些矿物	各向同性、微晶	PPL:灰或深灰 XPL:不透光、银色、金色	嵌入和胶膜	孔洞5%	随机排列和分布
打扫过的烧烤面			14	N/A	砂质黏壤土/粉砂质黏壤土	双分选模式：分选一般的粉砂和分选差的砂	矿物和一些灰烬	斑块状双折射微结构	PPL:黄褐色 XPL:橙黄色	嵌入和胶膜	次棱角状的块状土粒，腔室5%孔洞5%裂纹5%	随机排列和分布
原地灰烬：混合燃料	4:7	1	1	清晰、波浪状，也有不清晰、人为的	砂质粉砂壤土/砂质黏壤土	双分选模式：分选一般的粉砂和分选差的砂	灰烬、二氧化硅、植硅体和一些矿物	微晶、各向同性	PPL:深黄褐色 XPL:橙色和金色	连续胶膜	孔洞5%，板缝2%	薄层的植硅体和灰烬与底部边界平行。其他包含物成随机分布，无走向
打扫过的钙质灰烬		2	2	清晰、波浪状，也有不清晰、人为的	砂质黏土	分选差	灰烬、二氧化硅、植硅体和一些矿物	微晶、各向同性	PPL:灰 XPL:银灰色	嵌入和连续胶膜	孔洞5%	随机排列和分布
原地燃烧的农作物废料		3a	3a	波浪状、不清晰、人为的	粉砂质黏壤土	分选一般的粉砂	二氧化硅、灰烬和一些矿物	微晶、各向同性	PPL:灰或深灰 XPL:不透光、银色、金色	嵌入和连续胶膜	孔洞5%	薄层的植硅体和灰烬与底部边界平行。其他包含物成随机分布，无走向
打扫过的钙质灰烬		3b	3b	波浪状、不清晰、人为的	黏土/砂质黏土	分选差的砂	灰烬、二氧化硅、植硅体和一些矿物	微晶、各向同性	PPL:灰 XPL:银灰色	嵌入和连续胶膜	孔洞10%	随机排列和分布

沉积物类型	样品号	野外单位	微地层单位	底部边界	粒度	分选	细颗粒物	基质	颜色	相对分布	微结构	包含物：走向和排列
打扫过的烧烤面		4	4	清晰、波浪状，也有不清晰、人为的	黏质黏壤土	分选差的砂	矿物、二氧化硅和一些灰烬	各向同性、斑点状双折射结构、微晶	PPL:黄褐色 XPL:深橙色	嵌入和连续胶膜	孔洞10%，腔室2%	随机排列和分布
原地燃烧的农作物废料			5 i	清晰、波浪状，也有不清晰、人为的	粉砂黏壤	分选一般的粉砂	二氧化硅、矿物和一些灰烬	各向同性、斑点状双折射结构、微晶	PPL:深灰 XPL:不透光、金色、银色	嵌入和连续胶膜	孔洞5%，块状土粒	薄层的植硅体和灰烬与底部边界平行。其他包含物成随机分布，无走向
原地灰烬：混合燃料	4:7		5 ii	清晰、波浪状，也有不清晰、人为的	壤质砂土	分选差	矿物、二氧化硅和一些灰烬	各向同性、斑点状双折射结构、微晶	PPL:深灰/黄褐色 XPL:橙色和银色	嵌入和连续胶膜	孔洞5%，块状土粒	薄层的植硅体和灰烬与底部边界平行。其他包含物成随机分布，无走向
原地燃烧的农作物废料			5 iii	清晰、波浪状，也有不清晰、人为的	粉砂壤土	分选一般的粉砂	二氧化硅、矿物和一些灰烬	各向同性、斑点状双折射结构、微晶	PPL:灰深灰 XPL:不透光、金色、银色	嵌入和连续胶膜	孔洞5%	薄层的植硅体和灰烬与底部边界平行。其他包含物成随机分布，无走向
打扫过的混合燃料			5 iv	清晰、波浪状，也有不清晰、人为的	粉砂壤土	分选差	二氧化硅、灰烬和一些矿物	各向同性、斑点状双折射结构、微晶	PPL:深灰、黄褐色 XPL:橙色和银色	嵌入和连续胶膜	孔洞5%	随机排列和分布
原地灰烬：混合燃料			5 v	渐变、不清晰、人为的	粉砂壤土	双分选模式：分选一般的粉砂和分选差的砂	二氧化硅、灰烬和一些矿物	各向同性、斑点状双折射结构、微晶	PPL:灰深灰 XPL:不透光、金色、银色	嵌入和连续胶膜	孔洞5%	薄层的植硅体和灰烬与底部边界平行。其他包含物成随机分布，无走向

沉积物类型	样品号	野外单位	微地层单位	底部边界	粒度	分选	细颗粒物	基质	颜色	相对分布	微结构	包含物：走向和排列
I 原地灰烬：混合燃料	4：7	5c	5vi	N/A	砂质黏壤土	分选差	矿物、灰烬和二氧化硅	斑点状双折射结构、微晶、各向同性	PPL:深黄褐色和灰色 XPL:橙色和金色	嵌入和连续胶膜	孔洞5%	大块的沉积物团块和灰浆成线性排列，与底部边界平行。薄层的植硅体与灰烬平行于底部边界。
原地灰烬：混合燃料		5c	5vi	波浪状、不清晰、人为的	砂质黏壤土	分选差	矿物、灰烬和二氧化硅	斑点状双折射结构、微晶、各向同性	PPL:深黄褐色和灰色 XPL:橙色和金色	嵌入和连续胶膜	孔洞5%	大块的沉积物团块和灰浆成线性排列，与底部边界平行。薄层的植硅体与灰烬平行于底部边界。
原地灰烬：混合燃料			5vii	波浪状、不清晰、人为的	粉砂砂黏壤	双分选模式：分选一般的粉砂和分选差的砂	矿物、灰烬和二氧化硅	各向同性、斑点状双折射结构、微晶	PPL:深黄褐色和灰色 XPL:橙色和金色	嵌入和连续胶膜	孔洞5%块状土粒	薄层的植硅体边界平行。部分成随机分布，无走向
打扫过的钙质灰烬	4：8		5viii	波浪状、不清晰、人为的	粉砂黏土	双分选模式：分选一般的粉砂和分选差的砂	矿物、灰烬和二氧化硅	微晶、斑点状射射结构、各向同性	PPL:灰色和橙色 XPL:银色和橙色	嵌入和连续胶膜	孔洞2%，腔至5%	随机排列和分布
原地灰烬：混合燃料			5ix	波浪状、不清晰、人为的	粉砂砂黏壤	双分选模式：分选一般的粉砂和分选差的砂	矿物、灰烬和二氧化硅	各向同性、斑点状双折射结构、微晶	PPL:深灰和橙色 XPL:银色和橙色	嵌入和连续胶膜	孔洞2%，腔至5%	薄层的植硅体和灰烬与底部边界平行。其他包含物成随机分布，无走向
打扫过的烧烤面			5x	N/A	砂质黏壤土	分选差	灰烬、二氧化硅和一些矿物	I 各向同性、微晶、斑点状双折射结构	PPL:深灰色和橙色 XPL:银色和橙色	嵌入和连续胶膜	孔洞2%	随机排列和分布

沉积后特征的分析可以帮助我们了解风化效应和保存条件（Bisdom et al, 1982; Brady & Weil, 2002; Breuning-Madsen et al, 2003; Canti, 1999; Courty et al, 1989），以及地层的完整性（Canti, 2003, 2007; Courty et al, 1989）。下面将从微地层序列、组成成分、堆积方式、沉积后的改造过程四个方面陈述微形态观察结果。

1.样品中的微地层

微形态分析显示，灰坑堆积分为五期，每一期以出现被扰动的红烧土粒的单位为界：

一期见切片 1∶2（图 5，b），微地层 14，切片 2∶4，微地层 10（图 6，b）。

二期见切片 1∶1（图 5，b），微地层 4，切片 4∶8，微地层 5x（图 8，b）。

三期见切片 3∶6（图 7，b），微地层 14，切片 4∶7，微地层 3b（图 8，b）。

四期见切片 3∶6，微地层 13（图 7，b）。

五期见切片 3∶5，微地层 6（图 7，b）。

样品 L1 和 L2 中的微地层（图 5、6）代表了灰坑最早的堆积，其中切片 1∶1、1∶2、2∶3、2∶4 主要由原地堆积的灰烬组成。烧烤面的打扫堆积可能表示对燃烧物的清理，开始新一期燃烧过程。这次清理可能不是很彻底，燃烧物没有被搬运出很远，可能还在灰坑里面。

烧烤面堆积的晚期微地层（切片 1∶1，微地层 4）很可能代表了另一期灰坑使用的打扫堆积，切片 4∶8，微地层 5x（图 8）可能代表了另一期的灰坑利用，因为微地层中主要包含原地堆积的灰烬和燃料；切片 2∶3 的上半部分（图 6）可能就是新一期的灰坑利用留下的堆积。

切片 2∶3，微地层 2b（图 6）和切片 4∶8，微地层 5 viii（图 8）很可能是同样的打扫过的灰烬堆积。切片 2∶3，微地层 3 是打扫过的混合燃料，切片 4∶7，微地层 5ix 是原地堆积的混合燃料，前者很可能是打扫后留下的。切片 2∶3，微地层 3 很可能是清理时在烧火处边缘再次堆积的。切片 3∶6，微地层 14（图 7）很可能跟切片 4∶7，微地层 3b（图 8）、切片 3∶5，微地层 6 是一样的，都是扰动过的燃烧堆积，是后两期灰坑利用留下的，因为它们的顶部都被原地堆积的灰烬和燃料叠压。

2.微地层的堆积类型

上述微地层中的堆积物，按照堆积的方式，可以分为原地保存的灰烬和打扫堆积两大类。这两类又可细分为 9 个堆积类型（表 3，图 5—8）。

原地保存的灰烬指的是那些没有离开初始燃烧位置、没有经过二次堆积的燃料堆积，并且拥有显微层理结构（图 11），这些显微层理是极小的透镜体，包含灰烬、炭化植物遗存和烧土颗粒，排列走向与底部边界平行（Banerjea et al., 2015: 95-96）。显微层理表明这种重复多次、周期性的堆积指示了多次燃烧活动（Banerjea et al., 2015: 102; Goldberg and Macphail, 2006）。

表3　沉积物类型与对应的微地层单位

沉积物类型	沉积物类型编号（DT）	切片编号	微地层编号
原地堆积的钙质灰烬	1	1:1	5
			11b
		2:4	7
		3:6	11
原地堆积的炭化燃料	2	1:1	9
		1:2	13a
		2:3	4
			5a
		2:4	9
		3:5	4
原地堆积烧过的农作物废料	3	2:4	5b
			8
		3:6	9
			12a
		4:7	3a
			5 ⅰ
			5ⅲ
原地堆积的混合燃料	4	1:1	6
			7
			8b
			10
			12
		1:2	12
		4:7	1
			5ⅱ
			5ⅴ
			5ⅵ
		4:8	5ⅵ
			5ⅶ
			5ⅸ

沉积物类型	沉积物类型编号（DT）	切片编号	微地层编号
打扫过的烧烤面堆积	5	1:1	4
		1:2	13b
			14
		2:4	10
		3:5	6
		3:6	13
			14
		4:7	4
		4:8	5 x
打扫过的钙质灰烬	6	2:3	2b
		3:6	8
		4:7	2
			3b
		4:8	5viii
打扫过的混合燃料	7	2:3	3
		2:4	6
		3:5	1
			3
		4:7	5iv
打扫过的炭化燃料	8	3:5	2
打扫过的烧过的农作物废料	9	3:6	12b

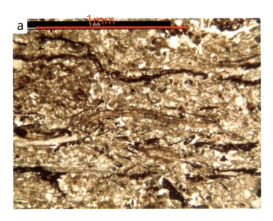

图 11　H3 原地堆积

（a）烧过的农作物废料（PPL，切片 2:3，微地层 5a）和（b）炭化燃料（PPL，切片 1:1，微地层 9）的显微层理

原地保存的灰烬包括原地钙质灰烬、原地炭化燃料、原地烧过的农作物废料和原地保存的燃料混合物。

打扫堆积位于灰坑中，紧靠燃烧点，但微形态显示其位置已经离开了原始堆积（燃烧）位置，包含红烧土粒、炭化的有机质和灰烬（Banerjea et al., 2015: 95-96）。打扫堆积的微结构特点是没有分选，包含物也没有固定走向，随机分布和排列（表2），表明由于丢弃和打扫行为，导致沉积过程杂乱无章（Matthews, 1995; Banerjea et al., 2015: 95-96）。

微地层中的打扫堆积包括烧烤面沉积物、钙质灰烬、燃料混合物、炭化燃料和烧过的农作物废料。以上是根据沉积物属性（Banerjea et al., 2015: 95-96）和特定的燃料类型进行分类，而燃料类型又根据特定有机质遗存的丰富度来决定。堆积类型5（表3）是烧烤面的打扫堆积，包含大量矿物和烧土颗粒，可能是在烧烤面燃烧形成的。

3.燃烧物种类

灰坑内堆积微层切片显示，绝大多数物质都经过燃烧，只有极少量的骨骼类物质似未经燃烧或仅仅是经过轻微燃烧。

常见的燃烧物种类如图12。燃烧过的堆积物包括比较纯净的灰烬和多种物质组成的混合物两类。比较纯净的灰烬，不论是原地保存还是打扫过的（表3），主要物质都是由钙质晶体组成，含量占总物质量的50%—70%；这种晶体呈方形、四面体或棱柱体，是木质物灰烬中的草酸钙晶体（Weiner, 2010: 82）。

被燃烧过的混合物堆积中，既有原地保存也有受过打扫扰动的堆积物。在这类堆积物中，钙质灰烬的比例变化较大，在10%—60%；炭化或部分灰化的有机质组成含量最多，其中包含粪便（10%—30%）、树皮（10%）、树叶（< 5%）和木炭（10%），还有比例不定的炭化植物遗存，如作物秸秆（20%—70%, 切片3:4, 微地层4）、种子和其他无定形的炭化植物遗存（5%—20%）；其中，显示原地堆积特点的作物秸秆，多数都比较长，暗示燃烧物是比较完整的农作物的植株。炭化植物遗存的出现频率各有不同，但都小于30%。粪便是很好的燃料，在民族学调查中很常见（Sillar, 2000）；在切片1:1, 微地层9, 切片2:3, 微地层3和微地层4, 切片2:4, 微地层10中都可以见到烧过的粪便。

混合物堆积中包含丰富的植硅体（50%—70%）。植硅体主要来自禾本科植物，其中可以明确鉴定的形态包括水稻稃壳双峰型、叶子上的扇型等（Harvey & Fuller, 2005; Lu et al., 2002; Lu and Liu., 2003），来自稻亚科的横排哑铃型植硅体可能也来自水稻。

除了比较纯净的灰烬和混合物堆积，在所有切片中都发现了骨骼碎渣，但是含量比较少（< 5%）；而且大部分是没有烧过的。切片1:2, 微地层14, 切片2:3, 微地层3和4, 切片4:7, 微地层1, 5i, 和5vi 中的骨骼碎渣可能被烧过，但显然温度比较低，可

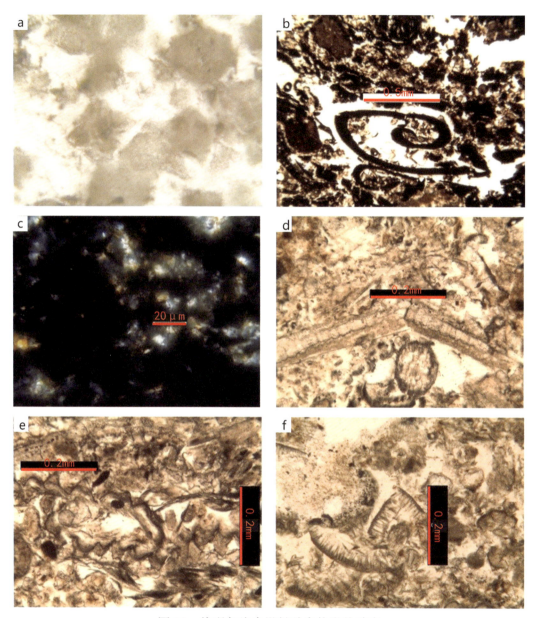

图 12　体现灰坑中燃料种类的微体遗存

（a）灰烬晶体形状，PPL，切片 2：4，微地层 7；（b）炭化秸秆，PPL，切片 3：5，微地层 4；（c）食草动物粪便中的球晶，PPL，切片 1：1，微地层 9；（d）多细胞水稻植硅体，PPL，切片 2：4，微地层 8；（e）水稻壳植硅体，PPL，切片 2：4，微地层 8；（f）水稻植硅体，PPL，切片 2：4，微地层 8

能在 400℃—600℃左右（Courty et al., 1989），这可能说明这些骨骼并非是作为燃烧物与以上各类植物共同燃烧的，而可能是在燃烧过程中由于某种原因掉到烧堆中的骨骼遗存。

4.沉积后的改造

所有微地层都有风化和生物扰动的痕迹，黏土和铁质迁移的现象也多有发生。大多数微地层中也有灰尘样、含杂质的黏土胶膜，应该是动荡的水环境和沉积物旋转移动形成的，通常与周围的踩踏过程有关（Courty et al, 1989; Shillito & Ryan, 2013），但也可能与丢弃过程产生的扰乱有关。有机质侵染说明化学改造和氧化还原条件的变化（Brammer, 1971; French, 2003）导致有机质腐烂（Banerjea et al, 2015），这种变化可能发生在很小范围内，引发粉砂和黏土颗粒的扩散。铁在厌氧环境下会被还原成可以自由活动的二价形式（Courty et al, 1989）。

有几个微地层单位里包含钙质结核，应该是重结晶的钙质灰烬。木材灰烬的形成温度比较高，晶体形成比较混乱，融化和重结晶同时发生，随后可以胶结成像石头一样坚硬的复合物（Weiner, 2010: 82-83）。切片 1:1，微地层 10 和切片 3:6，微地层 11 都有"脱钙"的灰烬，在 XPL 下微微泛蓝。这些有可能是在盐度增加时，新生成的天然碱（Bullock et al., 1985: 69-70）。

显微结构里众多的孔隙和小洞（表 2），说明很多微地层有土壤动物或植物根系扰动，占 2%—10%，可能会形成次棱角状的土体（表 2）。在切片 1:2，微地层 14 中发现蚯蚓粪粒（< 2%，Canti, 2003, 2007），说明有过生物扰动。

（三）X 射线荧光光谱分析（XRF）

XRF 结果（原始数据见表 4，样品的来源层位见表 5）显示，有些样品的 Si、Al、Ca、K 和 P 等元素比其他样品高。

在 L1 号微形态样品中，1、2、3 号 XRF 样品的 Si 和 Al 元素比同一个微形态样品中的其他显微层位都要高，可能代表图 1 的 3a、13b 和 14 层的石英和黏土含量。6 号 XRF 样品代表 1、2、3、4 层，这些单位都没有出现在微地层序列中，它们的 Ca 和 P 元素含量较高，可能指示灰烬和骨头的存在（Middleton & Price, 1996; Wilson et al., 2005）。

在 9 号 XRF 样品（2:4，微地层 7）、13 号 XRF 样品（2:3，只有微地层 2b）、18 号 XRF 样品（5 号微形态样品，微地层 6，只有岩性描述）中的 Ca 和 P 水平相近，很可能都与钙质灰烬的存在有关。

16 号 XRF 样品（3:3，仅微地层 6）的 Ca、K、P 元素偏高，可能是因为混入来自灰坑周边堆积的炭化遗存（Middleton & Price, 1996; Wilson et al., 2005），例如微地层 4。

（四）植硅体分析结果

灰坑填土中保存了丰富的植硅体。其中，禾本科植硅体数量最多，还有少量的莎草科和阔叶树型植硅体。禾本科植硅体组合可以被分为六大类（图 13），分别是：（1）来自稃壳细胞（husk）的粟稃壳 Ω 型、黍稃壳 η 型和稻稃壳双峰型植硅体；（2）来

表4　XRF结果的原始数据

```
12/16/2014 10:20:46 AM
PANalytical
Results quantitative - Silicate

         Selected archive: Silicate
Number of results selected: 28

Seq. Sample name (1-20) Meas. date/time  Sum     Result type  SiO2  Al203 Fe203 CaO   MgO   K20   Na20 P205   P205  SO3
TiO2     TiO2 MnO     MnO  V    Cr   Ni   Cu   Zn   Ga     Rb    Sr    Y    Zr    Ba    Nb    Co
Ti   Mn       Mn    V     Cr   Ni   Cu   Zn   Ga     of conc. Si    Al   Fe   Ca   Mg    K    Na   P      P     S     Ti
(ppm) (%)     (ppm) (%)   (ppm)(ppm)(ppm)(ppm)(ppm)(ppm)  (%)   (%)  (%)  (%)  (%)   (%)  (%)  (ppm)  (%)   (ppm)
                                      Zr    Ba     Nb    Co
                                      Zr    Ba     Nb    Co
                                      (ppm) (ppm)  (ppm) (ppm)

1   GSS-28              12/11/2014 17:29  804.110 Concentration 550.26 204.03 20.09 1.30 11.07 10.36 2.62 4015.9         2939.2
27497.0     7999.3     403.2 276.9 358.5 350.1 778.7 -1854.4 710.7 263.4 -45.3 220.4 1627.5 -1822.2 35.1
2   GSS-28              12/12/2014 15:03  803.513 Concentration 550.03 203.67 20.10 1.29 11.07 10.37 2.64 4041.1         2944.4
27481.9     8015.1     401.9 277.9 362.6 352.7 757.8 -1874.6 686.5 177.6 -47.8 273.9 1638.9 -1845.3 36.4
3   30                 12/12/2014 15:29  92.974  Concentration 65.91 13.89 5.39 0.74 1.90 2.73 1.48           0.09
0.73        0.09
4   Y-24               12/12/2014 15:39  92.849  Concentration 66.62 12.48 4.93 1.64 1.81 2.52 1.40           0.62
0.71        0.12
5   Y-17               12/12/2014 15:49  92.572  Concentration 66.25 12.46 4.91 1.74 1.84 2.50 1.46           0.61
0.70        0.10
6   1                  12/12/2014 15:59  96.367  Concentration 73.74 11.26 3.65 1.10 1.28 2.58 1.87           0.16
0.65        0.07
7   2                  12/12/2014 16:09  93.651  Concentration 72.52 10.40 3.40 1.12 1.24 2.49 1.68           0.12
0.59        0.11
8   3                  12/12/2014 16:19  93.556  Concentration 77.35 6.80 2.18 1.42 1.10 2.23 1.19           0.77
0.39        0.13
9   4                  12/12/2014 16:29  81.858  Concentration 63.25 5.85 1.91 4.48 1.11 1.66 1.01           1.88
0.35        0.37
10  5                  12/12/2014 16:39  95.330  Concentration 62.19 7.72 2.68 9.83 1.64 2.91 1.24           6.46
0.44        0.21
11  6-B                12/12/2014 16:49  95.536  Concentration 72.85 8.11 2.74 3.37 1.29 2.85 1.35           2.40
0.47        0.11
12  6                  12/12/2014 16:59  92.268  Concentration 70.25 7.95 2.71 3.23 1.25 2.69 1.32           2.30
0.45        0.11
13  7                  12/12/2014 17:09  92.586  Concentration 71.15 10.96 3.39 0.94 1.17 2.39 1.75           0.13
0.63        0.06
14  8                  12/12/2014 17:19  91.216  Concentration 71.52 9.49 3.08 1.17 1.14 2.28 1.44           0.48
0.52        0.09
15  9                  12/12/2014 17:29  87.711  Concentration 52.40 7.84 2.68 14.19 1.64 2.60 1.16          4.53
0.44        0.23
16  10                 12/12/2014 17:39  93.706  Concentration 71.65 10.07 3.33 1.43 1.48 2.75 1.66          0.67
0.58        0.08
17  11                 12/12/2014 17:49  92.020  Concentration 69.29 7.10 2.39 4.83 1.55 2.21 1.17           2.89
0.41        0.19
18  12                 12/12/2014 17:59  82.716  Concentration 66.10 6.62 2.05 2.58 1.08 1.75 1.11           0.93
0.37        0.12
19  13                 12/12/2014 18:09  90.088  Concentration 47.20 5.44 1.90 17.27 3.33 1.94 0.99          10.80
0.33        0.88
20  14                 12/12/2014 18:19  95.606  Concentration 72.90 10.13 3.40 1.66 1.25 2.99 1.73          0.85
0.60        0.10
21  15                 12/12/2014 18:29  93.982  Concentration 64.58 9.74 3.36 5.76 1.31 3.59 1.44           3.40
0.56        0.25
22  16                 12/12/2014 18:39  95.309  Concentration 72.14 9.58 3.08 2.52 1.18 2.79 1.87           1.51
0.52        0.11
23  17                 12/12/2014 18:49  83.067  Concentration 60.82 8.70 2.46 4.36 1.00 2.15 1.44           1.53
0.43        0.18
24  18                 12/12/2014 18:59  90.071  Concentration 56.89 6.30 2.13 10.84 2.84 2.01 0.98          7.05
0.36        0.66
25  19                 12/12/2014 19:09  93.384  Concentration 73.48 7.42 2.46 2.63 1.27 2.44 1.23           1.90
0.42        0.14
26  20                 12/12/2014 19:19  92.795  Concentration 73.52 6.80 2.27 2.85 1.11 2.54 1.06           2.14
0.39        0.12
27  21                 12/12/2014 19:29  93.009  Concentration 70.20 9.77 3.28 2.29 1.27 2.68 1.44           1.44
0.53        0.11
28  24                 12/12/2014 19:39  94.185  Concentration 76.79 10.14 3.20 0.15 0.75 1.92 0.45          0.09
0.65        0.03
```

自泡状细胞（bulliform）的稻叶扇型、芦苇扇型、未能辨别种属的长柄扇型、短柄扇型、长方型和方型植硅体；（3）来自表皮长细胞的平滑棒型、刺状棒型等；（4）来自表皮短细胞的稻亚科哑铃型、黍亚科哑铃型、莎草科帽型等；（5）来自其他细胞的硅化气孔和阔叶树植硅体。

总体上看植硅体组合具有如下特点：

（1）不同层的植硅体组合差异不明显，四个样品中植硅体都很丰富。

（2）植硅体普遍保存很好，基本未见风化或破碎的植硅体；同时，成组的植硅体（也

表5　XRF样品和对应的地层单位

XRF样品号	微形态样品	地层单位（Context）	岩相和描述
1	L1	14	黄土/填土
2		13a & 13b	土壤
3		12	灰烬
4		7, 8a, 8b & 9	灰烬/部分燃烧有机质
5		5 & 6	灰烬
6		1, 2, 3 & 4	灰烬/填土
7	L2	10	黄土/填土
8		8	土壤
9		7	灰烬
10		6	灰烬/填土
11		5abc	灰烬
12		4	含炭屑斑点的土壤
13		1, 2ab	灰烬/填土
14	L3	14	灰烬/填土
15		8, 9, 10, 11 & 12a	灰烬
16		5, 6 & 7	灰烬/部分燃烧有机质
17		2, 3 & 4	灰烬/部分燃烧有机质
18	L4	6	灰烬/填土
19		5b-e	灰烬
20		5a	灰烬
21		1, 2, 3 & 4	灰烬/部分燃烧有机质

被称之为硅化骨架比较多，包括超过5个哑铃型组成的成排哑铃型（横排的和竖排的都比较常见）、超过3个突起的稻壳哑铃型、多个方形或长方形以及方形与长方形结合在一起的植硅体、面积比较大的来自粟和黍稃壳的植硅体等。

（3）植硅体组合比较趋同，可以确定种属科的包括来自稻、粟、黍三种谷物的植硅体、芦苇扇型和莎草科帽型；稻叶扇型以外的扇型比较多，可以分为长柄和短柄两类，还有棒型、长方型、方型、尖型等。

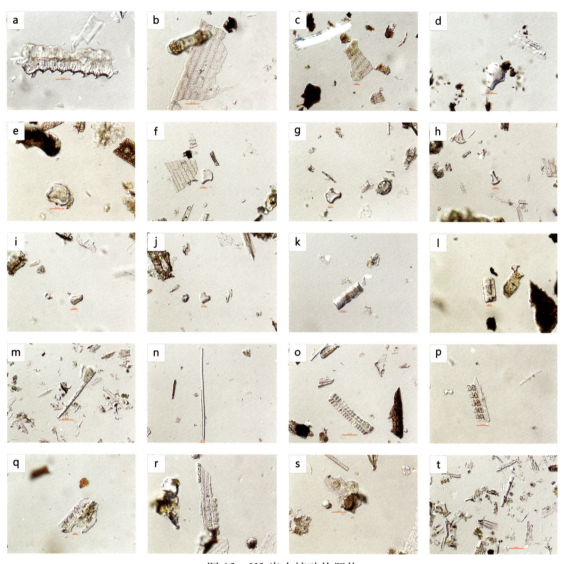

图 13　H3 出土植硅体照片

（a）稻壳；（b）粟壳；（c）黍壳；（d）稻叶扇型；（e）扇型；（f）扇型；（g）扇型；（h）扇型；（i）扇型；（j）扇型；（k）成组方型；（l）长方形；（m）刺棒型；（n）平滑棒型；（o）稻亚科横排哑铃型；（p）稻亚科横排哑铃型；（q）黍亚科竖排哑铃型；（r）黍亚科竖排哑铃型；（s）莎草科帽型；（t）植硅体组合

（4）普遍都有稻、粟、黍三种农作物的植硅体，且农作物植硅体都占绝对多数。

（5）来自谷物稃壳和叶部的植硅体大致成比例，但不存在集中出土叶部植硅体或稃壳植硅体的情况，这种情况可能暗示了这些农作物是整个植株被燃烧的。以稻的植硅体为例，尽管稻叶植硅体明显少于稻壳植硅体，但稻亚科横排哑铃型植硅体的数量与出土频率与稻壳植硅体相近。需要说明的是，因为在研究的区域可能不存在稻亚科其他种属的植物，所以我们可以将这些横排哑铃型视为来自稻叶的植硅体。就粟和黍的情况看，因为目前并没有可靠的证据能够分辨出黍亚科不同种属植物叶部的竖排哑铃型，考古样品中仅能比较明确地鉴定出来自粟和黍稃壳的植硅体，但 H3 样品中比较多的粟黍稃壳植硅体可能表明，同出的比较多的黍亚科竖排哑铃型植硅体，可能有相当一部分来自粟和黍的叶部。

四　初步认识

灰坑（H3）内的堆积物，形成时间大约是龙山文化早期，结合发掘简报中提出的第一期壕沟可能开挖于城墙修筑之前，我们进一步推测，灰坑属于龙山文化居民刚刚来到这里定居的时期。

灰坑堆积中，每一层受扰动的红烧土粒之上都主要被原地保存的灰烬叠压；微形态、XRF 和植硅体分析显示，灰烬层中包含了丰富的有机物遗存，具体来讲包括木炭、以农作物为主的植物植硅体、食草动物粪便遗存等，这些有机物遗存具有明显的被燃烧特征，不仅如此，这些有机物被燃烧之后就不曾受到明显的扰动，也就是说，燃烧活动是在坑内进行的，不论是微形态还是植硅体分析中发现的比较多成组的植硅体，都能证明这个推测的合理性。

不仅如此，微形态分析还发现，以被扰动的红烧土粒为代表的 5 个人类活动事件之间，并不存在长时间的沉积间隔，就是说，人类填满这个灰坑的连续的燃烧行为，是在比较短的时间内完成的。

结合年代学、微形态、XRF、植硅体分析结果，我们尝试理解该灰坑内填充物特别是具有水平层理的微层所反映的人类活动。

微层反映了 5 次燃烧活动。下面的两个特点暗示燃烧活动的性质基本相同：第一，燃烧的物质组成、对燃烧物的处理方式（原地和打扫）都比较一致；第二，燃烧活动之间时间间隔比较短。

每个燃烧活动都在事先用红烧土颗粒铺垫的面上进行的。因为这些红烧土颗粒具有明显的被扰动的、再次堆积的特点，所以推测，红烧土颗粒是从他处运过来的，显示了执行者对燃烧活动的重视程度，或者说燃烧活动具有比较重要的意义。

每个燃烧活动都不止燃烧了一次，因为每个微层都可以细分出多个更薄的微层。

燃烧的主要物质包括树叶、树枝、三种农作物（稻、粟和黍）；微形态、植硅体、浮选三种分析结果综合显示，三种农作物可能是带着谷穗的整个植株被燃烧的，因为（1）微形态分析看到了比较长的茎秆遗存，（2）浮选的炭化物主要是谷物颗粒，（3）植硅体分析结果显示来自三种谷物的稃壳、叶子上的植硅体大致平衡，不存在特地利用谷物或茎叶的现象。考虑到如果庄稼干燥之后谷穗上的谷粒很容易掉落，燃烧活动中用的植株可能是新鲜的，至少不是很干燥的。如果考虑木炭代表的是树木幼枝，我们倾向于进一步推测，树叶和树枝可能是燃烧活动中的引燃物质，助燃还比较新鲜的农作物植株；而每个燃烧活动之前有意铺垫的红烧土颗粒，也可能有助燃的功能，因为红烧土吸水性比较强，可以吸收新鲜的农作物植株中的水分。

混合物中的骨骼碎渣，如果不是被作为燃烧物，那很可能是燃烧活动进行的过程中或之后，人类某种活动留下来的，这个活动可能是燃烧活动的一部分，至少之间有密切关系。

反复出现的打扫活动表明，后面一次燃烧活动对前面一次活动留下来的堆积物进行了清理，但清理是非常轻微的，因为微形态中明显地看到被打扫的堆积物仅仅是被稍微清扫又堆积到灰坑的边缘部位，同时，每个微层中都有显而易见的原地堆积，也证明打扫的并不彻底。

尽管我们根据地学考古分析结果推测了相关的人类活动，但关于该灰坑的具体功能，可能还需要结合同时期周边其他遗迹的状况和出土遗物来判断，期待着未来更大面积的发掘能获得关于该灰坑的更多的信息并揭露与其他遗迹之间的平面关系。此外，与人类活动相关的信息还包括（1）该灰坑的底部和四壁是否有明显的加工痕迹；（2）灰坑建筑完成，很快就发生了燃烧活动还是间隔了很长时间才发生燃烧活动。

本文的研究，固然还受到各种条件的限制，无法确定灰坑的功能，但是，结合土壤微形态、XRF、植硅体、炭化植物遗存等分析结果，我们还是获得了关于灰坑内堆积物形成一些基本信息，并对人类活动做了有限推测：多次燃烧农作物植株的活动，在聚落或者某个家户的生活中，可能具有比较重要的意义。而从遗址形成过程的角度，本研究的意义似乎更明显，其中最有意义的结果包括（1）这种具有明显的水平层理的灰土堆积可能反映了原生堆积的性质，而灰坑中的原生堆积被保存下来可能是比较特殊的行为的遗存，比如这个灰坑中的燃烧农作物植株的活动；（2）比较纯净的、松散的灰土，浮选和植硅体分析可能会发现比较丰富的禾本科植物遗存，但微形态分析则发现比较纯净的灰土可能来自木本燃烧形成的钙质晶体。本文的研究充分证明，系统而综合的地学考古研究，在考古学尤其田野考古中具有极为重要的意义。

本文是我们实验室第一次尝试用地学考古（以微形态分析为主）的方法考察一个龙山文化灰坑内部的微地层及其考古学意义，这个学习的过程从2013年采样持续到今天把研究结果整理出来，也差不多是我们实验室地学考古研究从起步到能够开展相关工作的艰难历程的缩影。采样工作是雷丁大学 Steven Mithen 教授、Karen Wicks 博士指导当时的硕士研究生刘江涛完成的；微形态制片由雷丁大学 Rowena Y. Banerjea 博士指导完成，期间，作者中的五位曾经受邀请参观考察雷丁大学的地学考古实验室，观摩微形态制片的具体过程，并与相关学者开展了环境考古研究的学术交流；微形态薄片制作完成后，由 Karen Wicks 和 Rowena Y. Banerjea 分别指导宿凯和刘江涛学习年代学的贝叶斯模型分析和土壤微形态薄片观察与解释，刘江涛还完成了植硅体分析工作，在此期间，Karen Wicks 在第 22 届国际历史科学大会章丘卫星会议上报告了灰坑测年结果和微形态分析的初步结果，并在会议文集上发表了 ^{14}C 分析结果（Wicks 等 ,2015）；但是，此后因为 Karen Wicks 工作岗位的变化等诸多原因，研究报告一直未能完成。在我们决定编辑本书的时候，再次搜集相关的数据，在 Rowena Y. Banerjea 博士微形态分析初稿的基础上，补充植硅体分析结果，形成此文。

本研究最终完成得到了国家自然科学基金（41771230）资助。

17.城子崖遗址的年代学框架
——从城墙和壕沟堆积来看

宿凯、朱超、孙波、靳桂云★

摘要

作为龙山文化的诞生地，城子崖遗址经过几十年的研究，却只发表了为数不多的绝对年代数据。2017年在遗址西北角发掘的探沟，揭露了从龙山时期到周代的壕沟堆积和部分残余城墙，为我们提供了绝佳的测年材料。我们从地层关系明确的堆积中采集了13个炭化样品和22个光释光测年样品，并用贝叶斯统计模型构建年代框架，用以阐释城子崖遗址不同时代的起始时间。模型结果显示城子崖的龙山时期开始于2520—2130 cal. BC（95.4%），结束于2245—2020 cal. BC（95.4%）。岳石文化在城子崖的起始时间在2170—1960 cal. BC（95.4%），本文的测年结果是城子崖遗址龙山到岳石时期连续不间断的有力证据。但是这个龙山到岳石的转变时间，比之前考古学家的推测要偏早，可能有多方面的因素需要考虑，如测年材料本身、遗址的新发现，以及对区域内考古学文化概念本身的重新理解。讨论还涉及沉积环境如何影响测年结果和年代模型。

一　引言

在山东，古人自新石器时代早期就开始沿聚落周围修建壕沟。后李文化（表1）的典型遗址小荆山，是本地区最早出现壕沟的遗址，尽管有一半壕沟是利用了自然冲沟（山东省文物考古研究所等，2003）。到大汶口时期，尤其在大汶口晚期的城址上，夯土城墙开始跟随壕沟同时出现，例如丹土（赵国靖，2015）、尧王城（梁中和等，2015）、藤花落（王芬，2017）、尉迟寺（中国社会科学院考古研究所等，2007），以及近年刚发掘的焦家遗址（路国权等，2018）。山东的史前文化发展相对稳定和连

★　宿凯：山东大学历史文化学院、美国圣路易斯华盛顿大学博士生；朱超、孙波：山东省文物考古研究院；靳桂云：山东大学文化遗产研究院。

表 1　山东新石器时代和青铜时代文化序列
（Goldin, 2018:Viii；Luan and Mayke, 2009；夏商周断代工程专家组，2000:73）

周 1046—256 cal. BC	东周 770—256 cal. BC	战国453—221 cal. BC
		春秋722—481 cal. BC
	西周1046—771 cal. BC	
商	1600—1046 cal. BC	
岳石文化	1900—1500 cal. BC	
龙山文化 2600—1900 cal. BC	晚期2300—1900 cal. BC	
	早期2600—2300 cal. BC	
大汶口文化 4100—2600 cal. BC	晚期3000—2600 cal. BC	
	中期3500—3000 cal. BC	
	早期4100—3500 cal. BC	
北辛文化	5000—4100 cal. BC	
后李文化	6500—5500 cal. BC	

续（赵辉、魏峻，2002），城壕共存的传统一直延续到后来的龙山文化和岳石文化，其中有很多大汶口晚期的遗址一直沿用到龙山时期。鲁北地区在龙山时期出现一批作为中心聚落的城址，城子崖便是其中之一（孙波，2014）。

城子崖遗址（图 1）最早的遗存为龙山早期，是唯一一处延续到岳石文化的城址（朱超、孙波，2013）。城子崖最初的发现和发掘从 20 世纪 30 年代就开始了，迄今已近九十年。早期的发掘报告认为城址的活动分为两期（傅斯年等，1934）。2017 年，山东省文物考古研究所在遗址西北角开启新的发掘，目的是揭露遗址从新石器时代晚期到青铜时代早期的整个壕沟堆积和年代序列，相关的考古工作和综合研究都为我们开展城子崖遗址年代框架的研究提供了非常难得的契机，本研究结合考古发掘项目，开展了系统采样与分析工作，遗址范围及采样位置见图 2。此前尽管经历多次发掘，城子崖遗址只有很少的测年数据（北京大学考古系碳十四实验室，1996；Wicks 等，2015）。如今中国考古学已经进入研究社会复杂化和早期城址互动关系的阶段，迫切需要更加精确的年代框架，以便探究单个遗址的历时性变化和不同遗址间的比较。

利用 13 个新的 ^{14}C 数据和 22 个光释光测年结果，以及壕沟沉积物的复杂地层关系作为先验条件，我们构建了一个城子崖遗址的贝叶斯年代模型。贝叶斯模型，也被称为考古年代学的第四次革命（Bayliss, 2009），能够让考古学家充分利用田野发掘获取的地层和遗物信息，并把这些信息综合到测年结果的分析当中（Bayliss, 2007）。以前

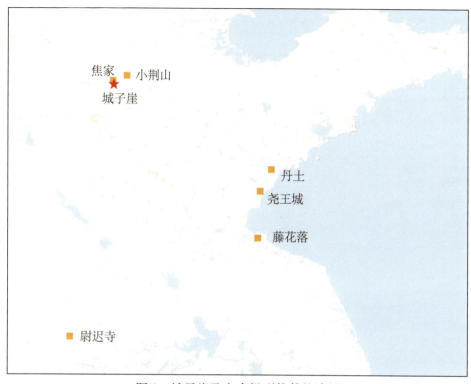

图1 城子崖及文中提到的其他遗址

考古学家构建山东区域内的史前年代框架，多是用器物类型学结合少量测年数据得出的主观认识，近年用贝叶斯模型的尝试（Long et al., 2017）引发了激烈的讨论（饶宗岳等，2017）。本文试图通过构建单个遗址的年代模型，来促进整个区域的年代学进展。

二　地层介绍、取样和测年

2017年，在城子崖遗址西北端发掘了一条长20、宽2米的探沟，以察明遗址壕沟堆积的变化。结果发现了从龙山时期一直到春秋时期连续的壕沟沉积物，其中有早期壕沟被晚期壕沟修建和清淤破坏的痕迹。

测年样品采自探沟的南壁（剖面图见图3）。根据前期钻探，遗址西侧龙山时期的壕沟宽超过30米，因此此次探沟并没有揭露出完整的龙山壕沟。城子崖遗址最早的壕沟属于龙山时期。岳石文化时期的壕沟突然变窄，并配套建有版筑的夯土城墙。这很可能反映了不同的防御策略，即龙山时期采用宽壕沟的形式，而岳石时期采用深壕沟和高城墙配合的方式（朱超，2020）。周代的壕沟大小介于龙山和岳石之间，主要叠压和打破龙山壕沟（图2）。

每个时期壕沟沉积物的特征也有区别。沉积物特征详见表2。龙山壕沟的堆积基质

图 2　城子崖遗址范围及采样位置

（a）城子崖遗址的航拍图片，透明红色框出来的范围是 1934 年发掘报告中的遗址平面图，黄色方块表示探沟位置，蓝色表示史前壕沟向南的走向，遗址西侧是河道；（b）2017 年探沟的航拍照片；（c）探沟剖面的简化示意图

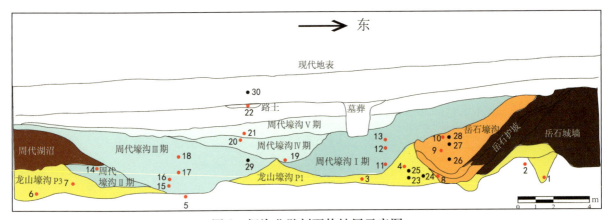

图 3　探沟北壁剖面的地层示意图

该图展示不同时期的壕沟堆积。最底部的黄色地层表示龙山时期的壕沟，被晚期的壕沟破坏严重。龙山壕沟底下的生土是黄土。橙色部分是岳石文化壕沟，比龙山时期和周代的壕沟都要窄。不同深浅的蓝色表示周代壕沟的堆积，保存最完整。没有颜色的地层是周代之后的堆积。红点（1 到 22）是光释光样品的位置，黑点是（23—30）炭化样品的位置（表 2—表 4）。还有五个来自龙山时期遗迹的炭样在地层图范围之外

以粉砂和粉砂质黏土为主，表明没有动力强的水流将粗颗粒物质搬运到壕沟里。而粗颗粒主要以人类垃圾为主，没有磨圆和分选的现象，可能是直接丢弃或短距离搬运的结果。堆积底部还保留有初次挖掘壕沟的迹象，如大块的原生黄土混在其中。岳石壕沟可以分为三期，沉积物的主要特点在于沟内外两侧的不对称，但基质仍以细颗粒为主，表明能量较低的沉积环境。微形态结果表明岳石的壕沟基本是一条干沟，并经历了频

表2　城子崖遗址壕沟沉积物的地层描述和本文测年样品的采样位置

时代	地层号	地层描述	光释光样品	¹⁴C样品
现代	①	现代耕土		
	②a	/		
	②b	7.5YR 4/4，粉砂，有红烧土粒和炭屑		
宋金	③b	7.5YR 4/3，粉砂，含炭屑和红烧土粒，植物根系		
	④	7.5YR 5/4，粉砂，含大块木炭和陶片渣，植物根系		√
	⑤	7.5YR 6/4，粉砂，含石渣和炭屑，较上层杂质更多也更致密，可能是埋藏古土壤		
	⑥	7.5YR 6/4，粉砂，含红烧土粒和炭屑		
唐？	L1	7.5YR 5/4，含石渣较多，肉眼见表面层状结构不明显，坚硬	√	
周代	⑦	7.5YR 5/6，粉砂，较致密，含大块陶片		√
	⑧	/		
	⑨b	7.5YR 6/6，粉砂，分选较好，含有螺壳		
	ZⅤ①	10YR 4/6，粉砂，含红烧土粒、炭屑，有较多螺壳		
	ZⅤ②	10YR 3/6，粉砂，含红烧土粒、炭屑和料姜石块，中间夹有黄土斑块		
	ZⅤ③	10YR 5/8，细砂，分选好，地层中间有圆形遗迹（疑似腐烂木头，上半部有纹层，下半部无）	√	
	ZⅣ①	7.5YR 4/3，粉砂，有大块料姜石，陶片		
	ZⅣ②	7.5YR 5/3，粉砂，有红烧土粒、黄土斑块、陶片和螺壳		
	ZⅣ③	7.5YR 7/8，细砂	√	
	ZⅣ④	7.5YR 5/6，粉砂，含红烧土、石块、黄土斑块、陶片和螺壳		
	ZⅣ⑤	7.5YR 6/6，粉砂，东西两侧堆积有差异，东侧上部有被扰动的黏土层，底部有厚约10cm的黏土堆积，与下层边界处有一层陶片（？），黏土中有石块、炭屑；中部有一条较连续的黏土条带；西侧无黏土层，但含较多黄土块，有陶片		
	ZⅣ⑥	10YR 7/8，细砂，底部铁锈明显增多且连续，有较多螺壳，铁锈层上有一层或多层明显的蚯蚓虫洞，水平状		
	ZⅣ⑦	10YR 8/6，细砂，东侧底部凹陷处有黏土层，黏土层与上部细砂之间有过渡层，过渡层中布满根孔形成的铁锈；这一层整体铁锈较多	√	
	ZⅢ①	7.5YR 5/8，细砂，含炭屑		

时代	地层号	地层描述	光释光样品	¹⁴C样品
周代	ZⅢ②	10YR 7/8，细砂，底部有不连续的黏土条带，有螺壳，疑似被扰动，有工具痕迹		
	ZⅢ③	上部一大半为黏土，10YR 5/2，底部细砂，10YR 8/4，黏土与细砂边界清晰，凹凸不平，砂层中有较多铁锈		√
	ZⅢ④	10YR 7/8，细砂，有较多铁锈，有细砂与黏土交替层理，由根孔形成的铁锈集中在交替层理之上，底部与⑤层边界处有粗砂透镜体		
	ZⅢ⑤	西侧为黏土，10YR 6/1，黏土中有大料姜石块、陶片，东侧为粗砂		
	ZⅢ⑥	10YR 8/6，细砂夹粗砂，斜向层理明显，粗砂中有大的螺壳，铁锈少且集中在底部，粗砂层以下有黑色竖向条带，可能是锰	√	
	ZⅢ⑦	10YR 8/6，细砂夹粗砂，铁锈较少		
	ZⅢ⑧	东侧底部为粗砂砾石层，从下往上颗粒逐渐变细，西侧为细砂10YR 8/6，铁锈较多	√	
	ZⅢ⑨	10YR 6/8，细砂，顶部有黏土层		
	ZⅢ⑩	10YR 8/4，粗砂夹细砂，含木炭和陶片（磨圆好），粗砂层中暴露有一截硅化严重的骨头	√	
	ZⅢ⑪	粗砂砾石层，磨圆好，分选差		
	ZⅢ⑫	2.5Y 6/8，细砂，西侧上部有较多铁锈，东侧底部有粗砂层	√	
	ZⅢ⑬	同ZⅢ⑪		
	ZⅢ⑭	2.5Y 4/1，粉砂黏土，含较多陶片，有炭屑		
	ZⅢ⑮	2.5Y 6/4，粉砂，含陶片、炭屑和料姜石块，有黄色		
	ZⅢ⑯	2.5Y 4/1，粉砂，含黄土块、黄土条带，粗砂，底部有一截硅化的骨骼，但骨骼表面仍呈黄色		
	ZⅢ下生土	/	√	
	ZYT①	10YR 7/8，粉砂，较纯净，含纵向黏土条带		
	ZYT②	10YR 6/3，粉砂黏土，较纯净		
	ZYT③	可分为两小层，上层10YR 5/6，粉砂黏土，下层是两条黏土带夹的细砂，10YR 8/1，也有细砂与黏土交替层理，呈波浪状，有螺壳		
	ZYT④	10YR 7/3，黏土，有数条深色水平状黏土带，也有细砂层，其中顶部黏土带有密集螺壳。铁锈较少。		

时代	地层号	地层描述	光释光样品	¹⁴C样品
	ZYT⑤	10YR 8/4，细砂，含粗砂和大石块、红烧土粒。		
	ZYT⑥	10YR 3/1，黏土，皲裂呈块状，在孔隙中含黄土块，螺壳较少		
	H9	10YR 4/1，黏土，中部有一条水平黏土带，厚约1cm，连续分布；底部有细砂层，似被扰动，含较多陶片、料姜石块		
	ZⅡ①	10YR 8/4，粉砂、细砂和粗砂交替，分选较好，粗砂中螺壳较多	√	
	ZⅡ②	10YR 5/1，黏土，含较多石块、大块陶片（无磨圆），分选差，铁锈较多		
	ZⅠ①	/		
	ZⅠ④	/		
	ZⅠ⑤	/		
	ZⅠ⑦	7.5YR 7/6，粉砂，含陶片、黄土块		
周代	ZⅠ⑧	7.5YR 5/3，粉砂，含红烧土粒，底部螺壳较多		
	ZⅠ⑨	7.5YR 4/3，粉砂黏土，螺壳较多		
	ZⅠ⑩	7.5YR 2.5/2，黏土，含螺壳		
	ZⅠ⑪	10YR 7/3，细砂，含螺壳。上部较多铁锈；下部较少。黏土与细砂混杂，疑似被扰动	√	
	ZⅠ⑫	10YR 6/1，细砂，上部铁锈较多，下部有细砂和黏土交替层理，呈水平状，含螺壳		
	ZⅠ⑬	可分为两小层，上层10YR 5/2，粉砂黏土，底部有一层粗砂和烧土颗粒；下层10YR 8/2，含烧土粒、炭屑。两层都有铁锈，两层之间似也有水平的蚯蚓虫洞	√	
	ZⅠ⑭	10YR 7/2，细砂、粗砂和黏土。底部有至少四条凹形黏土带，黏土带之间夹粗颗粒物（如烧土粒），越往上颗粒越细。整体含较多铁锈，底部更多。		
	ZⅠ⑮	10YR 7/2，结构与⑭层相似，但含更多黏土，底部有三条黏土带，之间夹细砂和粗砂，越向上越细，含较多黄土块	√	
	YSⅢ①	/		
	YSⅢ②	/		
岳石	YSⅢ④	/		
	YSⅢ⑤	/		

时代	地层号	地层描述	光释光样品	¹⁴C样品
岳石	YSⅢ⑥	东西两侧差异较大，取样剖面位于西侧，含粗砂砾石层（水平状，无磨圆，分选差），其中还有陶片和红烧土，孔洞较多，基质为细砂，10YR 8/2，亦含黄土块，无铁锈。东侧目视为较纯净细砂	√	√
	YSⅢ⑦	东西两侧差异较大，取样剖面位于西侧，含较多黏土，呈花土状，底部是一层粗砂砾石		√
	YSⅢ⑧	东西两侧均一，可分为上下两层，上层为两层粗砂红烧土粒层，两层中间有黏土夹砂层，下层为较纯净细砂（7.5YR 7/8），底部边界是黏土夹砂纹层	√	
	YSⅢ⑨	10YR 7/8，东西两侧均一，整体为黏土夹细砂层，含较多木炭，黏土层有明显被扰动、打乱的迹象		√
	YSⅡ①	10YR 8/3，细砂，夹粗颗粒红烧土，底部肉眼可见两层黏土层		
	YSⅡ②	10YR 8/6，沟西侧较多黏土层，西侧底部还有一层黄土与黏土混杂的堆积，原因不明，无分层。沟内有明显黏土层被翻动破坏的痕迹		
	YSⅠ①	10YR 8/6，西侧黏土块较多，东侧有数十条黏土层，水平或沿坡斜向分布，底部黏土层呈波浪状，但无明显扰动痕迹	√	
	YSⅠ②	西侧为黏土，10YR 2/2，底部及东侧为细砂和黏土层（10YR 4/2），含红烧土粒和铁锈		
	YSⅠ③	西侧为黏土（10YR 4/2），东侧为细砂夹黏土块、红烧土粒，两相边界处有一细砂层		
	YSHPⅢ	三期护坡颜色相近、组成相似，都是黏土与细砂混合成的花土，含大量料姜石块、陶片，夯层呈水平或斜坡状		
	YSHPⅡ			
	YSHPⅠ			
	城墙垫土	/		
	夯土城墙	/		
龙山	P1①	7.5YR 7/2，细砂，含红烧土颗粒、小块料姜石和炭屑		
	P1②	7.5YR 5/1 与①层边界明显，颜色有渐变，由上到下逐渐浅，砂，含大块料姜石，在周代沟的边界处有一大石块（未磨圆），含炭屑、陶片、红烧土颗粒，有横向和纵向的黄土条带，疑为根系或虫洞，有氧化还原特征		
	P1③	7.5YR 7/1 砂/粉砂，与上层边界不明显，含炭屑、红烧土粒		

时代	地层号	地层描述	光释光样品	¹⁴C样品
龙山	P1④	10YR 8/2，粉砂，与上层边界较清晰，有少量红烧土粒	√	
	P1⑤	10YR 6/1，粉砂黏土，与上层边界清晰，有螺壳、黑陶粒、红烧土粒和炭屑		√
	P1⑥	10YR 7/3 粉砂黏土，有红烧土粒		
	P1⑦	10YR 7/1，粉砂黏土，底部10cm有厚度不同的弧形黏土纹层，含红烧土粒		√
	P1⑧	10YR 6/2，与⑦层相似，但孔洞更多，颗粒更粗，底部也有黏土纹层，含红烧土粒、炭屑、陶片，东侧黏土层被扰动（？）		
	P1⑨	10YR 5/4黏土，含大块的黄色生土块		
	P1⑩	10YR 6/4，粉砂黏土，共有两层明显的粗砂砾石层透镜体，含陶片、螺壳		√
	P1⑪	10YR 4/3，黏土		
	P1⑫	10YR 8/2，粉砂，含木炭、陶片，粗砂透镜体		
	P1⑬	粗砂砾石层，含大量陶片，无磨圆和分选	√	
	P1⑭	10YR 5/1，黏土，含黑陶片		
	P1⑮	10YR 7/8，黄色粉砂（生土层），含大量料姜石，氧化还原特征较少		
	P2①	粗砂砾石层，大块陶片和料姜石，无磨圆		
	P2②	10YR 8/2，粉砂，较纯净		
	P2③	10YR 6/2，粉砂黏土，下部有黏土纹层，含炭屑，西侧有大量石块		
	P2④	10YR 5/2 粉砂黏土，含生土块和炭屑		
	P2⑤	10YR 6/2，粉砂含粗砂透镜体，炭屑		
	P2⑥	10YR 7/1，粗砂层，含生土块		
	P3①	10YR 7/8，粉砂，含红烧土粒、炭屑，上层受扰动呈花土，下部层理较好		
	P3③	10YR 6/2，粉砂，含黄土斑块、小块料姜石		
	P3⑤	10YR 8/1，砂，含粗砂和料姜石块		
	P3⑥	10YR 8/2，粉砂，含大量粗砂、料姜石块、炭屑和陶片		
	P3⑦	2.5Y 8/2，黏土，含料姜石块和烧土块		
	P3⑧a	粗砂砾石层，含大量料姜石块、陶片、木炭和螺壳，磨圆较好		

时代	地层号	地层描述	光释光样品	¹⁴C样品
龙山	P3⑧b	2.5Y 8/2，粉砂，含炭屑	√	
	P3⑨	粗砂砾石层，分选差，磨圆好		
	P3⑩	2.5Y 8/2，粉砂夹粗砂层，分选好，底部夹生土块	√	
	P3⑪	2.5Y 7/2，粉砂，含料姜石块		
	P3⑫	粗砂砾石层，未发现陶片，分选差，磨圆好		
	P3⑬	积水，不方便观察		
	G4①	2.5Y 8/8，粉砂黏土，由上往下颜色变浅，含料姜石块、陶片、木炭，铁锈较少；顶部可见被扰动的黏土结皮和黏土块，底部有数层黏土层（东侧连续，西侧缺失）		
	G4②	10YR 7/8，粉砂，含石块、黑色斑块（锰？）和炭屑		
	G4③	10YR 7/6，粉砂，含较多石块（无磨圆）和炭屑，有随机分布的黏土块和黏土条		
	G4④	2.5Y 7/4，粉砂，较纯净，顶部有黏土块	√	
	G4西侧生土	2.5Y 8/4，粉砂，有黄色斑块，在剖面中部颜色突变至2.5Y 8/2，边界处有黑色斑块（锰？）	√	
	K1	10YR 5/2，粉砂，被扰动呈花土状，含较多木炭屑，有陶片，顶部有较多氧化还原特征（延伸至周边地层）		
	龙山夯土	/		

注：Z：周代；ZⅤ：周代第五期壕沟堆积；ZⅣ：周代第四期壕沟堆积；ZⅢ：周代第三期壕沟堆积；ZⅡ：周代第二期壕沟堆积；ZⅠ：周代第一期壕沟堆积；ZYT：周代淤土层

YS：岳石文化时期；YSⅢ：岳石文化第三期壕沟堆积；YSⅡ：岳石文化第二期壕沟堆积；YSⅠ：岳石文化第一期壕沟堆积；YSHPⅠ：岳石护坡一期；YSHPⅡ：岳石护坡二期；YSHPⅢ：岳石护坡三期；

LS：龙山文化时期；由于龙山的壕沟堆积不连续，被晚期的壕沟打成数截，因此选取典型剖面3个（由东向西，用P1/P2/P3表示），沟/坑2个（G4和K1）取样。另有三个龙山时期打破城墙的灰坑（H11、H12、H15）的炭化样品没有包含在上面表格中。

繁和彻底的清淤（本书文章15）。周代壕沟可分为五期，沉积物以粗颗粒为主，尤其靠近底部甚至有磨圆好的大石块和砾石，表明高能量的河流沉积环境，壕沟逐渐被从上游搬运下来的沉积物淤平。

　　样品的命名方式需要解释一下。龙山壕沟的堆积被上层打破成为三个不连续的剖面，记为P1、P2、P3。图3所示的是探沟的北剖面，与取样的南剖面略有不同，因此图3中没有P2。还有五个炭样超过图3所示范围，其中两个来自龙山城墙的垫土（LSQDT），另外三个来自龙山时期的灰坑（H11、H12和H15）。岳石文化的三期壕沟分别记为YSⅠ、YSⅡ和YSⅢ。同样，周代壕沟堆积被记为ZⅠ到ZⅤ。堆积中的层位用圆圈数字表示。没有前缀的地层号表示探沟上层的历史时期和近现代的地层，例如 30 号炭化样品所在的第④层（表3）。

总共 13 个炭化样品都是从探沟的南壁采集的，在图 3 中用黑点表示。其中三个样品（23：P1⑩、24：P1⑦、25：P1⑤）来自龙山壕沟的底部，三个样品（26：YSⅢ⑨、27：YSⅢ⑦、28：YSⅢ⑥）来自岳石壕沟的第三期，一个（29：ZⅢ③）来自周代壕沟，一个（30：④）来自历史时期的地层。炭化样品基本都是无定形或极小块的木炭，无法鉴定到种属。所有样品送到北京大学第四纪年代测定实验室做加速器质谱测年。

采集 22 个光释光样品，用来弥补炭样的不足。在采样时，优先选择分选较好的河流相沉积，而不是混合人类活动废弃物的堆积。先将剖面清理干净，再楔入一根钢管（长约 20、直径约 5 厘米）收集样品，取出时两端立即用铝箔纸和黑色胶带封住。样品分别送往两个实验室，中国地震局地质研究所和山东省地震工程研究院，所有样品前处理和测量工作都在各自实验室内完成。中国地震局地质研究所采用简单多片再生法测量细颗粒石英。在黄土高原上的应用证明该方法与单片再生法相比，在校正感量变化和克服实验数据分散度方面是有提高的（王旭龙等，2005）。山东省地震工程

表3　¹⁴C加速器质谱测年结果

图3中的样品序号	野外样品编号	实验室编号	测年材料	¹⁴C年龄	不确定度
	LSQDT①	BA171386	木炭	3860	30
	LSQDT②	BA171387	木炭	3925	35
23	P1⑩	BA171390	木炭	3925	25
24	P1⑦	BA171389	木炭	3750	30
25	P1⑤	BA171388	木炭	3735	35
	H11	BA171396	木炭	3890	25
	H12	BA171397	木炭	3920	25
	H15	BA171398	木炭	3915	25
26	YSⅢ⑨	BA171393	木炭	3420	25
27	YSⅢ⑦	BA171392	木炭	3675	20
28	YSⅢ⑥	BA171391	木炭	3455	20
29	ZⅢ③	BA171394	木炭	2535	20
30	④	BA171395	木炭	Date may extend out of range	

表4　中国地震局地质研究所光释光测年结果

图3中的样品序号	野外样品编号	实验室编号	地表下深度(m)	U-238(Bq/Kg)	Ra-226(Bq/Kg)	Th-232(Bq/Kg)	K-40(Bq/Kg)	水含量 %	剂量率(Gy/ka)	等效剂量(Gy)	年龄(ka)	样品评价
2	2017ZC G4 西侧生土	LED17-233	5.9	33.2±6.2	17.2±0.5	44.7±0.7	684.0±13.9	14	3.5±0.3	7204	259	Equivalent dose is over 2D0, close to saturation, result is minimum age
1	2017ZC C4④	LED17-234	6.8	24.3±5.8	19.0±0.5	40.8±0.7	630.0±12.8	12	3.3±0.2	82.2±4.5	25.3±2.7	√
3	2017ZC P1⑬	LED17-235	6.1	21.3±6.1	21.1±0.5	40.3±0.7	535.1±11.4	9	3.1±0.2	19.4±0.4	6.3±0.5	√
10	2017ZC YSⅢ⑥	LED17-236	4.2	17.8±6.5	18.1±0.6	34.6±0.7	453.0±10.7	7	2.7±0.1	21.0±0.5	7.7±0.5	√
8	2017ZC YSⅠ①	LED17-237	5.8	22.2±6.7	23.1±0.6	46.4±0.8	678.5±14.1	10	3.7±0.2	23.4±0.7	6.4±0.5	√
21	2017ZC ZⅤ③	LED17-238	3.4	22.3±6.5	26.2±0.6	45.4±0.8	585.1±12.5	7	3.6±0.1	13.3±0.5	3.7±0.3	√
20	2017ZC ZⅣ③	LED17-239	3.8	30.1±7.0	23.0±0.6	47.0±0.8	626.4±13.4	9	3.6±0.2	17.4±0.4	4.8±0.4	√
15	2017ZC ZⅢ⑫	LED17-240	5.5	25.4±6.3	23.3±0.6	44.2±0.7	576.9±12.3	13	3.2±0.2	11.6±0.2	3.6±0.4	√
18	2017ZC ZⅢ⑥	LED17-241	4.5	28.0±5.2	19.2±0.6	35.3±0.6	503.0±10.5	5	3.0±0.1	19.0±0.4	6.3±0.3	√
14	2017ZC ZⅡ①	LED17-242	4.8	21.9±4.6	6.4±0.4	16.8±0.4	200.7±5.9	8	1.3±0.1	5.7±0.1	4.3±0.3	Radioactive nuclide U is imbalanced, age for reference only
13	2017ZC ZⅠ⑮	LED17-243	5.9	24.7±7.3	21.8±0.6	49.3±0.9	667.7±14.4	20	3.3±0.3	10.3±0.4	3.1±0.5	√
11	2017ZC ZⅠ⑪	LED17-244	4.2	26.8±5.9	21.3±0.6	39.5±0.7	593.1±12.2	4	3.5±0.1	10.6±0.2	3.3±0.1	√
6	2017ZC P3⑩	LED17-245	6	25.0±5.5	12.3±0.5	26.4±0.6	319.8±8.1	12	1.9±0.1	13.7±0.3	7.1±0.7	Radioactive nuclide U is imbalanced, age for reference only

表5　山东省地震工程研究院光释光测年结果

图3中的样品序号	野外样品编号	实验室编号	水含量(%)	剂量率(Gy/ka)	等效剂量(Gy)	年龄(ka)
22	L1	17-134	3	2.9 ± 0.3	6.1 ± 1.9	2.1 ± 0.7
19	ZⅣ⑦	17-137	9	3.0 ± 0.3	22.4 ± 4.5	7.5 ± 1.5
17	ZⅢ⑧	17-142	8	3.2 ± 0.3	11.4 ± 0.4	3.6 ± 0.1
16	ZⅢ⑩	17-141	11	3.0 ± 0.3	15.8 ± 1.5	5.3 ± 0.5
12	ZⅠ⑬	17-138	12	2.4 ± 0.3	9.1 ± 1.7	3.9 ± 0.7
9	YSⅢ⑧	17-135	10	2.7 ± 0.3	26.7 ± 4.0	9.9 ± 1.5
4	P1④	17-136	7	2.4 ± 0.3	20.1 ± 3.4	8.4 ± 1.4
7	P3⑧b	17-139	8	3.0 ± 0.3	13.9 ± 1.9	4.6 ± 0.6
5	ZⅢ 下生土	17-140	16	2.8 ± 0.3	205.2 ± 14.2	75.3 ± 6.4

研究院利用单片再生法测量的粗颗粒石英（Murray and Wintle, 2000; Murray and Wintle, 2003）。

三　结果和讨论

本文中所有的测年样品出土层位都很明确，我们用Oxcal制作了两个贝叶斯序列模型。每个时期的壕沟沉积物都很有特点，边界明确，因此在年代模型中，也可以将测年结果分为不同的期。每一期的年代结果都可以按照地层顺序组成一个序列。以模型1为例（代码见原文附件），在"Longshan"期中，有两个独立的序列，一个是来自龙山城墙的样品，另一个是来自龙山壕沟的样品。两个序列不能连通，因为在地层上两个序列没有直接关联，被岳石壕沟打断了。同理，在"Yueshi"期里，尽管所有的样品都来自岳石文化壕沟，但是它们来自不同的发掘位置和不同的年份，地层上没有统一或没有关联，所以也只能放在不同的序列当中。

第一个模型只使用 ^{14}C 测年结果（表3）。来自第④层的年代（BA171395）因为超出测定范围，被排除在外。光释光的测年结果（表4、5）比 ^{14}C 结果的不确定度大很多。埋藏过程对光释光的结果影响很大，尤其壕沟这种受人为活动影响较大的沉积环境。我们认为只用 ^{14}C 测年结果的模型1是一个可靠的年代模型，同时它作为对照组模型，还可以验证包含了两种测年结果的模型2的合理性。

（一）模型1——^{14}C 测年结果

年代模型都是利用测年样品的地层关系来构建的。根据地层顺序把测年结果归入不同的序列，再根据每期壕沟的文化属性把各序列划入不同的文化期（例如模型中的 Longshan 期和 Yueshi 期）。所有这些信息最终都汇入贝叶斯模型中。除了两个样品（Y9 和 Y14）之外，模型1中的所有样品都是木炭，所有木炭样品都增加了一个木炭异常值模型（charcoal outlier model）（Ramsey, 2009）。样品 Y9 和 Y14 都是粟的种子，是 2014 年发掘城子崖遗址纵中探沟时，从岳石壕沟的地层中浮选获得的，因此在这里也加入到岳石文化的年代模型中。最终模型1包含 14 个 ^{14}C 测年结果。模型结果的一致性达到 76.7，因此可以接受。Ramsey（2009）认为，只要模型一致性指数超过 60.0，结果就是可以接受的。所有模型中的年代结果、边界和持续时间都用 95.4% 置信区间，模型结果都用斜体表示。城子崖遗址龙山文化的最早年代来自龙山城墙的垫土（LSQDT）。模型1（表6，图4）结果显示，龙山文化在城子崖的起始时间是 *2520—2130 cal. BC*（95.4%），结束时间是 *2245—2020 cal. BC*（95.4%），持续时间 *0—320* 年（95.4%）。岳石文化在城子崖最早的年代来自第三期岳石壕沟（YS Ⅲ），起始时间是 *2170—1960 cal. BC*（95.4%），结束时间 *1510—1045 cal. BC*（95.4%）。持续时间 *445—700* 年（95.4%）。模型结果显示龙山文化到岳石文化在城子崖是连续变化的，岳石文化到周代的壕沟（图4，*775—430 cal. BC*, 95.4%）之间是有缺环的。但这个缺环也可能是周代壕沟的年代数据不足导致的。此外，模型结果还显示龙山城墙的起建时间是 *2450—2140 cal. BC*（95.4%），壕沟的堆积时间是 *2420—2125 cal. BC*（95.4%），因此可以认为是同时的。龙山城墙被人为破坏（灰坑 H11、H12 和 H15 都直接打破城墙）

表6 模型1得出的城子崖遗址的文化边界

模型1（Amodel=77, 95.4%）	
岳石文化持续时间	*445—700* 年
岳石文化结束	*1510—1045 cal. BC*
岳石文化开始	*2170—1960 cal. BC*
龙山文化持续时间	*0—320* 年
龙山文化结束	*2245—2020 cal. BC*
龙山墙破坏（灰坑）	*2385—2115 cal. BC*
龙山壕沟开始堆积	*2420—2125 cal. BC*
龙山城墙开始修建	*2450—2140 cal. BC*
龙山文化开始	*2520—2130 cal. BC*

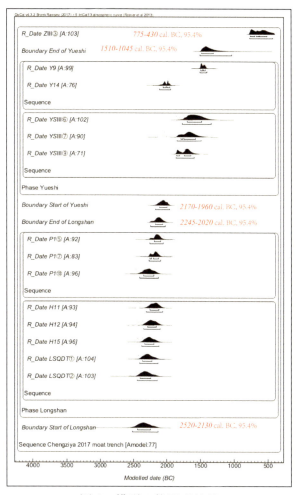

图 4　模型 1 的图形结果

的时间是 *2385—2115 cal. BC*（95.4%），而根据 P1 ⑤ 的年代结果，龙山壕沟在 *2260—2055 cal. BC*（95.4%）仍持续堆积。

　　模型 1 得到的城子崖的文化边界年代（表 6）都在以往认为的文化边界之内，甚至更加精确，因此用 ^{14}C 测定壕沟年代的结果是可靠的。

（二）模型 2——^{14}C 测年结果和光释光测年结果

　　^{14}C 测年结果和光释光测年结果的不同之处还在于，^{14}C 年龄是沉积事件的最早时间（TPQ，terminus post quem）。但是，至少从理论上来说，光释光年龄代表了沉积事件真正发生的年龄。

　　探沟底部有两个光释光年龄（分别是 75.3±6.4 Ka BP 和 > 59 Ka BP）是来自生土的黄土，这两个年龄相对于城子崖的考古学文化来讲都太老，因此都排除在模型之外，要不然模型结果会过于扭曲，难以辨识。同理，G4 ④（25.3 ± 2.7 Ka BP）的结果也被排除在外，不用于模型之中。但生土的测年结果支持了对城子崖所在地貌位置是黄土台地的判断。最终模型 2 包含 19 个光释光年龄，但是绝大多数的年代结果都超过了以往的年代学认识（表 1）。周代壕沟里的年代数据增多，因此模型 2 中在 Yueshi 期之后加入了一个新的期"Zhou"。但是模型 2 的结果是无效的，这也不令人意外，我们仍可以通过图形来查看年代的分布方式（图 5）。通过上一节论证，我们认为模型 1 的结果是可靠的，可以用来验证模型 2 结果。这么来看的话，所有的光释光年龄都无一例外比同期的 ^{14}C 年龄偏老。就算在模型中把 ^{14}C 年龄都设为 TPQ 也无法弥补模型结果。模型 2 的结果无效，根本上是由别的原因造成的，如沉积物被埋藏之前曝光不充分、含水量变化大等，这都反映了壕沟堆积过程的复杂性。因此这些光释光年龄并不是沉积真正发生的年代。

　　通过构建木炭的异常值模型，模型 1 得到了城子崖遗址相对精确的绝对年代框架，对龙山文化不同遗址间的对比研究有重要意义。岳石壕沟的年代数据相对分散，可能反映出壕沟的堆积顺序比较混乱，这是野外观察和微形态分析都支持的现象，证明岳石文化时期壕沟的清淤和维护比较普遍和彻底。在混合模型中所有的光释光年龄都是极度异常值，一致性很差，不确定度也很大。前文提到，这可能是由沉积过程导致的，当然不排除人为干扰的因素，例如在壕沟中堆放垃圾。对壕沟沉积物的地学考古分析将会为我们了解沉积过程提供更多证据。

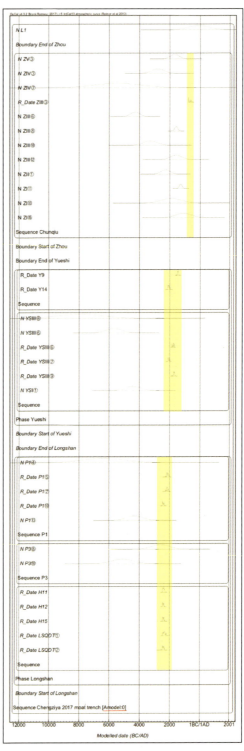

图 5　模型 2 的图形结果

既包含 ^{14}C 数据也有光释光的测年数据。黄色阴影表示模型 1 中的文化边界

模型结果与广泛接受的海岱地区史前年代框架基本一致。但是，模型结果显示城子崖龙山文化到岳石文化的过渡偏早，需要我们从不同方面考虑，如测年材料、考古新发现和考古学文化的含义。考古学文化反映的是古人对社会和自然环境的适应和主动改造，是一个持续的动态过程。越来越多的考古学家注意到某一个考古学文化中的异质性。在本文的年代学案例中，城子崖从龙山文化到岳石文化的转变可能比其他同时期遗址都要早。此外，岳石文化的测年样品都来自岳石文化早期的壕沟堆积，可能混入了龙山壕沟的沉积物。最新的发掘中也发现有一期龙山文化的城墙比本文测年的龙山城墙要晚。总之，要谨慎对待模型中显示的龙山文化到岳石文化的过渡时间，随着新发现和新认识的增加，模型结果也会随之变化。

本研究主要根据城子崖遗址的壕沟沉积物来构建的年代模型。要获得整个海岱地区分辨率更高、绝对年代更精细的年代框架，我们需要更多出土层位清晰的测年结果。考古学上已经发现大量海岱地区和中原及其他周边地区相互交流的证据，因此年代学专家和考古学家还应深入合作，充分利用如夏商周断代工程这样的大型数据库（仇士华、蔡莲珍，2001；张雪莲、仇士华，2001），通过对比研究来细化海岱地区的新石器时代和青铜时代年代框架。

四　结　论

总的来说，利用城子崖遗址的城墙和壕沟构建的贝叶斯年代模型提供了令人满意的绝对年代框架。根据模型 1 的结果，城子崖遗址的龙山文化起始时间在 *2520—2130* cal. BC（95.4%），结束时间 *2245—2020* cal. BC（95.4%），持续时间 *0—320* 年（95.4%），或者更现实的持续时间是 *70—270* 年（68.2%）。龙山文化城墙和壕沟极有可能是在 *2450—2140* cal. BC（95.4%）或 *2420—2125* cal. BC（95.4%）同时修建的。城子崖遗址的岳石文化起始时间是 *2170—1960* cal. BC（95.4%），结束时间 *1510—1045* cal. BC（95.4%），持续时间 *445—700* 年（95.4%）。城子崖遗址从龙山文化到岳石文化的转变是连续没有中断的。

尽管光释光年龄为解释壕沟沉积物的沉积条件提供了一些信息，但是它们在可靠性和有效性上比 ^{14}C 年龄差很多，而且采样更加复杂、样品量大、样品处理昂贵且耗时。未来海岱地区遗址内的年代学工作还是应该以炭化样品的测年为主，且应优先选择出地层位信息明确的样品。

原载 *Journal of Archaeological Science: Reports*，2020 年第 29 期（略有改动）。

18.史前壕沟的水资源管理功能
——来自丁公遗址的地学考古证据

柏哲人、姜仕炜、许晶晶、靳桂云★

摘要

运用包括土壤微形态分析在内的地学考古方法对山东邹平丁公遗址龙山早期壕沟 G114 采集的样品进行观察和分析，重建了壕沟修建—使用—废弃的过程。研究表明，壕沟堆积从早期到晚期经历了明显的变化，反映的应是壕沟功能的转变。在修建初期壕沟与周边河道相通，起到的主要作用应是包含给水排水在内的水资源管理功能，在经过连续地使用后逐步废弃。

一 引言

龙山时代是中华文明起源与发展的重要时期，龙山时期的社会在家户形态、经济生活、社会分层、政体形态等层面展现出了丰富内涵与重要变化（孙波，2020），社会复杂化进程空前加快，同时人们利用与改造环境的能力也有了显著增强，显示出了对环境与资源利用方面的强化。以城墙和壕沟为标志的城址是当时出现的最高一级聚落结构（栾丰实，2016），壕沟作为史前聚落形态演变的例证之一，对其功能的探索是龙山时代聚落考古研究中的重要内容。以往对壕沟功能的研究，多是从田野发掘的角度，以肉眼观察的方式对壕沟内的堆积进行分析，较少从微观方面对壕沟堆积进行更加细致的观察，而由于堆积本身尤其人类活动堆积天然具有复杂性，很多方面如堆积的来源、成因、搬运方式等是很难或是无法仅凭发掘时的观察进行深入认识的。作为研究堆积过程的方法之一，土壤微形态方法在解决上述问题时具有独特的优势。

土壤微形态分析是土壤学中一种通过偏光显微镜对未受扰动的定向土壤样品进行观察与分析的方法。在考古学研究中，可用于复原考古遗存的埋藏背景、埋藏过程与

★ 柏哲人：山东大学文化遗产研究院、上海博物馆；姜仕炜：山东大学历史文化学院、北京联合大学；许晶晶：山东大学历史文化学院、南京博物院；靳桂云：山东大学文化遗产研究院。

后生变化，重建遗址周边古环境与景观以及分析古代耕作技术、家畜饲养策略等方面。目前，已有学者将微形态分析方法应用于瓦店（张海等，2016）、城子崖（本书文章15）和焦家（本书文章11）的壕沟研究中，推动了史前聚落和早期文明研究的发展。2014年丁公遗址发掘过程中清理了龙山文化早期壕沟（G114），为我们运用土壤微形态方法开展壕沟功能研究提供了机会。本文主要依据土壤微形态的观察结果、植硅体数据以及沉积样品的实验室分析数据，通过还原丁公壕沟堆积形成过程，尝试讨论壕沟修建—使用—废弃过程。

二 遗址及所在区域概况

丁公遗址位于山东省邹平市长山镇丁公村东、石羊村西北，发源于南部泰沂山脉的孝妇河自南向北流经遗址西侧（图1）。遗址先后于1985年至1996年间进行了七次发掘，包含了大汶口文化、龙山文化、岳石文化、晚商、周代和汉代等时期的文化遗存，其中以龙山文化时期的堆积最为丰富（马良民、蔡凤书，1989；栾丰实等，1992，1993；栾丰实，1996）。

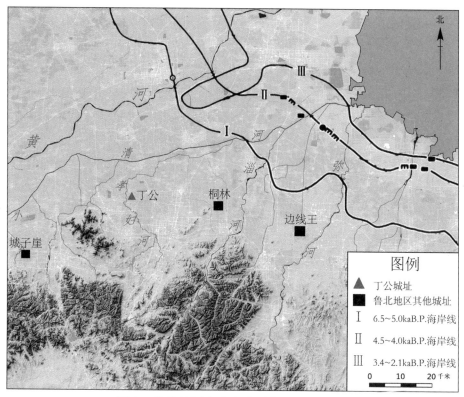

图1　鲁北地区龙山文化时期城址分布图
（海岸线位置依据文献王青等，2006）

在 1993 年丁公遗址的发掘过程中，发现并清理了开口于⑥F层下的龙山文化早期壕沟 G114，经钻探后初步确定 G114 呈西南—东北走向，是龙山文化早期城墙外侧壕沟的西半部分。2014 年，为配合考古发掘报告的编写，对丁公遗址进行了第八次考古发掘，为了深入理解龙山文化早期壕沟的结构与功能，发掘了 G114 的东半部（TG59）（图2）。发掘显示，G114 东半部的沟内堆积与西半部基本一致。G114 口部距地表 2—2.15米，现存沟口最宽达 6、沟底最宽 2 米，沟深 5.25、沟底距地表深 6 米，沟内堆积分为13层。据发掘者判断，G114 上半部分①层至⑦层的堆积是人们有意识倾倒垃圾形成的，下半部分⑧层至⑬层的堆积是因长年累月的自然淤积形成的。

遗址所在鲁北地区处于鲁西断隆的北缘与华北断坳过渡地带的山前倾斜平原上，平均海拔在 50 米以下。地势向北倾斜，自南向北的地貌类型依次为洪积冲积平原与冲积扇平原、扇缘湖沼低地、河海积平原与海积平原（山东省地方史志编纂委员会，1996）。这一区域在全新世早、中期受海侵和海退的影响较大。渤海海平面在 7—6.5

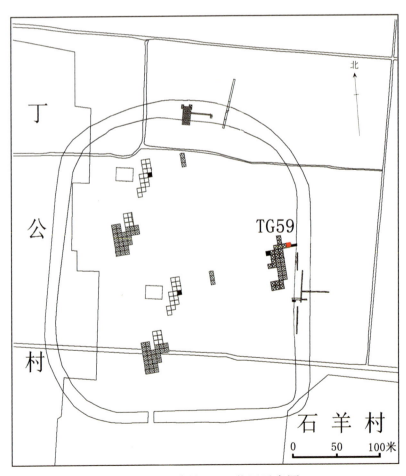

图 2　丁公遗址 G114 位置示意图
（据栾丰实 2016b 绘制）

ka B.P. 升至最高（庄振业等，1991），海侵最远可达潍河 - 弥河三角洲南界（薛春汀、丁东，2008）。全新世中期后海水缓慢后退，陆上水位基准线随之下降，先前海侵的低洼地带淤积成湖（杨剑萍等，2016；王海峰等，2016），并发育了大面积的古湖沼（郭永盛，1990；张祖陆等，2004；张祖陆，1990）。海退的过程为古人提供了更为广阔的生存空间，原先不适宜人类生存的低洼地区自然环境有所改善，也开始被人类开发利用，这一区域大汶口文化晚期至龙山文化时期的遗址分布趋势就明显存在自南向北向低海拔地区扩张的现象（郭媛媛等，2013）。丁公遗址内大量软体动物遗存显示当时遗址周边有浅湖、中深湖和滨湖河流等较大范围的淡水环境，哺乳动物组合为森林型和喜水型，指示了森林、竹林、沼泽、灌木丛、草地等环境特征（饶小艳，2012）。遗址内的炭化植物遗存也在一定程度上反映了遗址周边景观以草甸和山地为主，同时还存在着小范围的水域和林地（吴文婉等，2018）。

以上证据表明，在龙山文化时期，河流、湖沼极有可能在丁公遗址的景观环境中占据相当重要的地位，并且在动植物资源利用方式、生计模式等方面对聚落产生影响。G114 填土下半部分的自然淤积层为明显的河流相沉积，而上半部则类似垃圾坑，那么微观视角下的壕沟堆积过程是否能印证发掘的结果？底部堆积与遗址周边水域的关系是如何的？两种不同的堆积类型与壕沟功能的转变是否有关？为解答上述问题，我们对丁公遗址龙山早期壕沟 G114 进行了包含土壤微形态分析在内的地学考古研究。

三   材料与方法

在发掘过程中我们在 G114 内各层采集了土壤微形态分析样品，采样位置位于 G114 东半部最西的位置（即 TG59 南壁剖面的最西端，大致为壕沟被发掘部位的中央位置），在多数微形态样品相对应的位置采集了散样，用于粒度、烧失量、植硅体分析，合计采集散样 27 份。为了理解壕沟废弃后的人类活动，我们还采集了打破壕沟最上部堆积的房址 F141 垫土层和 F141 ①层的微形态分析样品。

根据 G114 的堆积特征，我们选择堆积有明显变化层位的 12 个样品（S2、S5、S7、S8、S10、S11、S12、S14、S16、S17、S18、S19），送至北京大学地球与空间科学学院土壤微形态实验室完成切片的制备，并在雷丁大学考古、地理和环境科学学院地学考古实验室和山东大学地学考古实验室进行切片的观察。对土壤微形态切片的描述、鉴定和定量标准依据 Bullock 等（1985）和 Stoops（2003）的系统，矿物鉴定依据 Mackenzie（1994）的矿物鉴定图谱。相关术语的翻译参照国内土壤微形态相关的研究成果（何毓蓉、张丹，2015）。因为微形态分析无法进行精确的定量分析，所以本文中还运用了粒度、烧失量、植硅体等方法辅助微形态的分析。

在北京中国科学院地质与地球物理研究所使用 Mastersizer2000 激光粒度分析仪进行，每份样品都使用粒度分析仪测量 2 次，必要情况下重复进行使粒度曲线重复分布。文中所披露粒度数据为样品所有测试结果的平均值，颗粒粒级的划分采用伍登 - 温德华划分标准（任明达、王乃樑，1981）。

在山东大学历史文化学院环境考古实验室完成烧失量和植硅体的分析。烧失量是通过加热干燥后的沉积物，在 550℃ 和 950℃ 下会分别失去有机质和碳酸盐，根据它们失去的重量以估算有机质和碳酸盐含量，用于解释堆积过程和土壤发育过程。虽然微形态切片中也能观察到植硅体，但由于植硅体会被基质覆盖导致难以辨认从而影响相关的定性定量分析，所以需要用重液提取植硅体制片的方式完成植硅体的定量分析。

四　结果与分析

丁公遗址龙山早期壕沟的堆积过程经历了一系列的自然和人类活动，沟内堆积从早到晚存在明显的变化，这主要是由于构成堆积主体的来源、搬运方式与沉积过程、沉积后的后生变化以及人类行为等不同因素造成的。另外，由于样品会在堆积过程和实验过程中产生不同程度地分离、混合和丢失，因此使用包含土壤微形态在内的多种方法能够帮助我们分析不同类型的材料数据（Hodder, 1999），以在最大程度上揭示壕沟的堆积过程。

（一）土壤微形态结果与分析

根据微形态观察结果，将丁公遗址早期壕沟的堆积过程划分为四个阶段。

第一阶段（对应样品 S2）属壕沟修建初期，切片中沉积物呈现明显的河流相堆积特征。基质由分选较好的、粒径为中粉砂 - 粗粉砂段的石英颗粒及其他矿物颗粒构成（图 3，a）。切片中存在大量包含铁结核、铁质胶膜和铁质准胶膜在内的铁质浸染土壤形成物（图 3，b、c），部分区域铁被还原。已有的研究表明，上述铁质土壤形成物可以提供沉积物处于饱水状态下的持续时间及所处深度等信息（Lindbo et al., 2010）。据此可推测这一阶段的壕沟经常处于饱和水环境下，堆积在水中的时间可能长达几天至数周（Richardson and Hole, 1979; Veneman et al. 1976），发现的数层河流相堆积暗示了多次饱和水环境的形成。基质中还存在大量从他处搬运来的非原生土壤团块（图 3，d），磨圆度较高、分选较好的特征表明其搬运距离较远，可能源自壕沟较远处经水流搬运来或是经地表径流冲刷进壕沟再由水搬运至此处。基质中除矿物、黏土和土壤团块外，包含物仅见少量软体动物壳（图3，e），没有发现与人类活动密切相关的人工制品、动植物遗存等证据。据上述结果我们可以推测，这一阶段的壕沟应是与周围自然河道相连的，沉积环境类似遗址周边的自然河道，以河流相堆积的不断加积为主要特征。在河水充沛的汛期，壕沟内水量、水位与河道相当；枯水期时则水量减小甚至断流，但后者持续的时间不会很长，因为不见有地表稳定时发生的土壤化现象。这一阶段切片中表现出的另一个特点是堆积的整体连续性较强，粒度结果也显示此时粒径组合的变化不明显，应可视为同一类成因的堆积。

第二阶段（对应样品S5、S7、S8、S10）是壕沟持续使用阶段。这一阶段切片中粒径总体上较前一阶段变细，黏土含量占比增大，基质分选程度一般。包含物中出现一些烧骨和少量的炭屑、炭化植物遗存。发现的烧骨在交叉偏振光下呈黄色，燃烧温度应可达300℃—400℃（Villagran et al., 2017）（图3，f），根据烧骨周围的基质并无明显燃烧痕迹以及在切片中的不规则分布及磨圆程度呈次棱角、棱角状判断，它们应不是原地燃烧的，可能是由附近沟口的地表径流冲刷下来的。发现的无定形炭屑和炭化植物遗存的分布形式与烧骨类似，来源与搬运方式应与烧骨一致，经历了从原始地点侵蚀—搬运—再堆积于壕沟中的过程。

此同时来自附近河道的软体动物壳呈减少趋势。以上证据表明，相比上一阶段，这一阶段的河流相堆积减少，而源自人类活动和地表径流的包含物开始增多，尽管总体而言还是以河流相堆积占多数。壕沟内的微环境也有了一定变化，如在切片中发现了较多因植物根系而形成的条状孔隙，部分孔隙内还有保存较好的植物茎秆等浸水植物遗存以及附着在淡水水生底栖植物上的硅藻（尤庆敏，2009）（图3，g），壕沟内已变得适宜部分植物的生长。

前一阶段中分选较好的土壤团块在这一阶段的较早期还曾大量出现，但之后的微地层中只发现了分选较差且非定向排列的次棱角状黏土团块和粉砂质土壤团块。其中条带状的黏粒聚合物（silty clay concentration feature）是在反复交替的氧化还原环境下土壤结构遭扰乱、破坏的产物，季节性的洪水、干湿交替的稻田都会生成这类土壤形成物（Lee et al., 2014）（图3，h），铁锰准胶膜的出现也表明这一阶段存在过因水位变化而导致的氧化还原反应（Kraus 1999）。这些土壤形成物的出现表明壕沟此时随着堆积越来越高，水位较之前相对变低，因此来自附近河道的水流覆盖沟内地表的频率渐低、时间渐少，堆积可能仅在部分时间浸泡在低水位的水中，壕沟内干湿交替变化较之前更加频繁。

在这一阶段较晚期，观察到了多次"沉积壳"类型的结皮（sedimentary crust），以交替出现的一层黏土、一层粉砂为特征，是细颗粒物质在地表侧向搬运的结果（Pagliai

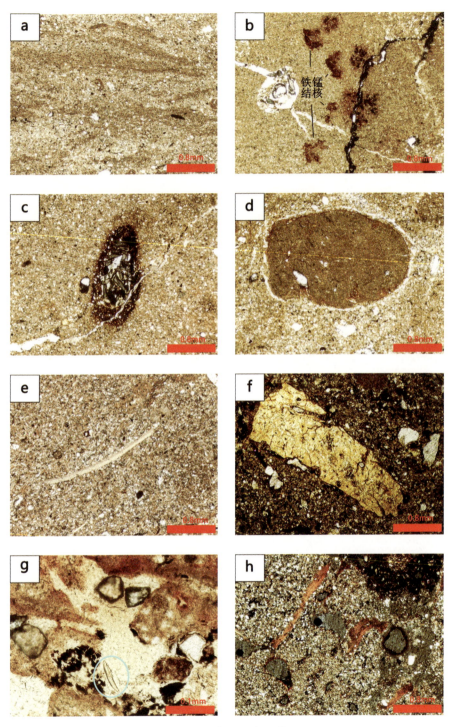

图 3　土壤微形态照片

（a）基质中的细颗粒与粗颗粒互层，PPL；（b）铁锰结核，该阶段样品中还发现大量类似的铁锰土壤形成物，PPL；（c）铁质胶膜，PPL；（d）壕沟内非原生的土壤团块，PPL；（e）软体动物壳，该类包含物在第一阶段中大量出现，PPL；（f）尺寸较大的动物骨骼，非原地燃烧，XPL；（g）S11 孔隙中保存较好的硅藻，PPL；（h）条带状黏粒聚合物，XPL

and Stoops, 2010），通常是在持续水涝的情况下出现地表短期干燥事件形成的（本书文章 12）。这类结皮集中出现在 S5 的微形态切片中，观察到多次交替的黏土与粉砂反映该类短期干燥事件曾于该阶段发生过多次，在这期间没有发现包括生物扰动等在内的成壤过程则说明，每一次的干燥事件都未持续很长时间即被新到来的堆积覆盖。同时我们还发现了较多黏粒胶膜和粉尘黏粒胶膜（dusty clay coating），表明沟内的地表出现了一定土壤化过程。粉尘黏粒胶膜的形成是由于土壤颗粒在地表裸露的情况下经地表径流或雨水冲刷导致部分颗粒崩解、分离从而下渗迁移至孔隙或土壤团块表面（Deak et al., 2017），这种胶膜的出现可能表明壕沟内地表状态并不稳定。

第三阶段（对应样品 S12、S14）是壕沟逐渐废弃阶段。切片中基质中的颗粒相对前一阶段变粗，各种与人类活动有关的木炭、炭化植物遗存、烧骨等包含物进一步增多（图 4，a-c），并构成了这一阶段堆积的主体，这些包含物可能是人类直接丢弃进壕沟或是扔在壕沟周围由地表径流冲刷下来的。切片中发现的植硅体呈铰链状分布，表明它们在堆积时或堆积后都极少受到扰动，一方面它们是人们将植物丢弃进壕沟中并在原地堆积的直接证据（Vrydaghs et al., 2017）（图 4，d）。其中有较多农作物稃壳植硅体，表明当时在壕沟附近可能存在人工脱壳行为。另一方面它们受极少扰动的分布形式暗示了这一阶段沟内更稳定的地表状况。

大量出现的黏粒胶膜、粉尘黏粒胶膜、生物扰动形成的填充物等土壤形成物，表明土壤化过程增强（Fedoroff et al., 2010）。而这几层土壤发育特征较明显的微地层间的边界却呈不规则状，有可能是清淤翻土遗留下的痕迹。有意思的是，与干湿变化相关的铁锰结核或浸染物在这一阶段中还存在但发现较少，植硅体结果却表明存在大量指示水环境的硅藻，这些观察到的现象与前文无水的结论矛盾，烧失量的结果表明这一阶段人类可能曾有过清理植被的行为，有可能是在该过程中将之前阶段的沉积物翻出导致的。

这一阶段河流相堆积进一步减少直至完全消失，整个沟内堆积可能在整体上已经高于汛期时的河道水位，河流已不能向壕沟持续输入堆积物。同时壕沟附近人类活动变得更加活跃，不光直接导致了人类行为包含物的增多，还加剧了壕沟口的地表侵蚀，从而使得地表径流或崩塌掉落的堆积相较之前阶段更多。

第四阶段（对应样品 S16—S19）是壕沟彻底废弃阶段。壕沟逐渐被各种来源的堆积填满（图 4，e-h），随着堆积的持续增加，与河道的相对高差逐渐加大，较长时间的干燥条件形成了多种形态的原生碳酸钙土壤形成物，种种证据显示这一阶段壕沟已纯粹是一条干沟，即使在汛期时水流也无法进入壕沟。在 G114 的顶部，微结构证据显示有人为踩踏压实的痕迹（Milek, 2012），壕沟最后可能是被有意填平的。

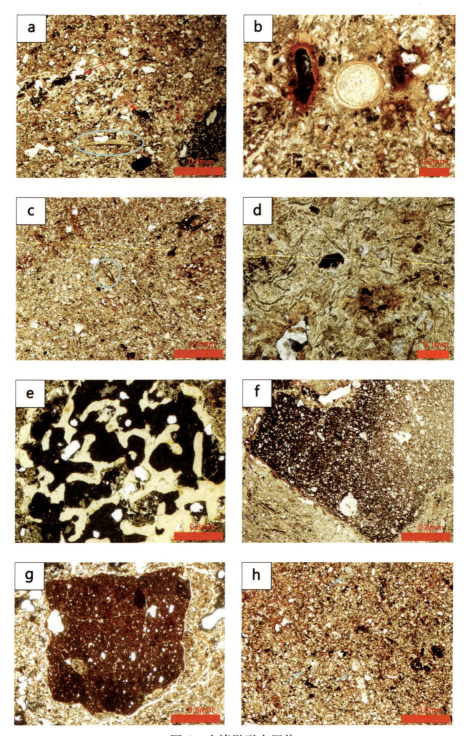

图 4 土壤微形态照片

（a）兽骨及炭化植物遗存，PPL；（b）圆形寄生虫，PPL；（c）植物茎秆，PPL；（d）清晰可见大量植硅体，这一阶段的包含物往往呈现聚集团簇状，PPL；（e）疑似人类粪便的磷化物，PPL；（f）夹砂陶片，PPL；（g）红烧土，PPL；（h）碳酸钙，PPL

（二）粒度结果

粒度分析的结果表明（图5）[1]，壕沟堆积的粒径组合百分比变化有较大的差异，从早到晚大致经历了颗粒由粗到细再到粗的过程，反映了壕沟内水动力和沉积状态的变化。结合上文微形态的观察结果，可推测壕沟内的沉积营力在壕沟修建初期是周边河道的季节性河流，随着壕沟堆积的升高，河流的影响变弱，地表径流和人类活动对壕沟堆积施加的影响越来越强。

壕沟内粒度以粉砂为主，约占总含量的60%—90%，其次为黏土，约占15%—30%，砂含量低于12%。平均粒径介于5—7Φ之间。分阶段来看，以S1—S4为代表的壕沟下部堆积以较粗的中粉砂-粗粉砂段粒径为主，部分样品如S4还存在一定数量的细砂和中砂等较大颗粒，反映了壕沟修建后附近自然河道是壕沟堆积的主要贡献者。S5—S12的样品中较粗组分的粒径占比降低，黏土比例上升，与微形态观察到的这一时期人类活动带来的包含物逐渐增多相符。S10、S11黏土含量下降，似乎从粒度分析图上来看与壕沟下部类似，但经微形态观察的检验，原因可能还是因为壕沟附近人类活动的加强所致，一是人们可能把垃圾直接扔进壕沟，二是因人类对壕沟上部地表造成的植被清理等行为加速了地表侵蚀。

（三）烧失量结果

烧失量反映的有机质、碳酸盐的数据提供了有关壕沟内植被情况与土壤化程度的信息（图5）。

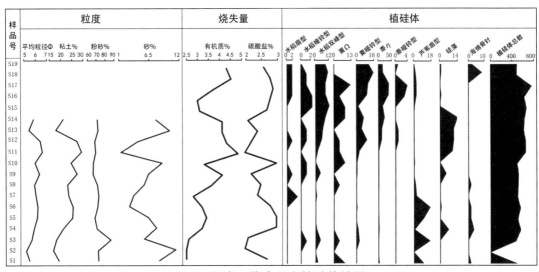

图5　粒度、烧失量和植硅体结果

---

[1]　在19个样品中，由于壕沟堆积的上部明显是人类活动影响，粒度分析结果意义不明确，本文只分析了S1—S14共计14个粒度样品。

壕沟内堆积的有机质含量从早到晚出现了多次波动，最底部的样品 S1 达 2.5%，最高 S11 出现了最高值 4.8%。有机质的主要来源是动植物残体，含量的高低与其来源相关（吕贻忠、李保国，2006）。构成壕沟底部 S2 等样品的堆积主要来自周边河道，因此它反映的是遗址周边流域的有机质含量。通常河流中的有机质来源于地表土壤的侵蚀和水土流失过程，由掉落水中的植物和碎屑组成，壕沟底部堆积较低的有机质含量应与周边流域整体的低有机质含量有关，这一阶段较快的水速也不利于有机质的累积。

有机质含量分别在 S3—S5、S7—S9、S10—S11、S16—S18 呈增长趋势，不同因素造成了有机质含量的变化。S3—S5、S7—S9 应是因为壕沟水速较缓或水流较少，沟内植被有了能稳定生长的条件，而来自地表或沟内的动植物残体也不会因过快的水速被搬运至其他地点。S10—S11、S16—S18 的高值则应是来自于人类倾倒的垃圾。有机质含量下降的时期也有可能与清淤造成的植被清理有关。

碳酸盐含量也经历了多次升降，数值在总体上处于 2%—3% 的区间内。从微形态切片中发现的各样品中含碳酸盐的各类包含物和土壤形成物来看，壕沟底部的碳酸盐值主要是由软体动物壳和蜗牛壳贡献的，由于该阶段河流相堆积沉积的连续性强，堆积不时被新的沉积物覆盖导致土壤化程度并不高，既没有原地形成的碳酸钙，也不见有来自区域内他处生成搬运来的次生碳酸钙，所以碳酸盐含量较低，在软体动物壳和蜗牛壳较少时就呈下降趋势。而壕沟自样品 S10 以后，壕沟内较为稳定的沉积环境为土壤发育提供了条件，顶部堆积含有多种类型的碳酸盐土壤形成物，碳酸盐值逐渐稳步升高，反映了壕沟内地表稳定条件的土壤化过程日益加深。

（四）植硅体结果

壕沟各样品中除 S2 外都发现有植硅体，并伴有炭屑。总体上壕沟底部植硅体较少，越到晚期发现的植硅体越多（图 5）。共鉴定出植硅体类型 26 个，分别是水稻扇型、水稻哑铃型、水稻双峰型、粟稃壳 Ω 型、粟哑铃型、黍稃壳 η 型、黍哑铃型、芦苇扇型、竹亚科突起扇型、早熟禾亚科、齿型、尖型、方型、长方型、成组方型或长方型、扇型、哑铃型、十字型、多铃型、平滑棒型、刺棒型、导管型、鞍型、帽型、莎草科和海绵骨针。

壕沟内农作物植硅体占整个植硅体的比例属较低水平，S1—S11 农作物植硅体的数量稀少，水稻、粟、黍植硅体百分比的差距并不明显。S12—S15 农作物植硅体比例有所上升，其中黍占据较优势的地位，水稻和粟数量相当。黍壳 η、粟哑铃型、水稻双峰型等比例都有所上升。S16—S19 农作物植硅体数量最多，其中黍比例最高，多数植硅体形态较大，有较多气孔组织、保存较好的黍壳。

芦苇扇型植硅体、硅藻、海绵骨针三者可用来指示水环境（介冬梅等，2013）。

总体上 S1—S6 指示水环境植硅体的总量最多，其中主要是芦苇扇型，随后呈逐步下降的趋势。在样品 S11—S14 中发现的硅藻较多，基本不见芦苇扇型植硅体和海绵骨针。

五　相关问题讨论

（一）壕沟的功能与性质

聚落是人类活动的产物，聚落何以出现在这样的一个位置，从根本上和现象上都只能说与人的选择有关（王辉，2017）。丁公龙山时期聚落选址于山前冲积平原的前缘地带，海拔相对较低，聚落附近存在一定范围的水域。壕沟底部的河流相堆积说明人们是有意开挖壕沟并将水引入聚落的。据已有的实验考古研究，修建城壕需要使用较多的人力物力（北京大学考古文博学院等，2007），城墙与壕沟的修建必然是深思熟虑的结果。因此从遗址的位置选择还是壕沟修建的最初目的来看，丁公遗址壕沟的修建与水有很强的关联性。

关于壕沟与水之间的关系，一些学者认为史前时期的部分壕沟具有防洪泄水的功能。从丁公遗址壕沟的各项证据来看，我们认为丁公遗址壕沟修建的主要目的可能并不是防洪，一是壕沟在修建后引入了周边河道中的水，如果壕沟的主要功能是防洪，就无法解释为何在需要防洪的同时反而在短时间内引入大量水以增加产生洪涝的可能性。二是应对洪水的最佳措施是远离主要河道，且由于这一时期气候较为温暖干燥，即使是海拔更高且处于黄土台地上的城子崖遗址，也有稳定的水源，不必为了洪水的风险接近河道。

因此我们更倾向于认为，修建 G114 最初的目的应是对水资源的管理与调配。Scarborough 和 Gallopin（1991）曾将遗址内的水资源管理定义为人们有意中断或改变自然河流的流向以达到收集水源的目的。G114 既有人们主动将水资源纳入城址日常生产生活的功能，同时也能承担防洪的作用。从农业生产的角度看，只有通过对水的控制，才有可能发展出较大规模的强化农业（埃尔曼塞维、斯龚辛等，2019），遗址内以水稻为代表的稻作农业占相当比重（吴文婉等，2018），但 G114 是否与农业生产尤其稻作生产相关目前仍未有明确证据。

丁公遗址内与水资源管理相关的遗迹还有龙山文化时期的水井，与遗址北部龙山晚期外城墙中部的一座连接外圈城墙与外圈壕沟的排水设施（栾丰实等，1993）。在遗址内外是否有龙山早期与水资源管理相关的设施存在，仍需进一步的相关工作。

（二）壕沟的淤塞和维护

在壕沟修建后的使用阶段，由于壕沟与河道连通且由于壕沟的形状（有弯曲）和走向在一定程度上也利于堆积，沟内堆积在没有淤塞到比河道水位还高的情况下，河流相堆积会源源不断进入壕沟，如果不进行清淤壕沟就会在自然状态下淤塞。另一方面，人类活动越来越贴近壕沟，导致沟口地表的侵蚀加剧，沟内的堆积速率越来越快，壕沟处于干燥情况下的时间增多。若如此，则壕沟的水资源管理作用会在一定程度上被削弱，如果想要维持壕沟水资源管理的功能，就必须频繁清淤。

城子崖遗址岳石壕沟在使用过程中有大量人类清淤的证据，其修建—使用—废弃的时间大概持续了 300 年（本书文章 15）。同时，在城子崖（孙波等，2014）、桐林（北京大学考古文博学院，2004）、新砦（中国社会科学院考古研究所河南新砦队等，2009）等遗址及丁公外圈城壕等均发现有将壕沟中淤泥挖出以加固城墙并形成所谓城墙外侧护坡的情况，也可视作清淤活动的一种。丁公遗址 G114 的使用时间大致是考古学分期意义上的一期时间，即 100 多年（栾丰实，2006，1994，2017），与丁公遗址外圈壕沟从龙山晚期使用到岳石早期相比，使用时间较短，也可能说明当时这条壕沟所面临的淤塞问题相当严峻，所以并没有使用多长时间就在自然淤塞与人为填埋下被废弃了。

（三）壕沟的废弃

壕沟在样品 S11 后，植硅体数量增多，烧失量反映的土壤化程度加剧，微形态观察中发现了大量与人类活动有关的包含物，壕沟因未及时清淤而逐渐淤塞填满。在龙山早期壕沟废弃后，在其外围又筑起了一圈更大的龙山晚期城壕。

关于壕沟废弃的原因，一方面可能是因为聚落内人口的增加导致的聚落规模的随之扩大。范围的不断扩大是海岱龙山文化城址的普遍特征（赵辉、魏峻，2002），海岱地区的桐林、边线王、丹土、两城镇、尧王城、藤花落等两重或两重以上的城址均存在内圈城址较小而外圈城址较大且内外城建造时间前后相继的特点（王芬，2017）。微形态观察到的壕沟附近人类活动的加剧可能就与人口增加导致的聚落内部空间向外扩张有关。另一方面可能是由于原来的水资源管理机制已不适应当时聚落的发展，人们故意没有频繁清淤以及疏于对 G114 的维护管理可能暗示了他们对这一区域土地利用的转变，壕沟不再发挥其原有功能，从而促使他们不再使用原有的已建好的壕沟，反而在外围不远处兴建新的城壕体系。

六　结论

通过对丁公遗址壕沟堆积的分析，我们发现壕沟早期阶段应与自然河道相连，结合遗址所在区域的环境背景，G114 在修建初期所起到的作用应是给水排水在内的水资源管理功能。而随着聚落范围的扩大，原有的城墙、壕沟体系不再适用，G114逐渐淤积直至被各类来源的堆积所填满，并且在外围兴建更大的城墙与壕沟。最后需要说明的是，堆积并不是同时均匀形成的，不同位置壕沟的堆积可能存在明显的差异（如壕沟与河道连接处的堆积与离河道较远的壕沟堆积），且我们对遗址周边环境尤其古河道的重建仍缺少直接证据，未来还有待进一步工作的展开。

本研究为国家社科基金重大项目（12&ZD194）和国家自然科学基金（41771230）资助项目。

参考文献

〔美〕埃尔曼塞维斯著，龚辛、郭璐莎、陈力子译，陈淳审校，2019，国家与文明的起源——文化演进的过程，上海古籍出版社，上海。

安徽省文物考古研究所，2006a，凌家滩——田野考古发掘报告之一，文物出版社，北京。

安徽省文物考古研究所，2006b，凌家滩文化研究，文物出版社，北京。

安徽省文物考古研究所，2008，安徽含山县凌家滩遗址第五次发掘的新发现，考古（3）：7-17。

安芷生、吴锡浩、卢演俦、张德二、孙湘君、董光荣、王苏民，1991，最近18000年中国古环境变迁，自然科学进展（2）：153-159。

北京大学考古学系、驻马店市文物保护管理所，1998，驻马店杨庄——中全新世淮河上游的文化遗存与环境信息，科学出版社，北京。

北京大学考古文博学院，2004，2003年度山东临淄桐林遗址的调查发掘，古代文明研究通讯（20）：1-5。

北京大学考古文博学院、河南省文物考古研究所，2007，登封王城岗考古发现与研究（2002—2005），大象出版社，北京：657-663。

北京大学考古系碳十四实验室，1996，碳十四年代测定报告（一○），文物（6）：91-95。

北京大学中国考古学研究中心，2011，田螺山遗址自然遗存综合研究，文物出版社，北京。

Bogaard, A.、J. Hodgson、E. Nitsch 等著，郭荣臻、靳桂云、陈松涛译，董豫校，2017，基于杂草功能生态学和农作物稳定同位素的栽培强度辨识：法国上普罗旺斯和西班牙阿斯图里亚斯谷物生产制度的比较，见山东大学遗产研究院编，东方考古（第14集），科学出版社，北京：158-183。

曹升赓、金光，1982，水稻土肥力特性的微形态诊断，土壤学报（4）：383-395。

查理思，2017，仰韶遗址土壤的特征和功能及古环境演变，中国地质大学（北京）博士学位论文：27-177。

查理思、吴克宁、庄大昌等，2020，河南仰韶村遗址不同功能区土壤特征研究，土壤学报57（2）：500-507。

查小春、黄春长、庞奖励，2005，关中东部缓坡地面全新世土壤侵蚀与沉积发展演变规律研究，生态环境（1）：52-56。

查晓英，2006，地质学与现代考古学知识在中国的传播，历史研究（4）：90-94。

陈报章、张居中、吕厚远，1995，河南贾湖新石器时代遗址水稻硅酸体的发现及意义，科学通报（4）：339-342。

陈胜前，2021，建设新时代中国考古学理论体系，社会科学文摘（12）：49-51。

陈星灿，1991，新考古学述略，中国文物报1月4日。

陈星灿，1997，中国史前考古学史研究（1895—1949），生活·读书·新知三联书店，北京：42-52。

陈星灿，2002，灰坑的民族考古学观察——石璋如《晋绥纪行》的再发现，中国文物报3月1日第7版。

陈雪香，2012，岳石文化农业初探，山东大学东方考古研究中心编，东方考古（第9集）：595-608，及其中的参考文献。

程鹏、朱诚，1999，试论良渚文化中断的成因及其去向，东南文化（4）：14-21。

仇士华、蔡莲珍，2001，夏商周断代工程中的碳十四年代框架，考古（1）：90-100。

Crawford,G.W.、陈雪香等，2006，山东济南长清区月庄遗址发现后李文化时期的炭化稻，东方考古（第3集），科学出版社，北京：247-251。

崔格尔著，陈淳译，2010，考古学思想史（第2版），中国人民大学出版社，北京：293-334。

德日进、杨钟健，安阳殷墟之哺乳动物群，中国古生物志，丙种第12号。

邓振华、高玉，2012，河南邓州八里岗遗址出土植物遗存分析，南方文物（1）：156-163。

丁仲礼，2013，固体地球科学研究方法，科学出版社，北京。

丁颖，1959，江汉平原新石器时代红烧土中的稻谷壳考察，考古学报（4）：31-34。

董广辉、夏正楷、刘德成，2005，青海喇家遗址内外的土壤微形态初步分析，水土保持研究12（4）：5-7。

Е.И.帕尔费诺娃，Е.А.亚里洛娃著，曹升庚译，1987，土壤微形态研究指南，中国农业出版社，北京。

方辉，1987，二里头文化与岳石文化，中原文物（1）：56-64。

方辉，2003，岳石文化衰落原因蠡测，文史哲（3）：139-143。

方金琪等，1990，气候变化对中国西北干旱地区历史时期古城废弃的影响，南京大学学报（自然科学版）（11）：2-10。

傅斯年，1996，历史语言研究所工作之旨趣，见：刘梦溪主编，中国现代学术经典·傅斯年卷，河北教育出版社，石家庄：340、350。

傅斯年等，1934，城子崖——山东历城县龙山镇之黑陶文化遗址，国立中央研究院历史语言研究所，南京。

付永旭，2014，略论"灰坑"的定名，华夏考古（2）：126-132。

巩启明、王社江，1991，姜寨遗址早期生态环境的研究，环境考古研究（第一辑），科学出版社，北京。

龚子同、陈志城，1999，中国土壤系统分类，科学出版社，北京：106。

顾海滨，1994，澧阳平原四个新石器时代遗址水稻硅酸体的初步研究，湖南考古辑刊（6）：125-135。

顾海滨，1996，湖南澧县城头山遗址出土的新石器时代水稻及其类型，考古（8）：81-89。

郭伟民，2007，城头山城墙、壕沟的营造及其所反映的聚落变迁，南方文物（2）：70-82。

郭永盛，1990，历史上山东湖泊的变迁，海洋湖沼通报（3）：15-22。

郭媛媛、莫多闻、毛龙江、王守功、李水城，2013，山东北部地区聚落遗址时空分布与环境演变的关系，地理学报68（4）：559-570。

郭正堂、Fedoroff N.、刘东生，1996，130ka来黄土-古土壤序列的典型微形态特征与古气候事件，中国科学（D辑）26（5）：392-398。

国家文物局考古领队培训班，1999，郑州西山仰韶时代城址的发掘，文物（7）：4-15。

贺可洋、吕厚远、孙国平、姬翔、王永磊、闫凯凯、左昕昕、张健平、刘斌、王宁远，2021，长江三角洲良渚文化衰亡的多指标环境证据，中国科学：地球科学，51(7)：1107-1122, doi: 10.1360/SSTe-2020-0327。

贺秀斌、冯桓、冯兆东，2005，土壤显微结构的 X 光同步加速器计算机三维图像透视技术，土壤学报 42（2）：328-330。

何毓蓉、张丹，2015，土壤微形态研究理论与实践，地质出版社，北京。

胡春宏、陈建国、郭庆超，2008，黄河水沙过程调控与下游河道中水河槽塑造，天津大学学报（9）：1035-1040。

胡金明、崔海亭、李宜垠，2002，西辽河流域全新世以来人地系统演变历史的重建，地理科学 22（5）：535-542。

黄昌勇、徐建明，2014，土壤学，中国农业出版社，北京：58，91-97。

黄瑞采，1990，土壤微形态学，高等教育出版社，上海。

贾兰坡、张振标，1977，河南淅川下王岗遗址中的动物群，文物（6）：41-49。

姜钦华、宋豫秦、李亚东，1996，河南驻马店市杨庄龙山文化遗址的植硅石分析，考古（4）：87-90。

姜钰、吴克宁、查理思、鞠兵、王文静、冯力威、陈壮，2016，土壤微形态分析在考古应用方面的研究进展，土壤通报 47（4）：1007-1015。

姜钰，2016，仰韶文化遗址区古土壤微形态特征研究，中国地质大学（北京）硕士学位论文，35-48。

介东梅、王江永、栗娜、王芳、王娜，2013，东北地区不同湿度梯度条件下芦苇植硅体形态组合特征，吉林农业大学学报（3）：295-302。

靳桂云，2004，燕山南北长城地带中全新世气候环境的演化及影响，考古学报（4）：485-505。

靳桂云，1998，植物硅酸体研究在考古学中应用的回顾与展望，山东大学历史学考古专业系编，纪念刘敦愿先生考古学术论文集，山东大学出版社，济南：534-546。

靳桂云，2000，前埠下遗址植物硅酸体分析报告，山东省文物考古研究所编，山东省高速公路考古报告集（1997），科学出版社，北京：106-108。

靳桂云、刘延常、栾丰实等，2005，山东丹土和两城镇龙山文化遗址水稻植硅体定量研究，山东大学东方考古研究中心编：东方考古（第 2 集），科学出版社，北京：280-290。

靳桂云、方燕明、王春燕，2007，河南登封王城岗遗址土壤样品的植硅体分析，中原文物（2）：93-100。

靳桂云、王育茜、吴文婉、王海玉，2013，山东即墨北阡遗址（2007）炭化种子果实遗存研究，见山东大学东方考古研究中心编，东方考古（第 10 集），科学出版社，北京：239-254。

景爱，1994，沙漠考古所见——古居延泽的变迁，中国文物报 9 月 4 日第 3 版。

荆志淳、George (Rip) Papp, Jr、高天麟，1997，河南商丘全新世地貌演变及其对史前和早期历史考古遗址的影响，考古（5）：68-84。

柯曼红、孙建中，1990，西安半坡遗址的古植被与气候，考古（1）：87-90。

孔庆生，2000，前埠下新石器时代遗址中的动物遗骸，山东省文物考古研究所编，山东省高速公路考古报告集（1997），科学出版社，北京：103-105。

李超荣、冯兴无、郁金城等，2004，王府井东方广场遗址骨制品研究，人类学学报（1）：13-33。

李超荣、郁金城、冯兴无，2000，北京市王府井东方广场旧石器时代遗址发掘简报，考古（9）：1-8。

李德成、Velde B.、张桃林，2003，利用土壤切片的数字图像定量评价土壤孔隙变异度和复杂度，土壤学报 40（5）：678-682。

李德成、张桃林、Velde B.，2002，CT 分析技术在土壤科学研究中的应用，土壤 34（6）：328-332。

李非、李水城、水涛，1993，葫芦河流域的古文化与古环境，考古（9）：822-842。

李海群，2017，土壤微形态分析在环境考古中的应用研究，北方民族考古（第 4 辑），科学出版社，北京：第 143-149。

李浩、李超荣、Kuman L.，2016，丹江口库区果茶场 II 旧石器遗址形成过程研究，江汉考古（1）：42-50。

李华章，1994，北京地区第四纪古地理研究，地质出版社，北京：31-32。

李梦琦、何兴东、杨祥祥等，2018，半干旱区两种草原类型植物体内草酸钙研究，草地学报 26（6）：1421-1427。

李明霖、莫多闻、孙国平、周昆叔、毛龙江，2009，浙江田螺山遗址古盐度及其环境背景同河姆渡文化演化的关系，地理学报 64（7）：807-816。

李仁成、樊俊、高崇辉，2013，植硅体现代过程研究进展，地球科学进展 28（12）：1287-1295。

李新伟，1999，Context 方法浅谈，东南文化（1）：64-67。

李秀丽、张文君、鲁剑巍等，2012，植物体内草酸钙的生物矿化，科学通报 26: 2443-2455。

李有恒、韩德芬，1959，陕西西安半坡新石器时代遗址中之兽类骨骼，古脊椎动物与古人类 1（4）：173-186。

梁承弘、鹿化煜，2021，风成沉积物叶蜡氢同位素在揭示东亚季风区干湿变化中的原理及应用，地球科学进展 36（1）：45-57。

梁启超，1999，新史学，见：张品星主编，梁启超全集第 2 册，北京出版社，北京：741。

梁中合、张东、刘红军，2015，山东日照市尧王城遗址 2012 年的调查与发掘，考古（09）：7-24。

刘斌，2007，神巫的世界，浙江摄影出版社，杭州。

刘苍字、董永发，1990，杭州湾的沉积结构与沉积环境分析，海洋地质与第四纪地质（4）：53-65。

刘东生，1985，黄土与环境，科学出版社，北京。

刘东生，1999，黄土石器工业，见：徐钦琦等主编，庆贺贾兰坡院士 90 华诞国际学术讨论会文集——史前考古学新进展，科学出版社，北京：289-298。

刘东生，2006，走向"地球系统"的科学：地球系统科学的学科雏形及我们的机遇，中国科学基金（5）：266-271。

刘海旺，2017，三杨庄汉代聚落遗址考古新进展与新思考，中国史研究动态 (3): 35-39。

刘建国，2008，考古测绘、遥感与 GIS，北京大学出版社，北京。

刘乐军、李培英、王永吉，2000，鲁中黄土粒度特征及其成因探讨，海洋地质与第四纪地质（1）：81-86。

刘利丹，2017，东北地区典型土壤植硅体的迁移、保存规律及其古环境应用，东北师范大学博士学位论文：137。

刘岩，2020，西方考古学的关键概念：context 的含义分析，东南文化（1）：19-29。

〔英〕Lowe J.J.，〔英〕Walker M.J.C. 著，沈吉、于革、吴徵禄等译，2010，第四纪环境演变，科学出版社，北京。

路国权、王芬、唐仲明、宋艳波、田继宝，2018，济南市章丘区焦家新石器时代遗址，考古（7）：28-43+2。

栾丰实，1994，丁公龙山城址和龙山文字的发现及其意义，文史哲（3）：85-89。

栾丰实，1997a，海岱地区考古研究，山东大学出版社，济南。

栾丰实，1997b，邹平县丁公大汶口文化至汉代遗址，中国考古学年鉴·1994，文物出版社，北京。

栾丰实，2006，关于海岱地区史前城址的几个问题，山东大学东方考古研究中心编，东方考古（第3集），科学出版社，北京：67-78。

栾丰实，2015，中国考古学简史，栾丰实主编，考古学概论，高等教育出版社，北京：54-78。

栾丰实，2016a，试析海岱龙山文化东、西部遗址分布的区域差异，山东省文物考古研究所编，海岱考古（第九辑），科学出版社，北京：401-411。

栾丰实，2016b，丁公龙山、岳石文化古城，王永波、王传昌编著：山东古城古国考略，文物出版社，北京：103。

栾丰实，2016c，海岱地区史前聚落结构的演变，山东大学东方考古研究中心编，东方考古（13），科学出版社，北京：16-27。

栾丰实，2017，黄河下游地区龙山文化城址的发现与早期国家的产生，栾丰实考古文集（二），文物出版社，北京：699-703。

栾丰实、方辉、许宏等，1993，山东邹平丁公遗址第四、五次发掘简报，考古（4）：295-299。

栾丰实、许宏、方辉、杨爱国，1992，山东邹平丁公遗址第二、三次发掘简报，考古（2）：496-504。

洛阳市文物工作队，2002，洛阳皂角树——1992—1993年洛阳皂角树二里头文化聚落遗址发掘报告，科学出版社，北京。

吕厚远，2013，古植被和古生态复原方法，丁仲礼主编，固体地球科学研究方法，科学出版社，北京：121-142。

吕厚远，2018，中国史前农业演化研究新方法与新进展，中国科学：地球科学，48（2）：181-199。

吕厚远、韩家懋、吴乃琴、郭正堂，1994，中国现代土壤磁化率分析及其古气候意义，中国科学（B辑）24: 1290-1297。

吕厚远、吴乃琴、王永吉，1996，水稻扇形硅酸体的鉴定及在考古学中的应用，考古（4）82-86。

吕贻忠、李保国，2006，土壤学，中国农业出版社，北京。

马良民、蔡凤书，1989，山东邹平丁公遗址试掘简报，考古（5）：391-398。

马志坤、刘舒、任萌、郇秀佳、习通源、王建新、马健，2021，新疆东天山地区巴里坤石人子沟遗址储粮坑分析，第四纪研究（1）：214-223。

麦德森、埃尔斯顿、白金格等，1995，华北中部旧石器晚期至新石器早期聚落形态的变化，考古（11）：1013-1027。

迈克尔·希弗著，陈淳译，2015，关于遗址形成过程研究，南方文物（2）：181-192。

莫多闻、李非、李水城等，1996，甘肃葫芦河流域中全新世环境演化及其对人类活动的影响，地理学报 51（1）：59-69。

莫多闻、王辉，2021，环境考古学的发展历程，王巍主编，中国考古学百年史（1921—2021），中国社会科学出版社，北京：1125-1214。

莫多闻、杨晓燕、王辉、李水城、郭大顺、朱达，2002，红山文化牛河梁遗址形成的环境背景与人地关系，第四纪研究 22（2）：174-181。

内蒙古文物考古研究所编，1991，内蒙古中南部原始文化研究文集，海洋出版社，北京。

Paepe, D.，韩家懋译，1992，地质考古学，第四纪研究 12（2）：190-191。

庞奖励、黄春长、查小春等，2008，关中地区塿土诊断层的形成过程及意义探讨，中国农业科学（4）：1064-1072。

庞奖励、黄春长、张旭，2006，关中地区古耕作土壤和现代耕作土壤微形态特征及意义，中国农业科学 39（7）：1395-1402。

庞奖励、张卫青、黄春长等，2009，关中地区不同耕作历史土壤的微形态特征及对比研究，土壤通报 40（3）：476-481。

秦建明，1990，专家呼吁重视环境考古学研究，中国文物报 11 月 20 日。

秦岭，2012，中国农业起源的植物考古研究与展望，考古学研究（九）：庆祝严文明先生八十寿辰论文集，文物出版社，北京：260-315。

秦岭、傅稻镰、张海，2010 年，早期农业聚落的野生食物资源域研究——以长江下游和中原地区为例，第四纪研究（30）：245-261。

秦颖、冯敏，2001，地质与考古，安徽地质 11（1）：74-77。

曲彤丽，2011，土壤微形态分析在史前考古中的应用与意义，中国文物报 12 月 23 日第 6 版。

饶小艳，2012，邹平丁公遗址龙山文化时期动物遗存研究，山东大学硕士学位论文。

饶宗岳、郭珊瑞、靳桂云，2019，海岱地区年代学新成果的思考与启示，山东大学文化遗产研究院编，东方考古（第 15 集），科学出版社：北京：113-131。

任明达、王乃樑，1981，现代沉积环境概论，科学出版社，北京：8-9。

山东大学东方考古研究中心、山东省文物考古研究所、济南市考古研究所，2005，山东济南长清区月庄遗址 2003 年发掘报告，东方考古（第 2 集），科学出版社，北京：365-456。

山东大学考古与博物馆学系、济南市章丘区城子崖遗址博物馆，2019，济南市章丘区焦家遗址 2016—2017 年聚落调查与发掘简报，考古（12）：3-19。

山东省地方史志编纂委员会，1996，山东省志（自然地理志），山东人民出版社，济南：117。

山东省地震局、北京地质学院，1961，山东省地质图：济南卷，未发表数据。

山东省文物管理处、济南市博物馆，1974，大汶口——新石器时代墓葬发掘报告，文物出版社，北京。

山东省文物考古研究所，1997，大汶口续集——大汶口遗址第二、三次发掘报告，科学出版社，北京。

山东省文物考古研究所，2015，山东泰安市大汶口遗址 2012—2013 年发掘简报，考古（10）：7-24。

山东省文物考古研究所、章丘市博物馆，2003，山东章丘小荆山遗址后李文化环壕聚落调查报告，华夏考古（3）：3-11。

山东省文物考古研究院、北京大学考古文博学院，2019，济南市章丘区城子崖遗址 2013—2015 年发掘简报，考古（4）：3-24。

陕西省考古研究院、中美国际田野考古学校、西北大学文化遗产学院，2018，陕西高陵杨官寨遗址 H85 发掘报告，考古与文物（6）：3-19。

申朝瑞、庞奖励，2005，土壤微形态学研究进展及前瞻，固原师专学报（6）：34-40。

申朝瑞、庞奖励、黄春长，2007，泾河中游古耕作土壤的微形态特征研究，中国沙漠 27（2）：273-277。

沈阳市文物考古研究所，2013，沈阳市千松园遗址 2010 年发掘简报，考古（9）：3-22。

史辰羲、莫多闻、李春海、刘斌、毛龙江、李明霖，2011，浙江良渚遗址群环境演变与人类活动的关系，地学前缘 18（3）：347-356。

施雅风、孔昭宸等，1992，中国全新世大暖期的气候波动与重要事件，中国科学（B 辑）（12）：1300-1308。

石兴邦，1991，论古文化与古环境研究，环境考古研究（第一辑），科学出版社，北京。

宋菲，2004，扫描电子显微镜及能谱分析技术在黄土微结构研究上的应用，沈阳农业大学学报 35（3）：216-219。

苏秉琦，1991，走向世界，面对未来，中国文物报 1 月 6 日。

苏秉琦，1997，关于学科建设的思考，辽海文物学刊（2）：20-26。

孙波，2005，后李文化聚落的初步分析，山东大学东方考古研究中心编，东方考古（第 2 集），科学出版社，北京：104-118。

孙波，2012，桐林遗址龙山文化时期聚落与社会之观察，山东大学东方考古研究中心编，东方考古（第 9 集），科学出版社，北京：138-157。

孙波，2020，聚落考古与龙山文化社会形态，中国社会科学（2）：179-203。

孙波等，2014，城子崖遗址考古在中华文明探源工程中的最新进展，中国文物报 6 月 20 日。

孙建中、李虎侯，1989，马兰黄土沉积速率及其地质意义，沉积学报 7（1）：109-116。

孙庆伟，2020，淹没的班村与淡忘的俞伟超，江汉考古（2）：116-123。

唐克丽，1981，武功黄土沉积中埋藏古土壤的微形态及其发生学，科学通报（3）：177-179。

汪遵国，1998，良渚玉器综合研究。见：邓聪编，东亚古玉（全三册）。香港中文大学中国考古艺术中心，香港：251-264。

王灿、吕厚远，2012，水稻扇型植硅体研究进展及相关问题，第四纪研究（2）：269-281。

王芬，2017，藤花落龙山文化城址试析，江汉考古（5）：52-60。

王富葆、曹琼英、韩辉友、李民昌、谷建祥，1996，太湖流域良渚文化时期的自然环境，徐湖平主编，东方文明之光——良渚文化发现 60 周年纪念文集，海南国际新闻出版中心，海口：300-305。

王海峰、杨剑萍、庞笑林等，2016，鲁北平原晚第四纪地层结构及沉积演化，沉积学报 34（1）：90-101。

王海玉、刘延常、靳桂云，2011，山东省临沭县东盘遗址 2009 年度炭化植物遗存分析，山东大学东方考古中心编，东方考古（第 8 集），科学出版社，北京：357-372。

王海玉，2012，北阡遗址史前生业经济的植物考古学研究，山东大学硕士学位论文。

王海玉、靳桂云，2013，山东即墨北阡遗址(2009)炭化种子果实遗存研究，见山东大学东方考古中心编，东方考古（第 10 集），科学出版社，北京：255-279。

王辉，2017，试论遗址地貌的后生变化，南方文物（3）：45-72。

王建华、周洋、郑卓、邱元僖、张珂、邓韫、梁致荣，2006，杭州湾晚第四纪沉积与古环境演变，古地理学报 8: 551-558。

王开发、张玉兰、封卫青，1996，上海地区全新世植被、环境演替与古人类活动的关系探讨，海洋地质与第四纪地质 16（1）：1-4。

王明达、汪遵国、邓聪，1998，东亚玉器，香港中文大学中国考古艺术研究中心，265-270，251-264。

王明轲、张永森、王培泉、宋文平、李澄泉等，1994，中国农业全书·山东卷编辑委员会，中国农业全书·山东卷，中国农业出版社，北京：578。

王宁远，2007，遥远的村居：良渚文化的聚落和居住形态，浙江摄影出版社，杭州。

王青、朱继平，2006，山东北部全新世的人地关系演变：以海岸变迁和海盐生产为例，第四纪研究 26（4）：589-596。

王绍武，2011，全新世气候变化，气象出版社，北京：17。

王守功、李繁玲、胡长春等，2000，山东潍坊前埠下遗址发掘报告，山东省高速公路考古报告集（1997），科学出版社，北京：1-108。

王守功、宁荫堂，2003，山东章丘市小荆山后李文化环壕聚落勘探报告，华夏考古（3）：3-11。

王淑云、莫多闻、孙国平、史辰羲、李明霖、郑云飞、毛龙江，2010，浙江余姚田螺山遗址古人类活动的环境背景分析——植硅体、硅藻等化石证据，第四纪研究 30（2）：326-33

王旭龙、卢演俦、李晓妮，2005，细颗粒石英光释光测年：简单多片再生法，地震地质（04）：615-623。

王仰之，1995，中国地质调查所新生代研究室简史，地质学史论丛（3）：91-98。

王永吉、吕厚远，1993，植硅体研究及应用，海洋出版社，北京：70-77。

王育茜，2011，山东省即墨北阡遗址木炭遗存的初步分，山东大学硕士学位论文。

王增林，1995，植物硅酸体分析在安徽蒙城尉迟寺遗址中的应用，考古（1）：88-90。

王增林，1997，植物硅酸体研究及其在史前农业研究中的利用，中国社会科学院编著：考古求知集，中国社会科学出版社，北京：478-485。

卫奇，1994，泥河湾盆地半山早更新世旧石器遗址初探，人类学学报 13（3）：223-238。

卫奇，1997，泥河湾盆地考古地质学框架，见童永生、张银运、吴文裕等编，演化的实证——纪念杨钟健教授百年诞辰论文集，海洋出版社，北京：193-207。

温证聪、孙国平、谢柳娟、孙永革，2014，河姆渡文化田螺山遗址古土壤有机质的地球化学特征及其意义，地球化学 43（2）：166-173。

Wicks, K、孙波、朱超、宿凯、Mithen, S、靳桂云，2015，海岱龙山文化的年代——城子崖遗址地质考古野外工作和 ^{14}C 测年的初步结果，栾丰实、王芬、董豫编，龙山文化与早期文明——第 22 届国际历史科学大会章丘卫星会议文集，文物出版社，北京：231-246。

〔澳〕Williams, M.A. 等著，刘东生等编译，1997，第四纪环境，科学出版社，北京。

巫鸿，1987，从地形变化和地理分布观察山东地区古文化的发展，考古学文化论集（一），文物出版社，北京：165-180。

吴克宁、王文静、查理思等，2014，文化遗址区古土壤特性及古环境研究进展，土壤学报 51（6）：1169-1182。

吴瑞静，2018，大汶口文化生业经济研究——来自植物考古的证据，山东大学硕士学位论文。

吴文婉、姜仕炜、许晶晶、靳桂云，2018，邹平丁公遗址（2014）龙山文化植物大遗存的初步分析，中国农史（3）：14-20。

吴文婉、林留根、甘恢元、闫龙，2019，植物遗存视角下蒋庄遗址良渚时期的聚落生产活动，中国农史（6）：3-16。

吴小红、张弛、保罗·格德伯格（Paul Goldberg）、大卫·科恩（David Cohen）、潘岩等，2012. 江西仙人洞遗址两万年前陶器的年代研究，南方文物（2）：1-6。

夏商周断代工程专家组，2000，夏商周断代工程 1996-2000 年阶段成果报告（简本），世界图文出版公司，北京。

夏正楷，1997，第四纪环境学，北京大学出版社，北京：61。

夏正楷，2012，环境考古学——理论与实践，北京大学出版社，北京。

夏正楷、郑公望、岳升阳等，1998，北京王府井东方广场工地旧石器文化遗址地层和古地貌环境分析，北京大学学报（自然科学版）（2，3）：387-391。

谢飞、凯西·石克、屠尼克等，1994，岑家湾遗址 1986 年出土石制品的拼合研究，文物世界（3）：86-102。

谢飞、李珺，1993，岑家湾旧石器时代早期文化遗物及地点性质的研究，人类学学报 12（3）：224-234。

谢飞、李珺，1995，拼合研究在岑家湾遗址综合分析中的应用，文物世界（1）：25-38。

谢飞、李珺、成胜泉，1998，飞梁遗址发掘报告，见河北省文物研究所编，河北省考古文集（第一辑），东方出版社，上海：1-29。

辛良杰，2005，张夏黄土组成特征及其成因分析，中国地质（1）：55-61。

信忠保、谢志仁，2006，长江三角洲地貌演变模拟模型的构建，地理学报 61：549-560。

熊海堂，1989，考古发掘中水洗选别法的应用，农业考古（2）：155-173。

徐海鹏、莫多闻、岳升阳等，1999，北京王府井东方广场文化遗址的古地貌研究，第四纪研究（2）：188。

徐祥明、何毓蓉，2011，国外土壤微形态学研究的进展，山地学报 29（6）：721-728。

薛春汀、丁东，2008，渤海莱州湾南岸潍河、弥河三角洲：沉积序列和沉积格架，地理科学 28（5）672-676。

阎桂林，1997，考古磁学——磁学在考古中的应用，考古（1）：85-91。

严文明，1985，新石器时代考古研究的回顾与前瞻，文物（3）：20-27。

严文明，1997，关于考古学文化的理论，走向 21 此纪的考古学，三秦出版社，西安。

严文明，1997，谱写北方考古的新篇章，中国文物报 8 月 17 日。

燕生东，2008，关于地层堆积与灰坑的几个问题，华夏考古（1）：128-133。

杨凡、张小雷、靳桂云，2018，安徽萧县金寨遗址（2016 年）植物遗存分析，农业考古（4）：26-

33。

杨剑萍、庞效林、王海峰、贾军涛、刘玲，2016，山东广饶地区晚更新世以来沉积演化与古气候变迁，沉积学报 34（1）：79-89。

杨景春、李有利，2017，地貌学原理，北京大学出版社，北京。

杨钟健、刘东生，1949，安阳殷墟哺乳动物群补遗，考古学报（4）：145-153。

尤庆敏，2009，中国淡水管壳缝目硅藻的分类学研究，华东师范大学博士学位论文。

尤玉柱，1989，史前考古埋藏学概论，文物出版社，北京。

俞伟超、张爱冰，1992，考古学新理解论纲，中国社会科学（6）：147-166。

俞为洁，2007，饭稻衣麻（良渚人的衣食文化），浙江摄影出版社，杭州。

袁靖、焦天龙，1996，胶东半岛北岸贝丘遗址环境考古学研究，中国文物报 3 月 10 日。

张弛，2012，理论、方法与实践之间——中国田野考古中对遗址堆积物研究的历史、现状与展望，北京大学考古文博学院、北京大学中国考古学研究中心编，考古学研究（九），文物出版社，北京：801-819。

张海，2010，景观考古学——理论、方法与实践，南方文物 (4)：8-17。

张海、庄奕杰、方燕明、王辉，2016，河南禹州瓦店遗址龙山文化壕沟的土壤微形态分析，华夏考古（4）：86-95+163-166。

张俊娜、夏正楷，2011，中原地区 4 ka BP 前后异常洪水事件的沉积证据，地理学报 66（5）：685-697。

张小虎，2017，关中地区龙山时代灰坑初步研究，华夏考古（4）：60-69。

张雪莲、仇士华，2001，关于夏商周碳十四年代框架，华夏考古（03）：59-72。

张玉柱、黄春长、庞奖励等，2015，青海民和官亭盆地喇家遗址古耕作土壤层微形态研究，土壤学报 52（5）：1002-1013。

张宗祜，2003，中国黄土，河北教育出版社，石家庄。

张祖陆，1990，鲁北平原黄河古河道初步研究，地理学报 45（4）：457-466。

张祖陆、聂晓红、卞学昌，2004，山东小清河流域湖泊的环境变迁，古地理学报 6（2）：226-233。

张祖陆、辛良杰、姜鲁光、黄萍，2005，山东济南张夏黄土堆积及成因分析，古地理学报（1）：98-106。

赵国靖，2015，五莲丹土大汶口——龙山文化城址初步研究，山东大学硕士学位论文。

赵昊，2020，汉代黄河下游粟麦轮作的植物考古学分析——以河南内黄三杨庄遗址为例，郑州大学学报（哲学社会科学版）（5）：107-111。

赵辉、魏峻，2002，中国新石器时代城址的发现与研究，北京大学震旦古代文明研究中心等编：古代文明（第 1 卷），文物出版社，北京：1-34。

赵辉、魏峻，2002，中国新石器时代城址的发现与研究，古代文明（辑刊）：1-34.删掉

赵辉、张海、秦岭，2022，田野考古学，北京大学出版社，北京。

赵杏媛、张有瑜，1990，黏土矿物与黏土矿物分析，海洋出版社，北京。

赵晔，2012，浙江余杭临平遗址群的聚落考察，东南文化（3）：31-39。

赵烨、李容全，2001，黄土地区古代农耕土与自然土壤区分的方法与实践，原始农业对中华文明形成

的影响研讨会，2001年。

赵志军，1992，植物考古学概述，农业考古（1）：26-31。

赵志军、蒋乐平，2016，浙江浦江上山遗址浮选出土植物遗存分析，南方文物（3）：109-116。

浙江省文物考古研究所，1999，良渚文化研究，科学出版社，北京。

曾丽，2019，烧烤坑简论，文博（1）：36-42。

中国地震局、水文地质工程研究所，1979，中国水文地质图集，地图出版社，北京。

中国国家博物馆田野考古研究中心、山东大学考古学系，2016，山东薛河流域系统考古调查报告，科
　　学出版社，北京。

中国科学院考古研究所、陕西省西安半坡博物馆编著，1963，西安半坡（原始氏族公社聚落遗址），
　　文物出版社，北京。

中国历史博物馆考古部编，1991，当代国外考古学理论与方法，三秦出版社，西安。

中国社会科学院考古研究所，1982，考古工作手册，文物出版社，北京。

中国社会科学院考古研究所，1996，考古学的历史·理论·实践，中州古籍出版社，郑州。

中国社会科学院考古研究所，2014，二里头1999—2006叁，文物出版社，北京。

中国社会科学院考古研究所河南新砦队、郑州市文物考古研究院，2009，河南新密市新砦遗址东城墙
　　发掘简报，考古（2）：112-127。

中国社会科学院考古研究所河南一队、河南省文物考古研究院、三门峡市文物考古研究所、灵宝市文
　　物保护管理所、北阳平遗址群管理所，2016，河南灵宝市西坡遗址南壕沟发掘简报，考古（5）：
　　489-503。

中国社会科学院考古研究所山东工作队，1993，山东汶上东贾柏村新石器时代遗址发掘简报，考古（6）：
　　461-467。

中国社会科学院考古研究所山东队、山东省文物考古研究所，2015，山东日照尧王城遗址2012年的
　　调查与发掘，考古（9）：7-24。

中国社会科学院考古研究所、安徽省蒙城县文化局编著，2007，蒙城尉迟寺（第二部），科学出版社，
　　北京。

钟华、崔忠亮、袁广阔，2020，东周时期河济地区农业生产模式初探——河南濮阳金桥遗址出土植物
　　遗存分析，农业考古（4）：18-27。

中美联合考古队、栾丰实、文德安、于海广、方辉、蔡凤书、科杰夫，2016，两城镇：1998-2001年
　　发掘报告（三），文物出版社，北京。

周鸿、郑祥民，2000，试析环境演变对史前人类文明发展的影响——以长江三角洲南部平原良渚古文
　　化衰变为例，华东师范大学学报（自然科学版）（04）：71-77。

周昆叔，1963，西安半坡新石器时代遗址的孢粉分析，考古（9）：520-522。

周昆叔，1988，水洞沟遗址的环境与地层，人类学学报7（3）：263-269。

周昆叔，1991，关于环境考古问题，环境考古研究（第一辑），科学出版社，北京。

周昆叔，1995，周原黄土及其与文化层的关系，第四纪研究（2）：174-180

周昆叔，2002，地质地层，洛阳市文物工作队编，洛阳皂角树——1992～1993年洛阳皂角树二里头
　　文化聚落遗址发掘报告，科学出版社，北京。

邹豹君，1985，小地貌学原理，商务印书馆，北京。

朱超，2020，试谈城子崖龙山至岳石城址防御设施的演变，南方文物（5）：236-245。

朱超、孙波，2013，章丘城子崖周边区域考古调查报告（第一阶段），海岱考古（00）：151-209。

朱显谟，1964，垆土，中国农业出版社，北京：3-78。

竺可桢，1973，中国近五千年来气候变迁的初步研究，中国科学（2）：168-189。

庄振业、许卫东、李学伦，1991，渤海南岸 6000 年来的海岸线演变，中国海洋大学学报（自然科学版）（2）：99-110。

Aaby, B. and Berglund, B.E. 1986, Characterization of peat and lake deposits, *in* Berglund, B. E. (ed), *Handbook of Holocene Palaeoecology and Palaeohydrology*. London: John Wiley and Sons, 231-242.

Allen, M.J. 1992, Products of erosion and the prehistoric land-use of the Wessex chalk, *in* Bell, M. and Boardman, J. (eds), *Past and Present Soil Erosion*. Oxford: Oxbow Monograph 22, 37-52.

Allen, T. and Welsh, K. 1996, Eton Rowing Lake. *Current Archaeology* 148: 124-127.

Andersson, J.G. 1934, *Children of the Yellow Earth*. London.

Andersson, J.G. 1943, Researches into the prehistory of the Chinese, BMFEA, No. 15.

Andersson, J.G. 1947, Prehistoric Sites in Henan, BMFEA, No. 19.

Asscher, Y. and Goren, Y. 2016, A rapid on-site method for micromorphological block impregnation and thin section preparation. *Geoarchaeology: An International Journal* 31: 324-331

Aston, M.A., Martin, M.H. and Jackson, A.W. 1998 The potential for heavy metal soil analysis on low status archaeological sites at Shapwick, Somerset. *Antiquity* 72, 838-847.

Atahan, P., Itzstein-Davey, F., Taylor, D. et al. 2008, Holocene-aged sedimentary records of environmental changes and early agriculture in the lower Yangtze, China. *Quaternary Science Reviews* (27): 556-570.

Avery, B.W. 1985, Argillic horizons and their significance in England and Wales. In: Boardman, J. (Ed.), *Soils and Quaternary Landscape Evolution*. John Wiley & Sons, Chichester, 69-86.

Babbage, C. 1859, Observations on the discovery in various localities of the remains of human art mixed with the bones of extinct races of animals. *Proceedings of the Royal Society of London*.

Banerjea, R.Y., Bell, M., Matthews, W., and Brown, A. 2015, Applications of micromorphology to understanding activity areas and site formation processes in experimental hut floors. *Journal of Archaeological and Anthropological Sciences* 7, 89-112.

Banerjea, R.Y., Morandi, L.F., Williams, K. and Brunning, R. 2020, Hidden husbandry: disentangling a disturbed profile at Beckery Chapel, a Medieval Ecclesiastical site near Glastonbury (UK), *Environmental Archaeology* 26 (4) : 367-387.

Bates, M.R. and Bates, C.R. 2000, Multidisciplinary approaches to the geoarchaeological evaluation of deeply stratified sedimentary sequences: examples from Pleistocene and Holocene deposits in southern England, United Kingdom. *Journal of Archaeological Science* 27, 845-858.

Bates, M.R. and Stafford, E. 2013, *Thames Holocene: A geoarchaeological approach to the investigation of the river floodplain for High Speed 1*, 1994-2004. Salisbury: Wessex Archaeology.

Bayliss, A. 2007, Bayesian Buildings: An Introduction for the Numerically Challenged. *Vernacular*

Architecture 38 (1): 75-86.

Bayliss, A. 2009, Rolling out revolution: Using radiocarbon dating in archaeology, *Radiocarbon* 51 (1), 123-147.

Bell, M. 1977, *Excavation at Bishopstone*. Lewes: Sussex Archaeological Collections 115.

Biagi, P., Bisbet, R., Macphall, R. et al. 1984, Early farming communities and short range transhumance in the Cottian Alps (Chisone valley, Turin) in the late third millennium BC. In: Lewthwaite J, Kennard R C, eds. Early Settlement in the Western Mediterranean Islands and Peripheral Areas. Oxford: BAR Int. Series 229. 395-405.

Bisdom, E.B.A., Stoops, G., Delvigne, J., Curmi, P., Altemuller, H.J. 1982 Micromorphology of Weathering Biotite and Its Secondary Products. *Pedologie* XXXII 2, 225-252.

BMAPA and English Heritage 2003, *Marine Aggregate Dredging and the Historic Environment*. London: British Marine Aggregate Producers Association and English Heritage.

Boddington, A., Garland, A.N. and Janaway, R.C., 1987, Flesh, bones, dust and society. In: Death, decay and reconstruction: approaches to archaeology and forensic science, edited by A.Boddington, A.N.Garland and R.C.Janaway, pp.3-9. Manchester University Press.

Bottema, S., Entjes-Nieborg, G., van Zeist, W. 1990 *Man's Role in the Shaping of the Eastern Mediterranean Landscape*. A.A. Balkema, Rotterdam.

Braadbaart F., Poole, I., Huisman, H.D.J., et al. 2012, Fuel, Fire and Heat: an experimental approach to highlight the potential of studying ash and char remains from archaeological contexts. *Journal of Archaeological Science*, 39:836-847.

Brady, N.C.and Weil, R.R. 1999, *The Nature and Properties of Soils,* twelfth edition. Prentice Hall, New Jersey.

Brady, N.C. and Weil, R.R. 2002, *The Nature and Properties of Soils*. Upper Saddle River, NJ: Prentice Hall.

Brammer, H. 1971, Coatings in seasonally flooded soils, *Geoderma*, 5:5-16.

Breuning, M.H., Holst, M.K., Rasmussen, M. and Elberling, B. 2003, Preservation within Long Coffins Before and After Barrow Construction. *Journal of Archaeological Science* 30, 343-350.

Brewer, R. 1964, *Fabric and mineral analysis of soils*. New York:Wiley.pp.1-342.

Bridges, E.M. 1997, *World Soils*. Cambridge: Cambridge University Press.

Bridge, J.S. 2003, *Rivers and Floodplains: Forms, Processes, and Sedimentary Record*. Blackwell Pub, Oxford.

Bridgland, D.R. 1994, *Quaternary of the Thames. Geological Conservation Review*, Joint Nature Conservation Committee. London: Chapman and Hall.

Bridgland, D.R. 2001, The Pleistocene evolution and Palaeolithic occupation of the Solent river, in Hosfield, R.T. and Wenban-Smith, F. (eds) *Palaeolithic archaeology of the Solent river*, 15-25. Lithic Studies Society Occasional Papers 7.

Brown, A.G. 1992, Slope erosion and colluviation at the floodplain edge, *in* Bell, M and Boardman, J (eds) *Past and Present Soil Erosion*. Oxford: Oxbow Monograph 22, 77-87.

Brown, A.G. 1997, *Alluvial Geoarchaeology: Floodplain Archaeology and Environmental Change*.

Cambridge: Cambridge University Press.

Brown, A.G. 2001, *Alluvial Geoarchaeology: Floodplain Archaeology and Environmental Change*. Cambridge University Press, Cambridge.

Bullock, P., Fedoroff, N., Jongerius, A. et al. 1985, *Handbook for Soil Thin Section Description*. Wolverhampton: Waine Research Publications.

Cabanes, D. and Shahack, G.R. 2015, Understanding Fossil Phytolith Preservation: The Role of Partial Dissolution in Paleoecology and Archaeology. *PLoS ONE*, 10(5): e0125532. doi:10.1371/journal. pone.0125532.

Cammas, C. 2018, Micromorphology of earth building materials: Toward the reconstruction of former technological processes (Protohistoric and Historic Periods), *Quaternary International*, DOI:10.1016/ j.quaint.2018.01.031.

Campbell, G., Moffett, L. and Straker, V. 2011, *Environmental Archaeology. A Guide to the Theory and Practice of Methods, from Sampling and Recovery to Post-excavation* (second edition). Portsmouth: English Heritage.

Canti, M.G. 1992, *Research into natural and anthropogenic deposits from the excavations at Flixborough, Humberside*. Ancient Monuments Laboratory Report 53/92. London: English Heritage.

Canti, M.G. 1996, *Guidelines for carrying out assessments in geoarchaeology*. Ancient Monuments Laboratory Report 34/96. London: English Heritage.

Canti, M.G. 1999, The Production and Preservation of Faecal Spherulites: Animals, Environment and Taphonomy. *Journal of Archaeological Science* 26, 251-258.

Canti, M.G. 2003, Earthworm Activity and Archaeological Stratigraphy: A Review of Products and Processes. *Journal of Archaeological Science* 30, 135-148.

Canti, M.G. 2007, Deposition and taphonomy of earthworm granules in relation to their interpretive potential in Quaternary stratigraphy. *Journal of Quaternary Science* 22 (2), 111-118.

Canti M,G. 2015, *Geoarchaeology Guidelines,* Historic England, Portsmouth 2 （注：2015 年 末 English Heritage 改名为 Historic England, 并更新了《地学考古》，但是对于地学考古的定义并没有变）。

Canti M.G. and Brochier, J.E. 2017, Plant Ash. In: Nicosia C, Stoops G (Eds.). *Archaeological Soil and Sediment Micromorphology*. Oxford: John Wiley and Sons Ltd., : 147.

Canti, M.G. and Linford, N. 2000, The effects of fire on archaeological soils and sediments: temperature and colour relationships. *Proceedings of the Prehistoric Society* 66, 385-95.

Canti, M.G. and Meddens, F.M. 1998, Mechanical coring as an aid to archaeological projects. *Journal of Field Archaeology* 25, 97-105.

Carruthers, W.J. 2000, Mineralised plant remains, in Lawson, AJ (ed) *Potterne 1982-5: Animal Husbandry in Later Prehistoric Wiltshire*. Wessex Archaeology Report 17, 72-83.

Carter, A.K., Klassen, S., Stark, M.T., Polkinghorne, M., Heng, P., Evans, D. and Chhay, R. 2021, The evolution of agro-urbanism a case study from Angkor, Cambodia. *Journal of Anthropological Archaeology* (63), https://doi.org/10.1016/j.jaa.2021.101323

Carter, S. 2001, A reassessment of the origins of the St Andrews "garden soil". *Tayside and Fife*

Archaeological Journal 7, 87-92.

Catt, J.A. 1999, Particle size distribution and mineralogy of the deposits, *in* Roberts, M. and Parfitt, S. A. (Eds.) *Boxgrove: A Middle Pleistocene Hominid Site at Eartham Quarry, Boxgrove, West Sussex. London: English Heritage Archaeological Report* 17, 111-18.

Chaney, R.W. , 1935, The occurrence of Endocarps of Celtis barbouri at Choukouitan, *Bulletin of the Geological Society of China* 14 (2): 99-118.

Charlton, R. 2008, *Fundamentals of Fluvial Geomorphology*. Routledge, London.

Chen, S.T., Yu, Q.W., Gao, M.K., Miller, M., Jin, G.Y. and Dong,Y. 2019, Dietary evidence of incipient social stratification at the Dawenkou type site, China. *Quternary International* 521:44-53.

Chen, T.C., Wang, S.Y., Huang, W.R. et al. 2004, Variation of the East Asian summer monsoon rainfall. *Journal of Climate* (17):744-762.

Chen,W., Wang,W.M. 2012, Middle-Late Holocene vegetation history and environment changes revealed by pollen analysis of a core at Qingdao of Shandong Province, East China, *Quaternary International* 254: 68-72

Chen, Z.Y., Wang, Z., Schneiderman, J. et al. 2005, Holocene climate fluctuations in the Yangtze delta of eastern China and the Neolithic response. *The Holocene* (15): 915-924.

Coles, J. and Coles, B. 1986, *Sweet track to Glastonbury*. London: Thames and Hudson.

Conway, J.S. 1983, An investigation of soil phosphorus distribution within occupation deposits from a Romano-British hut group. *Journal of Archaeological Science* 10, 117-28.

Corcoran, J., Halsey, C., Spurr, G., Burton, E. and Jamieson, D. 2011, *Mapping past landscapes in the lower Lea valley: A geoarchaeological study of the Quaternary sequence*. MOLA Monograph 55. London: Museum of London Archaeology.

Cornwall, I.W. 1953, Soil science and archaeology with illustrations from some British Bronze Age monuments. *Proceedings of Prehistoric Socitey* (2): 129-147.

Courty, M.A., Goldberg, P. and Macphail, R. 1989, *Soils and micromorphology in archaeology*. Cambridge: Cambridge University Press.

Craddock, P.T., Gurney, D., Pryor, F. and Hughes, M.J. 1985, The application of phosphate analysis to the location and interpretation of archaeological sites. *Archaeological Journal* 142, 361-76.

Crawford, G.W. 2011, The Palaeoethnobotany of the Houli Culture Occupation, *Hemudu Culture International Forum: in a Global Perspective*. Zhejiang, China.

Cubiena, W.L.M. 1938, *Micropedology*. Ames, Iowa: Collegiate Press.

Dalrymple, J.B. 1958, The application of soil micromorphology to fossil soils and other deposits from archaeological sites. *Journal of Soil Science*, 9: 199-209.

Davidson, D.A. and Simpson, I.A. 2001, Archaeology and soil micromorphology, *in* Brothwell, D.R. and Pollard, A.M. (eds) *Handbook of Archaeological Sciences*. Chichester: Wiley, 167-77.

Deak, J., Gebhardt, A., Lewis, H., Usai, M., Lee, H. 2017, Soils Disturbed by Vegetation Clearance and Tillage, In: Nicosia C., Stoops G. (Eds.), *Archaeological Soil and Sediment Micromorphology*, pp 233-264, John Wiley and Sons Ltd., Oxford.

Dimbleby, G.W. 1984, *The Palynology of Archaeological Sites*. Academic Press, Orlando.

Dincauze, D.F., 2000, *Environmental Archaeology: principles and practice*. Cambridge University Press.

Dong, G.H., Wang, Z.L., Ren, L.L., Matuzeviciute, G.M., Wang, H., Ren, X.Y., Chen, F.H. 2014 A comparative study of ^{14}C dating on charcoal and charred seeds from late Neolithic and bronze age sites in Gansu and Qinghai Provinces, NW China, *Radiocarbon* 56 (1): 157-163.

Douglas, B.C., Kearney, M.S. and Leatherman, S.P. 2000, *Sea Level Rise: History and Consequences*, vol. 1. San Diego, CA: Academic Press.

Duller, G.A.T. 2008, *Luminescence Dating: Guidelines on Using Luminescence Dating in Archaeology*. English Heritage.

Durand, N., Monger, M.C., Canti, M.G. 2010, Calcium Carbonate Features. In: Stoops G, Marcelino V and Mees F (Eds). *Interpretation of Micromorphological Features of Soils and Regoliths*, Elsevier: 180.

Eidt, R. 1977, Detection and examination of anthrosols by phosphate analysis. *Science* 197, 1327-33.

English Heritage 2006, Science for Historic Industries. Swindon: English Heritage. https://historicengland. org.uk/images-books/publications/science-forhistoric-industries/

Entwistle, J. and Abrahams, P.W. 1998, Multi-elemental analysis of soils and sediments from Scottish archaeological sites. The potential of inductively-coupled plasmamass spectrometry for rapid site investigation. *Journal of Archaeological Science* 24, 407-16.

Evans, J.G. 2003, *Environmental Archaeology and the Social Order*, Routledge.

Fegan, M.B. 1985, In the beginning: an introduction to archaeology. Little, brown & company :93-96; 转引自李新伟 1999, Context 方法浅谈. 东南文化，(1):64-67

Fedoroff, N., Courty, M.A., Guo, Z.T. 2010 Palaeosoils and relict soils. In: Stoops, G., Marcelino, V., Mees, F. (Eds.), *Interpretation of Micromorphological Features of Soils and Regoliths*. Elsevier, Amsterdam, 623-662.

Fitzpatrick, E.A. 1980, *Soils: Their Formation, Classification and Distribution*. Harlow: Longman.

Fitzpatrick, E.A. 1993, *Soil microscopy and micromorphology*. Chichester: Wiley.

Flügel, E. 2004, *Microfacies of Carbonate Rocks: analysis, interpretation and application*. Springer

Forsyth, A. 1995, Neolithic Chinese jades. In: Keverne, R. (ed.) *Jade*. London: Lorenz Books, 48-87.

French, C. 2002, *Geoarchaeology in Action*. London, Imprint Routledge.

French, C. 2003, *Geoarchaeology in Action: Studies in Soil Micromorphology and Landscape Evolution*. London: Routledge.

French, C. 2009, Hydrological monitoring of an alluviated landscape in the lower Great Ouse valley at Over, Cambridgeshire: the quarry restoration phase. *Environmental Archaeology* 14, 62-75.

Fuller, D., Sato, Y.I., Castillo, C., Qin, L., Weisskopf, A., Kingwell-Banham, E., Song, J., Ahn, S.M., van Etten, J. 2010, Consilience of genetics and archaeobotany in the entangled history of rice. *Archaeological and Anthropological Sciences* 2, 115-131.

Fuller, D.Q. and Qin, L. 2009, Water management and labour in the origins and dispersal of Asian rice. *World Archaeology* (41):88-111.

Fuller, D.Q., Harvey, E. and Qin, L. 2007, Presumed domestication? Evidence for wild rice cultivation and domestication in the fifth millennium BC of the Lower Yangtze region. *Antiquity* 81: 316-331.

Fuller, D.Q., Qin, L., Zheng,Y.F. et al. 2009, The domestication process and domestication rate in rice: Spikelet bases from the Lower Yangtze. *Science* (323): 1607-1610.

Gale, S.J. and Hoare, P.G. 1991, *Quaternary Sediments: Petrographic Methods for the Study of Unlithified Rocks*. London: Belhaven Press.

García-Suárez, A., Portillo, M., Matthews, W. 2020, Early Animal Management Strategies during the Neolithic of the Konya Plain, Central Anatolia: Integrating Micromorphological and Microfossil Evidence. *Environmental Archaeology*, 25 (2): 208-226. doi: 10.1080/14614103.2018.1497831

Gerrard, J. 1992, *Soil Geomorphology: an Integration of Pedology and Geomorphology*. Chapman & Hall, London.

Gilbert, A.S. 2017, Encyclopedia of Geoarchaeology. Springer Dordrecht, Heidelberg, New York, London. Doi :10.1007/978-1-4020-4409-0.

Goff, J., McFadgen, B. and Marriner, N. 2021, Landscape archaeology-The value of context to archaeological interpretation: a case study from Waitore, New Zealand, *Geoarchaeology* 1-12.

Goldberg, P. and Macphail, R. I. 2006, *Practical and Theoretical Geoarchaeology*. Oxford, Blackwell Publishing.

Goldberg, P. and Aldeias, V. 2018, Why does (archaeological)micromorphology have such little traction in (geo)archaeology? *Archaeological Anthropological Science* 10:269-278.

Goldberg, P. and Macphail, R.I. (with Matthews, W.) 2006, *Practical and Theoretical Geoarchaeology*. Malden, Oxford and Victoria: Blackwell Publishing.

Goldberg, P. and Sherwood, S.C. 2006, Deciphering human prehistory through the geoarchaeological study of Cave sediments. Evolutionary Anthropology 15: 20-36

Goldberg, P., Weiner, S., Bar-Yosef, O., Xu, Q., Liu, J. 2001 Site formation processes at Zhoukoudian, China, *Journal of Human Evolution*, 41, (5)： 483-530.

Goldin, P.R. 2018, *Routledge handbook of early Chinese history*, Routledge: London and New York.

Goudie, A.S. and Brunsden, D. 1994, *The Environment of the British Isles: An Atlas*. Oxford: Clarendon Press.

Greatorex, C. 2003, Living on the margins? The Late Bronze Age landscape of the Willingdon Levels, *in* Rudling, D (ed) *The Archaeology of Sussex to AD2000*. King's Lynn: Heritage Marketing, 89-100.

Gribble, J. and Leather, S. 2011, *Offshore Geotechnical Investigations and Historic Environment Analysis: Guidance for the Renewable Energy Sector*. Commissioned by COWRIE Ltd.

Gurney, D.A. 1985 *Phosphate Analysis of Soils: A Guide for the Field Archaeologist*. Institute of Field Archaeologists Technical Paper 3.

Gutierrez-Rodriguez, M., Toscano, M. and Goldberg, P. 2018, High-resolution dynamic illustrations in soil micromorphology: a proposal for presenting and sharing primary research data in publication. *Journal of Archaeological Science: reports* 20: 565-575.

Haaland, M.M., Czechowski, M., Carpentier, F., Lejay, M., & Vandermeulen, B. 2018, Documenting archaeological thin sections in high-resolution: A comparison of methods and discussion of applications.

Geoarchaeology,DOI: 10.1002/gea.21706.

Harvey, E.L. and Fuller, D.Q. 2005, Investigating crop processing using phytolith analysis: an example of rice and millets. *Journal of Archaeological Science* 32, 739-752.

Haslam, S.M. 2006, *River Plants: the Macrophytic Vegetation of Watercourses Forrest Text*. Cardigan.

Hawkes, S.C. 1968, The physical geography of Richborough, *in* Cunliffe, B W (ed) *Fifth Report on the Excavations of the Roman Fort at Richborough, Kent*. Report of the Research Committee of the Society of Antiquaries of London 23, 224-231.

Heathcote, J. 2000, Soil micromorphology, *in* Rippon, S. (ed.), *The Romano-British Exploitation of Coastal Wetlands: Survey and Excavation on the North Somerset Levels*, 1993-1997. Britannia 31, 107-12.

Higham, C. 1996, The Bronze Age of Southeast Asia. Cambridge: Cambridge University Press.

Higham, C. 2001, The Civilization of Angkor. Berkeley, CA and Los Angeles, CA: California University Press.

Higham, C. and Before, D. 2004, Social change and state formation in the Mekong Valley. In: Cherry, J., Scarr, C. and Shennan, S. (eds) *Explaining Social Change: Studies in Honour of Colin Renfrew*. Cambridge: McDonald Institute for Archaeological Research, 203-214.

Historic England 2015, *Archaeometallurgy: guidelines for best practice*. Swindon: Historic England.

Hodder, I. 1999, *The Archaeological Process: An Introduction*, Oxford: Blackwell.

Hodgkinson, D., Huckerby, E., Middleton, R., and Wells, C.E. 2000, *The Lowland Wetlands of Cumbria*. *North West Wetlands Survey 6*. University of Lancaster, Lancaster Imprints 8.

Hodgson, J. 1976, *Soil Survey Field Handbook*. Soil Survey Technical Monograph 5. Harpenden: Rothamsted Experimental Station.

Homsey, L.K. and Sherwood, S. 2010, Interpretation of prepared clay surfaces at Dust Cave, Alabama: the role of actualistic studies. *Ethnoarchaeology* 2 (1): 73-98

Hori, K., Sait,Y., Zhao, Q. et al. 2002, Architecture and evolution of the tide-dominated Changjiang (Yangtze) River delta, China. *Sedimentary Geology* (146): 249-264.

Howard, A.J. and Macklin, M.G. 1999, A generic geomorphological approach to archaeological interpretation and prospection in British river valleys: a guide for archaeologists investigating Holocene landscapes. *Antiquity* 73, 527-541.

Hudson-Edwards, K.A., Macklin, M.G., Finlayson, R. and Passmore, D.G. 1999, Medieval lead pollution in the River Ouse at York, England. *Journal of Archaeological Science* 26, 809-819.

Jackson, M.L., Tyler, S.A., Willis, A.L., Bourbeau, G.A., Pennington, R.P. 1948, Weathering sequence of clay-size minerals in soils and sediments. I. Fundamental generalizations. *The Journal of Physical and Colloid Chemistry* 52, 1237-1260.

Jin, G.Y. 2011, Cultivated rice 8000 years ago in the Lower reach of Yellow River-carbonized plant evidence from Xihe site of Houli Culture in Shandong. *Hemudu Culture International Forum: In a global perspective*, Zhejiang, China.

Jin, G.Y., Wagner, M., Parasov E.P., Wang, F. and Liu, Y.C. 2016, Archaeobotanical records of Middle and Late Neolithic agriculture from Shandong Province，East China. *The Holocene*，26 (10):1-11.

Jin, G.Y., Chen, S.T., Li, H. et al. 2020, The Beixin Culture: archaeobotanical evidence for Neolithic population dispersal in northern China, *Antiquity*, 94 (378): 1426-1443.

Karkanas, P. T. and Goldberg, P. 2019, *Reconstructing Archaeological Sites*. Oxford, Wiley Blackwell.

Kielhofer, J.R., Fox, M.L., Ye, W. and Yang, L.P. 2021, Human-environment interactions at Yangguanzhai, a Middle Neolithic site in the Wei River Valley, northern China: a comprehensive soil-stratigraphic analysis. *Geoarchaeology* 36: 943-963.

Kidder, T. R., Liu, H.W. and Li, M. 2012, Sanyangzhuang: early farming and a Han settlement preserved beneath Yellow River flood deposits. *Antiquity* 86 (331): 30-47.

Kidder, T.R. and Liu, H.W. 2014, Bridging theoretical gaps in geoarchaeology: archaeology, geoarchaeology, and history in the Yellow River valley, China. *Archaeological and Anthropological Science* 9: 1585-1602.

Kidder, T.R., Liu, H.W., Xu, Q., Li, M. 2012, The alluvial geoarchaeology of the Sanyangzhuang site on the Yellow River floodplain, Henan province, China. *Geoarchaeology* 27: 324-343. doi: 10.1002/gea.21411

Knight, D., and Howard, A.J. 1995, A*rchaeology and Alluvium in the Trent Valley: An Archaeological Assessment of the Floodplain and Gravel Terraces*. Nottingham: Trent and Peak Archaeological Trust.

Kraus, M.J. 1999, Paleosol sequnces in floodplain environments: A hierarchical approach, In Thiry, M., Simon-Coicon, R., eds., *Palaeoweathering, Paleosurfaces and Related Continental Deposits, Special Publication Number 27 of the International Association of Sedimentologists*, Chichester: John Wiley & Sons.

Kubiena, W.L.M. 1938, *Micropedology*. Ames, Iowa: Collegiate Press

Kuhn, P., Aguilar, J., Miedema, R. 2010, Textural pedofeatures and related horizons. In: Stoops, G, Marcelino, V, Mees, F. (Eds.), *Interpretation of Micromorphological Features of Soils and Regoliths*. Elsevier, Amsterdam.

Lee, H. 2011, *The Agricultural Land Use Dynamics Associated with the Advent of Paddy Rice Cultivation in Bronze Age South Korea*. University of Cambridge, Cambridge.

Lee, H., French, C., and Macphail, R.I. 2014 Microscopic Examination of Ancient and Modern Irrigated Paddy Soils in South Korea, *Geoarchaeology*, 29, (4): 326-348.

Li, H., Li, Z.Y., Lotter, M.G. et al. 2018, Formation processes at the early Late Pleistocene archaic human site of Lingjing, China. *Journal of Archaeological Science*, 96: 73-84.

Li,Y., Wu, J., Hou, S. et al. 2010, Palaeoecological records of environmental change and cultural development from the Liangzhu and Qujialing archaeological sites in the middle and lower reaches of the Yangtze River. *Quaternary International* 227: 29-37.

Limbrey, S. 1975, *Soil Science and Archaeology*. London: Academic Press.

Lindbo, D., Stolt, M., Vepraskas, M. 2010, Redoximorphic Features. In: Stoops, G., Marcelino, V. and Mees, F. (Eds) , *Interpretation of Micromorphological Features of Soils and Regoliths*, pp. 135-139, Elsevier.

Lippi, R.D. 1988, Palaeotopography and P analysis of a buried jungle site in Ecuador. *Journal of Field Archaeology* 15, 85-7. http://www.jstor.org/stable/530131.

Lisa, L., Komoroczy, B., Vlach, M., Valek, D., Bajer, A., Kovarník, J., Rajtar, J., Hüssen, C. M., Sumberova, R. 2015, How were the ditches filled? Sedimentological and micromorphological classification of formation processes within graben-like archaeological objects, *Quaternary International* 370: 66-76.

Liu, L., Chen, X.C. 2012, *The Archaeology of China: From the Late Paleolithic to the Early Bronze Age*. Cambridge: Cambridge University Press.

Liu, L., Lee, G.A., Jiang, L.P. et al. 2007, Evidence for the early beginning (*c*. 9000 cal. BP) of rice domestication in China: A response. *The Holocene* (17): 1059-1068.

Long, A.J. 1995, Sea-level and crustal movements in the Thames estuary, Essex and east Kent, *in* Bridgland, D. R., Allen, P. and Haggart, B. A. (eds) *The Quaternary of the Lower Reaches of the Thames*. Durham: Quaternary Research Association, 99-105.

Long, T.W, Wagner, M. and Tarasov, E.P. 2017, A Bayesian analysis of radiocarbon dates from prehistoric sites in Haidai Region, East China, for evaluation of the archaeological chronology. *Journal of Archaeological Science: Reports*, 12: 81-90.

Loveluck, C.P. (ed.) 2007, Rural Settlement, Lifestyles and Social change in the later first millennium AD. Anglo Saxon Flixborough in its wider context. *Excavations at Flixborough*, Volume 4. Oxford: Oxbow.

Lu, H.Y., Lui, Z.X., Wu, N.Q., Berné, S., Saito, Y., Lui, B., and Wang, L. 2002, Rice domestication and climatic change: phytolith evidence from east China. *Boreas* 31, 378-385.

Lu, H.Y.,and Liu, K.B. 2003, Morphological variations of lobate phytoliths from grasses in China and the south-eastern United States. *Diversity and Distributions* 9, 73-87.

Lu, H.Y., Zhang, J.P., Wu, N.Q. et al. 2009, Phytoliths Analysis for the Discrimination of Foxtail Millet (*Setaria italica*) and Common Millet (*Panicum miliaceum*), *PLoS ONE* (4) 2:e4448

Luan, F.S. and Mayke, W. 2009, The chronology and basic developmental sequence of archaeological cultures in the Haidai Region, in: Wagner, M., Luan, F.S. and Tarasov, P. E. (Eds.), *Chinese archaeology and palaeoenvironment* I, Verlag Philipp von Zabern, Mainz.

Mackenzie, W.S. and Adams, A.E. 1994, *A Colour Atlas of Rocks and Minerals in Thin Section*. New York: John Wiley and Sons.

Mackenzie, W.S. and Guilford, C. 1980, *Atlas of Rock Forming Minerals*. Harlow: Longman Group Ltd.

Macphail, R., and Crowther, J. 2007, Soil micromorphology, chemistry and magnetic susceptibility studies at huizui (yiluo region, henan province, northern china), with special focus on a typical yangshao floor sequence, *Indo-pacific prehistory association bulletin*. 27: 103-113.

Macphail, R. I. and Goldberg, P., 2018, *Applied Soils and micromorphology in Archaeology. Cambridge*, Cambridge University Press.

Mandela, M., Alexandre, A., Bell, T. 2005, International Code for Phytolith Nomenclature 1.0. *Annals of Botany*, 96 (2): 253–260.

Marcelino, V., Stoops, G., Schaefer, C.E. 2010, Oxic and related materials. In: Stoops, G., Marcelino, V., Mees, F. (Eds.), *Interpretation of Micromorphological Features of Soils and Regoliths*. Elsevier, Amsterdam, 305-327.

Massilani, D., Morley, M.W., Mentzer, S.M. et al. 2022, Microstratigraphic preservation of ancient faunal and hominin DNA in Pleistocene cave sediments. *PNAS* 119 (1)e2113666118

Matthews, W. 1995, Micromorphological characteristics of occupation deposits and microstratigraphic sequences at Abu Salabikh, Southern Iraq. In Barnham, A.J. and Macphail, R.I. (eds.), *Archaeological sediments and soils: analysis, interpretation and management*, 41-76. London: Institute of Archaeology, University College.

Matthews, W. 2000, Micromorphology of occupation sequences. In Matthews, R. and Postgate, (Eds.), *Contextual analysis of use of space at two Bronze Age sites*.

Matthews, W. 2010, Geoarchaeology and taphonomy of plant remains and microarchaeological residues in early urban environments in the Ancient Near East. *Quaternary International* 214: 98-113

McCarthy, P.J., Martini, I.P., Leckie, D.A. 1998, Use of micromorphology for palaeoenvironmental interpretation of complex alluvial palaeosols: an example from the Mill Creek Formation (Albian), southwestern Alberta, Canada. *Palaeogeography, Palaeoclimatology, Palaeoecology* 143, 87-110.

McCarthy, P.J., Martini, I.P., Leckie, D.A. 1999, Pedogenic and diagenetic influences on void coating formation in Lower Cretaceous paleosols of the Mill Creek Formation, southwestern Alberta, Canada. *Geoderma* 87, 209-237.

McCarthy, P.J., Plint, A.G. 1999, Floodplain palaeosols of the Cenomanian Dunvegan formation, Alberta and British Columbia, Canada: micromorphology, pedogenic processes and palaeoenvironmental implications. In: Marriott, S.B., Alexander, J. (Eds.), *Floodplains: Interdisciplinary Approaches*. The Geological Society of London, London, 289-310.

Mellars, P., Dark, P. 1999, *Star Carr in Context: New Archaeological and Palaeoecological Investigations at the Early Mesolithic Site of Star Carr*. North Yorkshire McDonald Institute for Archaeological Research, Cambridge.

Middleton, W.D. and Price, T.D. 1996, Identification of activity areas by multi-element characterization of sediments from modern and archaeological house floors using inductively coupled plasma-atomic emission spectroscopy. *Journal of Archaeological Science* 23, 673-687.

Milek, K. 2012, Floor formation processes and the interpretation of site activity areas: an ethnoarchaeological study of turf buildings at Thverá, northeast Iceland, *Journal of Anthropological Archaeology* ,vol. 31, pp.119-137.

Mithen, S., Black, E. 2011, *Water, Life and Civilisation: Climate, Environment and Society in the Jordan Valley*. Cambridge University Press, Cambridge.

Moore, D.M. and Reynolds, R.C. 1997, X-ray diffraction and identification and analysis of clay minerals (2nd edition), Oxford University Press.

Moore, J. 2000, Forest fire and human interaction in the early Holocene woodlands of Britain. *Palaeogeography, Palaeoclimatology, Palaeoecology* 164, 125-137.

Mücher, H.J. 1974, Micromorphology and slope deposits: the necessity of a classification. In: Rutherford, G.K. (Ed.), *Soil Microscopy*. The Limestone Press, Kingston, Ontario, 553-556.

Mücher, H., Steijn, H.V., Kwaad, F. 2010, Colluvial and Mass Wasting Deposits. In: Stoops, G., Marcelino, V. and Mees, F. (Eds) , *Interpretation of Micromorphological Features of Soils and Regoliths*, pp. 41-44, Elsevier.

Murphy, C.P., 1986, *Thin Section Preparation of Soils and Sediments*. Berkhamsted: A B Academic Publishers.

Murray, A.S., Wintle, A.G. 2000, Luminescence dating of quartz using an improved single-aliquot regenerative-dose protocol, *Radiation Measurements* 32 (1), 57-73.

Murray, A.S., Wintle, A.G. 2003, The single aliquot regenerative dose protocol: potential for improvements in reliability, *Radiation Measurements* 37 (4), 377-381.

Nicosia, C., Canti, M.G. 2017, Chaff. In: Nicosia, C., Stoops, G. (Eds.). *Archaeological Soil and Sediment Micromorphology*. Oxford: John Wiley and Sons Ltd.:137-139.

Nicosia, C. and Stoops, G. 2017, *Archaeological Soil and Sediment Micromorphology*. Oxford, Wiley Blackwell.

Out, W.A. and Madella, M. 2016, Morphometric distinction between bilobate phytoliths from *Panicum miliaceum* and *Setaria italica* leaves, *Archaeological Anthropological Science* 8: 505-521. DOI 10.1007/s12520-015-0235-6.

Pagliai, M., Stoops, G. 2010, Physical and Biological Surface Crust and Seals. In: Stoops, G., Marcelino, V. and Mees, F. (Eds), *Interpretation of Micromorphological Features of Soils and Regoliths*, pp. 419-440, Elsevier.

Portillo, M., García-Suárez, A., Klimowicz, A., Baranski, M., Matthews, W. 2019, Animal Penning and Open Area Activity at Neolithic Çatalhöyük, Turkey, *Journal of Anthropological Archaeology*, 56: 101-106.

Partillo, M., Garcia-Suarez, A., Matthews, W. 2020, Livestock faecal indicators for animal management, penning, foddering and dung use in early agricultural built environments in the Kenya Plain, Central Anatolia. *Archaeological and Anthropological Sciences* 12 (40): 1-15.

Patania, I., Goldberg, P., David, C., Wu, X.H., Zhang, C. and Bar-Yosef, O. 2019, Micromorphological analysis of the deposits at the early pottery Xianrendong cave site, China: formation processes and site use in the Late Pleistocene. *Archaeological and Anthropological Sciences* 11(8): 4229-4249.

Patania, I., Goldberg, P., David, C., Yuan, J.R. and Bar-Yosef, O. 2020, Micromorphological and FTIR analysis of the Upper Paleolithic early pottery site of Yuchanyan cave, Hunan, South China. *Geoarchaeology* 35 (2): 143-163.

Payton, R.W. and Usai, M.R. 1995, *Assessment of Soils and Sediments from and Exploratory Excavations at Low Hauxley, Northumberland*. York: Reports from the Environmental Archaeology Unit.

Peacock, D.P. 1969, A petrological study of certain Iron Age pottery from western England. *Proceedings of Prehistoric Society,* 34: 414-427.

Pearsall, D.M. 2000, *Paleoethnobotany : a handbook of procedures*, second ed. San Diego: Academic Press.

Pei, S.W., Niu, D.W., Guan, Y. et al. 2014, The earliest Late Paleolithic in North China: site formation processes at Shuidonggou locality, *Quaternary International*, 347: 122-132.

Pei, S.W., Niu, D.W., Guan, Y. et al. 2015, Middle Pleistocene hominin occupation in the Danjiangkou Reservoir Region, Central China: studies of formation processes and stone technology of Maling 2A site, *Journal of Archaeological Science*, 53: 391-407.

Pei, S.W., Xie, F., Deng, C.L. et al. 2017, Early Pleistocene archaeological occurrences at the Feiliang site, and the archaeology of human origins in the Nihewan Basin, North China. *Plos One* 12 (11): e0187251.

Peng, S.Z., Hao, Q.Z., Wang, L., Ding, M., Zhang, W., Wang, Y.N., Guo, Z.T. 2016, Geochemical and grain-size evidence for the provenance of loess deposits in the Central Shandong Mountains region, northern

China. *Quaternary Research* 85: 290-298.

Piperno, D.R. 1988, Phytolith analysis: an archaeological and ecological perspective. San Diego: Academic Press.

Piperno, D.R. 2006, *Phytolith: A Comprehensive Guide for Archaeologists and Paleoecologists*. New York: AltaMira Press, 1-238.

Plets, R., Dix, J. and Bates, R. 2013, *Marine Geophysics Data Acquisition, Processing and Interpretation: Guidance notes*. Swindon: English Heritage.

Portillo, M. and Matthews, W. 2020, Investigating use of space and human-animal interactions in agricultural built environments: the geo-ethnoarchaeology of livestock dung. In: Proceedings of the 11th international congress on the archaeology of the Ancient Near East: Vol. 1: mobility in the Ancient Near East. Images in context. Archaeology as cultural Heritage. *Engendering Near Eastern Archaeology*. Societal Contexts of , edited by Adelheid Otto, et al., Harrassowitz Verlag, ProQuest Created from wustl on 2022-01-10 10:23:44.

Portillo, M., García-Suárez, A., Klimowicz, A., Baranski, M., Matthews, W. 2019, Animal Penning and Open Area Activity at Neolithic Çatalhöyük, Turkey, *Journal of Anthropological Archaeology*, 56:101-106.

Portillo, M. and Matthews, W. 2020, Investigating use of space and human-animal interactions in agricultural built environments: the geo-ethnoarchaeology of livestock dung. In: Proceedings of the 11th international congress on the archaeology of the Ancient Near East: Vol. 1: mobility in the Ancient Near East. Images in context. Archaeology as cultural Heritage. *Engendering Near Eastern Archaeology*. Societal Contexts of , edited by Adelheid Otto, et al., Harrassowitz Verlag, ProQuest Created from wustl on 2022-01-10 10:23:44.

Preece, R.C., Bridgland, D.R. and Sharp, M.J. 1998, Stratigraphical investigations, *in* Preece, RC and Bridgland, DR (eds) *Late Quaternary Environmental Change in North-West Europe: Excavations at Holywell Coombe, South-east England*. London: Chapman and Hall, 33-68.

Qiao, S.Q., Shi, X.F., Saito, Y., Li, X.Y., Yu, Y.G., Bai,Y.Z., Liu,Y.G., Wang, K.S., Yang, G. 2011, Sedimentary records of natural and artificial Huanghe (Yellow River) channel shifts during the Holocene in the southern Bohai Sea, *Continental Shelf Research* 31: 1336-1342.

Qin, L. 2013, The Liangzhu culture. In: Underhill, A.P. (ed.) *A Companion to Chinese Archaeology*. Malden, MA: Wiley-Blackwell, 574-596.

Ramsey, B.C. 2009, Dealing with Outliers and Offsets in Radiocarbon Dating. *Radiocarbon*, 51(3): 1023-1045. doi:10.1017/S0033822200034093.

Ramsey, B.C. 2021, https://c14.arch.ox.ac.uk/oxcal.html.

Ransley, J., Sturt, F., Dix, J., Adams, J. and Blue, L. 2013, People and the Sea: A Maritime Archaeological Research Agenda for England. Council for British Archaeology, Report 171. York: CBA.

Rapp, G.J., and Hill, C.H. 1998, *Geoarchaeology: The Earth-Science Approach to Archaeological Interpretation*. New Haven: Yale University Press.

Rapp, G. R. and Hill, C. L. 2006, *Geoarchaeology: The earth-science approach to archaeological interpretation*. New Haven and London, Yale University Press.

Rawson, J. 2001, *Chinese Jade from the Neolithic to the Qing*. London: British Museum, 1995.

Reimer, P., Austin, W., Bard, E., Bayliss, A., Blackwell, P. et al., 2020, The IntCal20 Northern Hemisphere radiocarbon age calibration curve (0-55 cal kBP). *Radiocarbon*, 62 (4):1-33.https://www.cambridge.org/core/terms. https://doi.org/10.1017/RDC.2020.41.

Renfrew, Colin A. 1976, Introduction. In *Geoarchaeology: Earth Science and the Past*, edited by D. A. Davidson, and M.L. Shackley, pp. 1-5. Duckworth, London.

Richards, J.L., Vepraskas, M.J. 2001, *Wetland Soils: Genesis, Hydrology, Landscapes, and Classification*. Lewis Publishers, Boca Raton.

Richardson, J.L. & Hole, F.D. 1979, Mottling and iron distribution in a Glossoboralf-Haplaquoll hydrosequence on a glacial moraine in northwestern Wisconsin, *Soil Science Society of America Journal*, vol. 43, pp.552-558.

Rippon, S. 1996, *The Gwent Levels: Evolution of a Wetland Landscape*. York: CBA Res Rep 105.

Rosen, A.M. 2008, The impact of environmental change and human land use on alluvial valleys in the Loess Plateau of China during the Middle Holocene, *Geomorphology*, 101: 298-307.

Rosen, A.M., Macphail, R., Liu, L., Chen, X.C., Weisskopf, A. 2017, Rising social complexity, agricultural intensification, and the earliest rice paddies on the Loess Plateau of northern China. *Quaternary International* 437: 50-59.

Scarborough, V.L. and Gallopin, G.G. 1991, A Water Storage Adaptation in the Maya Lowlands, *Science*, 251: 658-662.

Schaetzl, R.J., Anderson, S. 2005, *Soil: Genesis and Geomorphology*. Cambridge University Press, Cambridge.

Schiffer, M.B. 1972, Archaeological context and systematic context. *American Antiquity*, 37(2): 156-165.

Schiffer, M.B. 1987, *Formation Processes of the Archaeological Record*. University of Utah Press.

Schwarz, G.T. 1967, A simplified chemical test for archaeological fieldwork. *Archaeometry* 10, 57-63.

Shillito L.M. 2011, Simultaneous thin section and phytolith obervation of finely stratified deposits from Neolithic Çatalhöyük, Turkey: implications for palaeoeconomy and Earl Holocene paleoenvironment, *Journal of Quaternary Science* 26 (6): 576-588.

Shillito, L.M. 2017, Multivocality and multiproxy approaches to the use of space: lessons from 25 year of research at Catalhoyuk. *World Archaeology* 49 (2): 237-259, DOI: 10.1080/00438243.2016.1271351.

Shillito, L.M., Almond, M.J., Nicholson, J., Pantos, M. and Matthews, W. 2009, Rapid characterisation of archaeological midden components using FT-IR spectroscopy, SEM-EDX and microXRD. *Spectrochimica Acta Part A: molecular and biomolecular spectroscopy* 73: 133-139.

Shillito, L.M., Major, B., Almond, M., Anderson, E., Pluskowski, A. 2014, Micromorphological and geochemical investigation of formation processes in the refectory at the castle of Margat (Qal'at al-Marqab), Syria, *Journal of Archaeological Science* 50: 451-459.

Shillito, L.M. and Ryan, P. 2013, Surfaces and streets: phytoliths, micromorphology and changing use of space at Neolithic Çatalhöyük (Turkey) *Antiquity* 87, 684-700.

Shillito, L.M., Matthews, W., Almond, M.J., Bull, I.D. 2011, The microstratigraphy of middens: capturing daily routine in rubbish at Neolithic Catalhoyuk, Turkey, *Antiquity* 85: 1024-1038.

Sidell, J., Wilkinson, K., Scaife, R., and Cameron, N. 2000, *The Holocene Evolution of the London Thames*.

London: Museum of London Monograph 5.

Sieveking, G. de G., Longworth, I.H., Hughes, M.J., Clark, A.J. and Millett, A. 1973 A new survey of Grime's Graves-first report. *Proceedings of the Prehistoric Society* 39, 182-218.

Sillar, B. 2000, Dung by preference: The choice of fuel as an example of how Andean pottery production is embedded within wider technical, social and economic practices. *Archaeometry* 42, 43-60.

Simpson, I.A. 1998, Early Land Management at Tofts Ness, Sanday, Orkney: the evidence of thin section micromorphology. In Mills, C.M. and Coles, G. (eds.), *Life on The Edge: human settlement and marginality*. Oxford: Oxbow.

Simpson, I.A., Milek, K.B. and Gudmundsson, G. 1999, A reinterpretation of the Great Pit at Hofstadir, Iceland, using sediment thin section micromorphology. *Geoarchaeology* 14, 511-530.

Smith, B.D. 1992, *Rivers of Change: Essays on Early Agriculture in Eastern North America*. University of Alabama Press, Tuscaloosa.

Song, J.X. 2011, *The Agricultural Economy During the Longshan Period: an Archaeobotanical Perspective from Shandong and Shanxi*. University College London, London.

Song, Y.H., Cohen, J, Shi, J.M., Wu, X.H., Kvavadze, E., Goldberg, P., Zhang, S.G., Zhang,Y., Bar-Yosef, O. 2017, Environmental reconstruction and dating of Shizitan 29, Shanxi Province: An early microblade site in north China, *Journal of Archaeological Science*, Volume 79, 19-35.

Spencer, C., Plater, A. and Long, A. 1998, Holocene barrier estuary evolution: the sedimentary record of the lower Wall and marsh region, *in* Eddison, J, Gardiner, M and Long, A (eds) *Romney Marsh: Environmental Change and Human Occupation in a Coastal Lowland*. Oxford: OUCA Monograph 46, 13-29.

Stanley, D.J. and Chen, Z. 1999, Neolithic settlement distributions as a function of sea level-controlled topography in the Yangtze delta, China. *Geology*, 24: 1083-1086.

Stoops, G. 2003, *Guidelines for Analysis and Description of Soil and Regolith Thin Sections*. Soil Science Society of America, Madison.

Stoops, G. 2020, Guidelines for Analysis and Description of Soil and Regolith Thin Sections, Madison: *Soil Science*.

Stoops, G. and Marcelino, V. 2010, Lateritic and bauxitic materials. In: Stoops, G., Marcelino, V., Mees, F. (Eds.), *Interpretation of Micromorphological Features of Soils and Regoliths*. Elsevier, Amsterdam, 329-350.

Stoops, G., Marcelino,V., Mees, F. (Eds.) 2010, *Interpretation of micromorphological features of soils and regoliths*, Elsevier, Amsterdam, Chapter 9: 162, Chapter 11: 225.

Stoops, G., Schaefer, CEGR 2010, Pedoplasmation: formation of soil material. In: Stoops, G., Marcelino, V., Mees, F. (Eds.), *Interpretation of Micromorphological Features of Soils and Regoliths*. Elsevier, Amsterdam, 69-79.

Storozum, M., Mo, D.W., Wang, H., Ren, X.L., Zhang, Y.F., Kidder, T.R. 2017, Anthropogenic origins of a late Holocene, basin-wide unconformity in the middle reaches of the Yellow River, the Luoyang Basin, Henan Province, China. *Quaternary Research*, 87(3), 423-441.

Storozum, M., Qin, Z., Liu, H.W., Fu, K., Kidder, T.R. 2018, Anthrosols and ancient agriculture at

Sanyangzhuang, Henan Province, China. *Journal of Archaeological Science: Reports*. (19): 925-935.

Storozum, M. J., Zhang, J.N., Wang, H., Ren, X.L., Qin, Z. and Li, L. 2019, Geoarchaeology in China: historical trends and future prospects. *Journal of Archaeological Research* 27 (1): 91-129.

Sun, B. 2013, The Longshan Culture of Shandong, in: Anne P. Underhill (Ed.), A Companion to Chinese Archaeology, Blackwell Publishing Ltd., pp. 435-458.

Swift, D. 2007, Roman Waterfront Development at 12 Arthur Street, City of London. *MOLA Archaeology Studies* 19. London: Museum of London Archaeology.

Tao, J., Chen, M.T. and Xu, S. 2006, A Holocene environmental record from the southern Yangtze River delta, eastern China. *Palaeogeography, Palaeoclimatology, Palaeoecology* (230): 204-229.

Taylor, M.P., and Macklin, M.G. 1997, Holocene alluvial sedimentation and valley floor development: the River Swale, Catterick, North Yorkshire, UK. *Proceedings of the Yorkshire Geological Society* 51, 317-327.

Thompson, R. and Oldfield, F. 1986, *Environmental Magnetism*. London: Allen and Unwin.

Troels-Smith, J. 1955, Characterisation of unconsolidated sediments. *Danmarks Geologiske Undersøgelse* 4, 38-73.

Ufnar, D.F. 2007, Clay coatings from a modern soil chronosequence: a tool for estimating the relative age of well-drained paleosols. *Geoderma* 141, 181-200.

van Andel, T., Zangger, E., Demitrack, A. 1990 Land use and soil erosion in prehistoric and historical Greece. *Journal of Field Archaeology* 17, 379-396.

van Andel, T.H., Zangger, E. 1990, Landscape stability and destabilization in the prehistory of Greece. In: Bottema, S., van Zeist, W., Entjes-Nieborg, G. (Eds.), *Man's Role in the Shaping of the Eastern Mediterranean Landscape*. A.A. Balkema, Rotterdam, 139-156.

Van de Noort, R., and Ellis, S. 1998, *Wetland Heritage of the Ancholme and Lower Trent Valleys: An Archaeological Survey*. Hull: Humber Wetlands Project.

Veneman, P.L.M., Vepraskas, M.J. and Bouma, J. 1976, The physical significance of soil mottling in a Wisconsin toposequence, *Geoderma*, vol. 15, pp. 103-118.

Vepraskas, M.J. 2001, Morphological features of seasonally reduced soils. In: Richards, J.L. and Vepraskas, M.J. (Eds.) *Wetland Soils: Genesis, Hydrology, Landscapes, and Classification*. Boca Raton, FL: Lewis Publishers, 85-106.

Villagran, X.S., Huisman, D.J., Mentzer, S.M., Miller,C.E., and Jans, M.M. 2017, Bone and Other Skeletal Tissues, In Nicosia, C. and Stoops, G. (Eds.), *Archaeological Soil and Sediment Micromorphology*, Hoboken: Wiley, pp.11-38.

Vrydaghs, L., Devos, Y. and Pető, A. 2017, Opal Phytoliths, In Cristiano Nicosia and Georges Stoops, (Eds.) 2017, *Archaeological Soil and Sediment Micromorphology*, Hoboken: Wiley , pp.155-161.

Wade, K., Shillito, L.M., Marston, J.M. and Bonsall, C. 2019, Assessing the potential of phytolith analysis to investigate local environment and prehistoric plant resource use in temperate regions: a case study from Williamson's Moss, Cumbria, Britain. *Environmental Archaeology* 26 (3): 295-308.

Walden, J., Oldfield, F., and Smith, J. 1999 *Environmental magnetism: a practical guide*. London: Quaternary Research Association Technical Guide 6.

Waller, M. 1994, *The Fenland Project, Number 9: Flandrian Environmental Change in Fenland*. East Anglian Archaeology Report 70. Cambridge: Essex County Council.

Wang, B. and Lin, H. 2002, Rainy season of the Asian-Pacific summer monsoon. *Journal of Climate* (15): 386-398.

Wang, F., Li, J., Chen,Y., Fang, J., Zong, Y., Shang, Z., Wang, H. 2015, The record of mid-Holocene maximum landward marine transgression in the west coast of Bohai Bay, China. *Marine Geology* 359: 89-95

Wang, J., Chen, X., Zhu, X.H. et al. 2001, Taihu Lake, lower Yangtze drainage basin: Evolution, sedimentation rate and the sea level. *Geomorphology* 41: 183-193.

Wang,Y., Cheng, H., Edwards, R.L. et al. 2005, The Holocene Asian monsoon: Links to solar changes and North Atlantic climate. *Science* (308): 854-857.

Weiner, S. 2010, *Microarchaeology: beyond the visible archaeological record*. Cambridge University Press.

Weiss, H., Courty, M.A., Wetterstron, W. et al. 1993, The genesis and collapse of Third Millennium North Mesopotamian civilization. *Science*, 261: 995-1004.

Weisskopf, A.R. 2009, *Vegetation, agriculture and social change in Late Neolithic China: A phytolith study*. Unpublished PhD Dissertation, University College London.

Wilkinson, K.N., Scaife, R.G. and Sidell, E.J. 2000, Environmental and sea level changes in London from 10,500 BP to the present: a case study from Silvertow. *Proceedings of the Geologists' Association* 111, 41-54.

Wilson, C.A., Davidson, D.A., Cresser, M.S. 2005, An evaluation of multi-element analysis of historic soil contamination to differentiate space use and former function in and around abandoned farms. *Holocene* 15, 1094-1099.

Wintle, A.G., Murray, A.S. 2006, A review of quartz optically stimulated luminescence characteristics and their relevance in single-aliquot regeneration dating protocols. *Radiation Measurements* 41, 369-391.

Wu, C., Xu, Q.H., Ma,Y.H. and Zhang, X.Q. 1996a Palaeochannels on the North China Plain: palaeoriver geomorphology. *Geomorphology* 18, 37-45.

Wu, C., Xu, Q.H., Zhang, X.Q., and Ma,Y.H. 1996b Palaeochannels on the North China Plain: types and distributions. *Geomorphology* 18, 5-14.

Wu, C., Zhu, X.Q., He, N.H., Ma,Y.H. 1996c Compiling the map of shallow-buried palaeochannels on the North China Plain. *Geomorphology* 18, 47-52.

Xu. D.K., Lu, H.Y., Wu, N.Q. et al. 2010, 30 000-year vegetation and climate change around the East China Sea shelf inferred from a high-resolution pollen record. *Quaternary International* 227: 53-60.

Xu, Q.H., Wu, C., Yang, X.L., Zhang, N.J. 1996a Palaeochannels on the North China Plain: relationships between their development and tectonics. *Geomorphology* 18, 27-35.

Xu, Q.H., Wu, C., Zhu, X.Q., Yang, X.L. 1996b Palaeochannels on the North China Plain: stage division and palaeoenvironments. *Geomorphology* 18, 15-25.

Yi, S., Saito,Y., Zhao, Q. et al. 2003, Vegetation and climate changes in the Changjiang (Yangtze River) Delta, China, during the past 13,000 years inferred from pollen records. *Quaternary Science Reviews* 22: 1501-1519.

Zauyah, S., Schaefer, CEGR, 2010, Simas, F.N.B., Saprolites. In: Stoops, G., Marcelino, V., Mees, F.（Eds.）,

Interpretation of Micromorphological Features of Soils and Regoliths. Elsevier, Amsterdam, 49-68.

Zhang, H., Bevan, A. and Guo, D. 2013, The Neolithic Ceremonial Complex at Niuheliang and Wider Hongshan Landscapes in Northeastern China. *Journal of World Prehistory* 26 (1): 1-24.

Zhang, J., Chen, F., Holmes, J.A., Li, H., Guo, X., Wang, J., Li, S., Lü, Y., Zhao, Y., Qiang, M. 2011, Holocene monsoon climate documented by oxygen and carbon isotopes from lake sediments and peat bogs in China: a review and synthesis. *Quaternary Science Reviews* 30, 1973-1987.

Zhao, Y., Wu, C., Zhang, X. 1999, Palaeochannels and ground-water storage on the North China Plain. In: Marriott, S.B., Alexander, J. (Eds.), *Floodplains: Interdisciplinary Approaches*. The Geological Society of London, London, 231-239.

Zheng, Y.F., Sun, G.P., Qin, L. et al. 2009, Rice fields and modes of rice cultivation between 5000 and 2500 bc in east China. *Journal of Archaeological Science* (36): 2609-2616.

Zhuang, Y.J. 2012, *Geoarchaeological Investigation of Early Agriculture, Ecological Diversity and Landscape Changes in the Early Neolithic of North China*. University of Cambridge, Cambridge.

Zhuang, Y.J., Bao, W.B., French, C. 2013, River floodplain aggradation history and cultural activities: Geoarchaeological investigation at the Yuezhuang site, Lower Yellow River, China, *Quaternary International*, 315:101-115.

Zhuang, Y.J., Bao, W.B., French, C. 2016, Loess and early land use: Geoarchaeological investigation at the early Neolithic site of Guobei, Southern Chinese Loess Plateau, *Catena*, 144:151-162.

Zhuang, Y.J., Ding, P., French, C. 2014, Water Management and Agricultural Intensification of Rice Farming at the late-Neolithic site of Maoshan, Lower Yangtze River, China. *The Holocene*, 24(5):531-545.

Zhuang, Y.J., and French, C. 2012 Geoarchaeological investigations of Pre-Yangshao agriculture, ecological diversity and landscape change in North China, *Journal for Ancient Studies*, Special Volume 3: 85–92.

Zhuang, Y.J., Zhang, H., Fang, Y.M., Wang, H. 2017 Life cycle of a moat: A detailed micromorphological examination and broader geoarchaeological survey at the late Neolithic Wadian site, Central China, *Journal of Archaeological Science: Reports*, DOI:10.1016/j.jasrep.2017.03.034.

Zong, Y.Q. 2004 Mid-Holocene sea-level highstand along the Southeast Coast of China. *Quaternary International* 117: 55-67.

Zong, Y.Q., Chen, Z.Y., Innes, J.B. et al. 2007 Fire and flood management of coastal swamp enabled first rice paddy cultivation in east China. *Nature* (449): 459-462.

Zong, Y.Q., Wang, Z., Innes, J.B. et al. 2012 Holocene environmental change and Neolithic rice agriculture in the lower Yangtze region of China: A review. *The Holocene* 22: 623-635.

编后记

　　随着中国考古学巨大历史转折时代的到来，考古学由以年代学为主的文化史研究占主导地位，逐渐向全面研究古代社会的方面转变。聚落考古的理论与方法继续得到发展，并直接促进了文明起源与社会复杂化的研究；而聚落考古与社会复杂化研究的学术目标，对材料及其获取方法也提出了新的要求，于是乎，"地质地貌学、土壤学、植物学、动物学、医学、人类学、化学、物理学、材料学、GIS 和 VR 技术、航空遥感技术等"（栾丰实，2015: 76）都被相继运用到考古调查、发掘、研究的各个环节，其中包括地质地貌学、土壤学等在内的地球科学很多种方法都为环境考古研究提供了理论、方法与技术的支撑；这种情况，在进入 21 世纪之后，获得了更加快速的、深入的发展（莫多闻等，2021）。从在考古学学科系统中的位置或作用来看，地学考古与植物考古、动物考古、同位素考古、骨骼考古等，都属于研究方法，只不过植物考古等方法不是传统考古学的地层学与类型学方法，但这些方法的应用前提是地层学和类型学，尤其地层学；同时，这些方法各自或交叉或联合被应用到环境考古、农业考古、社会考古等考古学分支学科或领域中，最终实现了考古学全面而科学地理解古代社会的学术目标。

　　进入 21 世纪，在国家和地方各级主管部门和同行的大力支持下，山东大学考古学科迎来了快速发展阶段。2002 年，成立东方考古研究中心；与此同时，开始筹建实验室，2004 年植物考古实验室、稍后是动物考古实验室相继建成并运转。为了将植物考古和动物考古方法纳入到第四纪环境与人类文化发展的整体框架下，实验室建设之初我们就在各类研究项目中设计了第四纪环境研究的内容，到 2014 年，地学考古方法已经在城子崖遗址环境考古研究中得到了初步的实践。今年恰逢东方考古研究中心成立 20 周年，也是山东大学考古专业建立 50 周年，我们也已经在地学考古方面做了一系列的尝试性研究，特别是在微形态及相关的沉积物分析方面，不仅取得了一些可喜的成果，也得到了同行的认可。在这个过程中，我们也不断接受学术界同行们关于地学考古方法及相关问题的咨询。主要包括（1）地学考古都能做哪些工作？（2）地学考古研究在考古学中有什么样的作用？（3）如果想用地学考古方法开展环境考古研究，该如何设计采样方案？面对这样的形势，我们清醒地意识到，继续深入开展地学考古实践、并向考古学界推介这个方法，是非常有意义的。这个意义尤其表现在学生培养方面。植物考古在中国的发展充分显示了高校的学生培养的重要作用，目前在我国各级文物考古部门从事植物考古研究的主力军，主要是高校毕业的学生，地学考古的发展也必然需要首先在高校培养年轻的生力军。在这样的思想指导下，我们分别于2019年10月下旬和2021年国庆节期间举办了"地学考古工作坊"，2019年的工作坊，我们邀请了英国雷丁大学的R.Y. Banerjea、伦敦学院大学庄奕杰、北京大学考古文博学院的张海、中国社会科学院考古研究所的王辉等做了主旨报告，山东省文物考古研究院（高明奎、朱超）、安徽省文物考古研究所（张小雷）、南京博物院考古研究所（甘恢元）、湖南省文物考古研究所（范宪军）、上海博物馆考古部（柏哲人）、中国科学院古脊椎动物与古人类研究所（张月书）、山东大学考古学专业的相关师生等，分别做了报告和参加了相关问题的讨论；2021年的工作坊，受到疫情的影响，我们仅仅邀请了山东大学考古专业毕业的和在读的相关学生，首先四位硕士毕业生（其中一位是在读博士生）线上报告了地学考古研究成果；然后，实地考察西河、焦家、城子崖遗址以及遗址周围的自然环境（重点是城子崖遗址东南方向的丁家庄剖面）。通过这两次工作坊的学术交流，我们愈加认识到，编写一本地学考古参考书的迫切性，这样至少可以为希望开展地学考古研究的科研人员和学生提供一些基础的操作指导和研究思路，也为未来正式教材的编写与出版做一些准备。

本书收录了我们的一些学习成果。考虑文章的准确性和使用方便性，我们确定了以下编辑的原则：（1）明显的文字错误，一律进行修改和完善，但基本观点没有改变。（2）第3、5篇文章，增加了较多内容，前者增加了对中国地学考古现状的总结与分析，后者增加了土壤微形态最新应用成果和系统的采样方法介绍。（3）形式上，为了阅读方便，图表编排做了一些处理。其中，每篇文章的图和表都是独立编号；原文中有一些附表或附图，这次也都统一编入该文中的图表编号；线图和照片图版也是统一编号。这些都是形式上的特别是编排顺序方面的变化，图表自身内容保持不变。

必须说明的是，本书中的内容主要是根据我们这几年的实践总结出来的，由于我们的实践还不够丰富，总结的内容肯定是不全面的，也不可避免地会有一些错误，请各位同行帮助我们不断完善。

尽管是这样一本非常初级的地学考古参考书，如果没有这些年来众多师长的教导、提携、帮助，也是断断无法达成的。我很想利用这个机会，表达一下我对他们最诚挚的谢意。

山东大学是我考古生涯的起点。在这里我接受了系统的考古学训练，尤其对田野考古调查与发掘产生了浓厚的兴趣。在参加泗水尹家城和邹平丁公两个遗址发掘的时候，我就在老师的引导下思考文化层的形成问题，加上后来接触到的环境考古理论与方法方面的文献，最终使我萌生了学习环境考古的想法，并一直在这个方向做自己的努力。在这个过程中，得到过很多老师的教导和提携。这里仅仅举一个例子来说明山东大学考古学科的老师们是如何支持环境考古研究的。2002 年东方考古研究中心成立的时候，就已经开始筹划建立植物考古和动物考古实验室；2003 年我作为洪堡基金会的访问学者，在德国考古研究院从事环境考古研究，栾丰实老师给我发邮件请我帮忙考察植物考古实验室的设备和相关基础条件，我介绍了德国考古研究院的环境考古研究团队有一个偌大的仓库来放各种样品，后来山东大学植物考古实验室建立的伊始，栾老师就专门找了仓库盛放各种样品，其中植物考古样品是大宗，因为每个遗址我们都需要把植硅体土样带回来。从这样的小事（表面看是小事）就可以看出山大考古的领导者们真正把包括植物考古、地学考古在内的科技考古看作是考古学发展的有机组成部分，而不仅仅是一个花边装饰。

我的博士导师刘东生院士，是我走上环境考古这条光明大道的领路人。先生不仅把我领进了第四纪环境科学这扇大门，还帮我确定了做环境考古研究的两个重要手段：植物考古与地学考古。

在学习植物考古和地学考古方法的过程中，我特别得益于中国科学院尤其是第四纪科学这个学术团体，也正是因为这样的经历，后来我多次推荐我的学生们去报考中科院的研究生，我认为有了系统的考古学训练的学生如果再到中科院接受教育，就等于给自己的学术生涯插上了强健的翅膀。攻读博士学位之前，我的第四纪环境科学知识非常有限，但是，在孔昭宸老师、吕厚远老师那里我得以系统学习孢粉和植硅体这两个植物考古手段；如果说之前我在课本上注意过孢粉这个环境考古常用指标，但是对于地学考古这个方法，我却是到地质所学习之后才知道这个概念的，郭正堂老师从基本原理、研究方法在考古学中的应用，给我做了非常系统全面的介绍，还在百忙之中指导我在显微镜下观察薄片，王府井东方广场旧石器时代遗址的土壤微形态研究，就是这个学习过程的一个见证。

地学考古方法中，地貌学的知识是基础。博士毕业后，我非常幸运地认识了夏正楷老师，2001 年是我第一次跟随夏老师学习地貌与第四纪，学习的过程一直持续到今天。夏老师还把我引荐给北京大学地貌学专业的李有利等老师，我的四位研究生能有机会到北京大学旁听地貌学以及第四纪生态学等课程，都仰仗各位老师的关照，莫多闻老师还为我的学生争取了参加他们的地貌实习的难得的机会。

进入 21 世纪的山东大学考古学科，很好地适应并一定程度地引领了中国考古学学科转型的新趋势，其中很重要的一个方面就是开展了广泛的国内、国际学术交流，正是在这样的平台上，我们才有机会实践地学考古方法，丰富我们的环境考古研究内容。在这个过程中，来自英国伦敦学院大学的庄奕杰、英国文化遗产保护研究会的 Matthew

Canti、雷丁大学的 Karen Wicks 和 Rowena Y. Banerjea、德国图宾根大学的 Christopher Miller、美国波士顿大学的 Paul Goldberg、中国社会科学院考古研究所的王辉、北京联合大学的张俊娜都给予我们这个团队莫大的帮助；田野采样与项目合作方面，安徽大学的吴卫红、安徽省文物考古研究所的张小雷、四川省文物考古研究院的冉宏林、山东省文物考古研究院的孙波、朱超、高明奎等都给予了很多帮助。

　　本书的编辑过程中，硕士研究生刘文菲等帮忙整理参考文献、图表目录等。

靳桂云

2022 年 6 月 26 日